Ökonomik der Entwicklungsländer

FRIEDRICH L. SELL

ÖKONOMIK DER ENTWICKLUNGS-LÄNDER

PETER LANG

Frankfurt am Main · Berlin · Bern · New York · Paris · Wien

Die Deutsche Bibliothek - CIP-Einheitsaufnahme

Sell, Friedrich L.:
Ökonomik der Entwicklungsländer / Friedrich L. Sell. -
Frankfurt am Main ; Berlin ; Bern ; New York ; Paris ; Wien :
Lang, 1993
  ISBN 3-631-45083-4

ISBN 3-631-45083-4
© Verlag Peter Lang GmbH, Frankfurt am Main 1993
Alle Rechte vorbehalten.

Das Werk einschließlich aller seiner Teile ist urheberrechtlich
geschützt. Jede Verwertung außerhalb der engen Grenzen des
Urheberrechtsgesetzes ist ohne Zustimmung des Verlages
unzulässig und strafbar. Das gilt insbesondere für
Vervielfältigungen, Übersetzungen, Mikroverfilmungen und die
Einspeicherung und Verarbeitung in elektronischen Systemen.

Printed in Germany 1 3 4 5 6 7

Inhaltsverzeichnis

Abkürzungsverzeichnis..X

Vorwort..XII

I. Einführung..1

1. Zum Begriff der Entwicklung..1
   1.1 Weitgehend ökonomische Begriffsbestimmungen 1
      1.1.1 Der Vorschlag von Hemmer......................................1
      1.1.2 Der Vorschlag von Dams...1
      1.1.3 Der Vorschlag von Kuznets/Chenery........................2
   1.2 Umfassendere (z.T. metaökonomische) Begriffsbestimmungen..2
2. Messung des Entwicklungsstandes 3
   2.1 Auswahl von Meßgrößen..3
   2.2 Das PKE als Maß für Entwicklung und Entwicklungsvergleiche..4
      2.2.1 Definition..4
      2.2.2 Probleme internationaler Vergleiche von PKE..........4
   2.3 Die personelle Einkommensverteilung als Indikator für Entwicklung und als Maßstab für Entwicklungsvergleiche.............15
      2.3.1 Maße der personellen Einkommensverteilung 15
      2.3.2 Kritische Würdigung der Verteilungsmaße.............19
3. Entwicklungsländer: Klassifizierung und Typologisierung....21
   3.1 Kriterien der Einteilung 21
   3.2 Eingruppierungen nach ökonomischen Kriterien 21
      3.2.1 Die Einteilung der Weltbank...................................21
      3.2.2 Die Einteilung des Internationalen Währungsfonds (IWF) 21
      3.2.3 Die Einteilung der OECD 22
      3.2.4 Die Einteilung der UNO..23
   3.3 Politische Gruppierungen...23

II. Kennzeichen der Unterentwicklung ... 25

1. Mangel an Kapital ... 25
   1.1 Mangel an Realkapital ... 25
      1.1.1 Der Zusammenhang zwischen Ressourceneinsatz und Produktionsergebnis ... 25
      1.1.2 Der Beitrag des Faktors Realkapital zum Wachstum in Entwicklungsländern: Maddisons Befund ... 31
      1.1.3 Saldenmechanische Bestimmungsgründe der Realkapitalbildung ... 32
      1.1.4 Analytische Bestimmungsgründe der Realkapitalbildung ... 33
      1.1.5 Realzins und Investitionsnachfrage ... 34
      1.1.6 Weitere Bestimmungsgründe der Investitionsnachfrage ... 36
   1.2 Mangel an Sparkapital ... 37
      1.2.1 Bestimmungsgründe der Unternehmungsersparnis ... 37
         1.2.1.1 Saldenmechanische Bestimmungsgründe ... 37
         1.2.1.2 Analytische Bestimmungsgründe ... 39
      1.2.2 Bestimmungsgründe der Haushaltsersparnis ... 42
         1.2.2.1 Saldenmechanische Bestimmungsgründe ... 42
         1.2.2.2 Analytische Bestimmungsgründe ... 45
            1.2.2.2.1 Einleitung ... 45
            1.2.2.2.2 Traditionelle Analyse ... 48
            1.2.2.2.3 Modifizierte Analyse ... 53
            1.2.2.2.4 Zusammenfassung der traditionellen und der modifizierten Analyse ... 61
            1.2.2.2.5 Sparstruktureffekte einer Kapitalmarktreform ... 62
      1.2.3 Bestimmungsgründe der staatlichen Ersparnis ... 68
         1.2.3.1 Saldenmechanische Zusammenhänge ... 68
         1.2.3.2 Analytische Bestimmungsgründe ... 71
      1.2.4 Bestimmungsgründe des ausländischen Sparangebots ... 72
         1.2.4.1 Saldenmechanische Zusammenhänge ... 72
         1.2.4.2 Analytische Bestimmungsgründe ... 75
   1.3 Mangel an Humankapital ... 87

1.3.1 Humankapital als Produktionsfaktor? 87
1.3.2 Angebot und Nachfrage nach Humankapital 88
1.3.3 Ausbildung und Entwicklungsstand 90
1.3.4 Humankapital und Migration 92
2. Ineffizienter Faktoreinsatz 94
2.1 in der Landwirtschaft 94
    2.1.1 Über- und Unterausschöpfung von Produktionsfaktoren 94
    2.1.2 Innovationen und Land Tenure 95
        2.1.2.1 Die Erklärung der Teilpacht durch Alfred Marshall 95
        2.1.2.2 Ansätze zur "Überwindung" von Marshalls Ineffizienz-Paradigma 99
        2.1.2.3 "Interlinked Contracts" in der Landwirtschaft von Entwicklungsländern 103
        2.1.2.4 Die These von der Innovationsfeindlichkeit der Landlords 105
2.2 in der Industrie 108
    2.2.1 Technische Effizienz und Preis- bzw. allokative Effizienz 108
    2.2.2 Der empirische Befund 110
2.3 im öffentlichen Sektor 111
    2.3.1 Das Phänomen der überhöhten Löhne und der "redundanten Arbeitskräfte" 111
    2.3.2 Auswirkungen auf die Einkommensverteilung 113
    2.3.3 Möglichkeiten und Grenzen der Privatisierung 115
3. Geringe (wirtschaftliche) Integration 117
3.1 in den intranationalen Handel 117
    3.1.1 Naturaltausch als erste Integrationsstufe 117
    3.1.2 Chancen und Risiken der Monetarisierung 118
    3.1.3 Transaktionskosten und Tauschmittelfunktion von Gütern: Überlegungen von J. Niehans 121
    3.1.4 Weitere Bestimmungsgründe für die Vorteilhaftigkeit einer Geldwirtschaft 122
    3.1.5 Messung der Monetarisierung 124

3.1.6 Subsistenzwirtschaft und Handel: Das Tisdell/Fairbairn-Modell 125
3.2 in den internationalen Handel 128
    3.2.1 Bilateralisierung des Außenhandels durch Kompensationsgeschäfte 128
    3.2.2 Preisbildung für Kompensationsgüter 128
    3.2.3 Entwicklungshemmende Auswirkungen des Kompensationshandels 131
4. Unzureichende Rahmenbedingungen für die Wirtschaftspolitik 135
    4.1 wegen Fehlens unabhängiger Institutionen 135
        4.1.1 Trägervielfalt bei dezentralisierter Wirtschaftspolitik 135
        4.1.2 Die "dienende" Funktion der Notenbanken im Entwicklungsprozeß - am Beispiel der ASEAN-Staaten 137
    4.2 wegen Versagens bestehender Institutionen 138
        4.2.1 Die Bedeutung staatlicher Präsenz für den Entwicklungsprozeß 138
        4.2.2 Ursachen für den "Soft State" in Entwicklungsländern 139
        4.2.3 Konsequenzen des "Soft State" in Entwicklungsländern für die Entwicklungsländer 142
        4.2.4 Ökonomische Theorie der Korruption 145
            4.2.4.1 Grundlagen 145
            4.2.4.2 Eine spieltheoretische Erklärung für Korruption 148
            4.2.4.3 Empirische Bestimmungsgründe der Korruption 153
            4.2.4.4 Auswirkungen der Korruption 154
    4.3 wegen Inkonsistenz der Wirtschaftsverfassung 157
        4.3.1 Zum Begriff der Wirtschaftsverfassung 157
        4.3.2 Inkonsistente Wirtschaftsverfassungen in Entwicklungsländern am Beispiel von Geld- und Marktverfassung 158
    4.4 wegen fehlenden Zugangs zu Produktionsfaktoren bzw. Eigentumsrechten 160
        4.4.1 Zur Definition von Eigentumsrechten 160
        4.4.2 Eigentumsrechte und Wirtschaftswachstum 161

4.4.3 Eigentumsrechte und Einkommens- bzw. Vermögensverteilung..................161

4.5 wegen nur ungenügend ausgebildeter Informationssysteme..........163

4.5.1 Information als entwicklungsrelevantes knappes Gut..........163

4.5.2 Ökonomische Konsequenzen informationsbedingter Transaktionskosten..................163

5. Gesundheit, Ernährung und generatives Verhalten..................165

5.1 Ursachen und Konsequenzen einer hohen Kindersterblichkeit und einer geringen Lebenserwartung..................165

5.1.1 Morbidität und Mortalität in Entwicklungsländern..............165

5.1.2 Bestimmungsgründe für Mortalität und Morbidität in Entwicklungsländern..................167

5.1.3 Wirkungen von Morbidität und Mortalität auf die soziale und ökonomische Entwicklung..................169

5.1.3.1 Gesundheit und Bevölkerungsentwicklung............169

5.1.3.2 Gesundheit und Sparen..................170

5.1.3.3 Gesundheit und Arbeitsfähigkeit..................172

5.2 Ursachen und Konsequenzen von Fehlernährung..................173

5.2.1 Ursachen..................173

5.2.2 Auswirkungen der Unter- und Fehlernährung..................174

5.2.2.1 Körperliche und geistige Entwicklung von Kindern..................174

5.2.2.2 Ernährung und Arbeitsfähigkeit..................176

5.2.3 Der empirische Befund..................176

5.3 Ursachen und Konsequenzen der "traditionellen" Familienplanung..................179

5.3.1 Kindersterblichkeit und generatives Verhalten..................179

5.3.2 Schulbildung, sozioökonomische Situation der Frauen in Entwicklungsländern und generatives Verhalten..................181

5.3.3 Vermögen, Kinderzahl und generatives Verhalten..................181

5.3.4 Generatives Verhalten, Ernährung und Umwelt..................182

5.3.5 Generatives Verhalten und Migration..................183

5.3.6 Exkurs: Ökonomische Modelle generativen Verhaltens..................183

III. (Unter-) Entwicklungstheorien ... 185

1. Außerökonomische Erklärungsansätze ... 185
   1.1 Klimatheorien ... 185
   1.2 Psychologische Theorien ... 186
       1.2.1 Der Ansatz von McClelland ... 186
       1.2.2 Der Ansatz von Lerner ... 186
   1.3 Theorien des sozialen Wandels ... 187
       1.3.1 Der Ansatz von Hagen ... 187
       1.3.2 Der Ansatz von Hoselitz ... 187
   1.4 Modernisierungstheorien ... 188
       1.4.1 Einführung ... 188
       1.4.2 Der Evolutionsansatz ... 188
       1.4.3 Theorie der politischen Entwicklung ... 189
       1.4.4 Theorie der sozialen Mobilisierung ... 190
       1.4.5 Wirtschafsstufentheorien ... 190
       1.4.6 Kritik ... 191
   1.5 Dasguptas Theorie vom "Well-Being" ... 192
2. Dualismus-Modelle ... 194
   2.1 Lewis ... 194
       2.1.1 Wesentliche Annahmen ... 194
       2.1.2 Der Akkumulations- und Umverteilungsprozeß ... 195
       2.1.3 Die Reallokation der Arbeit zwischen traditionellem und modernem Sektor ... 197
       2.1.4 Kritik am Lewis-Modell ... 199
   2.2 Fei/Ranis ... 205
       2.2.1 Graphische Analyse ... 205
       2.2.2 Kritik des Fei/Ranis-Modells ... 209
   2.3 Jorgenson ... 210
       2.3.1 Neoklassische Annahmen ... 210
       2.3.2 Der neoklassische Wachstumspfad ... 211
       2.3.3 Terms of Trade zwischen Landwirtschaft und Industrie ... 215
       2.3.4 Einwände gegen das Jorgenson-Modell ... 216
   2.4 Sah/Stiglitz ... 217

2.4.1 Definitionen und Annahmen 217
2.4.2 Terms of Trade und städtische Beschäftigung 221
2.4.3 Kritik am Sah/Stiglitz-Modell 224
2.5 Exkurs: Günter Schmitts Kritik an den Dualismus-Modellen 224
3. Teufelskreis-Modelle 226
3.1 Zur Syntax von "circuli vitiosi" 226
3.2 Die Bevölkerungsfalle 228
3.2.1 Darstellung 228
3.2.2 Kritische Würdigung 235
3.3 Die "Armutsfalle" 237
3.3.1 Darstellung 237
3.3.2 Kritische Würdigung 238
4. Unterentwicklung durch Außenhandel? 240
4.1 Theorie der dominierenden Wirtschaft 240
4.1.1 Darstellung 240
4.1.2 Kritische Würdigung 240
4.2 Theorie der peripheren Wirtschaft 241
4.2.1 Darstellung 241
4.2.2 Exkurs: TOT-Konzepte 242
4.2.3 Neuere empirische Befunde 244
4.2.3.1 Lange Zeitreihen 244
4.2.3.2 Kürzere Zeitreihen 245
4.2.4 Kritische Würdigung 246
4.3 Theorie des Verelendungswachstums 247
4.3.1 Darstellung 247
4.3.2 Kritische Würdigung 248
4.4 Abhängigkeitstheorien 249
4.4.1 Dependenztheorie(n) 249
4.4.2 Moderne Imperialismustheorien 250
4.5 "Trade and Development" 256
4.5.1 Dualismus und Außenhandel 256
4.5.2 Importsubstitution versus Exportförderung als Entwicklungsstrategie 258
4.5.3 Exportorientierung und Wirtschaftswachstum 259

IV. Kennzeichen des Entwicklungsprozesses 262

1. Entwicklung als Prozeß 262
   1.1 Prozeßelemente 262
   1.2 "Natürlicher" versus gelenkter Prozeß der Entwicklung 263
   1.3 Prozeßgeschwindigkeit und Prozeßtypologie 264
   1.4 Prozeßhindernisse 266
2. Der Akkumulationsprozeß 267
   2.1 Bestimmungsgründe für Wirtschaftswachstum 267
   2.2 Kapitalzuflüsse, Spar- und Zahlungsbilanzlücke 271
   2.3 Der Anstieg der Investitionsquote 273
   2.4 Der Anstieg der Sparquote 277
   2.5 Die Verbesserung der Ausbildungslage 283
3. Der Distributionsprozeß 288
   3.1 Die Kuznets-These 288
   3.2 Der empirische Befund 291
4. Der Strukturwandel 292
   4.1 Zum Begriff 292
   4.2 Strukturwandel auf der Nachfrageseite 295
   4.3 Wandel in der Handelsstruktur 299
   4.4 Strukturwandel auf der Angebotsseite 313
      4.4.1 Überblick 313
      4.4.2 in der Industrie 317
      4.4.3 in der Landwirtschaft 324
5. Auswirkungen des Transformationsprozesses 331
   5.1 auf das Wirtschaftswachstum 331
   5.2 auf die relativen Preise 337
   5.3 auf den realen Wechselkurs 338
      5.3.1 Einleitung und Definition der Kaufkraftparität 338
      5.3.2 Determinanten des realen Wechselkurses 340
      5.3.3 Grenzen der Kaufkraftparitätentheorie 345
      5.3.4 Empirische Tests der Kaufkraftparitätentheorie 346
6. Der Urbanisierungsprozeß 348
   6.1 Migration und "Überurbanisierung" 348
   6.2 Zur Funktionsweise urbaner Arbeitsmärkte 353

- 6.2.1 Das Todaro-Modell 353
- 6.2.2 Kritik am Todaro-Modell 356
- 6.2.3 Das Labor-Turnover-Modell 358
- 6.3 Migration und Städtewachstum im allgemeinen Gleichgewicht 360

Stichwortverzeichnis 367

Abkürzungsverzeichnis

AE	-	Ausländische Ersparnis
B	-	Bevölkerungszahl
BE	-	Bruttoersparnis
BIP	-	Bruttoinlandsprodukt
BSP	-	Bruttosozialprodukt
DAC	-	Development Assistance Committee
DPA	-	Durchschnittsproduktivität der Arbeit
EE	-	Einkommenseffekt
EL	-	Entwicklungsland/Entwicklungsländer
ERP	-	Effektive Protektionsrate
EV	-	Einkommensverteilung
Exp	-	Exporte
FAO	-	Food and Agriculture Organization of the United Nations
GPA	-	Grenzproduktivität der Arbeit
GTZ	-	Gesellschaft für technische Zusammenarbeit
HH	-	Haushalt
IBE	-	Inländische Bruttoersparnis
IBI	-	Inländische Bruttoinvestitionen
i.d.R.	-	In der Regel
IL	-	Industrieland/Industrieländer
ILO	-	International Labor Organization
Imp	-	Importe
IWF	-	Internationaler Währungsfonds
LBS	-	Leistungsbilanzsaldo
LD	-	Laufendes Defizit
LDC's	-	Less Developed Countries
LIC's	-	Low Income Countries
LLDC's	-	Least Developed Countries
ME	-	Mengeneinheiten
MIC's	-	Medium Income Countries
MNC's	-	Multi-National-Companies
NE	-	Nettoersparnis
NFE	-	Nettofaktoreinkommen aus dem Ausland
NKÖS	-	Nettokreditbedarf des öffentlichen Sektors

NVAE	-	Nettoverwendung der ausländischen Ersparnis
PRE	-	Private Ersparnis
OECD	-	Organization for Economic Cooperation and Development
ÖFE	-	Öffentliche Ersparnis
ODA	-	Official Development Assistance
PD	-	Primärdefizit
PKE	-	Pro-Kopf-Einkommen
RE	-	Recheneinheit
RU	-	Ressourcenüberschuß
SE	-	Substitutionseffekt
SLT	-	Saldo der laufenden Transfers aus dem Ausland
SPE	-	Spareinlagen
TE	-	Termineinlagen
TOT	-	Terms of Trade
UNO	-	United Nations Organisation
VE	-	Volkseinkommen
VWGR	-	Volkswirtschaftliche Gesamtrechnung
WHO	-	World Health Organization

Vorwort

Die Beschäftigung mit Entwicklungsländern hat in den Wirtschaftswissenschaften gegenwärtig nicht gerade eine gute "Konjunktur". Als Ursache hierfür läßt sich keineswegs etwa anführen, daß es keine Entwicklungsländer mehr gäbe oder daß die realen Probleme dieser sehr uneinheitlichen Ländergruppe kleiner geworden seien. In Wirklickeit verhält es sich geradezu anders herum: durch die osteuropäischen Reform-Länder ist die Gruppe der Entwicklungsländer in Wahrheit größer geworden, während die traditionellen "LDC's" ihre Wirtschaftsprobleme kaum besser in den Griff bekommen haben. Weshalb also dann das schwindende Interesse für die Entwicklungsländerforschung? Nach Auffassung des Verfassers sind mehrere Erklärungsmuster möglich: Der sogenannte moderne Mainstream geht im wesentlichen davon aus, daß es nur eine ökonomische Theorie gebe, entsprechende Modelle werden auf Entwicklungsländer und ihre besonderen Bedingungen angewandt. Insofern findet die Modellbildung selbst außerhalb der "development economics" statt und diese haben demgemäß keine besondere Anziehungskraft auf die "Modellschreiner" (mehr).

Drei Dekaden lang wurden Erfahrungen in der Entwicklungszusammenarbeit gemacht, bei denen die Erfolge sicher nicht in der Überzahl waren. Entwicklungsorganisationen wie die Weltbank haben versucht, Defizite in der Theorie oder besser in der Strategie auszuweisen und damit ihre "Weltentwicklungsberichte" gefüllt. Mittlerweile überwiegt die Auffassung, daß optimale Strategien längst gefunden wurden, daß es aber an der Umsetzung derselben hapere. An Implementierungsproblemen finden aber wiederum die Ökonomen der "Zunft" vergleichsweise wenig Gefallen. Schließlich kommt noch ein weiteres hinzu: Die "Flut" von neuen Ansätzen in der allgemeinen ökonomischen Theorie, wie etwa die neue Wachstums- und Handelstheorie, die Anwendung der Kontroll- und der Spieltheorie in der modernen Makroökonomik und vieles anderes mehr erhöht die Opportunitätskosten eines starken Engagements in der Entwicklungsländerforschung beträchtlich. Zweck dieses Buches soll es auch sein, die ungebrochene Relevanz und Aktualität der Entwicklungsländerforschung herauszustellen und in diesem Sinne dem oben geschilderten "Trend" entgegenzuwirken.

Der persönliche Ausgangspunkt des Verfassers war die Übernahme der Vertretung des Lehrstuhls für Volkswirtschaftslehre und Entwicklungsländerforschung im Sommersemester 1989 an der Justus-Liebig-Universität Gießen. Als ich am 31.März in Gießen eintraf, blieben mir damals gerade 14 Tage, um Gliederungen für drei verschiedene Vorlesungen zu erstellen (Wohnungseinzug und -einrichtung eingeschlossen). Eine davon betraf die "Sozialökonomik der Entwicklungsländer", die ich seitdem - verteilt auf zwei Semester - viermal gelesen habe. Ein vermessen kurzer Zeitraum, um darauf ein Lehrbuch aufzubauen? Vielleicht nicht, wenn ich gedanklich Revue passieren lasse, wie oft und an wie vielen Stellen das Manuskript ergänzt, verbessert und überarbeitet wurde und wieviele Originalaufsätze aus meiner Feder, die allesamt das nach meinem mehrfachen Co-Autor Lukas Menkhoff benannte Kriterium überstanden haben (also von mindestens einem weiteren außer von mir für gut befunden und demzufolge veröffentlicht worden sind), darin verarbeitet wurden.

Anregungen verdanke ich den stimulierenden Diskussionen in den Abteilungsseminaren der FO.IV am Kieler Institut für Weltwirtschaft in den Jahren 1987 bis 1989, einigen wenigen deutschsprachigen Lehrbüchern auf dem Gebiet der Entwicklungsländerforschung, vor allem aber (wie der Leser schnell feststellen wird) dem Ideenreichtum und der Brillanz des von Hollis B. Chenery und T.N. Srinivasan herausgegebenen "Handbook of Development Economics", das 1988 bzw. 1989 in zwei Bänden erschienen ist.

Über die Semester und Jahre in Gießen hinweg sind eine Reihe von Verbesserungsvorschlägen meiner Studenten eingeflossen; schließlich verdanke ich meinen Mitarbeitern Jürgen Stiefl, Silke Wohlgemuth und vor allem Volker Hofmann zahlreiche wichtige Hinweise. Die verbleibenden Irrtümer gehen - wie sollte es anders sein - ganz zu meinen Lasten.

Am Ende dieses Vorworts möchte ich einen herzlichen Dank an die folgenden studentischen Hilfskräfte richten, die in wahrlich unermüdlicher Arbeit die Eingabe des Textes in den PC besorgten, die Reinzeichnungen anfertigten, Korrekturen lasen und mich - last but not least - mit ihrer guten Stimmung zum Weitermachen ermunterten. Es waren dies: Carsten Scharf, Christian Velcovsky, Lydia Beck, Birgit Rumpf, Rainer Wilhelm und Anke Gerhardt. Die Gießener Jahre wären ohne sie nicht dieselben gewesen!

Einige wenige Anmerkungen zum Aufbau des Buches sollen dem interessierten Leser die Lektüre erleichtern: Nach einer Einleitung wird in einem ersten Hauptteil nach Determinanten der Unterentwicklung gefragt: Neben den bekannten "traditionellen" Faktoren sollen hier Probleme der wirtschaftlichen Integration, des "Institution-Building" und des generativen Verhaltens angesprochen werden. Dem Phänomen der Korruption in Entwicklungsländern wird breiter Raum eingeräumt: Mir ist schon lange unverständlich, wie wenig Entwicklungsforscher hierauf eingehen, während sie doch, nach nahezu jeder Reise in Entwicklungsländer, über persönliche Erfahrungen damit zu berichten wissen. Im zweiten Hauptteil werden wichtige (Unter-)Entwicklungstheorien vorgestellt, wobei die Auswahl sicherlich persönliche Präferenzen des Verfassers zum Ausdruck bringt. Im dritten Teil des Buches werden der Aufholprozeß und seine wesentlichen Begleiterscheinungen geschildert.

Natürlich verbinde ich mit dem vorgelegten Buch nicht den Anspruch, dem Entwicklungsproblem erschöpfend gerecht zu werden. Ich wäre damit zufrieden, mit diesem Versuch, einer stark am angelsächsischen Vorbild orientierten "Ökonomik der Entwicklungsländer", eine Alternative zu dem einen oder anderen deutsch-sprachigen Lehrbuch auf diesem Gebiet vorzulegen.

Dresden, im Mai 1993

I. Einführung

1. Zum Begriff der Entwicklung

1.1 Weitgehend ökonomische Begriffsbestimmungen

1.1.1 Der Vorschlag von Hemmer

Nach Hemmer (1988) ist Entwicklung gleichzusetzen mit einer *positiven* Veränderung des Entwicklungsstandes (ES) in der Zeit:

$$(1) \quad E = \frac{dES}{dt} \; ; \; E > 0$$

Dabei wird der Entwicklungsstand als Wohlstandsniveau bzw. *Lebensstandard* einer Bevölkerung interpretiert.

Der Lebensstandard wird wiederum immer dann steigen, wenn der Grad der Befriedigung sogenannter *Grundbedürfnisse* zunimmt. Letztere werden vom Internationalen Arbeitsamt in Genf, der ILO, definiert[1] als

a) ausreichende Ernährung, Wohnung und Bekleidung, Vorhandensein bestimmter Haushaltsgeräte und Möbel sowie

b) als vorhandenes Angebot an Gesundheits- und Bildungseinrichtungen, Versorgung mit Trinkwasser und sanitären Anlagen sowie die Bereitstellung öffentlicher Verkehrsmittel.

1.1.2 Der Vorschlag von Dams

Da die oben aufgelisteten Grundbedürfnisse lediglich "basic needs" darstellen, ist zu fragen, welche weiterführenden Bedürfnisse (bzw. die Befriedigung derselben) zur Bestimmung des Lebensstandards herangezogen werden sollen. Je nachdem, *welche* Zielvorstellungen (soziale Sicherheit, Freiheit, Arbeitsbedingungen, Freizeit) hinzukommen, wird man zu verschiedenen Lebensstandards und damit zu abweichenden Entwicklungsbegriffen kommen. Das heißt, der Begriff "*Entwicklung*" wird durch Wertvorstellungen (*Auswahl, Gewichtung*)

---

[1] Im Sinne von "basic needs".

geprägt und durch die Breite möglicher Zielkataloge (*Umfang*) in seiner Umsetzung erschwert.

Zum Zwecke einer Operationalisierung schlägt Dams (1986) als *zwei* entscheidende Determinanten von "Entwicklung" vor:

a) Wirtschaftswachstum im Sinne von
- Anstieg des realen VE bzw. des Pro-Kopf-Einkommens;
- Ausbau und Auslastung des Produktionspotentials;
- Anhebung des Versorgungsniveaus der Bevölkerung

als notwendige jedoch nicht hinreichende Voraussetzung für Entwicklung;

b) *Verteilung* des Einkommens und des Vermögens, unter besonderer Berücksichtigung der 40% der Bevölkerung mit Niedrigsteinkommen bzw. Niedrigstvermögen.

1.1.3 Der Vorschlag von Kuznets/Chenery

Kuznets (1966) und später auch Chenery (1979) haben - ausgehend vom wirtschaftlichen Wachstum - den Strukturwandel einer Wirtschaft als "Entwicklung" aufgefaßt. Dazu gehört (vgl. Timmermann 1982):

- die zunehmende *Industrialisierung* bzw. die Abnahme der Bedeutung des agrarischen Sektors,
- die Veränderung der *Handelsstruktur* und die zunehmende Einbindung in die internationalen Wirtschaftsbeziehungen,
- die Zunahme der städtischen Bevölkerung (*Urbanisierung*), begleitet von Migrationsprozessen,
- die Veränderung der gesamtwirtschaftlichen Nachfragestruktur bzw. der *Verbrauchsgewohnheiten*,

Chenery (1979) hat diesen Gesichtspunkten später

- die zunehmende Kapitalbildung (*Akkumulation*)

hinzugefügt.

1.2 Umfassendere (z.T. metaökonomische) Begriffsbestimmungen

Den bisher genannten politisch-ökonomischen Definitionen von "Entwicklung" stehen sehr viel umfassendere, aber für die Wirtschaftswissenschaft nur bedingt operationale Inhaltsbestimmungen gegenüber:

a) "*Entwicklung* als ein neuer Name für *Frieden*";

b) "*Entwicklung* muß *menschenwürdig* und integral sein sowie die *Gerechtigkeit internationaler Beziehungen* in das Blickfeld einbeziehen";

c) "Menschliche *Entwicklung* und politische Ordnung sieht den weltweiten Zusammenhang von *sozialer Gerechtigkeit* und *ökologischer Verantwortung*" (vgl. Dams 1986).

Damit wird dem Begriff "Entwicklung" im weitesten Sinne sogar eine theologische Bedeutung gegeben. Im folgenden werden wir nur die ökonomischen Begriffsbestimmungen weiter verfolgen.

Literaturhinweise zu diesem Kapitel:

Chenery, H.B., Structural Change and Development Policy, New York 1979.

Dams, Th., Entwicklung, Entwicklungspolitik, in: Staatslexikon, 7. Auflage, Band 2, Freiburg 1986, S. 294-330.

Hemmer, H.R., Wirtschaftsprobleme der Entwicklungsländer, 2. Auflage, München 1988.

Kuznets, S., Modern Economic Growth, New Haven 1966.

Timmermann, V., Entwicklungstheorie und Entwicklungspolitik, Göttingen 1982.

2. Messung des Entwicklungsstandes

2.1 Auswahl von Meßgrößen

Anknüpfend an den Begriff von "Entwicklung", wie er von Dams u.a. verwendet wird, liegt es nahe, Indikatoren zu verwenden, die etwas über die *Höhe* des verfügbaren "Güterbergs" (*Wachstum*) und dessen *Verteilung* aussagen. Als Maße haben sich besonders das *Pro-Kopf-Einkommen* und Kennzahlen der *personellen* Einkommensverteilung durchgesetzt.

2.2 Das PKE als Maß für Entwicklung und Entwicklungsvergleiche

2.2.1 Definition

Das PKE eines Landes ist bekanntlich definiert als:

(2) $\text{PKE} = \dfrac{\text{BSP}}{B}$; B = Bevölkerungszahl;

BSP = Bruttosozialprodukt.

Dabei ist das Bruttosozialprodukt in US-Dollar (oder in einer anderen RE) auszudrücken, wenn internationale Vergleiche angestellt werden sollen:

Beispiel: Im Falle der Philippinen:

(3) $\text{BSP}(\$) = \text{BSP}(\text{Peso}) \cdot \dfrac{1}{W}(\dfrac{\$}{\text{Peso}})$; W = Wechselkurs.

Damit sind die wichtigsten möglichen Fehlerquellen internationaler Vergleiche bereits ersichtlich:

a) Fehler bei der *nationalen* Sozialproduktsermittlung;

b) Fehler bei der *nationalen* Bevölkerungsermittlung;

c) Fehler bei der Vereinheitlichung der *international* zu vergleichenden Sozialprodukte.

2.2.2 Probleme internationaler Vergleiche von PKE

Zu a) Mehrere Fehlerarten sind bei der Ermittlung des nationalen Sozialprodukts zu unterscheiden.

Dabei werden üblicherweise *drei* Begriffspaare (in Abbildung I.2.1 jeweils auf einer Achse liegend) zur Systematik von Bereichen/Sektoren/Räumen in EL verwendet. Sämtliche Punkte innerhalb des Koordinatensystems stellen mögliche Begriffskombinationen dar. Z.B.: der traditionelle (nicht monetäre), informelle, städtische Sektor.

Was die Fehlerarten betrifft, so gilt tendenziell nun folgendes:

(i) Je größer der (*traditionelle*) Subsistenzbereich eines EL, desto größer ist i.A. der "Eigenverbrauch", der selten statistisch ausreichend erfaßt wird.

(ii) Die Güter und Leistungen des sogenannten "*informellen Sektors*" werden häufig nicht oder zu niedrig veranschlagt.

Abb. I.2.1:

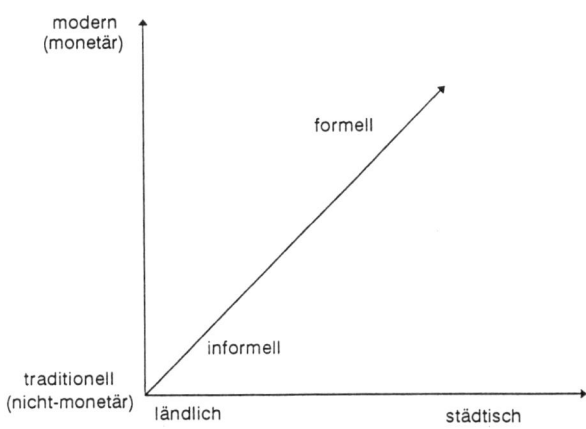

Quelle: Eigenentwurf

Zu b) Auch bei der *Bevölkerungsermittlung* treten erhebliche Probleme auf:

(i) *politisch* motivierte Fehlinformationen ("je höher die Bevölkerungsziffer, desto stärker die internationale Bedeutung").

(ii) Je unterschiedlicher der *Altersaufbau* der zu vergleichenden Länder, desto geringer ist die Aussagekraft des Vergleichs ("entscheidend ist der Anteil der arbeitsfähigen Bevölkerung, die Beiträge zum Sozialprodukt leistet").

(iii) *Nichtarbeitsfähige* Mitglieder der Gesellschaft weisen andere Bedürfnisstrukturen auf als die *erwerbstätige* Bevölkerung ("Von daher ergibt sich - bei unterschiedlichen Anteilen - jeweils eine andere Verwendungsstruktur des Sozialprodukts").

Zu c) *Fehlerquellen beim internationalen Sozialproduktsvergleich.*

Prinzipiell gibt es *drei* Möglichkeiten des Sozialproduktsvergleich:

(i) Die Sozialprodukte werden in Mengeneinheiten *eines* Gutes ausgedrückt und verglichen (vgl. Tabellen I.2.1 und I.2.2); dabei wird das Preisverhältnis *eines* Landes zugrundegelegt.

(ii) Die produzierten Mengen werden mit den Preisen *eines* Landes gewichtet; dabei werden "Sozialprodukte" in der Währungseinheit *eines* Landes erzeugt (vgl. Tabelle I.2.3);

(iii) die nationalen Sozialprodukte werden mit Hilfe des $-Wechselkurses in US-Dollar konvertiert (*direkter Einkommensvergleich*, vgl. Tabelle I.2.4). Dabei wird die Gültigkeit der Kaufkraftparitäten unterstellt; d.h., daß Preisunterschiede (absolute Version) bzw. Inflationsdifferentiale (relative Version) durch Änderungen des Wechselkurses ausgeglichen werden:[2]

(4) $\quad W = \dfrac{p_i}{p_a}\quad$ (absolute Version der Kaufkraftparität) bzw.

(5) $\quad \dfrac{W_{t+1}}{W_t} = \dfrac{p_{i_{t+1}}}{p_{a_{t+1}}} \div \dfrac{p_{i_t}}{p_{a_t}}\quad$ (relative Version der Kaufkraftparität)

Der *direkte Einkommensvergleich* ist - wie gezeigt werden wird - immer dann problematisch,

a) wenn bei den handelsfähigen Gütern kein Ausgleich der *Preisrelationen* zwischen den Ländern zustande kommt,

b) wenn nicht-handelsfähige Güter zu berücksichtigen sind.

(Vgl. Tabelle I.2.5.)

Die folgenden Überlegungen (in starker Anlehnung an Hesse/Sautter 1977) gehen zur Vereinfachung von einer 2-Länder (Land A und B)/2-Güter (Gut x_1 und x_2)-Situation aus. Folgende Definitionen sind zunächst zu beachten:

Das *nominale* Sozialprodukt (Y) eines Landes ergibt sich als Produkt von Mengen und Preisen (in Inlandswährung):

(6) $\quad Y = x_1 \cdot p_1 + x_2 \cdot p_2$

Daraus kann das *reale* Sozialprodukt (S), jeweils in Einheiten eines der beiden Güter, ermittelt werden:

(7) $\quad S_1 = x_1 + x_2 \cdot \dfrac{p_2}{p_1}\quad$ mit Gut x_1 als Numéraire oder

(8) $\quad S_2 = x_1 \cdot \dfrac{p_1}{p_2} + x_2\quad$ mit dem Gut x_2 als Numéraire.

---

[2] Vgl. Rose 1989.

Da zunächst nicht davon auszugehen ist, daß in jedem Land *identische Preisverhältnisse* [p_1/p_2] bzw. [p_2/p_1] vorliegen, wird der Sozialproduktvergleich u.a. davon abhängen, *welche* Preisrelationen bzw. Gewichte für den Vergleich herangezogen werden! Je nachdem, welche Preisrelationen bzw. *wessen* Preisrelationen herangezogen werden, ergibt sich ein unterschiedliches Ergebnis.

Dieses Problem läßt sich am einfachsten an einem Beispiel erläutern: Die (realen) Sozialprodukte (S) der Länder A und B sollen aus den folgenden Angaben ermittelt werden:

<u>Tab. I.2.1:</u> Sozialprodukt (S) in Einheiten des Gutes 2 unter Verwendung der *jeweiligen* (nationalen) Preisverhältnisse

	Produktionsmenge			Preise		$S_2 =$
	x_1	$(x_1 \cdot p_1/p_2)$	x_2	p_1	p_2	$x_2 + x_1 \cdot p_1/p_2$
Land A	20	(40)	100	2	1	$S_{A2} = 140$
Land B	60	(30)	20	5	10	$S_{B2} = 50$

Das reale Sozialprodukt bzw. die gesamte Leistung (S) *eines* Landes wird zunächst in ME eines Gutes ausgedrückt, beispielsweise in ME von Gut 2 (S_2). Dazu wird das Preisverhältnis von Gut 1 zu Gut 2 herangezogen. Damit die Leistungen *beider* Länder verglichen werden können, muß man aber das Preisverhältnis in *einem* der beiden Länder zugrundelegen. Die in der letzten Spalte von <u>Tabelle I.2.1</u> ermittelten realen Sozialprodukte, S_{A2} und S_{B2}, sind nämlich so nicht vergleichbar, da in den Ländern A und B ganz verschiedene Preisrelationen (etwa als Ausdruck der relativen Wertschätzung beider Güter durch die Nachfrage) vorliegen.[3] Einen Ausweg bietet <u>Tabelle I.2.2</u>.

Der erste Index beim Sozialprodukt (S) gibt das Land an, dessen Sozialprodukt bestimmt wird, während der zweite Index das Land angibt, dessen Preisverhältnis zugrunde gelegt wird.

<u>Tabelle I.2.2</u> zeigt, daß man sehr unterschiedliche (reale) Sozialprodukte erhält, je nachdem, mit Hilfe welcher *Preisrelationen* (Gewichte) die produzierten Mengen beider Güter zum Sozialprodukt zusammengefaßt werden. *Internationale Einkommensvergleiche führen mithin bei unterschiedlichen natio-*

---

[3] In Land A ist Gut x_1 doppelt so teuer wie Gut x_2 ($p_1/p_2 = 2/1$), während in Land B Gut x_2 doppelt so teuer ist wie Gut x_1 ($p_1/p_2 = 5/10$).

nalen Wertgerüsten zu keinem eindeutigen Ergebnis.

Tab. I.2.2: Sozialprodukt (S) in Einheiten des Gutes 2 mit Hilfe des Preisverhältnisses von Land A oder B

	A	B
Land A	$S_{AA} = x_{2A} + x_{1A} \cdot p_{1A}/p_{2A} = 140$	$S_{AB} = x_{2A} + x_{1A} \cdot p_{1B}/p_{2B} = 110$
Land B	$S_{BA} = x_{2B} + x_{1B} \cdot p_{1A}/p_{2A} = 140$	$S_{BB} = x_{2B} + x_{1B} \cdot p_{1B}/p_{2B} = 50$

Zu den o.a. unterschiedlichen *Preisrelationen* $\frac{p_{1A}}{p_{2A}} \neq \frac{p_{1B}}{p_{2B}}$ können als Faktoren beitragen:

- die unterschiedliche Ineffizienz der öffentlichen Hand: die überhöhten Preise staatlicher Güter und Leistungen spiegeln hohe (verursachte) Kosten wider, nicht die Stärke der Nachfrage;
- die unterschiedlichen Einkommensverteilungen in den Ländern, die c.p. zu abweichenden Marktpreisen führen;
- der unterschiedlich starke Einsatz von Fest-, Höchst- und Mindestpreisen bei alternativen Gütergruppen.

In der *Praxis* werden die Sozialprodukte nicht wie oben in Einheiten eines Gutes angegeben. In der Regel werden die Produktionsmengen mit den *absoluten* Preisen der Güter multipliziert und zwar mit den Preisen nur *eines* Landes. Man wählt die Preise des Landes A (B), wenn man den Sozialproduktvergleich auf der Grundlage der Wertvorstellungen des Landes A (B) durchführen will. Die Ergebnisse in Tabelle I.2.3 weichen nicht von denjenigen der Tabelle I.2.2 ab, sofern man auf die *Relation* der Sozialprodukte zueinander, also auf den Sozialproduktvergleich abstellt:

Tab. I.2.3:

	nominales Sozialprodukt (Y) in Preisen von Land	
	A	B
Land A	$Y_{AA} = 140$	$Y_{AB} = 1100$
	$(20 \cdot 2 + 100 \cdot 1)$	$(20 \cdot 5 + 100 \cdot 10)$
Land B	$Y_{BA} = 140$	$Y_{BB} = 500$
	$(60 \cdot 2 + 20 \cdot 1)$	$(60 \cdot 5 + 20 \cdot 10)$

Sind dagegen die Preisrelationen in Land A und in Land B gleich, dann - und nur dann - gilt stets:

(9) $\dfrac{Y_{AA}}{Y_{BA}} = \dfrac{Y_{AB}}{Y_{BB}}$

Das heißt, es ist unter dieser Bedingung egal, welches Land mit seinen (absoluten oder relativen) Wertvorstellungen zugrundegelegt wird. Andererseits läßt sich zeigen, daß auch der *direkte Einkommensvergleich*[4] zum gleichen Ergebnis führt, wenn die Preisrelationen *in* den zu vergleichenden Ländern übereinstimmen:[5]

(10) $\dfrac{Y_{AA} \cdot W}{Y_{BB}} = \dfrac{Y_{AA}}{Y_{BA}} = \dfrac{Y_{AB}}{Y_{BB}}$

Beispiel: Im Falle Deutschlands und der USA:

Tab. I.2.4: Sozialprodukt (Y) in den Preisen des jeweiligen Landes

	Produktionsmengen		Preise		Y =
	X_1	X_2	p_1	p_2	$\sum_{i=1}^{n} X_i \cdot p_i$
Land A ($)	20	100	1,5	1,2	30 + 120 = 150
Land B (DM)	60	20	7,5	6,0	450 + 120 = 570

Da die Preise in Land B fünfmal höher sind als in Land A, bietet sich ein Wechselkurs (W) von 5 an.

Bei einem Wechselkurs W (DM/$) von 5 ist nämlich:

(11) $\dfrac{Y_{AA} \cdot W}{Y_{BB}} = \dfrac{150 \cdot 5}{570} = 1,316$

während

(12) $\dfrac{Y_{AA}}{Y_{BA}} = \dfrac{150}{60 \cdot 1,5 + 20 \cdot 1,2} = \dfrac{150}{90 + 24} = 1,316$

---

[4] Das heißt, unter Verwendung des Wechselkurses, der Preise im *jeweiligen* Land und nicht bei Zugrundelegung der Preise *eines* Landes.

[5] 1,5 : 1,2 = 7,5 : 6,0.

und ebenfalls

(13) $\quad \dfrac{Y_{AB}}{Y_{BB}} = \dfrac{20 \cdot 7{,}5 + 100 \cdot 6{,}0}{570} = \dfrac{150 + 600}{570} = 1{,}316$

Dieses Ergebnis ist aber - was weiter unten zu zeigen sein wird - i.d.R. nur dann zu erreichen, wenn die betrachteten Güter *handelsfähig* sind.

Warum ist der Wechselkurs W des Landes B gegenüber Land A gleich 5?

Bei Vernachlässigung von Kapitalbewegungen ist der Wechselkurs durch die grenzüberschreitenden Güterströme bestimmt. Nehmen wir an, W wäre größer als 5 (etwa 7). Dann wären die Preise beider Güter in Land A (umgerechnet in die Währung von B) höher als in Land B. Unter Freihandelsbedingungen kommt es zu Exporten *von B nach A* und in der Folge des Exportüberschusses zu einer *Aufwertung* der Währung des Landes B: der Wechselkurs (W) wird sinken (bis auf 5), die Exportüberschüsse gehen zurück, bis der Leistungsbilanzsaldo wieder ausgeglichen ist und keine Kräfte mehr wirksam sind, die zu einer Veränderung des Wechselkurses führen könnten.

Abb. I.2.2:

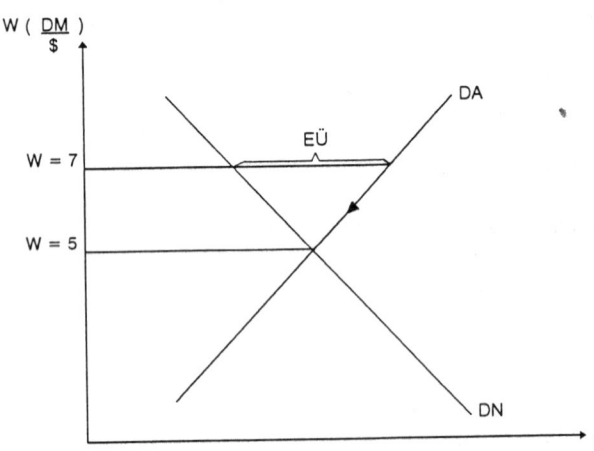

EÜ = Exportüberschuß

Quelle: Eigenentwurf

Ein Überangebot an Devisen wird durch ein Absinken des Kurses beseitigt: es liegt demnach auf dem Devisenmarkt "Walras-Stabilität" vor.[6]

Gleichwohl ist der *direkte Einkommensvergleich* mit *zwei Problemen* behaftet:

(i) Die Umrechnung der Sozialproduktswerte mit Hilfe der Wechselkurse führt zu Verzerrungen, wenn es - auch bei Aufnahme von Außenhandel - *nicht* zu einem *Ausgleich der Preisrelationen* kommt,

- da (zumindest in einem der Länder) unvollkommene Märkte vorliegen;
- da Zölle u.a. Importrestriktionen vorliegen;
- da Transportkosten zu berücksichtigen sind;
- da der Staat in die Preisbildungsprozesse eingreift;
- da weitere, oben angeführte Gründe für abweichende Preisrelationen vorliegen.

Damit ist die Frage angesprochen, warum der Außenhandel i.A. die Tendenz hat, zu einem Ausgleich in den Preisrelationen der verschiedenen Länder zu führen:

Im Beispiel von Tabelle I.2.1 hat Land B bei beiden Gütern einen *absoluten* Preisnachteil, da $5 > 2$ und $10 > 1$ (bei einem festen Wechselkurs von $W = 1$).

Jedoch ist

$$\frac{5}{10} < \frac{2}{1} \quad \text{bzw.} \quad \left[\frac{p_1}{p_2}\right]_B < \left[\frac{p_1}{p_2}\right]_A$$

Daher weist *Land B* bei Gut 1 einen *komparativen* Preisvorteil auf und wird *Gut 1* ins Ausland (Land A) *exportieren*. Dort erhalten die Exporteure nämlich für eine Einheit von Gut 1 zwei Einheiten von Gut 2 (statt 0,5 im Inland). Die Ausländer (*Land A*), die *Gut 2* anbieten, können auf ihrem Binnenmarkt für Gut 2 0,5 Einheiten von Gut 1 erzielen, jedoch im Inland (*Land B*) 2 Einheiten; es kommt also zu Außenhandel; dabei gleichen sich die Preisrelationen an, denn:

---

[6] Von der Möglichkeit, daß die DA-Kurve "anomal" verläuft und somit auch anomale Reaktionen der Leistungsbilanz hervorrufen kann, wird hier abgesehen.

a) im Inland (B) wird aufgrund der Importe aus A der Preis von Gut 2 sinken.

b) im Ausland (A) wird aufgrund der Importe aus B der Preis von Gut 1 sinken;

c) im Inland (B) wird Gut 1 knapper und teurer werden - aufgrund der Exporte nach A;

d) im Ausland (A) wird Gut 2 knapper und teurer werden - aufgrund der Exporte nach B.

Tendenziell wird es also zu einer Angleichung der Preisrelationen kommen.

(ii) Selbst wenn es aber zu einem Ausgleich der Preisrelationen bei den gehandelten (X_1, X_2) Gütern kommt, führt die Existenz von *nicht-handelsfähigen* Gütern (X_3) zu Verzerrungen im *direkten internationalen Einkommensvergleich*. So lautet die These. Aber der Reihe nach. Bei nicht-handelsfähigen Gütern handelt es sich in erster Linie um Teile der Dienstleistungen (*Beispiel*: Haarschnitte), um die Leistungen des Bausektors und andere Güter, die aufgrund von Handelshemmnissen *de facto* nicht gehandelt werden.

Um das zugrundeliegende Problem, das dem Studierenden i.d.R. große Schwierigkeiten macht, zu verstehen, greifen wir auf folgende Illustration durch das Ehepaar Sinn (Sinn/Sinn 1991, S. 44 f.) zurück:

"Den Kern des Arguments kann man leicht verstehen, wenn man sich das folgende einfache Modell vor Augen führt. Es gebe zwei Länder, das Westland und das Ostland. Beide Länder produzieren zwei Güter, ein frei handelbares, homogenes Industrieprodukt und ein nicht gehandeltes, arbeitsintensiv produziertes Gut, z.B. "Haarschnitte". Produktionsfaktoren seien international nicht mobil, und innerhalb eines jeden Landes gelte ein einheitlicher Lohn für beide Sektoren. Das Westland weise eine höhere Arbeitsproduktivität bei der Produktion des Industriegutes auf, und es zahle deshalb einen höheren Reallohn in Einheiten dieses Industriegutes als das Ostland. Bei der Produktion des nicht gehandelten Gutes gebe es demgegenüber keine Produktivitätsdifferenzen. In dem so beschriebenen Modell ist der in Einheiten des Industriegutes ausgedrückte Preis des nicht gehandelten Gutes im Ostland niedriger als im Westland. Da dieses Gut vor allem mit Arbeit produziert wird und da bei ihm keine Produktivitätsdifferenzen existieren, sind seine Preise zu den jeweiligen inländischen Lohnsätzen proportional. Der niedrigere Lohnsatz des weniger produktiven Landes überträgt sich deshalb in einen vergleichsweise niedrigeren Preis für das nicht gehandelte Gut."

In der Wirtschaftswirklichkeit korrelieren die (relativen) Preise für Nontradeables mit der Höhe des PKE. Je ärmer ein Land, desto niedriger sind c.p. die Preise der Nontradeables im Vergleich zu den Tradeables.

"Das Ergebnis hat unmittelbare Implikationen für das Verhältnis von Kaufkraftparität und Wechselkurs. Da letzterer sich so einspielen muß, daß er der Kaufkraftparität der gehandelten Waren entspricht, kann er nicht zugleich die Kaufkraftparität eines Warenbündels, in dem sich sowohl gehandelte als auch nicht gehandelte Waren befinden, widerspiegeln. Vielmehr wird ein bestimmter Devisenbetrag, der für den Kauf solcher Bündel zur Verfügung steht, in dem Land mit der niedrigeren Produktivität und dem entsprechend niedrigeren Preis der nicht gehandelten Güter eine höhere Kaufkraft aufweisen, was nichts anderes heißt, als daß die Währung dieses Landes gemessen an der allgemeinen Kaufkraftparität unterbewertet ist."

Das folgende Zahlenbeispiel verdeutlicht diese Aussage:

Tab. I.2.5: Einkommensvergleich unter Berücksichtigung von Nontradeables (X_3)

	X_1	X_2	X_3	p_1	p_2	p_3	$Y = \sum_i X_i \cdot p_i$
Land A	20	100	20	1,5	1,2	6,0	270
Land B	60	20	100	7,5	6,0	1,5	720

Bei einem Wechselkurs von W = 5 (s.o.) erhält man:

(14) $\quad \dfrac{Y_{AA} \cdot W}{Y_{BB}} = 1{,}875$

Legt man die Wertvorstellungen (bzw. Preise) von Land B zugrunde, erhält man:

(15) $\quad \dfrac{Y_{AB}}{Y_{BB}} = \dfrac{20 \cdot 7{,}5 + 100 \cdot 6{,}0 + 20 \cdot 1{,}5}{720} = 1{,}083$

Legt man die Wertvorstellungen (bzw. Preise) des Landes A zugrunde, ergibt sich:

(16) $\quad \dfrac{Y_{AA}}{Y_{BA}} = \dfrac{270}{60 \cdot 1{,}5 + 20 \cdot 1{,}2 + 100 \cdot 6{,}0} = 0{,}378$

Die unterschiedlichen Ergebnisse haben ihren Grund darin, daß in Tabelle

I.2.5 das *nicht handelsfähige Gut* X_3 in Land A einen relativ hohen Preis erzielt (und in einer nur relativ kleinen Menge produziert wird). Dagegen ist es im Land B relativ billig (und relativ reichlich vorhanden).

Typischerweise ist in der Wirtschaftswirklichkeit Land *B ein EL* und Land *A ein IL*. Wie Gleichung (14) zeigt, wird in einem solchen Fall der Einkommensvergleich mit Hilfe von Wechselkursen zu sehr zugunsten der IL ausfallen.

Formal läßt sich der relative Preisunterschied zwischen Tradeables und Nontradeables in IL und EL wie folgt darstellen.

Für beide Ländergruppen mögen die folgenden Inputkoeffizienten gelten:

(17) $b = \begin{bmatrix} b_{LN} & b_{LT} \\ b_{CN} & b_{CT} \end{bmatrix}$, $\quad$ L = Labor

$\qquad\qquad\qquad\qquad\qquad$ C = Capital

$\qquad\qquad\qquad\qquad\qquad$ N = Nontradeables

$\qquad\qquad\qquad\qquad\qquad$ T = Tradeables

Im gewinnlosen Konkurrenzgleichgewicht gilt für beide Länder:

(18) $b_{LN} \cdot w + b_{CN} \cdot r = P_N$, $\quad$ w = Lohnsatz

$\qquad\qquad\qquad\qquad\qquad\quad$ r = Zinssatz

(19) $b_{LT} \cdot w + b_{CT} \cdot r = P_T$

Ist die relative Arbeitsproduktivität bei der Produktion von Tradeables im IL größer als im EL, so gilt:

(20) $\left[\dfrac{b_{LN}}{b_{LT}}\right]^{EL} < \left[\dfrac{b_{LN}}{b_{LT}}\right]^{IL}$

Richtet sich der (landesspezifisch einheitliche) Lohnsatz w nach der jeweiligen Arbeitsproduktivität im Sektor der Tradeables, so folgt daraus c.p., daß

(21) $\left[\dfrac{P_N}{P_T}\right]^{EL} < \left[\dfrac{P_N}{P_T}\right]^{IL}$

Beweis:

(22) $\frac{P_N}{P_T} = \frac{b_{LN} \cdot w + b_{CN} \cdot r}{b_{LT} \cdot w + b_{CT} \cdot r}$; für $b_{CN}, b_{CT} = 0$ ist

(23) $\frac{P_N}{P_T} = \frac{b_{LN}}{b_{LT}}$

2.3 Die personelle Einkommensverteilung als Indikator für Entwicklung und als Maßstab für Entwicklungsvergleiche

2.3.1 Maße der personellen Einkommensverteilung

Die personelle EV untersucht die Verteilung des Einkommens auf bestimmte sozioökonomische Gruppen. Erklärungsbedürftig sind die *Einkommenshöhe* und die *Einkommensstreuung*.

Trägt man auf der Abszisse die Einkommen nach ihrer Höhe und auf der Ordinate die kumulierten relativen Häufigkeiten derer, die mehr verdienen als der Abszissenwert (Blümle 1975, S. 28), ab, so erhält man am häufigsten die folgende Darstellung:

Abb. I.2.3:

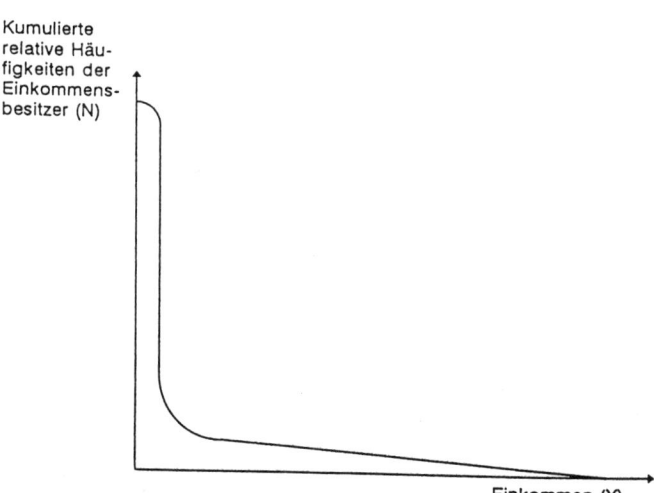

Quelle: Blümle (1975)

15

Pareto glaubte, in diesem Verteilungsmuster ein Gesetz zu erkennen:

(24) $N = b \cdot y^{-\alpha}$

N = Anzahl der Einkommensempfänger, die ein Einkommen von y oder mehr erhalten. Durch Logarithmieren erhält man einen in Logarithmen linearen Zusammenhang:

(25) $\log N = \log b - \alpha \cdot \log y$

Dies ist die sogenannte Pareto-Gerade. Je steiler diese ist, desto größer α, und desto gleichmäßiger die Verteilung der Einkommen.

a) Paretos Maß

Abb. I.2.4:

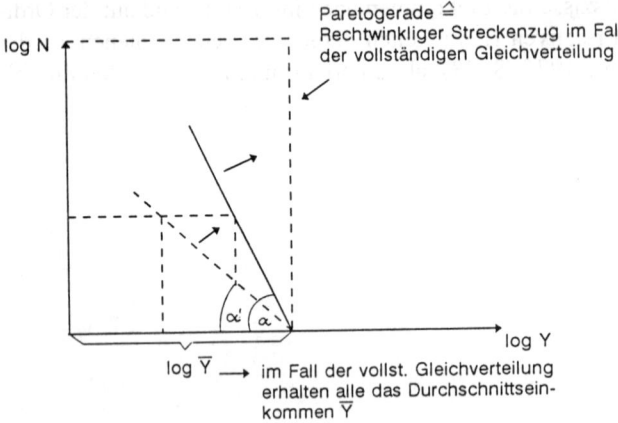

Quelle: Blümle (1975); Eigenentwurf

In Abbildung I.2.4 wird die EV beim Übergang von α' nach α demzufolge gleichmäßiger. Im Falle der Gleichverteilung verläuft die Pareto-Gerade senkrecht zur Abszisse und zwar in einem Abstand log y von der Ordinate. Eine weitere, außerordentlich häufig verwendete Darstellungsmöglichkeit für die personelle EV ist das sogenannte Lorenz-Diagramm:

b) Das Lorenz-Diagramm

Abb. I.2.5:

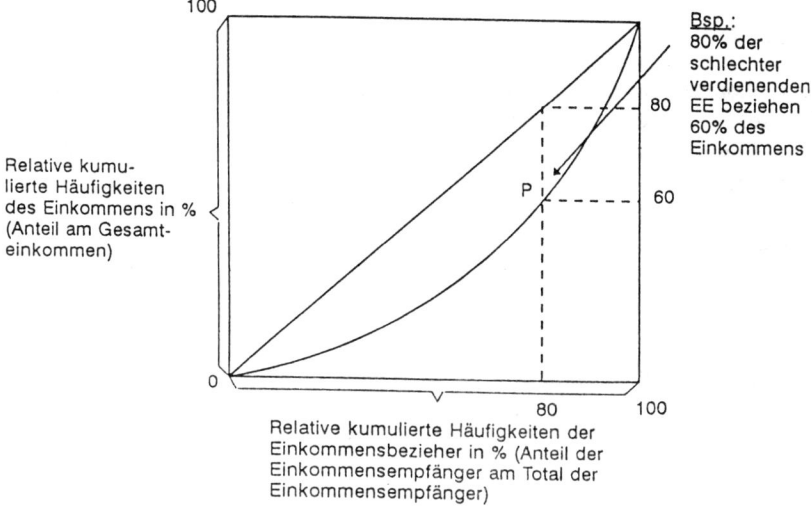

Quelle: Blümle (1975); Eigenentwurf

Im Falle der vollständigen Konzentration besteht die Lorenzkurve aus der Abszisse "und der Senkrechten darauf am Strahlenende" (Blümle 1975, S. 31). Mit Hilfe des Lorenzdiagramms läßt sich auch der sogenannte Gini-Koeffizient berechnen. Dieser ist für Werte zwischen Null und Eins definiert:

c) Der Gini-Koeffizient

Abb. I.2.6:

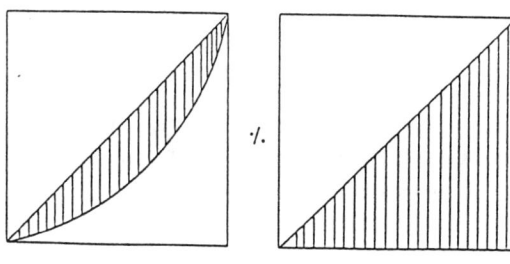

Quelle: Eigenentwurf

Die Fläche zwischen der Kurve der Gleichverteilung und der einer empirischen Verteilung entsprechenden, dividiert durch die Fläche bei vollständiger Konzentration (Dreieck unter der Diagonalen), wird als Gini-Koeffizient bezeichnet.

d) Quantile

Die Einkommensverteilung wird dabei dadurch charakterisiert, daß man angibt, welcher Anteil am Gesamteinkommen den 1%, 2%, 5% oder 20% der *besten Verdiener* zukommt. Im Falle der Gleichverteilung würden ihnen 1%, 2%, 5% bzw. 20% des Gesamteinkommens zukommen:

Beispiel:

$(n = 10)$; Y_i = Einkommen ; $Y = \sum_{i=1}^{n} Y_i$

Tab. I.2.6: Einkommensgruppe

y_i^a	y_i^b	y_i^c
10	14	14
10	14	14
10	12	13
10	12	13
10	10	12
10	10	12
10	8	6
10	8	6
10	6	5
10	6	5
100	100	100

Die 20% am besten Verdienenden erhalten im Falle a) 20% des Gesamteinkommens und im Falle b) 28% des Gesamteinkommens. Letzteres gilt auch im Falle c), obwohl diese Verteilung als stärker streuend anzusehen ist.

e) Quintile

Bei den Quintilen werden die Einkommensbezieher nach der Höhe des Einkommens in *fünf* Gruppen zusammengefaßt. Dabei wird jeder Gruppe der jeweilige Anteil am Gesamteinkommen zugeordnet. Als Beispiel nehmen wir die obige Verteilung C, wobei wir die Quintile von der untersten bis zur obersten Einkommensgruppe ordnen:

1. Quintil = 10%
2. Quintil = 12%
3. Quintil = 24%
4. Quintil = 26%
5. Quintil = 28%.

Das 1. Quintil gibt beispielsweise an, welchen Anteil am Gesamteinkommen die 20% der am schlechtesten Verdienenden erhalten.

2.3.2 Kritische Würdigung der Verteilungsmaße

a) Der optische Vergleich von Lorenzkurven wird bei einer größeren Anzahl von Verteilungssituationen unübersichtlich.

b) Das Gini-Maß führt u.U. bei unterschiedlichen Verteilungsstrukturen zum gleichen Ergebnis (vgl. Abbildung I.2.7).

c) Paretos Maß ist (bedingt durch das Kumulieren einer und das Logarithmieren beider Variablen) sehr empfindlich für Verteilungsänderungen im Bereich der oberen Einkommen, jedoch unempfindlich für Änderungen im unteren Einkommensbereich.

d) Quantile berücksichtigen nicht alle Verteilungsänderungen, sofern eine Beschränkung auf ein Quantil erfolgt und nur ein Teil der Einkommensempfänger erfaßt wird (siehe obiges Beispiel).

e) Die Charakterisierung einer ganzen Verteilung durch Quintile bringt den Nachteil mit sich, daß Umverteilungen innerhalb der Quintile nicht zum Ausdruck kommen. so ergibt sich für das 1. Quintil des Beispiels derselbe Wert, egal ob ein Einkommen von 6 zweimal auftritt, innerhalb des Quintils somit Gleichverteilung herrscht, oder aber Einkommen von 5 und 7 je einmal vorkommen. Die Streuung *innerhalb* der Quantile bleibt folglich unberücksichtigt (vgl. Blümle 1975).

Abb. I.2.7:

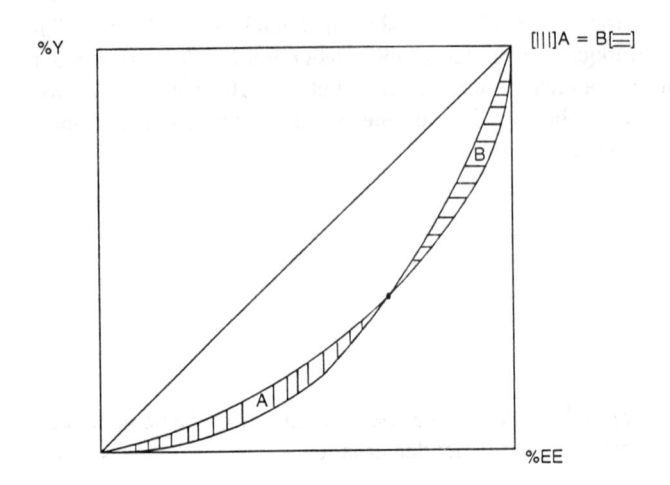

%Y [|||]A = B[≡]

%EE

Quelle: Eigenentwurf

Literaturhinweise zu diesem Kapitel:

Bergstrand, J.H., Structural Determinants of Real Exchange Rates and National Price Levels: Some Empirical Evidence, in: AER, Vol. 81, No. 1, 1991, S. 325-334.

Blümle, G., Theorie der Einkommensverteilung. Eine Einführung. Berlin/Heidelberg/New York 1975.

Hesse, H./Sautter, H., Entwicklungstheorie und -politik, Band I: Entwicklungstheorie. Tübingen u.a.O. 1977.

Rose, K., Theorie der Außenwirtschaft, 10. Auflage, München 1989.

Sell, F.L. Geld- und Währungspolitik in Schwellenländern, am Beispiel der ASEAN-Staaten. Ein Beitrag zu der Kontroverse zwischen "Liberalisierungsökonomen" und "Neostrukturalisten", Berlin 1988.

Sinn, G./Sinn, H.-W., Kaltstart, Volkswirtschaftliche Aspekte der deutschen Vereinigung, Tübingen 1991.

3. Entwicklungsländer: Klassifizierung und Typologisierung

3.1 Kriterien der Einteilung

Im wesentlichen lassen sich drei Arten von Kriterien unterscheiden:
(i) Einteilung der Ländergruppen nach dem Entwicklungsstand;
(ii) Einteilung der Ländergruppen nach der Zugehörigkeit zu politischen Gruppierungen bzw. nach der Klassifizierung auf internationalen Konferenzen und in internationalen Organisationen;
(iii) Einteilung nach spezifisch entwicklungspolitischen Fragestellungen.

3.2 Eingruppierungen nach ökonomischen Kriterien

3.2.1 Die Einteilung der Weltbank

Die Weltbank unterscheidet - neben geographisch abgegrenzten Regionen - primär folgende drei Ländergruppen:
- Länder mit niedrigen Einkommen (PKE im Jahre 1990 ≤ 610$)
- Länder mit mittleren Einkommen (610$ < PKE im Jahre 1990 ≤ 7620$)

  Diese Gruppe wird bei einem PKE von 2465$ nochmals in eine untere und eine obere Kategorie unterteilt.
- Länder mit hohem Einkommen (PKE im Jahre 1990 > 7620$).

Zu analytischen Zwecken werden desweiteren verschiedene, sich überschneidende Gruppen verwendet:
- Brennstoffexportierende Länder: Länder, deren Export (und Reexport) von Erdöl und Erdgas im Zeitraum 1987-1989 mindestens 50% der Waren- und Dienstleistungsausfuhr betrug
- Länder mit mittleren Einkommen und gravierenden Schuldenproblemen: 15 Länder, von denen angenommen wird, daß sie sich in ernsthaften Schuldendienstschwierigkeiten befunden haben bzw. noch befinden.

3.2.2 Die Einteilung des Internationalen Währungsfonds (IWF)

Der IWF unterscheidet:
- IL (23 Länder)

- EL ohne Osteuropa und die ehemalige UDSSR (138 Länder)
- Osteuropa und die ehemalige UDSSR

wobei die Gruppe der EL nach verschiedenen Kriterien unterteilt werden kann, z.B. nach:

- Regionen:
  - Afrika
  - Asien
  - Europa
  - Mittlerer Osten
  - Westliche Hemisphäre
- vorherrschenden Exporten:
  - Öl-Exporte
  - Nicht-Öl-Exporte
    - Exporte von Fertigerzeugnissen
    - Rohstoffe
      - landwirtschaftl. Produkte
      - mineralische Produkte
    - Dienstleistungsexporte
- finanzielle Kriterien:
  - Netto-Schuldnerländer
  - Netto-Gläubigerländer
- weitere Kriterien:
  - Kleine-Niedrigeinkommen-Länder
  - Am wenigsten entwickelte Länder (LLDC's)
  - 15 am meisten verschuldete Länder

3.2.3 Die Einteilung der OECD

Die OECD unterscheidet zunächst zwischen OECD-Ländern und Nicht-OECD-Ländern. Diese beiden Gruppen werden anschließend erneut unterteilt in:

OECD-Länder:
- Sieben Haupt-OECD-Länder (G7-Gruppe): USA, Japan, Deutschland, Frankreich, Italien, Großbritannien und Kanada
- alle anderen OECD-Länder

Nicht OECD-Länder:
- OPEC
- Asian Newly Industrialising Economies (NIE's)
- Nicht-OPEC-EL (NODC's)
- Zentral- und osteuropäische Länder

3.2.4 Die Einteilung der UNO

Die UNO benutzt für analytische Zwecke zunächst folgende grobe Länderklassifikation:
- Entwickelte Marktwirtschaften:
Nord-Amerika, Süd- und West-Europa (ohne Zypern, Malta und Jugoslawien), Australien, Japan, Neuseeland, Südafrika.
- EL:
Lateinamerika und Karibik, Afrika (ohne Südafrika), Asien und der Pazifische Raum (ohne Australien, Japan und Neuseeland), Zypern, Malta, Jugoslawien. China wird in vielen Analysen gesondert aufgeführt.

Für spezielle Analysen werden die EL weiter unterteilt in:
- Kapital-Überschuß-Länder:
Brunei, Iran, Irak, Kuwait, Libyen, Katar, Saudi Arabien, Vereinigte Arabische Emirate.
- Kapital-Import-Länder:

Innerhalb dieser Gruppe unterscheidet man:

  - Netto-Energie-Exporteure:
  Algerien, Angola, Bahrain, Bolivien, Kamerun, Kongo, Ekuador, Ägypten, Gabun, Indonesien, Malaysia, Mexiko, Nigeria, Oman, Peru, Syrien, Trinidad und Tobago, Tunesien, Venezuela.
  - Netto-Energie-Importeure:
  Alle anderen EL.
  - Junge Überschußländer:
  Hongkong, Süd-Korea, Singapur, Taiwan.

3.3 Politische Gruppierungen

Als Beispiele für diese sehr heterogene Klassifizierung seien genannt:
- Die sogenannten "*Blockfreien*", die sich 1955 "zwischen" Nato und dem ehemaligen Warschauer Pakt zusammenschlossen.
- *Regionale* Zusammenschlüsse: Anden-Pakt, Arabische Liga, ASEAN, CARICOM (Karibische Gemeinschaft), ECOWAS (Westafrikanische Wirtschaftsgemeinschaft);
- Die "*Gruppe der 77*" (geschaffen auf der UNCTAD Konferenz 1964); heute

sind dies 125 Länder davon:

A-Länder = afrikanische und asiatische EL

B-Länder = marktwirtschaftliche IL

C-Länder = lateinamerikanische EL

D-Länder = osteuropäische Staatshandelsländer (bisher)

- *AKP*-Staaten: 66 Länder in Afrika, in der Karibik und im Pazifik mit vorwiegend kolonialer Vergangenheit (Frankreich, England).

Literaturhinweise zu diesem Kapitel:

Dams, Th., Stichwort Entwicklung, Entwicklungspolitik, in: Staatslexikon, 7. Auflage, Band 2, Freiburg 1986, S. 294-330.

International Monetary Fund, World Economic Outlook, Washington, D.C., verschiedene Jahrgänge.

OECD, Wirtschaftsausblick 51, Paris 1992.

United Nations, World Economic Survey 1991/1992, Geneva.

World Bank, Weltentwicklungsbericht, Washington, D.C., verschiedene Jahrgänge.

II. Kennzeichen der Unterentwicklung

1. Mangel an Kapital

1.1 Mangel an Realkapital

1.1.1 Der Zusammenhang zwischen Ressourceneinsatz und Produktionsergebnis

Die technischen Beziehungen, die zwischen Ressourceneinsatz und Produktionsergebnis bestehen, werden bekanntlich durch Produktionsfunktionen beschrieben. Entsprechend der zugrundeliegenden "Produktionsstätte" unterscheidet man dabei zwischen *mikro- und makroökonomischen* Produktionsfunktionen.

(a) Von *mikroökonomischen* (bzw. einzelbetrieblichen) Produktionsfunktionen spricht man immer dann, wenn man jene produktionstechnischen Zusammenhänge erfassen will, die sich *in einzelnen Betrieben* ergeben. Eine solche Produktionsfunktion enthält in der Regel eine sehr große Anzahl von Produktionsfaktoren als Argumente, da üblicherweise viele Maschinen-, Rohstoff- und Arbeitsarten im Produktionsprozess miteinander kombiniert werden; die Anzahl und Art der in die Produktionsfunktion einzubeziehenden Produktionsfaktoren variiert dabei von Betrieb zu Betrieb.

(b) Will man hingegen jene Produktionsbeziehungen erfassen, die sich im *Makrobereich* eines Landes, d.h. in *einzelnen Industriezweigen, Sektoren* oder für die *gesamte Volkswirtschaft* ergeben, so greift man zu makroökonomischen Produktionsfunktionen. Hier stellt sich jedoch die Frage nach ihrer Relevanz: Es leuchtet zwar unmittelbar ein, daß einzelbetriebliche Produktionsfunktionen sinnvoll formuliert werden können, denn die Produktionsaktivitäten finden innerhalb einer Volkswirtschaft stets in Einzelbetrieben statt. Bei *makroökonomischen Produktionsfunktionen* fehlt dagegen dieser unmittelbare Zusammenhang, sie *können lediglich eine indirekte Abhängigkeit des Produktionsergebnisses vom Faktoreinsatz widerspiegeln*, bei dem die Einzelbetriebe die Mittlerfunktion übernehmen. Die eingangs gegebene Definition der Produktionsfunktion als Ausdruck der mit bestimmten Faktoreinsätzen *maximal erreichbaren Produktionsmengen* erfordert dann gleichzeitig, daß diese Faktoren auf der zugrundeliegenden Makroebene im Rahmen der vorgegebenen technischen und politischen Rahmenbedingungen produktionsmaximal auf die Elemente dieser Makroeinheit aufgeteilt sind (*intersektorale Alloka-*

tion). Bei Verletzung dieser Bedingung wäre es möglich, bereits durch eine Umverteilung der gegebenen Faktorbestände eine Produktionszunahme zu erzielen. Zum anderen ist bei der Formulierung einer makroökonomischen Produktionsfunktion zu berücksichtigen, daß eine präzise Erfassung der relevanten produktionstechnischen Zusammenhänge auch dadurch unmöglich gemacht wird, daß auf der Makroebene eine oftmals unüberschaubare Anzahl von Faktor- und Güterarten vorliegt. Wenn man deshalb makroökonomische Produktionsfunktionen formulieren will, so kann man das bestenfalls auf der Basis hochaggregierter Input-Output-Beziehungen tun. Hierbei faßt man alle Faktor- und Güterarten zu einer möglichst überschaubaren Anzahl von Faktor- und Güterkomplexen zusammen und versucht, eine annähernde Beschreibung der funktionalen Produktionszusammenhänge zu ermitteln. Die in makroökonomischen Produktionsfunktionen jeweils enthaltenen Inputs und Outputs sind also hochaggregierte, heterogene Güter- und Faktorenbündel, deren effektiv vorhandene Heterogenität jedoch vernachlässigt wird; man unterstellt implizit die (in der Realität mit erheblichen Schwierigkeiten verbundene) Möglichkeit zur Aggregation - beispielsweise in Form einer Indexbildung[7] - der Faktorarten zu großen Blöcken.

Die mit der Aggregation einzelbetrieblicher Funktionen zu einer makroökonomischen Produktionsfunktion zusammenhängenden Probleme sind umso stärker, je höher der Grad der Aggregation ist; legt man die traditionelle Strukturhierarchie mit den Stufen Einzelbetrieb-Subsektor-Industrie-Gesamtwirtschaft zugrunde, so beinhalten gesamtwirtschaftliche Produktionsfunktionen aufgrund ihrer maximalen Aggregation den größten Abstraktionsgrad und damit die stärksten Interpretationsbedürfnisse.

Üblicherweise arbeitet man in der makroökonomischen Produktionstheorie mit einer Funkion vom Typ

(26) $X = f(A, K, N)$; $TW = \overline{TW}$

$IR = \overline{IR}$

$SR = \overline{SR}$

A gibt dabei den Arbeitseinsatz, K den Kapitaleinsatz, N den verfügbaren Bestand an natürlichen Ressourcen (incl. Boden und klimatische Bedingungen) und X das Produktionsergebnis an. Das Zeichen f besagt, daß jeder Kombina-

---

[7] Etwa ein Index der Industrieproduktion, wie er für IL in den International Financial Statistics des IWF ausgewiesen wird.

tion von A, K und N *ein* bestimmtes, *maximal* erreichbares Produktionsergebnis zuzuordnen ist - eine Aussage, welche sowohl einen vorgegebenen Stand des technischen Wissens ($\overline{TW}$) als auch einen bestimmten institutionellen ($\overline{IR}$) sowie soziokulturellen Rahmen ($\overline{SR}$) impliziert. In bezug auf die Eigenschaften dieser Produktionsfunktion wird üblicherweise unterstellt, daß diese Funktion stetig und differenzierbar ist. Eine solche Eigenschaft impliziert Substituierbarkeit der Faktoren, d.h. ein bestimmtes Produktionsergebnis läßt sich mit verschiedenen Kombinationsmöglichkeiten von A, K und N herstellen.

Das Isoquantensystem einer Produktionsfunktion mit den genannten Eigenschaften weist, wenn man auf ein *Zwei*-Faktoren-Modell abstellt, das folgende Aussehen auf:

Abb. II.1.1:

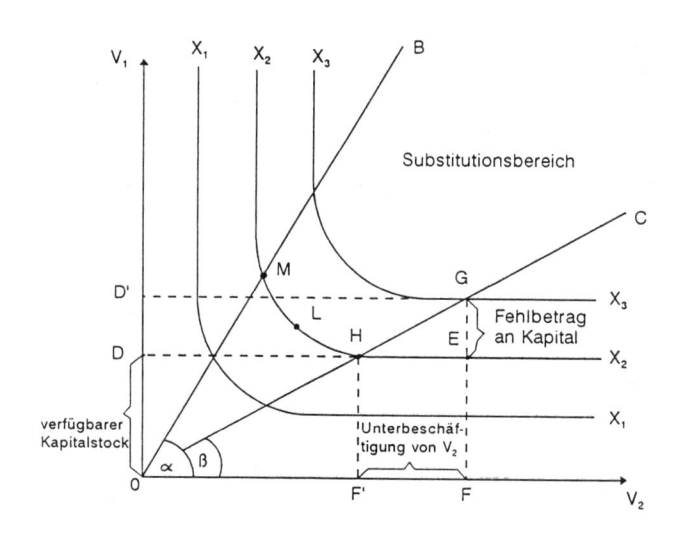

V_1 = Kapital
V_2 = Arbeit
0C, 0B = Substitutionsgrenzen

Quelle: Hemmer (1988, S. 122)

Eine Substitution zwischen beiden Faktoren (v_1, v_2) kann nur in jenem Bereich vorgenommen werden, der von den Geraden OB und OC begrenzt wird (sogenannter Substitutionsbereich). Das gesamtwirtschaftliche Faktoreinsatzverhältnis a, welches das Verhältnis zwischen den tatsächlich eingesetzten Faktormengen v_1 und v_2 angibt, muß bei effizienter Produktion somit der Bedingung (vgl. Hemmer 1988, S. 121):

(27) $\quad a_{max} \geq a \geq a_{min} \quad ; \quad a = \dfrac{v_1}{v_2}$

genügen, wobei

a_{max} = tan α = Steigungsmaß der OB-Geraden

a_{min} = tan β = Steigungsmaß der OC-Geraden

"So kann beispielsweise *die Produktionsmenge* X_2 sowohl mit der Faktorkombination L als auch mit M oder H erstellt werden. In M werden - verglichen mit dem Produktionspunkt L - viele Einheiten des Faktors 1 und wenige Einheiten des Faktors 2 eingesetzt; gegenüber L findet also eine Substitution des 2. Faktors durch den 1. Faktor statt. Dieselbe Gütermenge kann aber auch in H erstellt werden; dieser Produktionspunkt zeichnet sich im Vergleich zu L durch einen hohen Einsatz des 2. Faktors sowie einen geringen Einsatz des 1. Faktors aus. Folglich wird beim Übergang von L nach H Faktor 1 durch den Faktor 2 substituiert.

Eine über H oder M hinausgehende Substitution ist aufgrund der begrenzten Substituierbarkeit der Produktionsfaktoren nicht möglich: Die Verfügbarkeit über den Faktor 1 (Faktor 2) limitiert in H (bzw. M) das maximal erreichbare Produktionsergebnis. Beträgt die Faktor 1-Ausstattung beispielsweise OD Einheiten, so können maximal DH Einheiten des 2. Faktors *effizient* eingesetzt werden; bei einer Gesamtausstattung mit DE (= OF) Einheiten von Faktor 2 müßten also HE Einheiten unbeschäftigt bleiben. Der effiziente Einsatz aller OF Einheiten würde einen Mindestbestand von FG Einheiten des 1. Faktors voraussetzen, der um EG Einheiten größer ist als der tatsächliche Faktorbestand. Dieser Fehlbetrag EG verhindert, daß alle DE Einheiten des 2. Faktors effizient eingesetzt werden können; er beschränkt somit das Produktionspotential" (Hemmer 1988, S. 123).

Anders gesagt: Stellt OD den im EL verfügbaren *Kapitalstock* dar, dann kann eine Produktionserhöhung durch vermehrten Einsatz von Arbeit bis zum *Punkt H* stattfinden. Von diesem Punkt ab kann die Produktion jedoch nicht mehr ohne zusätzlichen Kapitaleinsatz gesteigert werden. In H hat die Kapitalintensität ihr *Minimum* erreicht, der Grenzertrag des Faktors Arbeit ist in H gleich null. Die Produktion kann ab H durch einen erhöhten Arbeitseinsatz nicht mehr gesteigert werden. Generell kann man für die obige Abbildung festhalten, daß die partielle Produktionselastizität des Faktors 1 entlang des Fahrstrahls OB und die partielle Produktionselastizität des Faktors 2 entlang des Fahrstrahls OC gleich null ist.

$$(28)\ \overline{OB} \left\{ \underbrace{\frac{\partial X}{\partial v_1}}_{=0} \cdot \frac{v_1}{X} = 0 \quad \text{bzw.} \quad (29)\ \underbrace{\frac{\partial X}{\partial v_2}}_{=0} \cdot \frac{v_2}{X} = 0 \right\} \overline{OC}$$

Es ist nun in einem zweiten Schritt zu prüfen, wie sich *Veränderungen* in den Faktorbestandsmengen eines Landes im Zeitablauf quantitativ und qualitativ auswirken. Auch in diesem Zusammenhang muß die begrenzte Substituierbarkeit der verschiedenen Faktorkomplexe berücksichtigt werden: "Wächst der Bestand einer Faktorart so unzureichend, daß sich die tatsächliche Faktorausstattung zu einem Punkt außerhalb des Substitutionsbereichs hinbewegt bzw. bereits vorhandene Abweichungen vom Substituionsbereich noch verstärkt werden, so kann vom schnelleren Wachstum der anderen Faktorbestände kein produktionssteigernder Effekt ausgehen. Das totale Differential der Produktionsfunktion, welches Veränderungen des Produktionsvolumens auf die mit ihren partiellen Grenzproduktivitäten gewichteten Faktorbestandsveränderungen zurückführt und die Form

$$(30)\ dX = \frac{\partial X}{\partial A} \cdot dA + \frac{\partial X}{\partial K} \cdot dK + \frac{\partial X}{\partial N} \cdot dN$$

aufweist, hätte bei den im (relativen) Überfluß vorhandenen Faktoren partielle Grenzproduktivitäten von null zur Folge; ein Sozialproduktswachstum würde notwendigerweise eine Bestandsvermehrung der bisherigen Engpaßfaktoren voraussetzen" (ebenda, S. 124).

Wird auf die relativen Veränderungen der Faktorbestände abgestellt, so läßt sich Gleichung (30) wie folgt umformen:

$$(31)\ \frac{dX}{X} = \frac{\partial X}{\partial A} \cdot \frac{dA}{A} \cdot \frac{A}{X} + \frac{\partial X}{\partial K} \cdot \frac{dK}{K} \cdot \frac{K}{X} + \frac{\partial X}{\partial N} \cdot \frac{dN}{N} \cdot \frac{N}{X}$$

bzw.

$$(32)\ w_X = \alpha \cdot w_A + \beta \cdot w_K + \gamma \cdot w_N$$

$\alpha = \dfrac{\partial X}{\partial A} \cdot \dfrac{A}{X}$ Produktionselastizität des Faktors Arbeit

$\beta = \dfrac{\partial X}{\partial K} \cdot \dfrac{K}{X}$ Produktionselastizität des Faktors Kapital

$\gamma = \dfrac{\partial X}{\partial N} \cdot \dfrac{N}{X}$ Produktionselastizität der Faktors natürliche Ressourcen

"Die Wachstumsrate des Sozialprodukts ($= w_X$) ergibt sich gemäß (32) als Summe der mit ihren partiellen Produktionselastizitäten gewichteten Wachstumsraten von Arbeit ($= \alpha \cdot w_A$), Kapital ($= \beta \cdot w_K$) und natürlichen Ressourcen ($= \gamma \cdot w_N$). Produktionsfaktoren, die - verglichen mit den technischen Möglichkeiten einer effizienten Faktorkombination - im Überfluß vorhanden sind, weisen Produktionselastizitäten von null auf: Ihre Bestandsänderung bleibt ohne Einfluß auf die Wachstumsrate des Sozialprodukts" (ebenda).

Unter diesen Voraussetzungen kann die Sozialprodukts-Wachstumsrate nur dann steigen,

a) wenn sich die Wachstumsraten einzelner Produktionsfaktoren bei gegebenen Produktionselastizitäten erhöhen[8], oder

b) wenn bei gegebenen Wachstumsraten der Faktormengen die gesamte Volkswirtschaft in Bereiche einer steigenden Niveauelastizität hineinwächst:

(33) $\upsilon = \alpha + \beta + \gamma$ $\left[\lambda^{\upsilon} \cdot f = f(\lambda v_1, \lambda v_2, \lambda v_3) \right]$

$\upsilon > 1$ ist gleichbedeutend mit steigenden Skalenerträgen[9]
(increasing returns to scale)

In diesem Fall müßten - wenn vorher $\upsilon = 1$ war - einzelne Produktionselastizitäten im Zeitablauf zunehmen.

c) Wenn entsprechende Kombinationen von a) und b) auftreten.

---

[8] Das ist der Fall, wenn das Faktoreinsatzverhältnis innerhalb des Substitutionsgebiets beibehalten wird.

[9] Ist die Niveau- oder Skalenelastizität größer eins, so bewirkt eine Erhöhung der *gebündelten* Faktormenge einen überproportionalen Anstieg der Produktion.

1.1.2 Der Beitrag des Faktors Realkapital zum Wachstum in Entwicklungsländern: Maddisons Befund

Maddison ermittelte 1970 für eine Reihe von EL (21) empirisch die Beiträge einzelner Faktoren zum Sozialproduktswachstum. Dabei ging er von einer Cobb-Douglas-Funktion und Hicks-neutralem technischem Fortschritt (F) aus:

(34) $y = e^{Ft} \cdot \left[A^{\alpha_1} \cdot K^{\alpha_2} \right]$; $y = $ Output

(35) $y = \left[e^{Ft} A \right]^{\alpha_1} \left[e^{Ft} K \right]^{\alpha_2} = e^{Ft \overbrace{(\alpha_1 + \alpha_2)}^{1}} \cdot K^{\alpha_2} A^{\alpha_1}$

(36) $\ln y = Ft \cdot \underbrace{\ln e}_{1} + \alpha_1 \cdot \ln A + \alpha_2 \cdot \ln K$

Da

(37) $w_y = \dfrac{d \ln y}{dt}$ ist

(38) $w_y = F + \alpha_1 \cdot w_A + \alpha_2 \cdot w_K$

Dabei wurde die autonome Fortschrittsrate (F) ermittelt, indem die Differenz zwischen der tatsächlichen Sozialprodukts-Wachstumsrate und den auf die Faktoren Arbeit und Kapital zurechenbaren Wachstumsbeiträgen gebildet wurde:

(39) $F = w_y - \left[\hat{\alpha}_1 w_A + \hat{\alpha}_2 w_K \right]$

Es zeigte sich einmal, daß in nahezu allen Ländern auf den Faktor "Kapital" der größte Wachstumsbeitrag entfiel. Die Kapitalbildung war aber zweitens in allen untersuchten Ländern auch ausreichend, um eine Erhöhung der Pro-Kopf-Einkommen zu ermöglichen (d.h., die Summe $\hat{\alpha}_1 w_A + \hat{\alpha}_2 w_K$ war größer als die Wachstumsrate der Bevölkerung). Durch den technischen Fortschritt wurde die Steigerung der Pro-Kopf-Einkommen in vielen Ländern noch erhöht.

Als Ergebnis kann man festhalten, daß der theoretisch schlüssige Zusammenhang zwischen geringer Kapitalbildung und einer Stagnation bzw. einem Rückgang der Pro-Kopf-Einkommen in vielen EL *nicht* gegeben ist. Die Kapitalbildung ist i.A. groß genug, um eine Erhöhung der Pro-Kopf-Einkommen zu erlauben. Dies bedeutet jedoch nicht, daß die Realkapitalbildung in den meisten EL das mögliche *Potential* ausschöpft.

Um dieses Potential abzuschätzen, greifen wir auf die saldenmechanischen Bestimmungsgründe der Realkapitalbildung zurück.

1.1.3 Saldenmechanische Bestimmungsgründe der Realkapitalbildung

Der Zuwachs im gesamtwirtschaftlichen Kapitalstock wird üblicherweise als Nettoinvestition aus dem nationalen Vermögensänderungskonto abgelesen:

Tab. II.1.1:
Nationales Vermögensveränderungskonto

Soll	Haben
Bruttoinvestitionen (I^{br})	Abschreibungen (D)
a) Reinvestitionen (D)	Ersparnis (S):
b) Nettoinvestitionen (I^n)	a) des Staates
	S_D b) der Unternehmen
	c) der Haushalte
	S_F Finanzierungsdefizit (FD)

Daraus läßt sich saldenmechanisch bzw. ex-post die *Gleichheit* erstellen:

(40) $I^n = S + FD$

(41) $FD = \Delta V + \Delta F$

wobei FD (Finanzierungsdefizit) identisch ist mit einer Abnahme des inländischen Geldvermögens (der Zuwachs der Verbindlichkeiten, ΔV, ist größer als der Zuwachs an Forderungen, ΔF).

In einer offenen Volkswirtschaft ist das Finanzierungsdefizit gleichzusetzen der Nettokreditaufnahme im Ausland bzw. dem positiven Saldo der Kapitalverkehrsbilanz.

Diese ex-post Gleichheit darf nicht verwechselt werden mit einem *Gleichgewicht*.

Ein solches Gleichgewicht ist nur dann gegeben, wenn die *Pläne* der inländischen Investoren einerseits und die Absichten der ausländischen Kreditgeber andererseits übereinstimmen. Die Abstimmung zwischen den beteiligten Parteien erfolgt über den *Realzins*.

1.1.4 Analytische Bestimmungsgründe der Realkapitalbildung

Ausländisches (S_F) und inländisches Sparangebot (S_D) sind eine positive Funktion des Realzinses, während das Umgekehrte für die Investitionsnachfrage (I^n) unterstellt werden kann:

Abb. II.1.2:

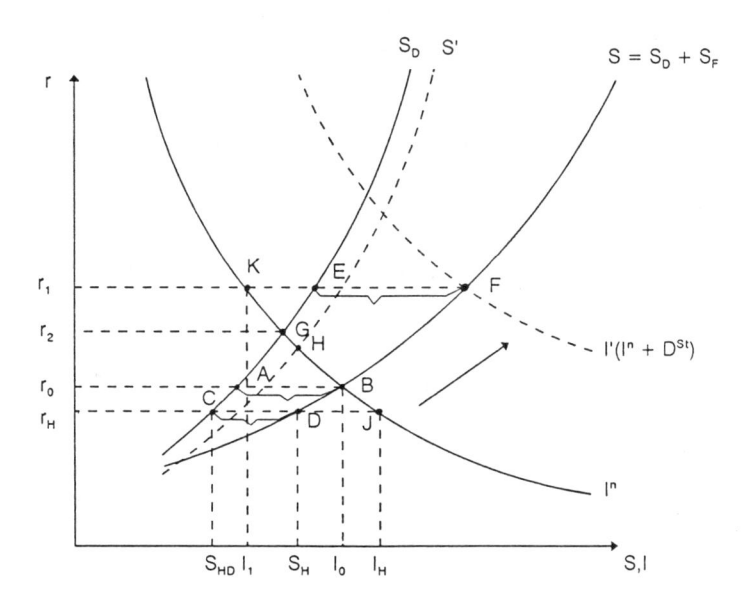

[Diagramm: Achsen r (vertikal) und S,I (horizontal); Kurven S_D, S', $S = S_D + S_F$, I^n, $I'(I^n + D^{St})$; Punkte K, E, F, G, H, A, C, B, D, J; Zinsniveaus r_1, r_2, r_0, r_H; Mengen S_{HD}, I_1, S_H, I_0, I_H]

$\overline{KF}$ = Budgetdefizit = D^{ST}
S = Ersparnis
I = Investitionen
D = inländische
F = ausländische
r = Realzins
H = Höchst-
n = Netto-

Quelle: Eigenentwurf

Das gesamte Sparangebot (S) erhält man durch horizontale Aggregation von in- (S_D) und ausländischer Sparfunktion (S_F). Die Pläne der Investoren/Sparer werden aber nur dann entsprechend r_0/I_0 in Erfüllung gehen, wenn der Staat auf folgende Maßnahmen verzichtet:

(i) *Höchstzinssätze* (r_H), welche zu einer Rationierung der Investionsnachfrage ($I_H - S_H$ kommen nicht zum Zuge) und zu einer Senkung ausländischer Kapitalzuflüsse ($\overline{CD} < \overline{AB}$) führen;

(ii) *Budgetdefizite* (D^{ST}), die die Nachfrage nach verleihbaren Fonds (I') und damit den realen Zins (r_1) nach oben treiben[10], während sie die private Investitionsnachfrage (I_1) zurückdrängen - bei einer Ausdehnung des Leistungsbilanzdefizits ($\overline{EF} > \overline{AB}$);

(iii) Ein *Schuldenmoratorium*, das im Extremfall die gesamte Nettokreditvergabe des Auslands auf Null senkt, so daß den inländischen Investoren zum Realzins r_2 lediglich inländische Ersparnisse zur Verfügung stehen würden (G).

(iv) Im weniger extremen Fall würden nur noch nicht-kommerzielle (Netto-) Kredite ins Inland fließen, die nicht im Zusammenhang mit dem Realzins stehen; die Angebotskurve ausländischer Ersparnisse wird völlig zinsunelastisch. Dann könnte sich beispielsweise ein Gleichgewicht in Höhe von H einstellen (S' verläuft jetzt parallel zu S_D).

1.1.5 Realzins und Investitionsnachfrage

Der Zusammenhang zwischen Investitionsnachfrage und Realzins ist in der Praxis der EL weniger eindeutig. Dabei muß man sich vergegenwärtigen, daß die Politik in EL zwei Möglichkeiten hat - ausgehend von finanzieller Repression (siehe Abschnitt 1.2.2.2) -, den Realzins zu erhöhen:

(i) durch Heraufsetzen der Nominalzinsgrenzen

(ii) durch Senkung der Inflationsrate.

Beide Maßnahmen erscheinen symmetrisch in bezug auf den Realzins, sind es jedoch nicht:

---

10 Unter Vernachlässigung der Ricardianischen Äquivalenz-Hypothese, die besagt, daß zumindest die privaten Haushalte ihre Sparquote erhöhen werden, weil sie in Zukunft Steuererhöhungen voraussehen. Dann kann der Realzins konstant bleiben.

zu (i): Die Investitionsnachfrage ist einzelwirtschaftlich weniger eine direkte Funktion des Zinssatzes als vielmehr eine Funktion des Verschuldungsgrades (Relation von Fremd- zu Eigenkapital). Dieser ist wiederum eine steigende Funktion des Nominal-Zinssatzes: Mit steigenden Zinssätzen nimmt der Verschuldungsgrad c.p. zu.[11] Auf der Aktivseite spiegelt sich der gleiche Vorgang in einer relativen Entwertung des physischen Kapitals wider.

Je nach Grenzleistungsfähigkeit des Kapitals ist mit steigendem Verschuldungsgrad ein Rückgang der Realinvestitionen denkbar: "The reduction in investment demand would be larger, the greater the debt ratio, because ... the increase in the cost of capital from a rise in the interest rate grows with the debt ratio" (Sundararajan 1985, S. 434).

Ein "zu hoher" Verschuldungsgrad stellt sich ebenfalls bei "zu niedriger" finanzieller Tiefe ein: Bei Fehlen eines organisierten (sekundären) Aktienmarktes und raschem industriellem Wachstum, wächst die Fremdkapitalaufnahme i.d.R. "zu schnell". Sind auch die Wertpapiermärkte nur wenig ausgebildet, so ist die Fristigkeit des Fremdkapitals tendenziell "zu kurz".

Positive Realzinsen ("Liberalisierung") sind nicht nur durch eine drastische Erhöhung der Nominalzinssätze, sondern auch durch einschneidende Senkungen der Inflationsrate zu erreichen. Bei niedrigen Inflationsraten "profitieren" die Besitzer von Geldvermögen, während die Besitzer von Realvermögen "verlieren": Mit sinkenden Inflationsraten nimmt der Wert *der nicht verbrauchten Vermögensgegenstände* (physical capital) c.p. ab (Taylor 1983, S. 96). Gleichzeitig ist es bei sinkenden Inflationsraten und damit auch abnehmenden Wiederbeschaffungskosten c.p. "einfacher", aus den Erträgen der Periode *die verbrauchten Vermögensgegenstände* - also "working capital" - wiederzubeschaffen (Wöhe 1978, S. 59).

Hinzu kommt, daß niedrigere Inflationsraten i.d.R. mit einer geringeren Volatilität der Preisniveauänderungsrate einhergehen. Letztere ist wiederum ein Indikator für eine instabile makroökonomische Politik bzw. für ein unsicheres ökonomisches Umfeld.

Je nachdem, welche Effekte für die Investitionsentscheidung stärker wiegen (Realvermögenssenkung versus Senkung der Unsicherheit und Verbilligung

---

[11] Unter der Annahme, daß die Unternehmen gleichbleibende Ausgabenannuitäten anstreben, entsteht durch Zinserhöhungen am Ende des gegebenen Tilgungsplans eine Restschuld, die c.p. eine Nettoneukreditaufnahme erforderlich macht. Von Überwälzungsmöglichkeiten der Zinsbelastung wird hier abgesehen.

von "working capital"), kommt es zu einer Einschränkung oder Ausdehnung der Investitionsnachfrage.

1.1.6 Weitere Bestimmungsgründe der Investitionsnachfrage

Ein weiterer Bestimmungsgrund für die Investitionsnachfrage in EL sind zweifellos die Output- bzw. *Gewinnerwartungen.*

Auf Nurkse und Singer geht die Auffassung zurück, daß die Gewinnerwartungen der typischen potentiellen Investoren in EL pessimistisch sind. Diese Haltung wird auf die Enge der Märkte und die damit zusammenhängenden geringen Absatzchancen zurückgeführt. Als groben Anhaltspunkt für letztere wird dann oft das Pro-Kopf-Einkommen angegeben.

Vorliegende ökonometrische Schätzungen stützen diese pessimistische Einschätzung jedoch nicht.

Bereits 1966 ermittelten Deprano und Nugent für Ecuador[12] einen signifikant positiven Einfluß des (vergangenen als Näherungswert für das erwartete zukünftige) Realeinkommens auf die (Brutto-) Investitionsnachfrage. Auch Corsepius (1988) fand für Peru (1968-1985) heraus, daß die Outputerwartungen - gemessen durch das Realeinkommen der Vorperiode - der wichtigste Einflußfaktor für die laufende Realkapitalbildung des privaten Sektors ist.

In beiden Fällen wurde die Hypothese der adaptiven Erwartungen unterstellt. Diese besagt, daß zukünftige Größen sich als (i.d.R. geometrisches) Mittel früherer Größen annähern lassen.

Beide Untersuchungen zeigen mithin, daß bereits das erwartete Realeinkommen und nicht notwendigerweise das erwartete Pro-Kopf-Einkommen für Investitionsentscheidungen ausschlaggebend ist.

Als weniger einflußreich erwies sich die Größenordnung des bereits bestehenden Kapitalstocks - im Sinne der Kapazitätsanpassungsthese:

(42) $I^n = (1-\lambda)(K_t^* - K_{t-1})$; $K_t^* = f(i_t)$; $f'(i_t) < 0$

(43) $I^n = (1-\lambda) \cdot f(i_t) - (1-\lambda)K_{t-1}$

---

[12] Zeitraum: 1950-1965. Aus: Yotopoulos/Nugent (1976).

Literaturhinweise zu diesem Kapitel:

Corsepius, U., Kapitalmarktreform in Entwicklungsländern. Eine Analyse am Beispiel Perus, Tübingen 1989.

Hemmer, H.R., Wirtschaftsprobleme der Entwicklungsländer, 2. Auflage, München 1988.

Hesse, H./Sautter, H., Entwicklungstheorie- und politik. Band I: Entwicklungstheorie, Düsseldorf 1977.

Sundararajan, V., Debt-Equity Ratios of Firms and Interest Rate Policy, in: IMF Staff Papers, Vol. 30, No. 3, Sept. 1985, S. 430-474.

Taylor, L., Structuralist Macroeconomics, Applicable Models for the Third World. New York 1983.

Wöhe, G., Bilanzierung und Bilanzpolitik, 5. Auflage, München 1978.

1.2 Mangel an Sparkapital

1.2.1 Bestimmungsgründe der Unternehmungsersparnis

1.2.1.1 Saldenmechanische Bestimmungsgründe

Die Unternehmungsersparnis kann ex-post aus dem Produktionskonto des Sektors Unternehmen ermittelt werden:

Tab. II.1.2:

Produktionskonto des Sektors Unternehmen

Bruttowert-schöpfung	Vorleistungen		
	Abschreibungen	Umsatz bzw. Verkäufe an	Produktionswert
	indirekte Steuern	- Unternehmen	
	- Subventionen	- Haushalte	
	Nettowertschöpfung	- Staat	
	- Löhne	Bruttoinvestitionen	
	- Gehälter	- Nettoinvestitionen	
	- Zinsen und Mieten	- Reinvestitionen	
	- Gewinn		

Die Stromgröße "Gewinn" ist nun weiter aufzuteilen in:

(44) $G = G_v + G_{uv}$ bzw.

(45) $G_{uv} = (1-\alpha)G$

wobei

G_v = verteilte Gewinne
G_{uv} = unverteilte Gewinne
α = Ausschüttungsquote

Die effektive Ersparnis der Unternehmungen, S_u^e, ergibt sich als Differenz der unverteilten Gewinne, G_{uv}, und der direkten Steuern auf unverteilte Gewinne (mit dem Steuersatz t_{uv}):

(46) $S_u^e = (1 - t_{uv}) G_{uv}$

(47) $S_u^e = (1 - t_{uv})(1 - \alpha)G$ wegen (45)

Bei gegebener Nettowertschöpfung (N) ist mithin die effektive Unternehmungsersparnis um so geringer,
- je höher die Entlohnung der Produktionsfaktoren Arbeit und Kapital bzw. Boden; (LÖ, GEH; ZI/MIE)
- je höher die Ausschüttungsquote (α);
- je stärker die direkte Besteuerung der unverteilten Gewinne ist (t_{uv}).

Die Stromgröße, S_u^e, entspricht dabei der Zunahme des *Reinvermögens* im Vermögensänderungskonto des Sektors Unternehmen:

Tab. II.1.3:

Vermögensänderungskonto der Unternehmen	
Bruttoinvestitionen	Zunahme des Reinvermögens (= Ersparnis)
Geleistete Vermögensübertragungen	Abschreibungen
	Empfangene Vermögensübertragungen
	Finanzierungssaldo (FD = $\Delta V - \Delta F$)

Für eine Analyse der Unternehmungsersparnisse in EL ist es notwendig,

Kleinbetriebe von größeren Unternehmen zu unterscheiden. Kleinbetriebe, die in EL in der Landwirtschaft und in dem verarbeitenden Gewerbe von erheblicher quantitativer Bedeutung sind, haben in der Regel keine eingetragene Rechtsform und beschäftigen überwiegend Familienangehörige. Haushalt und Unternehmung bilden dabei oft eine *Einheit*. Entsprechend werden die Entscheidungen über die Höhe des Konsums, der Ersparnis und der Investitionen *simultan* getroffen.

Eine separate Analyse der Unternehmungsersparnisse ist auf dieser Ebene nicht möglich, denn bei den "Unternehmerhaushalten" fallen die Ersparnisse der Haushalte und Unternehmen zusammen. Dies ist ein Grund dafür, weshalb in den Statistiken vieler EL die Ersparnisse der Kleinunternehmen meist denen der privaten Haushalte zugerechnet werden.

Dagegen lassen sich die Ersparnisse von Haushalten und größeren Unternehmungen getrennt untersuchen, obwohl auch hier Interdependenzen zu berücksichtigen sind.

1.2.1.2 Analytische Bestimmungsgründe

Für eine Betrachtung der *geplanten* Unternehmungsersparnis ist es zweckmäßig, von einer Bruttogröße auszugehen, d.h., von den einbehaltenen Gewinnen *vor* Steuern.

Weiterhin ist die Determinante "Gewinn" zu exogenisieren, da es sich hier um eine Kreislaufgröße handelt, die am Ende der Bewirtschaftungsperiode residual ermittelt wird. Zu jeder gegebenen Gewinnhöhe ist daher die Höhe der (Brutto-) Unternehmungsersparnis, S_u, eine Funktion der Ausschüttungsquote, α:

(48) $\alpha = \alpha(t, i)$ wobei

(49) $t = \dfrac{t_{uv}}{t_v}$ den relativen Steuersatz mit $\dfrac{\partial \alpha}{\partial t} > 0$

auf unverteilte bzw. verteilte Gewinne und

(50) $i = \dfrac{i_n}{i_0}$ mit $\dfrac{\partial \alpha}{\partial i} < 0$

das Verhältnis von einem "internen" Zinsfuß i_n (= Verzinsung einbehaltener

Gewinne bei unternehmungsinterner Verwendung) zu einem Opportunitätszinssatz i_0 angibt. Dieser Opportunitätszinssatz kann,
- in der Effektivverzinsung staatlicher Wertpapiere,
- in der Verzinsung von Termin-/Spareinlagen,
- in der Verzinsung eines informellen Kredits,
- in der Verzinsung von Dollarguthaben (Corsepius 1986, S. 184)

bestehen.

Dabei wird unterstellt, daß die Eigentümer der Unternehmung (Haushalte) per Abstimmung (Aktionärsversammlung bzw. Stimmabgabe in der "Großfamilie") α so wählen, daß ihr Vermögen maximiert wird und daß Dividenden aus der Sicht der Haushalte vollständig gespart werden. *Hypothese 1*: Dann ist es durchaus denkbar, daß es zu einer Erhöhung der Haushalts- zu Lasten der Unternehmungsersparnisse kommt.

Hypothese 2: Zu modifizierten Ergebnissen kommt man, wenn eine andere, zweite Verhaltenshypothese der Haushalte unterstellt wird. So ist es plausibel, anzunehmen, daß die Haushalte stets *den gleichen Prozentsatz ihres Einkommens* zu sparen wünschen. Diese Auffassung vertritt Gersowitz (1988, S. 411 f.). Danach sehen die Haushalte einbehaltene Gewinne genauso als Teil *ihres laufenden Einkommens* an wie ausgezahlte Dividenden. Entscheidungen über die Ersparnis erfolgen mithin auf der Grundlage dieses erweiterten Einkommensbegriffs. Da bei einbehaltenen Gewinnen die Entscheidung, sie als Einkommensbestandteile zu sparen, bereits gefallen ist, werden Änderungen in der Höhe der einbehaltenen Gewinne die Haushaltsersparnis berühren:

Eine niedrigere Ausschüttungsquote (α) senkt c.p. die Ersparnis aus "Arbeitseinkommen" (bei unverändertem Gesamteinkommen), wenn davon ausgegangen wird, daß die Haushalte eine konstante Relation zwischen Einkommen und Ersparnis planen (vgl. Beispiel).

Bei dieser Hypothese wird unterstellt, daß die Unternehmungsleitung und nicht die Aktionäre über α entscheidet. In der Literatur findet man Gersowitz' Auffassung unter dem Schlagwort: "the corporation as a veil" (ebenda S. 412).

Beispiel:

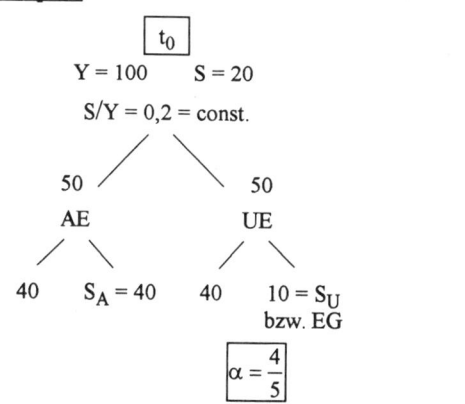

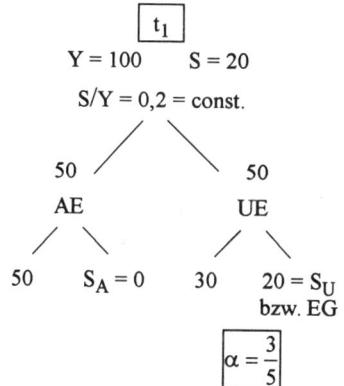

```
        ┌──┐                              ┌──┐
        │t₀│                              │t₁│
        └──┘                              └──┘
   Y = 100    S = 20                Y = 100    S = 20
   S/Y = 0,2 = const.               S/Y = 0,2 = const.

       50         50                    50         50
       AE         UE                    AE         UE

   40   Sₐ=40   40   10 = S_U      50   Sₐ=0   30   20 = S_U
                     bzw. EG                        bzw. EG
                   ┌──────┐                       ┌──────┐
                   │α = 4/5│                       │α = 3/5│
                   └──────┘                       └──────┘
```

AE = Arbeitseinkommen
UE = Unternehmereinkommen
EG = Einbehaltene Gewinne
S_A = Ersparnis aus Arbeitseinkommen
S_U = Ersparnis aus Unternehmereinkommen

3. Hypothese: Schließlich schlägt Gersowitz noch eine *dritte Variante* vor: Besitzt ein Haushalt im EL Aktien an einem Unternehmen, die weitgehend nicht gehandelt werden, kann ein Verkauf schwierig bzw. unmöglich sein. Senkt nun die Unternehmensleitung die Ausschüttungsquote α, so kann der Haushalt sich gezwungen sehen, seine Konsumausgaben zu senken, um ein späteres Ausgabenziel zu realisieren (*Sparen für einen bestimmten Zweck*).

Die empirische Feststellung der Unternehmungsersparnis in EL - vor allem auf gesamtwirtschaftlichem Aggregationsniveau - ist nach wie vor sehr schwierig.

Yotopoulos und Nugent (1976, S. 170 f.) konnten Mitte der 70er Jahre bei einem Sample von 30 EL nur für 11 von diesen den Beitrag der Unternehmungsersparnis zur gesamtwirtschaftlichen Sparquote ermitteln. Die Spanne der Unternehmungssparquoten lag dabei zwischen 46% (Panama) und 2% in Malaysia. Für ein Schwellenland wie Brasilien läßt sich bis zum heutigen Tag der Anteil der Unternehmungsersparnis an der privaten Sparquote nicht herausrechnen.

Zu den wenigen ökonometrischen Untersuchungen über die Zinselastizität der Unternehmungsersparnisse gehören diejenigen von Frank/Kim/Westphal

(1975) und von John (1969; siehe hierzu Hesse/Sautter 1977).

Die zuerst Genannten erhielten eine positive Zinselastizität für *Südkorea*, John für *Indien*.

Dieses Ergebnis spricht dafür, daß die Unternehmungsleitung die Ausschüttungsquote bestimmt; steigende Zinssätze werden mit steigenden Kosten der Fremdfinanzierung identifiziert, daher werden die Anstrengungen zur Selbstfinanzierung verstärkt.

1.2.2 Bestimmungsgründe der Haushaltsersparnis

1.2.2.1 Saldenmechanische Bestimmungsgründe

Im Gegensatz zu den Sektoren Staat und Unternehmen, treten beim Vermögensänderungskonto des Sektors Haushalte die Posten "Bruttoinvestitionen" und "Abschreibungen" nicht auf.

"Wenn ein Wirtschaftssubjekt kein Sachvermögen erwirbt und keinen Produktionsapparat besitzt, so daß auch keine Abschreibungen anfallen, führt eine positive Ersparnis in voller Höhe zu einem *Geldvermögenszuwachs*. Dies ist die für private Haushalte typische Situation" (Stobbe 1984, S. 89).

Tab. II.1.4:
   Vermögensänderungskonto des Sektors Haushalte

Finanzierungssaldo	Ersparnis
= ΔForderungen - ΔVerbindlichkeiten	
= ΔGeldvermögen[13]	

Die Beobachtung des Sparverhaltens der Haushalte in EL zeigt uns allerdings, daß nur ein Teil der laufenden Ersparnis sich in einer Zunahme des *Geldvermögens* äußert.

Häufig kann man in diesem Zusammenhang lesen, daß Haushalte in EL einen Teil ihrer Ersparnisse zum Erwerb "unproduktiven Sachvermögens" bzw.

---

[13] Im Rahmen der volkswirtschaftlichen Gesamtrechnung bilden die privaten Haushalte, abgesehen vom privaten Wohnungsbau, kein Sachvermögen.

"*unproduktiver Vermögensgegenstände*" verwenden.

Gerechnet werden zu den sogenannten "unproduktiven" Vermögensgegenständen Edelsteine, Gold, Schmuck, Landbesitz etc. Drake hat darauf hingewiesen, daß die u.U. einzelwirtschaftlich richtige Beobachtung, daß der Erwerb solcher "Aktiva" kaum etwas zur Kapitalbildung beiträgt, gesamtwirtschaftlich *nicht* stimmen muß:

"What matters is whether the ultimate sellers of the unproductive or second-hand assets ... choose finally to use the funds obtained for consumption or capital formation ... even if the funds are hoarded, saving will still release resources for capital formation in the economy as a whole" (Drake 1980, S. 124).

Machen wir uns diesen Zusammenhang an folgendem Beispiel klar, wobei wir die Einkommensverwendungskonten zweier Haushalte A und B betrachten, die in der Ausgangssituation jeweils ein Einkommen von 100 erzielen und im Umfang von 20 Geldvermögen bilden:

Tab. II.1.5:

Haushalt A		Haushalt B	
C = 80	Y = 100	C = 80	Y = 100
S = 20		S = 20	
$\Delta V = 20$		$\Delta V = 20$	

In der nächsten Periode erwirbt Haushalt A von Haushalt B "nichtproduktives Sachvermögen".

Haushalt B kann den Verkaufserlös entweder

a) zur zusätzlichen Geldvermögensbildung oder

b) für Konsumausgaben

verwenden.

Da sich das Gesamtvermögen (V) aus Geld- und Sachvermögen zusammensetzt, kann die Netto-Veränderung von V, also die Reinvermögenszunahme bei diesen Transaktionen, ΔV, ermittelt werden:

Tab. II.1.6:

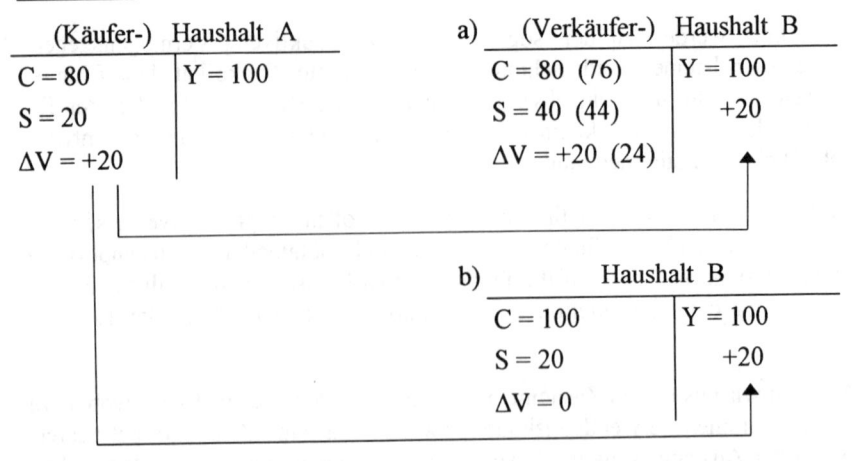

(Käufer-) Haushalt A	
C = 80	Y = 100
S = 20	
ΔV = +20	

a)

(Verkäufer-) Haushalt B	
C = 80 (76)	Y = 100
S = 40 (44)	+20
ΔV = +20 (24)	

b)

Haushalt B	
C = 100	Y = 100
S = 20	+20
ΔV = 0	

Zur Beurteilung der Effekte auf die gesamtwirtschaftliche Sparquote (S/Y) der Haushalte sind nun gegenüber der Ausgangssituation folgende 6 Varianten zu vergleichen:

Tab. II.1.7:

Gesamtw. Sparquote Fälle	$\dfrac{S}{Y_A}$ (*)	$\dfrac{S}{Y_E}$	$\dfrac{S}{Y_{NE}}$	$\dfrac{S}{Y_W}$
a		$\dfrac{60}{220} = 0{,}27$	$\dfrac{40}{200} = 0{,}2$	$\dfrac{40}{220} = 0{,}18$
	$\dfrac{40}{200} = 0{,}2$			
b		$\dfrac{40}{220} = 0{,}18$	$\dfrac{20}{200} = 0{,}1$	$\dfrac{20}{220} = 0{,}09$

(*) Ausgangssituation

(i) Wird der Verkauf eines "unproduktiven Vermögensgegenstandes" *erfaßt* (Y_E), dann weist die VWGR im Fall a insgesamt Haushaltsersparnisse in der Größenordnung von 60 aus: Die Sparquote beträgt 0,27. In Fall b sinkt sie dagegen auf 0,18.

(ii) Wird die Transaktion *nicht erfaßt* (Y_{NE}), so hat, statistisch gesehen,

Haushalt B nach wie vor ein Einkommen von 100; in Fall a bleibt die Sparquote bei 0,2, in Fall b sinkt sie auf 0,1.

(iii) Berücksichtigt man dagegen, daß der Verkauf von Vermögensteilen eine Abnahme des Reinvermögens ($-\Delta V$) bzw. Entsparen bedeutet, dann ist die tatsächliche Zunahme des Reinvermögens von Haushalt B nur 20: Die "wirkliche" Sparquote, $[S/Y]_W$, sinkt in Fall a auf 0,18, während sie in Fall b sogar auf 0,09 zurückgeht.

Die Kritik am Erwerb "nichtproduktiver Vermögensgegenstände" reduziert sich somit letztlich darauf, daß im Vergleich zur Referenzsituation die Sparquote der Haushalte um 2 Prozentpunkte gesunken ist.

(iv) Schließlich kann man die Frage aufwerfen, um wieviel Haushalt B seinen Konsum einschränken müßte, damit seine "wahre" Sparquote auf dem ursprünglichen Niveau von 0,2 verbleiben kann. Offensichtlich könnte ihm das nur dann gelingen, wenn seine Reinvermögenszunahme um 4 Einheiten auf 24 steigt (24/120 = 0,2), er also seine Konsumausgaben von 80 auf 76 einschränkt (vgl. Tabelle II.1.6).

1.2.2.2 Analytische Bestimmungsgründe

1.2.2.2.1 Einleitung

Die Analyse des Finanzsektors in EL erhielt u.a. durch die Arbeiten von E.S. Shaw und R.I. McKinnon - beide aus dem Jahr 1973 - starke Impulse.[14] Die Weltbank hat 1989 ihren Weltentwicklungsbericht dem Zusammenhang von Entwicklung und Finanzsystemen gewidmet. Maxwell Frys' Ende 1988 erschienenem Band, "Money, Interest, and Banking in Economic Development" ist es vortrefflich gelungen, die in 15 Jahren geleisteten Beiträge überblicksartig zu systematisieren - ohne natürlich die eigenen Verdienste ganz zu verschweigen.

McKinnon und Shaw haben den Begriff der "*financial repression*" geprägt, womit ausgesagt werden soll, wie stark der Finanzsektor der meisten EL reguliert ist, bzw. in welchem Ausmaß dort Preisverzerrungen anzutreffen sind. Konkret sind damit die beiden wichtigsten Finanzmarktpreise, nämlich Zins-

---

14 McKinnon, R.I. (1973), Money and Capital in Economic Development, Washington, D.C.: Brookings Institution, 1973. Shaw, E.S., Financial Deepening in Economic Development, New York, Oxford, 1973.

satz und *Wechselkurs* gemeint.

Über die schädlichen Wirkungen überbewerteter *Wechselkurse* - mit florierenden Devisenschwarzmärkten, Fehlfakturierung im Außenhandel sowie Kapitalflucht, seien nur drei besonders bekannte Begleiterscheinungen genannt - bestehen in der einschlägigen Literatur kaum mehr Auffassungsunterschiede.

Über den *Zins* besteht weniger Einigkeit. Es ist bekannt, daß viele EL versucht haben und weiter versuchen, "über Zinshöchstsätze für Kredite und eine staatlich festgelegte Kreditallokation die Finanzierung als vordringlich eingestufter Investitionen" (Corsepius 1989, S. 1) sicherzustellen. Natürlich kann eine solche Politik nur aufrecht erhalten werden, wenn auch die Einlagenzinssätze reglementiert und/oder subventionierte Refinanzierungsmöglichkeiten von der Zentralbank geboten werden.

Seit Jahren - und bis jetzt nicht zum Ende gekommen - ist nun eine Kontroverse im Gang, die sich auf die gesamtwirtschaftlichen Wirkungen von Kapitalmarktreformen - im Sinne einer Beseitigung von Höchstgrenzen bei formellen Einlagen und Krediten - in EL bezieht.

Die eher optimistische Seite - vertreten durch die Schule der sogenannten *"Liberalisierungsökonomen"* (M. Fry u.a.) - erhofft sich eine höhere Geldkapitalbildung (TE, SPE) der privaten Haushalte, durch die mehr und effizientere (keine Rationierung mehr) Investitionen finanziert werden können. In der Folge sei ein Anstieg des realen Einkommens, der volkswirtschaftlichen Ersparnis und zumindest eine Abnahme der Inflationsrate, wenn nicht sogar ein sinkendes Preisniveau zu erwarten.[15]

Nach Auffassung der *Neostrukturalisten* (L. Taylor, S. v. Wijnbergen) dagegen, muß eher mit einem pessimistischen Szenario gerechnet werden: Nominalzinssteigerungen im formellen Finanzsektor erhöhen die Inflationserwartungen der Sparer, daher gibt es für diese auch keinen Grund, ihre Geldkapital-

---

[15] In der jüngeren Vergangenheit hat die Liberalisierungsschule allerdings damit begonnen, verstärkt auf erforderliche Nebenbedingungen für eine erfolgreiche Zins- bzw. Kapitalmarktreform hinzuweisen (vgl. Weltbank 1989 sowie Corsepius 1989). Dazu gehören die Wettbewerbsfähigkeit der (internen) Finanzmärkte, die Funktionsfähigkeit der Rechts- und Rechnungssysteme, die Beseitigung von Marktsegmentierung, die Verbesserung der Bankenaufsicht, die parallele Durchführung gesamtwirtschaftlicher Reformen (Abbau sonstiger Preiskontrollen und protektionistischer Maßnahmen, Verbesserung der geldpolitischen Steuerungsverfahren) und die Stabilisierung der Inflationsrate bzw. des Budgetdefizits auf niedrigem Niveau.

bildung zu steigern. Dafür nehmen die Opportunitätskosten einer typischen alternativen Anlageform von Haushalten in EL zu: Die Vergabe informeller Kredite. Bei signifikanten Umschichtungen zwischen informellem Kreditangebot und formellen Bankeinlagen stehen den zahlreichen Kleinkreditnehmern - die für den formellen Finanzsektor (noch) nicht kreditwürdig sind - c.p. weniger und teurere "loanable funds" zur Finanzierung von "working capital" (Arbeit, Zwischengüter) und/oder Investitionen zur Verfügung. Dann ist aber ein sinkendes reales Volkseinkommen bei steigendem Preisniveau möglich. Konzentriert man die Problemstellung auf den Zusammenhang zwischen Zinssatz und Ersparnis, so geht es letztlich um die Frage, ob durch Zinsreformen lediglich ein *Sparstruktur-* oder etwa auch ein *Sparniveaueffekt* erzielt werden kann.

Antworten hierauf lassen sich grundsätzlich in *vier verschiedenen Richtungen* suchen: Durch *Ex-Ante-* und *Ex-Post-Analysen*, die jeweils *mikro-* oder *makroökonomisch* ausgerichtet sein können. Bislang stand eindeutig die makroökonomische Betrachtungsweise im Vordergrund. Dabei wurden alternative Konsum- bzw. Sparfunktionen für EL spezifiziert und im Rahmen der quantitativen Analysen wurde die Zinselastizität der Ersparnis aus *Querschnitts-* oder *Zeitreihendaten* abgeleitet.

Verschiedene ökonometrische Untersuchungen, bei denen Querschnitts- *und* Zeitreihen gepoolt wurden, förderten ein besonders interessantes Ergebnis zu Tage: Es ist nicht zweckmäßig, Sparfunktionen zu schätzen, bei denen die Stichprobe so unterschiedliche Regionen wie Asien und Lateinamerika umfaßt. Bei einer Aufsplittung des Samples zeigte sich nämlich, daß etwa Nominalzinssätze und die Relation des Geldvermögens zum BIP einen positiven und signifikanten Einfluß auf die reale Spartätigkeit des *Asien-*Samples, jedoch keinen im Falle des *Lateinamerika-*Samples aufwiesen: Es spricht vieles dafür, daß immer noch erhebliche Erklärungsdefizite über die Einflußgrößen auf die Spartätigkeit in EL, insbesondere auf der Mikroebene, bestehen.

Im folgenden soll daher zunächst versucht werden, eine *mikroökonomische Ex-ante-Betrachtung* zum Zusammenhang von Zins und Ersparnis in EL vorzunehmen. Dabei wird auf das bekannte zweiperiodige Optimierungsmodell für den Haushalt zurückgegriffen. Sollten sich dabei bisher weniger beachtete Determinanten der Zinselastizität der Ersparnis ergeben, könnte dies eine spätere *Ex-post-Analyse* rechtfertigen.

Bei der Variation des (Real-)Zinssatzes im Rahmen des "*traditionellen*" Optimierungsmodells wird bekanntlich keine Differenz zwischen Einlagen- und Kreditzins unterstellt. In der anschließenden "*modifizierten*" Analyse wird die Situation von EL vor einer Kapitalmarktreform durch das Vorhandensein einer signifikanten und tendenziell überhöhten Zinsspanne (zwischen Spar- und Schuldzinsen) abgebildet. Die modifizierte Betrachtung geht mithin davon aus, daß eine (echte) Kapitalmarktreform über *Zinsniveaueffekte* hinaus vor allem *Zinsspanneneffekte* haben sollte.

1.2.2.2.2 Traditionelle Analyse

Betrachten wir einen Haushalt, dessen Lebens- und Konsumhorizont *zwei Perioden* lang ist. Wir bezeichnen mit C_0 und C_1 die in der ersten und zweiten Periode getätigten *Ausgaben für Konsumgüter*, analog Y_0 und Y_1 als die jeweils erzielten *Arbeitseinkommen*. Nehmen wir weiterhin an, jeder Haushalt besitze eine *Vermögensausstattung* W_0, dann gibt es zwei extremale Alternativen, das eigene Budget zu verausgaben:

a) Nullkonsum in t_0, Totalkonsum in t_1

b) Totalkonsum in t_0, Nullkonsum in t_1.

In Gleichungsform lassen sich die Alternativen folgendermaßen formulieren:

(51) $\quad C_1 = Y_1 + (Y_0 + W_0)(1+r)$

(52) $\quad C_0 = Y_0 + \dfrac{Y_1 + W_1}{1+r} = Y_0 + \dfrac{Y_1}{1+r} + W_0$

Aus (51) und (52) ergibt sich über die sogenannte 2-Punkte-Geradenform die Budgetgerade des Haushalts:[16]

(53) $\quad C_1 = Y_1 + (Y_0 + W_0)(1+r) - (1+r)C_0 \; ; \quad \dfrac{dC_1}{dC_0} = -(1+r)$

Die intertemporale Nutzenfunktion sei definiert als:

(54) $\quad N = f(C_0, C_1)$

Daraus läßt sich die Lagrangefunktion bilden:

---

[16] Dabei ist (für $Y_0 > C_0$) $W_1 = W_0(1+r) + s_0 = W_0(1+r) + (Y_0 - C_0)$. Zur graphischen Darstellung vgl. Abbildung II.1.3, in der im oberen Teil ein dominierender (negativer) Substitutions-, im unteren Teil ein dominierender (positiver) Einkommenseffekt nach einer Zinssatzerhöhung demonstriert wird. Man beachte, daß die Drehung der Budgetgeraden in A erfolgt, da Y_1 von r unabhängig ist!

Abb. II.1.3a: Zinssatzerhöhung bei dominierendem Substitutionseffekt

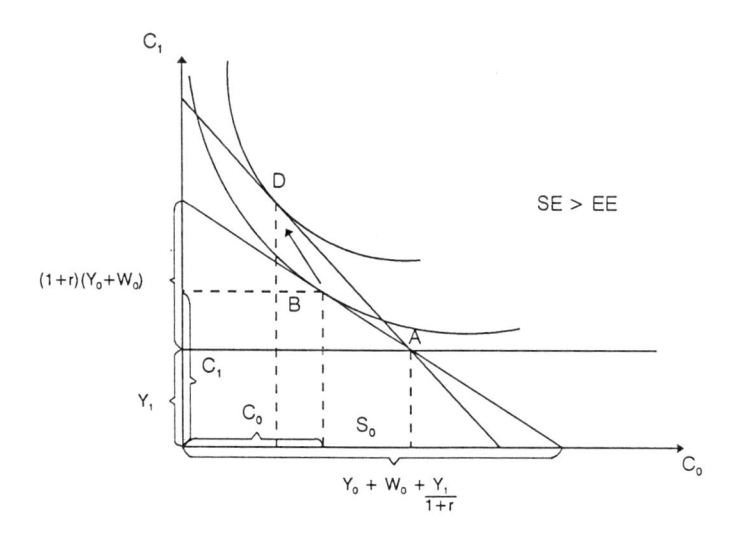

SE > EE

Abb. II.1.3b: Zinssatzerhöhung bei dominierendem Einkommenseffekt

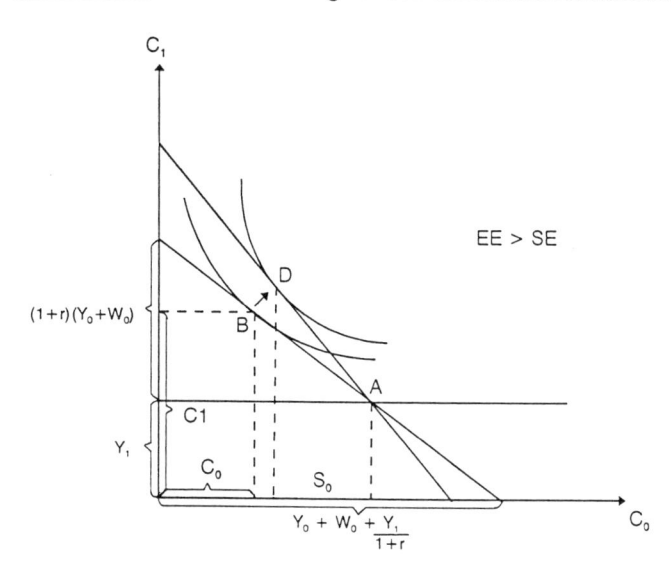

EE > SE

Quelle: Eigenentwurf

(55) $\quad L = f(C_0, C_1) + \lambda [C_1 - Y_1 - (Y_0 + W_0)(1+r) + (1+r)C_0]$

mit den partiellen Ableitungen:

(56) $\quad \begin{aligned} \lambda &= -\frac{\partial N}{\partial C_0} \cdot \frac{1}{(1+r)} \\ \lambda &= -\frac{\partial N}{\partial C_1} \end{aligned} \quad \left\{ \begin{aligned} \frac{\partial N}{\partial C_0} + \lambda(1+r) &\stackrel{!}{=} 0 \\ \frac{\partial N}{\partial C_1} + \lambda &\stackrel{!}{=} 0 \\ C_1 - Y_1 - (Y_0 + W_0)(1+r) + (1+r)C_0 &\stackrel{!}{=} 0 \end{aligned} \right.$

Das totale Differential von (56) führt zu dem folgenden Gleichungssystem, wobei $\partial^2 N / \partial C_0^2 = N_{00}$ und $\partial^2 N / \partial C_0 \partial C_1 = N_{01}$:

(57) $\quad \begin{aligned} N_{00} dC_0 + N_{01} dC_1 + d\lambda + d\lambda \cdot r &= -\lambda dr \\ N_{10} dC_0 + N_{11} dC_1 + d\lambda &= 0 \\ (1+r) dC_0 + 1 dC_1 + 0 d\lambda &= dY_0(1+r) + dY_1 + \\ & \quad dr(Y_0 + W_0 - C_0) + dW_0(1+r) \end{aligned}$

In Matrix-Schreibweise - wobei die Koeffizientenmatrix von (58) die geränderte *Hesse-Determinante* ist - erhalten wir:

(58) $\quad \begin{bmatrix} N_{00} & N_{01} & (1+r) \\ N_{10} & N_{11} & +1 \\ (1+r) & 1 & 0 \end{bmatrix} \begin{bmatrix} dC_0 \\ dC_1 \\ d\lambda \end{bmatrix} = \begin{bmatrix} -\lambda dr \\ 0 \\ dY_0(1+r) + dY_1 + dr(Y_0 + W_0 - C_0) + dW_0(1+r) \end{bmatrix}$

Löst man das Gleichungssystem nach dem Vektor der endogenen Variablen auf, so erhält man:

(59) $\quad \begin{bmatrix} dC_0 \\ dC_1 \\ d\lambda \end{bmatrix} = \begin{bmatrix} A_{11}/D & A_{21}/D & A_{31}/D \\ A_{12}/D & A_{22}/D & A_{32}/D \\ A_{13}/D & A_{23}/D & A_{33}/D \end{bmatrix} \begin{bmatrix} -\lambda dr \\ 0 \\ dY_0(1+r) + dY_1 + dr(Y_0 + W_0 - C_0) + dW_0(1+r) \end{bmatrix}$

Daraus ergibt sich:

(60) $dC_0 = -\left(\dfrac{A_{11}}{D}\right)\lambda dr + \dfrac{A_{31}}{D}[dY_0(1+r) + dY_1 + dr(Y_0 + W_0 - C_0) + dW_0(1+r)]$

(61) $dC_1 = -\left(\dfrac{A_{12}}{D}\right)\lambda dr + \dfrac{A_{32}}{D}[dY_0(1+r) + dY_1 + dr(Y_0 + W_0 - C_0) + dW_0(1+r)]$

Beschränkt sich die Fragestellung auf eine Variation des Zinssatzes ($dY_0 = dY_1 = dW_0 = 0$; $dr \neq 0$), ergibt sich

(62) $dC_0 = \left[-\left(\dfrac{A_{11}}{D}\right)\lambda + \left(\dfrac{A_{31}}{D}\right)(Y_0 + W_0 - C_0)\right]dr$

(63) $dC_1 = \left[-\left(\dfrac{A_{12}}{D}\right)\lambda + \left(\dfrac{A_{32}}{D}\right)(Y_0 + W_0 - C_0)\right]dr$

Das Vorzeichen des Klammerausdrucks in (62) ist nun eine Funktion von: $[Y_0 + W_0 - C_0]$ sowie von A_{11}, A_{31}, D und λ.

A_{31}/D drückt den Einkommenseffekt aus. *Notwendige* Bedingung für einen positiven Koeffizienten des Einkommenseffektes (KEE) ist, daß

(64) $KEE = Y_0 + W_0 - C_0 > 0$

Die folgende Matrix (Tabelle II.1.8) zeigt die 9 theoretisch möglichen Kombinationen von Y_0, W_0 und C_0 auf:

Tab. II.1.8:

Y_0 \ W_0	$W_0 = 0$	$W_0 > 0$	$W_0 < 0$
$Y_0 = C_0$	Kein EE möglich $W_1 = 0$	Positiver KEE $W_1 = W_0(1+r)$	Negativer KEE $W_1 = -W_0(1+r)$
$Y_0 > C_0$	Positiver KEE $W_1 = s_0$	Positiver KEE $W_1 = W_0(1+r) + s_0$	Unbestimmt $W_1 = -W_0(1+r) + s_0$
$Y_0 < C_0$	Negativer KEE $W_1 = -s_0$	Unbestimmt $W_1 = W_0(1+r) - s_0$	Negativer KEE $W_1 = -W_0(1+r) - s_0$

Quelle: Eigenentwurf

Damit erhalten wir als *erstes Zwischenergebnis*, daß die Wahrscheinlichkeit für einen positiven Koeffizienten des Einkommenseffekts c.p. mit wachsender *Vermögensausstattung* der betroffenen Haushalte zunimmt; analoges gilt für das *Niveau der Ersparnis* in der Referenzperiode [$Y_0 - C_0$]. Dieses Ausgangsniveau dürfte u.a. eine Funktion der Sparfähigkeit und damit des PKE im Entwicklungsländerhaushalt sein.

Allerdings sind die aus Tabelle II.1.8 gewonnenen Eintrittswahrscheinlichkeiten - unter der Annahme der Gleichverteilung im Sinne des "Prinzips des unzureichenden Grundes" - davon abhängig, wieviel Umweltzustände definiert werden. So wäre es denkbar, die zweite Spalte in zwei weitere Spalten aufzuteilen, indem ein "kritisches Vermögen" W_0^* eingeführt wird. Die Konstellationen $W_0 > W_0^*$ bzw. $W_0 \leq W_0^*$ erbringen 3 zusätzliche Felder, wodurch sich die Gesamtzahl der Fälle auf 12 erhöht.

Weiterhin sind nun die Vorzeichen von A_{11}, A_{31}, λ und D zu diskutieren. Die Determinante D ergibt sich nach der Sarrus-Regel:

(65) $D = (1+r)[N_{01} + N_{10} - N_{11}(1+r) - N_{00}/(1+r)]$

Wenn nun davon ausgegangen wird, daß die Kreuzableitungen (N_{01}, N_{10}) null sind,[17]

(66) $D = (1+r)[-N_{11}(1+r) - N_{00}/(1+r)]$,

ist die Determinante D positiv (negativ) für:

(67) $N_{00}, N_{11} < (>) 0$

Das algebraische Komplement, A_{31}, ist gegeben durch:

(68) $A_{31} = N_{01} - (1+r)N_{11}$

und ist ebenfalls positiv (negativ) für:

$N_{01} = 0, N_{11} < (>) 0$.

Für den *Einkommenseffekt*, A_{31}/D, gilt jedoch, daß er stets positiv ist, da für den Fall der Nichtsättigung, N_{00}; $N_{11} > 0$, Zähler *und* Nenner einen Wert von

---

[17] Damit wird der Spezialfall einer intertemporalen Zerlegbarkeit des Konsumnutzens unterstellt: $N = f(C_0, C_1) = f(C_0) + f(C_1)$

kleiner als Null annehmen.[18] Der *Substitutionseffekt*, A_{11}/D, ist dagegen, da

(69) $\quad A_{11} = -1$

nur dann negativ, wenn D größer als Null ist,[19] mithin Sättigungseffekte beim Gegenwarts- *und* beim Zukunftskonsum auftreten.

Wir erhalten damit als *zweites Zwischenergebnis*, daß eine Zinserhöhung zu einem Substitutionseffekt *zugunsten* des Gegenwartskonsums führt, wenn Nichtsättigung auftritt (N_{00}, $N_{11} > 0$).[20]

Nichtsättigungseffekte dürfen in EL vor allem im Zusammenhang mit dem (internationalen) Demonstrationskonsum (Nurkse) auftreten, der i.A. durch die dortigen Oberschichten "genährt" wird. Es ist nun naheliegend, anzunehmen, daß die Bedeutung des Demonstrationskonsums c.p. eine positive Funktion der Einkommenskonzentration in EL ist. Dies ist unser *drittes Zwischenergebnis*.

1.2.2.2.3 Modifizierte Analyse

Realistischer als bisher angenommen dürfte es sein, die Situation in einem EL *vor* der Kapitalmarktreform durch das Vorhandensein einer erheblichen Zinsspanne zwischen Spar- und Schuldzinsen zu kennzeichnen. Der relevante Sparzins für die meisten Haushalte in EL ist der reglementierte Bankeneinlagenzins, während die regulierten Kreditzinssätze i.d.R. nur ausgewählten Unternehmen, nicht aber oder nur kaum borgenden Haushalten zugute kommen. Diese sind meistens auf informelle Kredite angewiesen, deren Zinssätze erheblich über denjenigen von regulierten Depositen zu liegen pflegen.

In Abbildung II.1.4 sind diese Verhältnisse wiedergegeben, wobei aus Vereinfachungsgründen die Existenz eines Vermögens (positiv wie negativ) jetzt vernachlässigt wird. Die Linie BDK stellt die nun *geknickte* Budgetrestriktion dar.

---

[18] Für N_{10}, $N_{01} > 0$ ist das Vorzeichen von D und A_{31} allerdings erneut zu prüfen!

[19] $-\left(\dfrac{A_{11}}{D}\right)\lambda = (-1)\left(\dfrac{-\lambda}{D}\right)$; $\lambda = \dfrac{-\partial N}{\partial C_1} = \dfrac{-\partial N}{\partial C_0} \cdot \dfrac{1}{(1+r)} < 0$.

Daher ist $-\lambda$ stets > 0.

[20] Da wir ein homogenes Gut betrachten, wird die Möglichkeit ausgeschlossen, daß N_{00} und N_{11} ungleiche Vorzeichen besitzen. Das Auftreten von Nichtsättigung wird im übrigen durch isoelastische Nutzenfunktionen befriedigend erklärt.

In D wird weder gespart noch ein Kredit aufgenommen;[21] in C liegt eine positive Ersparnis, in E dagegen Kreditaufnahme vor. Da im jeweiligen Optimum die Zeitpräferenzrate, $-[dC_1/dC_0 + 1]$, dem Marktzins entsprechen muß, weisen die Haushalte, die für die Situation E stehen, jeweils eine entsprechend höhere Zeitpräferenzrate auf.

Abb. II.1.4: Ausgangssituation vor der Kapitalmarktreform

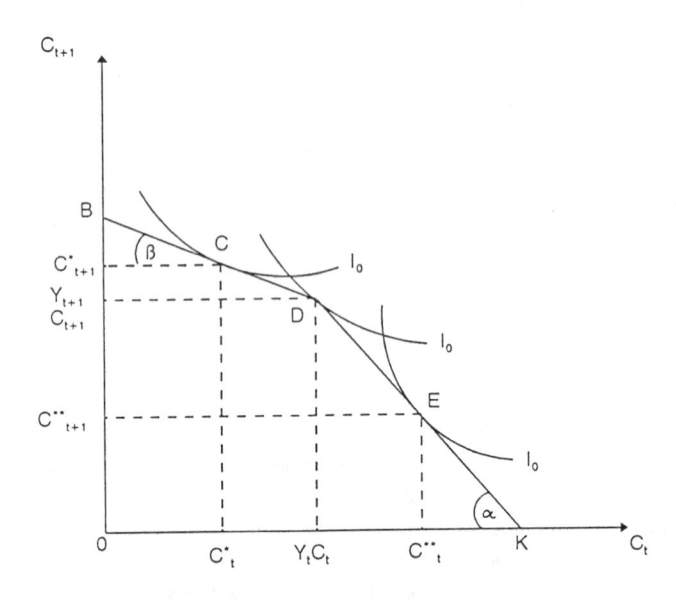

D = Haushalte ohne Ersparnis/Kreditaufnahme
C = Sparende Haushalte
E = Borgende Haushalte
    tg α > tg β

Quelle: Eigenentwurf

Eine (*vollkommene*) Kapitalmarktreform - nun im Sinne des Zinsspanneneffekts - kann prinzipiell im intertemporalen Konsummodell zwei Ausprägun-

---

[21] D entspricht dem Knickpunkt der Budgetlinie; da hier rechts- und linksseitige Steigung nicht mehr übereinstimmen, liegt eine sogenannte Ecklösung vor, für die die Marginalbedingungen 1. Ordnung nicht erfüllbar sind.

gen haben: Entweder es kommt tendenziell zu einer Absenkung des (*informellen*) Kreditzinses auf die Höhe des (*formellen*) Einlagenzinses (Abbildung II.1.5a) oder es findet *tendenziell* eine Anhebung des Einlagenzinses auf die Höhe des Kreditzinses statt (Abbildung II.1.5b).

Variante 1 ist (empirisch gesehen) um so wahrscheinlicher, je enger die Substitutionsbeziehungen zwischen formellen und informellen Krediten und je expansiver die Impulse vom formellen Kreditmarkt auf die Gesamtwirtschaft - bei gegebener "Aufschlagskalkulation" der Geschäftsbanken - ausfallen. *Variante 2* wird dagegen um so eher eintreten, je mehr im Zuge der Kapitalmarktreform die Intermediationskosten gesenkt werden und/oder der Wettbewerb sich im formellen Finanzsektor - bei gegebener Vernetzung mit dem informellen Kreditmarkt - intensiviert und Gewinnaufschläge bzw. formelle Zinsspannen erodieren.

Während es im ersten Fall zu einer *Wohlfahrtssteigerung ausschließlich* zugunsten der borgenden Haushalte kommt, profitieren im zweiten Fall nur die sparenden Haushalte. Dabei ist die *zweite Variante* innerhalb unserer Fragestellung stets vorzuziehen: Im ersten Fall wird der Gegenwartskonsum nämlich in jedem Fall zunehmen,[22] während im zweiten Fall auch eine Einschränkung (sprich: Mehrersparnis) denkbar ist. Dies ist unser *viertes Zwischenergebnis*.

An der *ersten Variante* sind vor allem solche Haushalte in EL interessiert, die sich vor der Kapitalmarktreform in einer Nettoschuldnerposition befanden. "Gründe" für eine solche Position sind u.a. in einer hohen Zeitpräferenzrate der betroffenen Haushalte zu suchen. Eine typische Ursache für eine hohe Zeitpräferenzrate von Haushalten in EL sind stetig steigende Güterpreise (Inflation), die im allgemeinen den (relativen) Grenznutzen des Zukunftskonsums vermindern, während sie den (relativen) Grenznutzen des Gegenwartskonsums erhöhen.[23] Dabei wird unterstellt, was insbesondere für lateinamerikanische EL zutrifft, daß mit steigender Inflationsrate eine Indexierung der

---

[22] Für einen borgenden Haushalt führt eine Zinssenkung stets zu einem positiven Einkommenseffekt, der von einem positiven Substitutionseffekt begleitet wird. Von dem theoretisch möglichen Fall, daß der Gegenwartskonsum ein Giffengut ist, wird hier abgesehen, da eine solche Annahme äußerst unrealistisch wäre.

[23] Allerdings ist auch eine *inverse Reaktion* denkbar: Wenn der einzelne Haushalt im Falle einer Preiserhöhung in der Zukunft nicht bereit oder in der Lage ist, die daraus c.p. resultierende Verschlechterung seiner bisherigen Güterversorgung hinzunehmen, ist er gezwungen, den eingetretenen Kaufkraftverlust durch eine Mehrersparnis in der Gegenwart aufzufangen.

Abb. II.1.5a: (Vollkommene) Kapitalmarktreform I: Absenkung des Kreditzinses auf die Höhe des Einlagenzinses

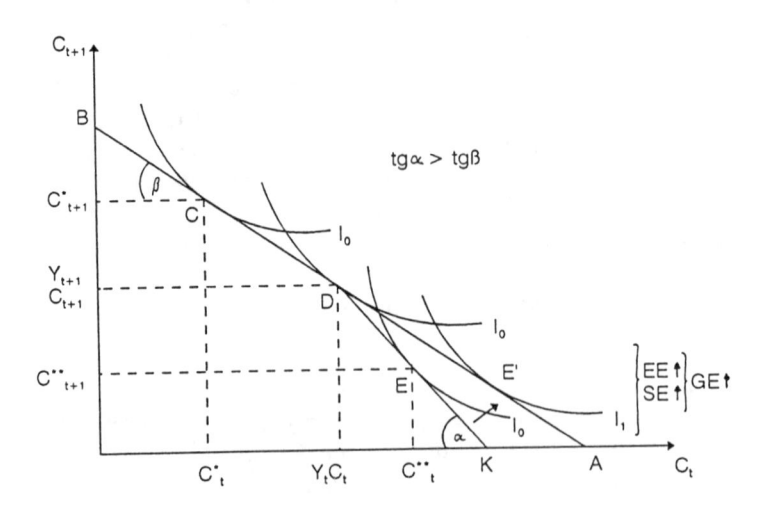

Abb. II.1.5b: (Vollkommene) Kapitalmarktreform II: Anhebung des Einlagenzinses auf die Höhe des Kreditzinses

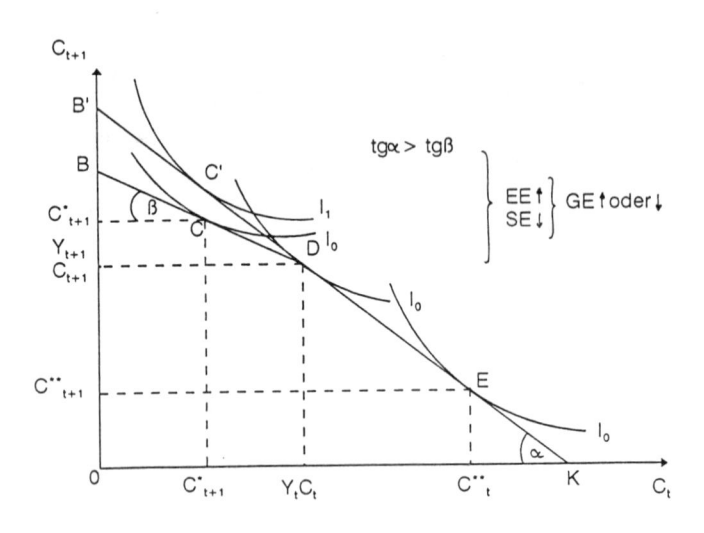

Quelle: Eigenentwurf

Nominalzinssätze einsetzt, so daß die im intertemporalen Konsummodell maßgeblichen Realzinssätze annähernd konstant gehalten werden. Insgesamt kann aus diesen Überlegungen eine weitere wichtige Schlußfolgerung gezogen werden: Kapitalmarktreformen, die das Ziel verfolgen, die volkswirtschaftliche Ersparnis des Sektors Haushalte in EL zu erhöhen, sind weitgehend *ineffizient*, wenn die Mehrzahl der Haushalte vor der Reform aufgrund einer hohen Zeitpräferenzrate Kredite nachfragt. Daher sollte eine Kapitalmarktreform von weiteren wirtschaftspolitischen Maßnahmen begleitet sein, die geeignet sind, die Zeitpräferenzrate der Haushalte abzusenken.[24] Solche Maßnahmen müssen z.B. - allgemein gesprochen - ein größeres Vertrauen in die Glaubwürdigkeit der Wirtschaftspolitik (credibility) erzeugen, wenn ein positiver Zusammenhang zwischen fehlender "credibility" und Zeitpräferenzrate der Haushalte unterstellt wird. Dies ist unser *fünftes Zwischenergebnis*.

Nun sind die in den Abbildungen II.1.5a und II.1.5b dargestellten völligen Beseitigungen der Zinsspanne im Zuge einer Kapitalmarktreform in EL idealistische Extremfälle:[25] bekanntlich verschwinden auch in stark liberalisierten Kapitalmärkten der IL solche Spannen, die letztlich die Gewinn- und Überlebensmöglichkeiten des Bankensystems determinieren, nicht völlig. Auch erscheint es realistischer, die Annahme aufzuheben, daß Gegenwarts- (y_t) und Zukunftseinkommen (y_{t+1}) identisch sind.

Eine mögliche Ursache für divergierende Gegenwarts- und Zukunftseinkommen der privaten Haushalte (bei Abstraktion von Wirtschaftswachstum) in EL ist im Verschuldungsverhalten des Staates zu suchen: eine expansive Wirtschafts- und Verschuldungspolitik in der Gegenwart (t_0) macht (Entschuldung des Staates durch Inflation ausgeschlossen) eine kontraktive Politik in der Zukunft (t_1) erforderlich, da der Gegenwartswert der Staatsausgaben (einschließlich Schuldendienst) den Gegenwartswert der Staatseinnahmen langfristig nicht übersteigen kann. Umgekehrt ermöglicht eine kontraktive Politik in t_0 entsprechende (Mehr-) Ausgaben in t_1 ("intertemporal government budget constraint"). Wenn wir unterstellen, daß die Mehrausgaben des Staates (in t_0 oder t_1) den Haushalten als (direkte oder indirekte) Transfers zufließen, die ihr Gegenwarts- bzw. ihr Zukunftseinkommen erhöhen, so ist für die je-

---

[24] Daß wirtschaftspolitische Maßnahmen in der Lage sind, Verhaltensweisen der Wirtschaftssubjekte zu ändern, ist bekanntlich der wesentliche Hinweis der sogenannten "Lucas-Kritik".

[25] Je höher die Risikoübernahmen der Banken und je geringer der Wettbewerb im Kreditsektor insgesamt, desto größer werden die verbleibenden Zinsspannen c.p. ausfallen.

weils andere Periode (durch Besteuerung) von einer kontraktiven Wirkung auf das verfügbare Einkommen der Haushalte auszugehen. Der Einfachheit halber werden die (abschnittsweisen) Parallelverschiebungen der intertemporalen Budgetgeraden (bei vorhandenem Knick, s.o.) als gleich stark angenommen, so daß wir (Abbildungen II.1.6a und II.1.6b) von *kompensierenden Einkommensvariationen* sprechen können.

Abb. II.1.6a: Kompensierende Einkommensvariation I: $Y_t \uparrow$; $Y_{t+1} \downarrow$

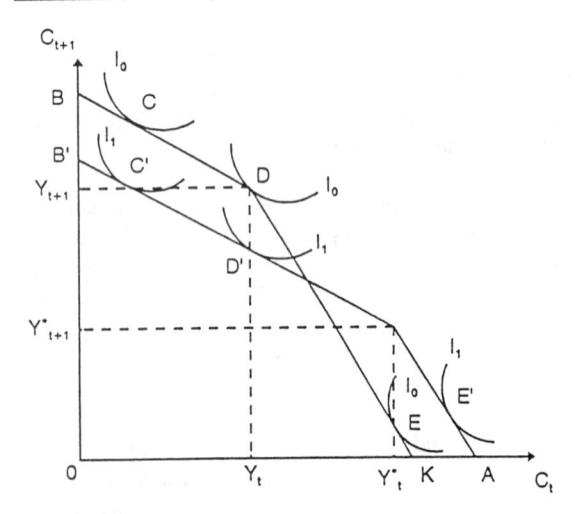

Quelle: Eigenentwurf

Um die weitere Analyse nicht (noch) weiter zu komplizieren, sehen wir von dem vermeintlichen Einfluß der staatlichen Verschuldungspolitik auf die gesamtwirtschaftliche Zeitpräferenzrate (s.o.)[26] und von Crowding-Out-Effekten ab.[27] Wir sind jetzt in der Lage, (unvollständige) Angleichungen des Einlagen(Kredit-)zinses an den Kredit(Einlagen-)zins als Ausdruck einer mehr oder weniger rigorosen *Liberalisierungspolitik* in EL mit einer (in der Gegenwart) expansiven oder kontraktiven Wirtschaftspolitik des Staates zu

---

26 D.h., von Präferenzänderungen bzw. einer Lageverschiebung des Indifferenzkurvenfelds wird hier abstrahiert.

27 Über den Realzinseffekt der Kapitalmarktreform hinaus möge die zusätzliche Staatsverschuldung keine Zinseffekte auslösen.

Abb. II.1.6b: Kompensierende Einkommensvariation II: $Y_t \downarrow$; $Y_{t+1} \uparrow$

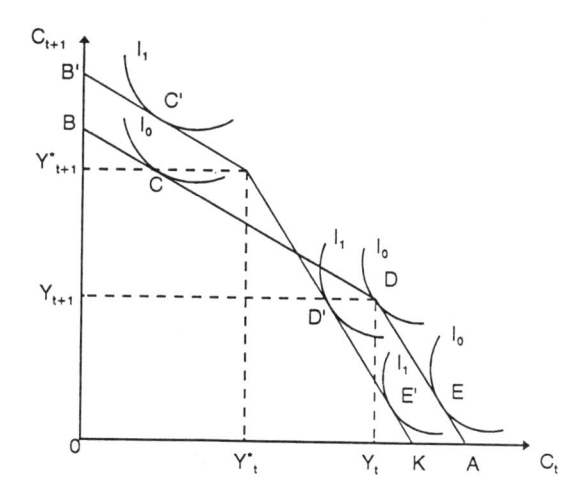

Quelle: Eigenentwurf

"kombinieren". Damit wird es möglich, die Wohlfahrtseffekte von Kapitalmarktreformen in Abhängigkeit davon zu evaluieren, in welchem *stabilitätspolitischen* Umfeld sie stattfinden. Auf diese Weise bekommen wir - aus einem mikroökonomischen Blickwinkel heraus - einen Eindruck davon, wie die von IWF und Weltbank geforderten "stabilization and structural adjustment policies" zusammenwirken, bzw., ob und inwieweit eine expansive Einkommens- und Beschäftigungspolitik des Staates in EL den Erfolg einer Kapitalmarktreform in Frage stellen kann.

Um den umfangreichen "Zeichenaufwand" der theoretisch möglichen Fälle zu vermeiden, sind die Ergebnisse in Tabelle II.1.9 zusammengefaßt. Dabei steht U für das Wohlfahrtsniveau und die Buchstaben C, D, E repräsentieren die oben erläuterten typischen Entwicklungsländerhaushalte. Ob der Staat eine expansive oder kontraktive Wirtschaftspolitik verfolgt, soll an seinem Verhalten in der Gegenwart (t_0) abgelesen werden:

Tab. II.1.9:

Einkommens-variation	Anhebung des Einlagenzinses	Absenkung des Kreditzinses
$Y_t \uparrow, Y_{t+1} \downarrow$	$U_C \uparrow \to$ oder $\downarrow$ $U_D \uparrow \to$ oder $\downarrow$ $U_E \uparrow$	$U_C \downarrow$ $U_D \downarrow$ $U_E \uparrow$
$Y_t \downarrow, Y_{t+1} \uparrow$	$U_C \uparrow$ $U_D \downarrow$ $U_E \downarrow$	$U_C \uparrow$ $U_D \downarrow \to$ oder $\uparrow$ $U_E \downarrow \to$ oder $\uparrow$

<u>Quelle:</u> Eigenentwurf

Folgende Ergebnisse stellen sich ein:

(i) Eine kontraktive Wirtschaftspolitik des Staates in Verbindung mit einer Kapitalmarktreform wird die Wohlfahrt der sparenden Haushalte stets erhöhen.

(ii) Dagegen wird eine expansive Wirtschaftspolitik des Staates die Wohlfahrt der sparenden Haushalte mindern oder unberührt lassen, es sei denn (Spezialfall), daß die Einschränkung des Zukunftseinkommens durch den positiven EE der Zinsanhebung überkompensiert wird.

(iii) Eine kontraktive Wirtschaftspolitik wird die Wohlfahrt der borgenden Haushalte senken oder unberührt lassen, es sei denn (Spezialfall), daß die Einschränkung des Gegenwartseinkommens durch den positiven EE der Zinssenkung überkompensiert wird.

(iv) Eine expansive Wirtschaftspolitik wird die Wohlfahrt der borgenden Haushalte stets erhöhen.

(v) Eine kontraktive Wirtschaftspolitik wird die Wohlfahrt der Haushalte, die weder borgen noch sparen, senken oder unberührt lassen, es sei denn (Spezialfall), daß die Einschräkung des Gegenwartseinkommens durch den positiven EE der Zinssenkung überkompensiert wird.

(vi) Eine expansive Wirtschaftspolitik wird die Wohlfahrt der Haushalte, die weder borgen noch sparen, senken oder unberührt lassen, es sei denn (Spezialfall), daß die Einschränkung des Zukunftseinkommens durch den positiven EE der Zinsanhebung überkompensiert wird.

Wenn also das Ziel der Kapitalmarktreform in EL darin besteht, die gesamtwirtschaftliche Ersparnis durch eine Wohlfahrtssteigerung der sparenden Haushalte anzuregen,[28] sollte sie von einer kontraktiven Stabilisierungspolitik des Staates begleitet sein; diese wird auch ohne eine deutliche Abnahme der Zeitpräferenzrate (s.o.) die angemessene, flankierende Politik zu einer Kapitalmarktreform in EL sein. Dies ist unser *sechstes Zwischenergebnis*.

1.2.2.2.4 Zusammenfassung der traditionellen und der modifizierten Analyse

Die hier vorgenommene mikroökonomische Betrachtung der Wirkungen von Kapitalmarktreformen auf das intertemporale Konsumgleichgewicht eines repräsentativen Haushalts in EL zeitigte differenzierte Ergebnisse.

Im Rahmen der *traditionellen* Analyse, die von einer Zinsspanne zwischen Einlagen- und Ausleihzins abstrahiert und die Hauptwirkung in einer Anhebung des (einheitlichen) Realzinses sieht, sind drei Effekte hervorzuheben:

(i) Bei in der Ausgangsperiode verschuldeten Haushalten lösen Zinsanhebungen negative, den Substitutionseffekt verstärkende Einkommenseffekte aus. Sind die Haushalte unverschuldet oder gar vermögend, so werden die Einkommenseffekte um so deutlicher ausfallen, je größer die Ersparnis in der Referenzperiode ist. Diese dürfte u.a. eine Funktion des PKE im Entwicklungsländerhaushalt sein.

(ii) Zinsanhebungen führen zu einem inversen, d.h., zu einem Substitutionseffekt zugunsten des Gegenwartskonsums, wenn Nichtsättigung auftritt. Solche Nichtsättigungseffekte dürften in EL vor allem im Zusammenhang mit dem sogenannten "internationalen Demonstrationskonsum" (Nurkse) auftreten.

(iii) Da es insbesondere die Oberschichten in EL sind, die solche Konsumgewohnheiten annehmen, dürfte die Bedeutung von Nichtsättigungseffekten eine Funktion der Einkommenskonzentration sein: je ungleichmäßiger die Einkommensverteilung, desto wahrscheinlicher ist c.p. ihr Auftreten.

Im Rahmen der *modifizierten* Analyse wird davon ausgegangen, daß die entscheidende Wirkung einer Kapitalmarktreform in EL in der Reduzierung der Zinsspanne und nicht in der Anhebung eines einheitlichen Realzinssatzes liegt.

---

[28] Vgl. dazu oben die Aussagen zu SE, EE und dem Gesamteffekt!

Die tendenzielle Angleichung der Zinssätze kann grundsätzlich durch eine Absenkung des (informellen) Kreditzinses auf die Höhe des (formellen) Einlagenzinses (*1. Variante*) oder durch eine Anhebung des letzteren auf die Höhe des Kreditzinses erfolgen (*2. Variante*). Auch die modifizierte Analyse weist drei zentrale Resultate auf:

(iv) Die *2. Variante* ist stets der ersten vorzuziehen, da nur in diesem Fall zusätzliche Ersparnisse auftreten können.

(v) Kapitalmarktreformen in EL müssen von weiteren Maßnahmen unterstützt werden, die geeignet sind, die Zeitpräferenzrate der Haushalte abzusenken. Dies wird i.d.R. nur dann gelingen, wenn sie die Glaubwürdigkeit (credibility) der Wirtschaftspolitik erhöhen.

(vi) Kapitalmarktreformen in EL sollten von einer kontraktiven Stabilisierungspolitik des Staates begleitet sein, da eine solche Politik die sparenden Haushalte durch Wohlfahrtssteigerungen zu zusätzlichen Ersparnissen anregt.

1.2.2.2.5 Sparstruktureffekte einer Kapitalmarktreform

Die vorangegangene Analyse macht natürlich die Untersuchung von Sparstruktureffekten einer Kapitalmarktreform nicht überflüssig, vielmehr ergänzen sich beide Fragestellungen. Die Reallokation von Assets im Portfolio der Haushalte nach einer Kapitalmarktreform in EL läßt sich anhand des Konzeptes der "*optimalen Vermögensstruktur*" erläutern. Eine "optimale Vermögensstruktur" liegt bekanntlich dann vor, wenn die "von einem Wirtschaftssubjekt gehaltenen Aktiva jeweils einen gleich hohen Grenzertrag (dr) abwerfen ..." (Duwendag u.a. 1985, S. 216).

Durch eine Erhöhung der Zinssätze auf Spar- und Termineinlagen erhöht sich c.p. der relative Ertrag (durchschnittlicher und Grenzertrag) dieser Anlageform: Durch eine Verringerung der Haltung von *Kasse*, Gold und anderer Vermögensaktiva (*informelle Kredite*) kann der jeweilige Grenznutzen dieser Aktiva erhöht und mit dem Grenznutzen der Termineinlagen zum Ausgleich gebracht werden. Eine stärkere Einschränkung der Kassenhaltung im Vergleich etwa zur Kreditvergabe am informellen Markt kommt immer dann[29] zustande, wenn die Verläufe der Grenzertragsfunktionen abweichend sind:

---

[29] Im Sinne einer hinreichenden Bedingung.

Abb. II.1.7: Anpassung der Portfoliostruktur in EL im Zuge von Kapitalmarktreformen

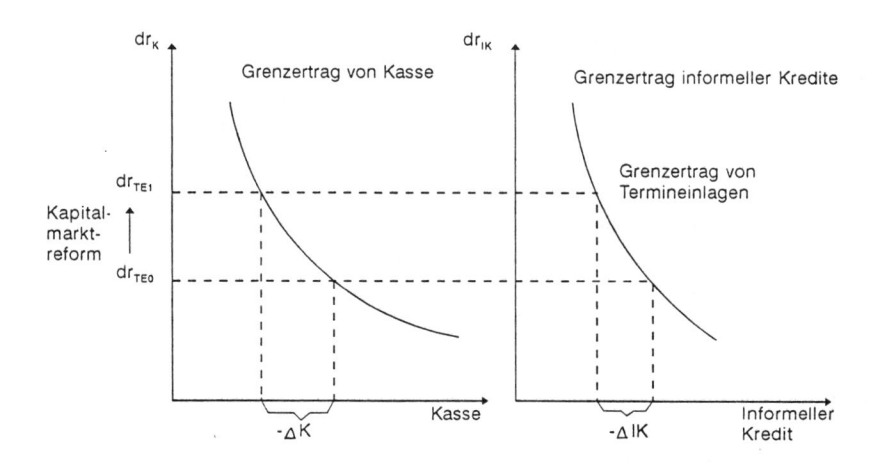

[Abbildung: Zwei Diagramme nebeneinander. Links: Grenzertrag von Kasse (dr_K) als fallende Kurve, mit dr_{TE1} und dr_{TE0} als horizontalen Niveaulinien; Kapitalmarktreform bewirkt Anstieg von dr_{TE0} auf dr_{TE1}; Abszisse "Kasse", Verringerung um $-\Delta K$. Rechts: Grenzertrag informeller Kredite (dr_{IK}) als stark fallende Kurve, mit Grenzertrag von Termineinlagen als horizontale Niveaulinie; Abszisse "Informeller Kredit", Verringerung um $-\Delta IK$.]

Quelle: Eigenentwurf

Der stark degressive Verlauf der Grenzertragskurve für informelle Kredite kann u.a. mit den überproportional steigenden Risiken an diesem Markt begründet werden: "Ausfall- und Zugriffsrisiken, ... lückenhafte Informationen und unsichere Erwartungen" (Duwendag u.a. 1985, S. 216) als wichtigste Ursachen von Duwendag für degressiv verlaufende Grenzertragskurven bei *formellen* Aktiva genannt, geben nur einen Teil der für informelle Aktiva relevanten Bestimmungsgründe wieder.

Zwar sind auch bei der Kassenhaltung abnehmende Grenzerträge "augenscheinlich" (ebenda), "da mit zunehmender Höhe der Geldhaltung der Grenznutzen der "Liquiditätsdienste sinkt" (ebenda). Das Ausmaß an Risikofaktoren und Informationsdefiziten dürfte jedoch stets soviel kleiner sein, daß sich ein elastischerer Verlauf der Grenzertragskurve - im Vergleich zur Kurve der informellen Kreditvergabe - einstellt.

Die Ergebnisse der zweiperiodigen Analyse von oben können nun noch in zweifacher Weise ergänzt werden. Einmal ist die Rolle zu untersuchen, welche *Unsicherheit* bzw. *Risiko* für die *Spareignung* spielen. Zum anderen kann nach der *Sparfähigkeit* der Haushalte in EL schlechthin gefragt werden. Sparneigung und Sparfähigkeit bestimmen zusammen das Sparverhalten der Haushalte.

Sind Y_1, r und folglich auch C_1 Zufallsvariablen, dann ist die Entscheidung, mehr oder weniger zu sparen, wenn die Unsicherheit über das Eintreffen von Y_1 und/oder r_1 zunimmt, letztlich eine Funktion der Risikoaversion/neigung des Haushalts. Eine Alternative für die Haushalte liegt in der Möglichkeit, sich gegen unerwünschte Änderungen in den wichtigen Entscheidungsvariablen *zu versichern*. In EL kann eine solche Versicherung bereits dadurch entstehen, daß der Haushalt in einer erweiterten Großfamilie lebt. Dabei muß man allerdings unterstellen, daß die Risiken der einzelnen Familienmitglieder nicht oder nur geringfügig miteinander korrelieren. Schwierigkeiten dürften vor allem solche Familien haben, die in der Landwirtschaft tätig sind, da es keine Möglichkeiten gibt, sich gegen klimatologische Unwägbarkeiten zu versichern.

In den bisherigen Überlegungen war stets (mit Ausnahme der Differenzierung in Tabelle II.1.8) unterstellt worden, daß der Haushalt ein Einkommen erzielt, aus dem gespart werden *kann*. Dies ist in EL - gerade niedrigen und mittleren Einkommens (untere Einkommenskategorie) - aber nicht selbstverständlich. Machen wir uns diese Überlegung anhand von Abbildung II.1.8 klar:

Abb. II.1.8:

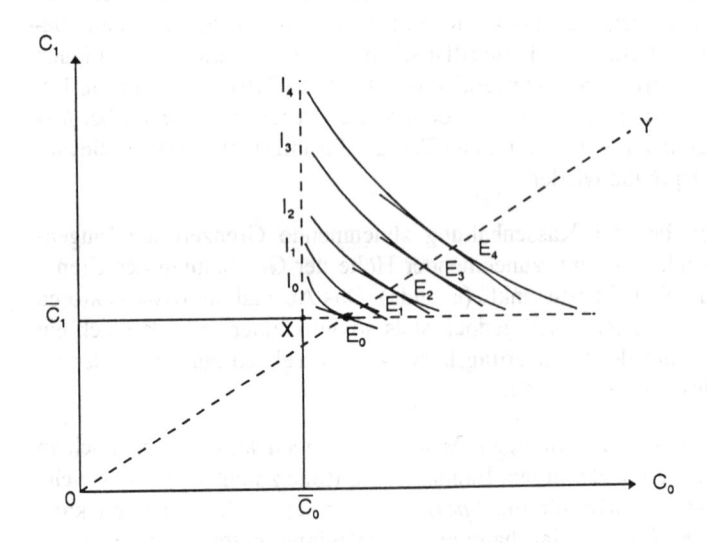

Quelle: Gersowitz (1988)

Das Konsumniveau $\overline{C}$ ist das sogenannte Subsistenzniveau des Konsums. Für eine positive Ersparnis ist erforderlich, daß

(70) $C_0 \geq \overline{C}_0$ und

(71) $C_1 \geq \overline{C}_1$

Wenn in t_1 kein Einkommen erwartet wird, wird der Haushalt zunächst in t_0 im Umfang von $0\overline{C}_0$ konsumieren, um in dieser Periode zu überleben. Alles darüber hinausgehende Einkommen wird gespart werden, um sicherzustellen, daß

(72) $(1+r)(Y_0 - \overline{C}_0) = \overline{C}_1$

Jenseits von X wird der Haushalt entweder C_0 oder C_1 erhöhen.

Auf alle Fälle wird er jetzt darauf achten, die intertemporale Optimalbedingung des Konsums von oben einzuhalten. Das ist in E_0, aber auch in E_1, E_2, E_3, E_4 der Fall. $\overline{0Y}$ ist der Expansionspfad, der sich bei konstantem Zinssatz und bei homothetischen Indifferenzkurven einstellt. Dies ergibt folgenden *Zusammenhang zwischen Sparen und Einkommen*:

Abb. II.1.9:

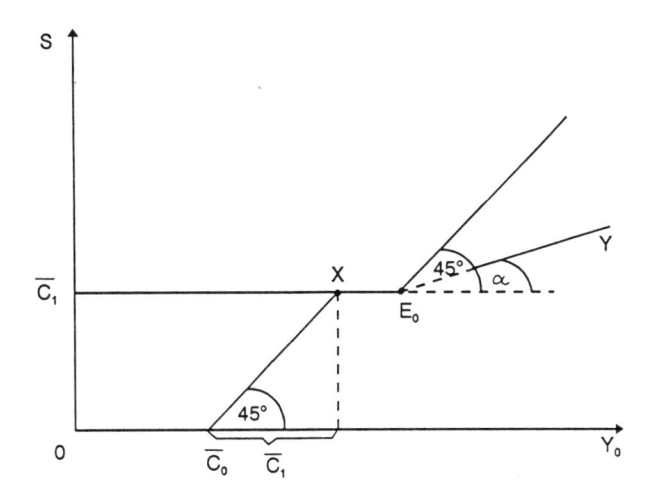

Quelle: Gersowitz (1988)

Der Haushalt zieht von seinem Einkommen zunächst $\overline{C}_0$ als Existenzminimum ab. Bei einem Zinssatz von Null ergibt sich $\overline{C}_1$ durch vollständigen Konsumverzicht. Danach wird der Haushalt sich eine Zusatzkonsum XE_0 "leisten", um ab E_0 einen bestimmten (konstanten) Prozentsatz seines Einkommens (α) zu sparen.

Wenn man also die Erfordernis berücksichtigt, sowohl in t_0 als auch in t_1 zuerst einmal zu überleben, erhält man *keine lineare* Sparfunktion, (vgl. Streckenzug $0\overline{C}_0XE_0Y$).

Folglich sind die "statischen" *makroökonomischen Sparfunktionen* für EL i.d.R. mehr oder weniger große Vergröberungen des zugrundeliegenden mikroökonomischen Zusammenhangs.

Abb. II.1.10:

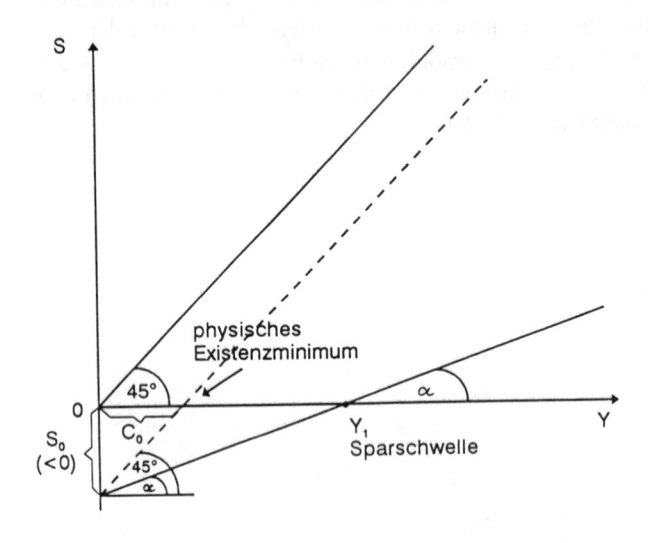

$S = S_0 + sY$ bzw.

$\dfrac{S}{B} = \dfrac{S_0}{B} + s \cdot \dfrac{Y}{B}$ wobei $S_0 < 0$

$s = \text{tg}\,\alpha < 45°$

Quelle: Hemmer (1988)

Dabei bezeichnet S_0 das *negative* autonome, d.h., einkommensunabhänige Sparen. Danach würde auch bei einem Einkommen von null konsumiert. Wie das möglich ist, haben uns die Abbildungen II.1.8 und II.1.9 gezeigt.

Mit steigendem Einkommen nimmt die Ersparnis nach Maßgabe von s (marginale Sparneigung) zu. Bei einem Einkommen von Y_1 wird weder genoch entspart; dieses gesamtwirtschaftliche Einkommen stellt die "Sparschwelle" dar. Wegen $0 < s \leq 1$ ist klar, daß die Sparschwelle größer ist als das "*physische Existenzminimum*" C_0 $(= -S_0)$.

Dividiert man die Größen in der Sparfunktion durch die Bevölkerung, so erhält man die Pro-Kopf-Sparfunktion. Diese zeigt an, daß mit zunehmendem Pro-Kopf-Einkommen (Y/B) die Pro-Kopf-Ersparnis (S/B) zunimmt.

Es läßt sich nun auch zeigen, daß die *durchschnittliche Sparquote* (S/Y) eine positive Funktion des Pro-Kopf-Einkommens ist:

(73) $\quad \dfrac{S}{B} = \dfrac{S_0}{B} + s\left(\dfrac{Y}{B}\right) \quad \Big| \cdot \dfrac{B}{Y}$

(74) $\quad \dfrac{S}{Y} = \dfrac{-PKE_\alpha}{PKE} + s \quad$ für $\dfrac{S_0}{B} = -PKE_\alpha =$ Physiologisches Existenzminimum

und $\dfrac{Y}{B} = PKE$

Dann aber wird S/Y - bei gegebenem s - mit wachsendem PKE zunehmen, wenn auch mit abnehmendem Steigungsmaß.

Empirische Schätzungen haben den positiven Zusammenhang zwischen Pro-Kopf-Einkommen und Sparquote bestätigt (Hesse/Sautter 1977, S. 48). Häufig kommt allerdings eine *Unterschätzung* der Spartätigkeit der Haushalte in EL dadurch zustande, daß das *gemessene Pro-Kopf-Einkommen* (Subsistenzsektor, informeller Sektor) als auch die *gemessene Sparquote* (vgl. "saldenmechanische Bestimmungsgründe") die tatsächlichen Verhältnisse nur unzureichend widerspiegeln. Tendenziell dürfte zudem sowohl das Spar- als auch das Einkommenspotential der Haushalte in EL wesentlich *über* den festgestellten Größen liegen. Dazu gibt es vor allem Beispiele aus dem ländlichen/landwirtschaftlichen Sektor:

Die Zahlungsfähigkeit vieler Pächter in EL deutet darauf hin, daß - bei ähnlichen Produktionsverhältnissen - Subsistenzbauern einen Teil ihrer Überschußproduktion am Markt verkaufen und Teile dieser Erlöse dem Staat als Steuer abliefern könnten.

Das führt uns zu der Frage nach den Bestimmungsgründen der Ersparnisse *öffentlicher Haushalte* in EL.

1.2.3 Bestimmungsgründe der staatlichen Ersparnis

1.2.3.1 Saldenmechanische Zusammenhänge

Der sogenannte *Netto-Kreditbedarf des öffentlichen Sektors* (NKÖS) entspricht dem Gesamtüberschuß der Ausgaben über die Einnahmen aller öffentlichen Stellen; dieser Ausgabenüberschuß muß durch die Neuverschuldung nach Abzug von Tilgungen bestehender Schulden finanziert werden. Er wird auch als "*konsolidiertes Defizit des öffentlichen Sektors*" bezeichnet.

(75) $\quad \text{NKÖS} = \sum A_i^{ST} - \sum E_i^{ST}$

$\quad\quad\quad$ = (Bedarf an internen oder externen Finanzmitteln)

A_i^{ST} = Staatsausgaben, wie:
- Gehälter der Staatsbediensteten
- Ausgaben für Güter und Sachkapital
- Zinsen auf Schulden
- Transfers (gezahlte)
- Subventionen

E_i^{ST} = Staatseinnahmen, wie:
- Steuern
- Benutzergebühren
- Zinseinnahmen aus Finanzanlagen
- Transfers (erhaltene)
- Betriebsgewinne von Staatsunternehmen
- Erlöse aus dem Verkauf von staatlichem Vermögen

Nicht zu den Ausgaben zählen die Tilgungszahlungen auf Staatsschulden im Rahmen des NKÖS:

(76) BKÖS = NKÖS + Tilgungszahlungen

Das NKÖS ist das umfassendste Maß für das staatliche Defizit, kann aber unter manchen Umständen in die Irre führen. In Ländern mit hoher Inflationsrate wird die Kreditaufnahme des öffentlichen Sektors teilweise durch den Rückgang des Realwerts seiner vorhandenen Schulden ausgeglichen. *Anders gesagt*: Ein Teil der Zinszahlungen des Staatsdienstes dient dazu, die Gläubiger für den sinkenden Realwert der Staatsschulden zu entschädigen, er stellt keine reale Zinsbelastung für den Staat dar. Das laufende Defizit (LD) ist definiert als der NKÖS abzüglich der in den Zinszahlungen enthaltenen Inflationskorrektur, es wird auch als *inflationsbereinigtes Defizit* bezeichnet:

(77) LD = NKÖS − Inflationskorrektur

Beide Konzepte (NKÖS, LD) können sich beträchtlich unterscheiden. In Brasilien war im Jahr 1985 die "Inflationskorrektur" der indexierten Inlandsschulden des Staates derart umfangreich, daß der NKÖS 27,1 Prozent des BIP ausmachte, während das LD nur 3,5 Prozent des BIP erreichte.

Die Zinszahlungen für die Schulden sind eine Folge früherer Defizite, nicht des laufenden Finanzgebarens. Ein Indikator des aktuellen finanzpolitischen Kurses sollte deshalb die Zinszahlungen aus dem NKÖS ausschließen, wodurch sich das Primärdefizit (PD) ergibt, das auch als zinsbereinigtes Defizit bezeichnet wird.

(78) PD = NKÖS − Gesamter Zinsaufwand

(79) PD = NKÖS − (Realer Zinsaufwand + Inflationskorrektur)

Das Primärdefizit gibt an, wie sich die Nettoverschuldung des öffentlichen Sektors durch die laufende Haushaltspolitik verbessert oder verschlechtert und ist damit eine wichtige Kennzahl für die Beurteilung der *Tragbarkeit von Staatsdefiziten* (s.u.). Zwar kann der Staat auf unbegrenzte Zeit Defizite aufweisen, doch muß der Primärsaldo (PD) schließlich positiv werden, damit die Zinskosten der ausstehenden Schulden wenigstens zum Teil gedeckt sind. Wenn die Staatseinnahmen und die Gesamtwirtschaft mit einer Rate wachsen, die höher ist als der Realzins, kann sogar der Primärsaldo in der Minuszone bleiben. Im allgemeinen ist es jedoch nicht möglich, daß die Wirtschaft auf lange Sicht durchweg mit einer höheren Rate als der reale Zinssatz wächst.

Abb. II.1.11: Verschiedene Konzepte des Budgetdefizits und ihr Zusammenhang

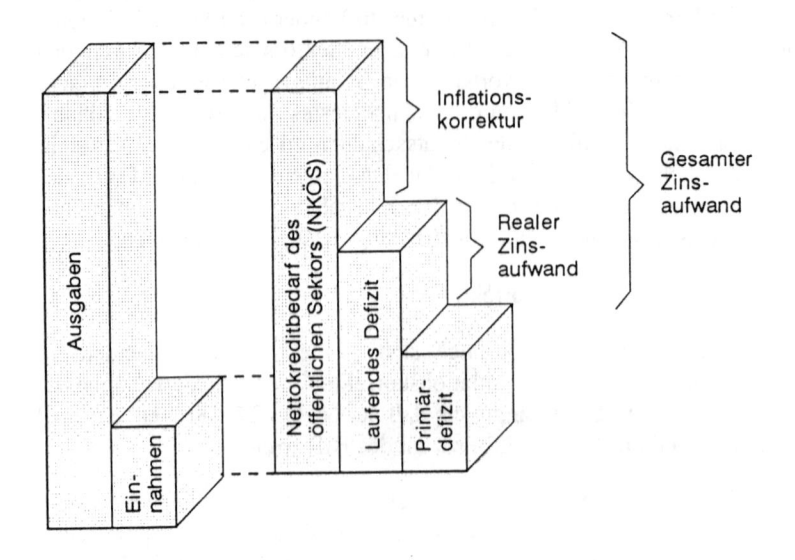

Quelle: Weltbank (1989)

Ob ein öffentliches Defizit "tragbar" ist, läßt sich u.a. daran feststellen, ob seine Finanzierung mit den anderen gesamtwirtschaftlichen Zielen der Regierung vereinbar ist - beispielsweise mit der *externen Kreditwürdigkeit*, dem *Wachstum der privaten Investitionen* und der Eindämmung der *Inflation*. Zu diesem Zweck muß die Finanzierung in ihre einzelnen Komponenten zerlegt werden. Als Ausgangspunkt ist folgende Identitätsgleichung nützlich:

(80) $I_n^{ST} + I_n^{pr} = S^{ST} + S^{pr} + S^A$

wobei

I_n^{ST} = Nettoinvestitionen des Staates

I_n^{pr} = private Nettoinvestitionen

S^A = Leistungsbilanzdefizit

S^{pr} = Ersparnis des privaten Sektors

S^{ST} = Ersparnis des öffentlichen Sektors

Durch eine leichte Umstellung ergibt sich:

(81) $\quad \underset{\substack{\text{Öffentliches}\\\text{Defizit}}}{I^{ST} - S^{ST}} = \underset{\substack{\text{privater}\\\text{Überschuß}}}{S^{pr} - I^{pr}} + \underset{\substack{\text{Leistungsbilanz-}\\\text{defizit}}}{S^{A}}$

Die "Tragbarkeit" des Staatsdefizits hängt demnach ab vom Umfang der privaten Ersparnis, vom angestrebten Niveau der privaten Investitionen und vom "gewünschten Leistungsbilanzdefizit".

1.2.3.2 Analytische Bestimmungsgründe

Die meisten Autoren bescheinigen der staatlichen Ersparnis eine geringe oder gar keine Zinsreagibilität. Diese Überlegung fußt vor allem auf der Überzeugung, daß der Staat *autonom* über seinen Konsum und die Transfers entscheidet, während sich die Steuereinnahmen (*endogen*) in Abhängigkeit von der konjunkturellen Lage entwickeln. Dagegen erhalten der in- und der ausländische Schuldendienst als Teil der laufenden Staatsausgaben einen *exogenen* Charakter, da früher aufgenommene Schulden, die Entwicklung des Wechselkurses und der inländischen Inflationsrate als ein Datum angesehen werden.

Selbst wenn man aber eine Zinsabhängigkeit der staatlichen Ersparnis außer acht läßt, gilt es, die möglichen Rückwirkungen von S^{ST} auf die Ersparnis der Haushalte und der Unternehmungen zu berücksichtigen. Dies kann sowohl theoretisch als auch empirisch geschehen:

Einmal kann die Ricardianische *"equivalence proposition"* angeführt werden: Finanziert der Staat seinen Ausgabenüberhang durch Ausgabe von Staatspapieren, so wird die private Spareigung zunehmen, wenn die Haushalte zukünftige Steuererhöhungen voraussehen, die zur Bedienung der Staatspapiere erforderlich werden.

Allerdings sind hier *zwei Alternativen* zu unterscheiden:

a) Die Mehrausgaben sind konsumtiver,

b) die Mehrausgaben sind investiver Natur.

Im Falle von b) können Einkommens- bzw. Multiplikatoreffekte antizipiert werden, die sich positiv auf die Steuereinnahmen auswirken und möglicherweise spätere Steuersatzerhöhungen überflüssig machen.[30]

Zum anderen ist zu untersuchen, ob es empirisch eine feststellbare *Substitutionalität* zwischen privater und staatlicher Ersparnis gibt. Nach den Untersuchungen von Singh (1975) für die USA führte dort jeder zusätzlich vom Staat gesparte Dollar bei gegebenen Staatseinnahmen zu einem Rückgang der privaten Ersparnis um 57 Cent. Andererseits wurde empirisch ermittelt, daß die Sparneigung des Staates aus *zusätzlichen* Staatseinnahmen (bei gegebenen Staatsausgaben) sehr niedrig ist. Daher war bei einer Anzahl von Ländern nach einer Steuererhöhung nur ein leichter Rückgang der inländischen Ersparnis festzustellen.

Stellt man die Frage nach den Möglichkeiten, die öffentliche Ersparnis anzuregen, so liegen in EL die folgenden besonders nahe:

- Steigerung der Einnahmen durch Ausbau des direkten Steuersystems,
- Senkung der laufenden und dabei insbesondere der konsumtiven Ausgaben,
- stärkere Kapazitätsauslastung der öffentlichen Unternehmen, um bei marktfernen Preisen durch Economies of Scale die Verluste zu limitieren,
- Begrenzung der Finanzierungsmöglichkeiten staatlicher Defizite, etwa bei der Notenbank, durch ein Autonomiestatut für letztere.
- Privatisierung öffentlicher Unternehmungen.

1.2.4 Bestimmungsgründe des ausländischen Sparangebots

1.2.4.1 Saldenmechanische Zusammenhänge

Es ist von folgenden Definitionen auszugehen:

(82) Nettoersparnis (NE)

= private Ersparnis (PRE) + öffentliche Ersparnis (ÖFE)

(83) Bruttoersparnis (BE)

= NE + Abschreibungen

---

[30] Diesen Hinweis verdanke ich K.-W. Schatz und H. Giersch.

(84) Inländische Bruttoersparnis (IBE)
 = BE
 ./. Netto-Faktoreinkommen aus dem Ausland (NFE)
 ./. Saldo der laufenden Transfers aus dem Ausland (SLT)

(85) Ausländische Ersparnis (AE)
 = Netto-Verschuldung (Kredite) im Ausland (NVA)
 = Leistungsbilanzdefizit (LBD)
 = −[(Exp. − Imp.) + NFE + SLT]

(86) Inländische Bruttoinvestitionen (IBI)
 = BE − Saldo der Leistungsbilanz (LBS)

(87) BE = IBI + (Exp. − Imp.) + NFE + SLT

(88) BE = IBI + LBS

(89) LBS = (Exp. − Imp.) + NFE + SLT

(90) Ressourcenüberschuß (RÜ)
 = Exp. − Imp.

(91) Nettoverwendung der ausländischen Ersparnis (NVAE)
 = AE + reinvestierte Profite

Die obigen Definitionsgleichungen beziehen sich auf Stromgrößen. Aus kumulierten Stromgrößen ergeben sich bekanntlich Bestandsgrößen. An dieser Stelle soll nun untersucht werden, *welche* der Kapitalzuflüsse in EL zu einer echten Auslandsverschuldung führen:

Zur Auslandsverschuldung zählt die Weltbank in ihren "World Debt Tables" jene Verpflichtungen, die gegenüber Nicht-Inländern in Devisen und/oder Gütern bestehen, i.d.R. mit einer Fristigkeit von einem Jahr und länger.

Prinzipiell liegen *drei Arten der Auslandsverschuldung* vor, nämlich:
- die öffentliche Schuld (Regierungen, öffentliche Körperschaften in EL),
- die private, öffentlich garantierte Schuld (Rückzahlung wird von öffentlicher Einrichtung garantiert),
- die private, nicht garantierte Schuld.

Abb. II.1.12:

Systematik der Gläubiger von Entwicklungsländern

öffentliche

- **Multilaterale Kredite:**
  Kredite der Weltbank
  Kredite regionaler Entwicklungsbanken
  Kredite anderer multilateraler Organisationen
  (IWF, International Finance Corporation)

- **bilaterale Kredite:**
  Kredite regionaler Regierungen
  Kredite nationaler Notenbanken
  Kredite autonomer öffentlicher Körperschaften

private

- **Käuferkredite bzw. Exportkredite**[*]

- **Anbieterkredite bzw. Lieferantenkredite:**
  Kredite von
  - Produzenten
  - Exporteuren
  - anderen Anbietern von Gütern

- **Finanzmarktkredite:**
  private GB-en
  private Finanzinstitutionen
  öffentliche Emissionen und private Plazierungen von Anleihen

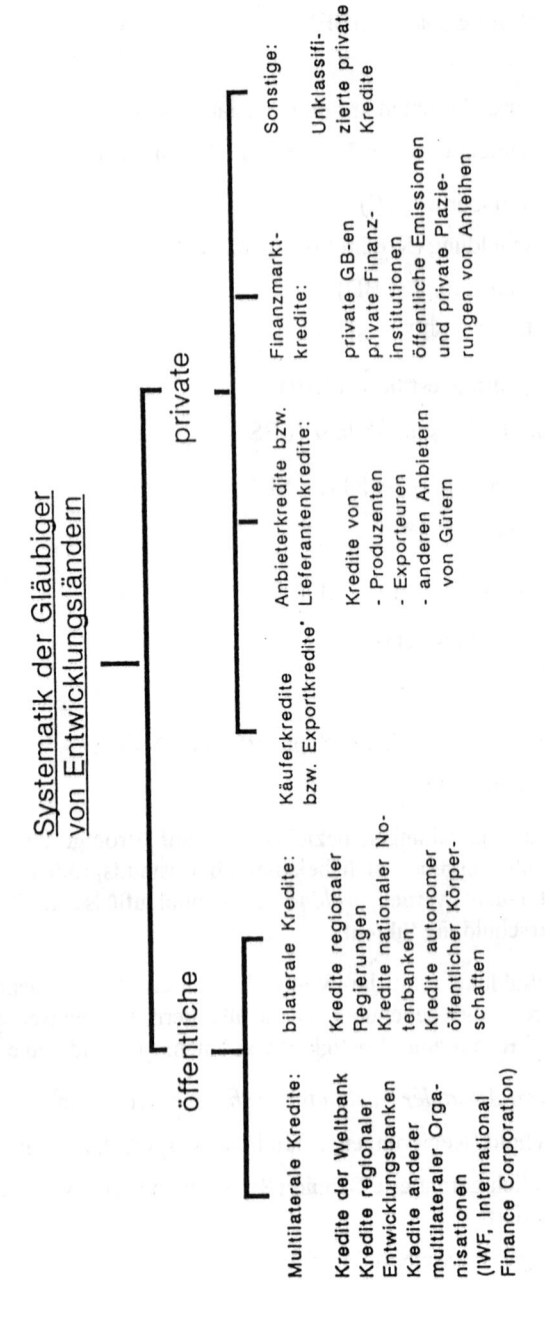

- **Sonstige:**
  Unklassifizierte private Kredite

[*] Bank als Exporteur oder andere Finanzinstitution borgt dem Importeur den Kaufbetrag

<u>Quelle:</u> Weltbank (1984); Eigenentwurf

Abbildung II.1.12 zeigt, welche Gläubiger-Typen vorliegen können.

Die bilaterale öffentliche Entwicklungshilfe (ODA) enthält bekanntlich[31] Zuschüsse und "grant like contributions" in Form von

- technischer Hilfe (in Deutschland durch die GTZ),
- Nahrungsmittelhilfe,
- Schuldenstreichungen und
- sonstigen Zuschüssen.

die *nicht* verschuldungswirksam sind.

Ebenfalls nicht zur Auslandsverschuldung hinzuzuzählen sind - nach dem Konzept der *Weltbank* -

- *Kredite des IWF*, sofern sie nicht aus dem Trust Fund stammen und
- *Direktinvestitionen*, genauer: ausländische private Direktinvestitionen.

Im Vordergrund der Diskussion um die sogenannte "Schuldenkrise" der EL bzw. eines "Schuldenüberhangs" stehen eindeutig die Kredite privater Geschäftsbanken. Daher werden sich die folgenden Ausführungen stark auf diese "Position" konzentrieren.

1.2.4.2 Analytische Bestimmungsgründe

Wir wollen uns hier auf die Frage beschränken, wie es um die Zinselastizität des Kreditangebots ausländischer Geschäftsbanken an EL bestellt ist. Dabei ist die Beobachtung einzubeziehen, daß die Kreditnachfrage der EL seit 1983 nicht in vollem Umfang befriedigt worden ist. Daran konnten auch höhere Zinssätze prinzipiell nichts ändern.

Wie kann man eine solche internationale *Kreditrationierung* erklären? Ein interessanter und bis heute wegweisender Ansatz stammt von Stiglitz/Weiss (1981). Die Autoren gehen von folgenden Annahmen aus:

1) Das Risiko der Investitionsprojekte und die Verleihzinsen, welche Schuldner bereit sind zu zahlen, korrelieren positiv miteinander.

---

[31] ODA wird zu Vorzugsbedingungen vergeben, d.h. entweder als verlorene Zuschüsse ("Grants") oder als Kredite, die mindestens zu 25% als verlorene Zuschüsse anzusehen sind ("25% Grantelement").

2) Kreditnachfrager werden bei steigenden Zinssätzen Projekte mit geringerer Erfolgswahrscheinlichkeit, aber mit höherem "pay-off" bevorzugen.

3) Der Grund für diese Neigung zu risikoreicheren Projekten liegt darin, daß die Unternehmen im Falle des Erfolgs den zusätzlichen Ertrag (nach Abzug der Kreditkosten) einstecken, während sie im Falle des Scheiterns die Verluste, die über den Umfang der gestellten Sicherheiten hinausgehen, den Banken aufbürden können.

4) Vom Standpunkt der Banken aus betrachtet, bedeutet dies, daß es einen Zinssatz gibt, der den Erwartungswert ihres Profits maximiert; dieser Zinssatz ist mit dem maximalen Ausleihzins i.d.R. *nicht* identisch (vgl. Abbildung II.1.13).

Abb. II.1.13:

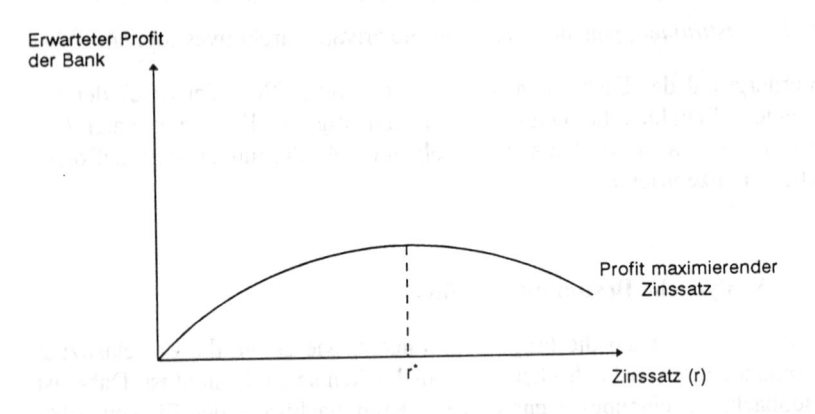

Erwarteter Profit der Bank

Profit maximierender Zinssatz

r^*

Zinssatz (r)

Quelle: Stiglitz/Weiss (1981)

5) Auch ist durch nichts garantiert, daß der gewinnmaximale Zinssatz r^* zu einem Ausgleich von Angebot und Nachfrage auf den internationalen Kreditmärkten führt.

6) Würden die Banken unter diesen Bedingungen den Zinssatz über r^* hinaus erhöhen, geschähe zweierlei:

   a) Einmal käme es zu einer negativen Auslese (*adverse selection*), da gerade die Kreditnehmer mit den am wenigsten riskanten Projekten nicht mehr gewillt wären, Kredite nachzufragen.

b) Zweitens bestünde für die Unternehmen, die den höheren Zins akzeptieren und einen Kredit erhalten, ein Anreiz, die Mittel für riskantere Projekte zu verwenden. Dieser *incentive effect* würde den erwarteten Ertrag der kreditgebenden Bank verringern. Daraus erklärt sich der Kurvenverlauf in Abbildung II.1.13.

Nach Stiglitz/Weiss (1981) gibt es Kreditrationierung,

a) wenn scheinbar identische Nachfrager unterschiedlich behandelt werden und einige sogar ausgeschlossen werden, selbst wenn sie bereit sind, einen höheren Zinssatz zu zahlen;

b) wenn es identifizierbare Teile der Kreditnachfrage gibt, die - bei gegebenem Kreditangebot - selbst zu beliebig hohen Zinssätzen keine Kredite erhalten, während sie sie bei einem größeren Kredit-Angebot erhalten würden.

Machen wir uns die Zusammenhänge anhand von folgender Abbildung II.1.14 klar; im 4. Quadranten findet sich die Darstellung aus Abbildung II.1.13 wieder. Im 3. Quadranten wird eine Kreditangebotsfunktion in Abhängigkeit vom im Durchschnitt erwarteten Profit der Banken ($\overline{P}$) abgetragen.

Das Kreditangebot (L_S) steigt zunächst nur unterproportional in Abhängigkeit von $\overline{P}$. Dieser Bereich repräsentiert Zinssätze, die kleiner als r_0 und größer als r_m sind. Bei dem markträumenden Zinssatz r_m, bzw. dem diesem Zinssatz entsprechenden Durchschnittsertrag ($\overline{P}_m$), weist L_S einen Wendepunkt auf: zwischen r_m und r^* steigt L_S überproportional in Bezug auf $\overline{P}$ an. Durch Spiegelung an der 45°-Linie im 2. Quadranten ergibt sich der Verlauf der Kreditangebotskurve als Funktion von r im 1. Quadranten, in dem zusätzlich auch eine Kreditnachfragefunktion (L_D) in Abhängigkeit vom Zinssatz r eingezeichnet ist. Der Ast der Kreditangebotsfunktion verläuft zwischen r^* und r_m fallend und steiler als zwischen r_0 und r^*.

Das Kreditangebot (L_S)[32] reagiert nur positiv auf den Zins (r), solange $r \leq r^*$, da bei r^* - gemessen am durchschnittlich erwarteten Ertrag - ein Optimum vorliegt (IV). Das Gleichgewicht aus der Sicht der Banken, r^*, beinhaltet einen Kreditnachfrageüberhang (I).

---

[32] "We have drawn L_S as if it were an increasing function of $\overline{P}$. This ist not necessary for our analysis." (Stiglitz/Weiss 1981).

Abb. II.1.14:

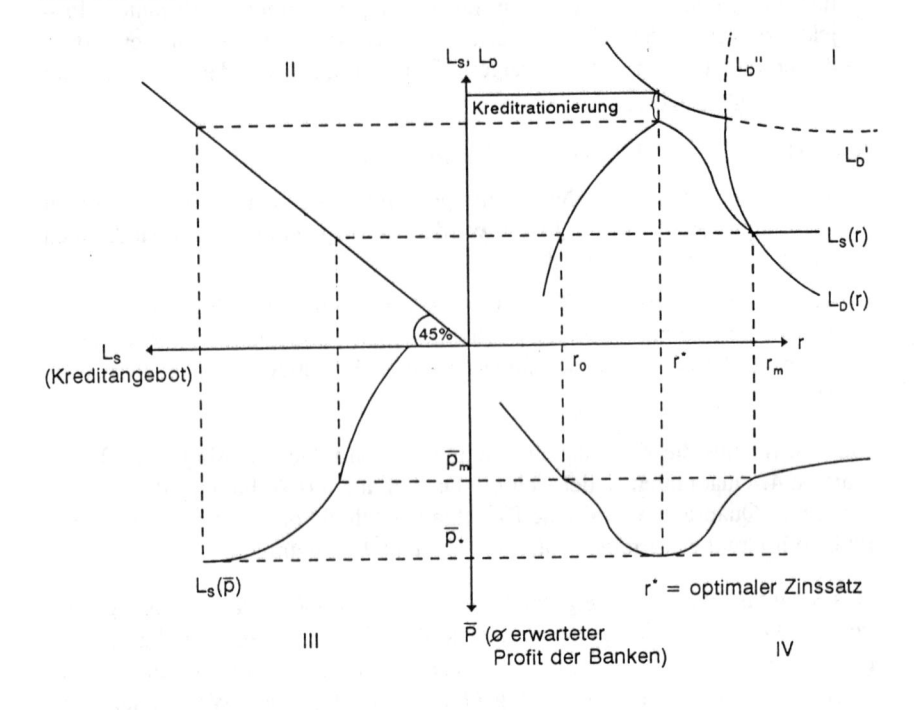

Quelle: Stiglitz/Weiss (1981)

Andererseits räumt r_m zwar den Markt, ist aber vom Standpunkt der Banken suboptimal.[33] Im Gleichgewicht der Banken besteht also *Kreditrationierung*!

Der geknickte Verlauf der Kreditnachfragefunktion (L_D) ergibt sich daraus, daß der linke Ast für die vergleichsweise elastische Nachfragefunktion $L_{D'}$ steht und der rechte Ast für die vergleichsweise starre Nachfragefunktion $L_{D''}$.

Im Stiglitz/Weiss-Modell ziehen sich nach Überschreiten eines kritischen Zinssatzes die Kreditnehmer mit den weniger riskanten Projekten als Kredit-

---

[33] Durch Senkung von r unter r_m können die Banken nämlich ihren erwarteten Profit steigern!

nachfrager mehr und mehr zurück: L_D verläuft unterhalb von $L_{D'}$ (*adverse selection*).

Vor Erreichen des kritischen Zinssatzes sind die risikoaversen Kreditnehmer (überdurchschnittlich) in der gesamtwirtschaftlichen Kreditnachfrage repräsentiert: L_D verläuft flacher als $L_{D''}$. Letztere Kreditnachfrage würde nur dann gelten, wenn die risikofreudigen Kreditnehmer überrepräsentiert wären! Dies ist aber nur - wie oben ausgeführt - rechts vom "Knick" der Fall.

Von Rob Vos (1988) ist nun der Grundgedanke des Stiglitz/Weiss-Modells auf das Verhältnis zwischen EL und internationalen Geschäftsbanken übertragen worden.

Danach sind EL für die Geschäftsbanken eine besondere Risiko-Klasse von Schuldnern[34], die in weitere Unterklassen untergliedert werden kann. Aus den verschiedenen Risikoklassen werden jene Kreditnachfrager rationiert, die als besonders riskante Schuldner eingestuft werden.[35]

Dabei können natürlich unterschiedliche potentielle Schuldner *innerhalb* des EL vorkommen, deren Investitionsprojekte unterschiedlich risikoreich sind; gleichwohl werden die Banken sie zu *einer* Risikoklasse zusammenfassen, zumal Rückzahlungsschwierigkeiten i.d.R. als makroökonomisches Problem auftreten.

Gesamtwirtschaftlich orientieren sich die Geschäftsbanken an der erkennbaren Gefahr, daß die Kreditverträge gebrochen werden. Kreditobergrenzen zu einem bestimmten Zinssatz sollen die Wahrscheinlichkeit von Kreditausfällen begrenzen. Die Ungewißheit über die Entwicklung in der Zukunft macht eine Risikoeinschätzung besonders schwer. Diese Zusammenhänge lassen sich nun auch graphisch darstellen.

In Abbildung II.1.15 erkennen wir eine sich wieder zurückbiegende *Kreditangebotskurve*. Je nach der Risikoklasse des kreditnachfragenden EL kann die Angebotskurve eine unterschiedliche Lage einnehmen.

Zinseinnahmen sind *die* Profitquellen für die Geschäftsbanken. Die Kreditangebotsfunktion (B_{S0}) wird daher zunächst einen positiven Anstieg aufweisen. Bei weiter steigenden Zinssätzen ist aber mit sinkenden (erwarteten) Er-

---

[34] Etwa im Gegensatz zu Unternehmen aus den USA.
[35] Einer ganzen Risikoklasse kann der Zugang zum internationalen Finanzmarkt verwehrt werden.

trägen zu rechnen, daher wird die Kreditangebotsfunktion einen Wendepunkt besitzen.

Abb. II.1.15:

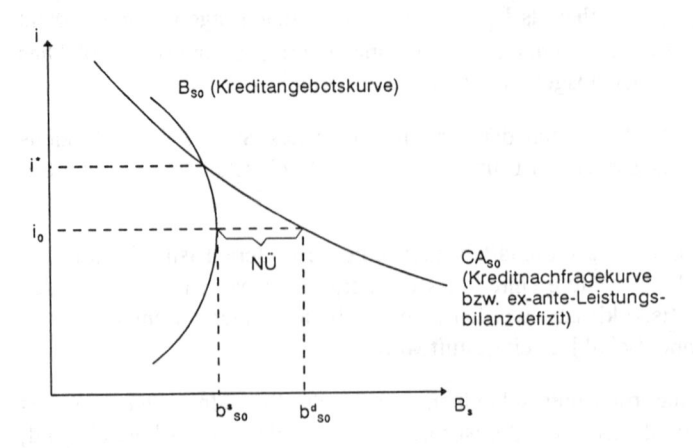

[Abbildung: Kreditangebots- und Kreditnachfragekurve mit Achsen i und B_s; B_{S0} (Kreditangebotskurve), CA_{S0} (Kreditnachfragekurve bzw. ex-ante-Leistungsbilanzdefizit); Zinssätze i^* und i_0; Mengen b^s_{S0} und b^d_{S0}; Nachfrageüberschuß NÜ]

Quelle: Vos (1988)

Die Kreditnachfragefunktion wird durch das *ex-ante Leistungsbilanzdefizit* beschrieben (CA_{S0}). Die Geschäftsbanken sind bereit, bis $b_{S0}s$ ihr Kreditangebot auszudehnen. Diesem Angebot entspricht der Zinssatz i_0, der die *erwarteten Profite* der Geschäftsbanken maximiert. Jenseits von $b_{S0}s$ wird das geplante Kreditangebot (wieder) schrumpfen, da erwartet wird, daß der Schuldner in Zahlungsschwierigkeiten geraten wird. Der Schnittpunkt zwischen Kreditangebots- und Kreditnachfragekurve liegt beim höheren Zinssatz i^*. Zum relevanten Zinssatz i_0 besteht ein Nachfrageüberschuß in Höhe von $(b_{S0}{}^d - b_{S0}{}^s)$.

Nun läßt sich auch analysieren, was bei einer plötzlichen Änderung der internationalen Rahmenbedingungen passieren kann (Abbildung II.1.16).

Beispielsweise können EL von externen Schocks auf dem Weltmarkt betroffen sein, welche die Risikoeinschätzungen der Geschäftsbanken negativ beeinflussen: Die Angebotskurve verschiebt sich von B_{S0} nach B_{S1} und der von den Geschäftsbanken verlangte Zins steigt von i_0 auf i_1.

Abb. II.1.16:

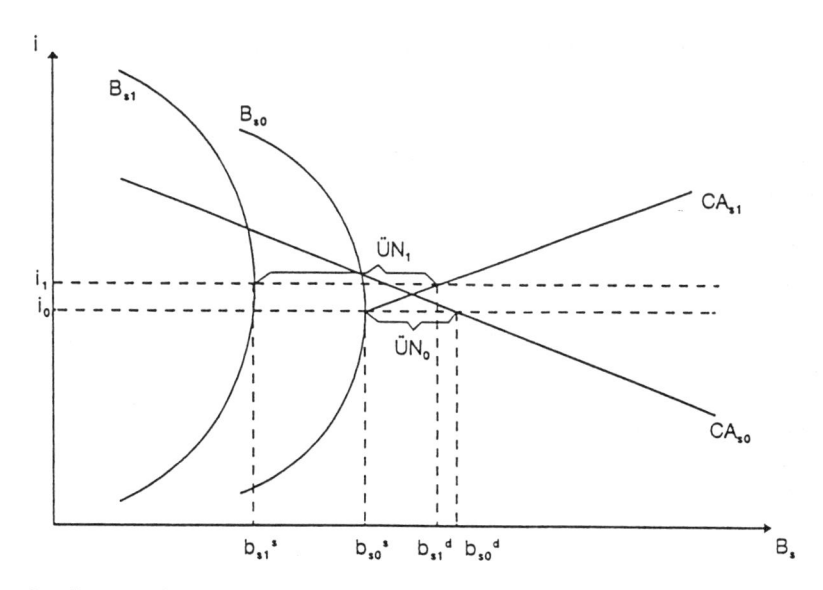

Quelle: Vos (1988)

Die kreditnachfragenden EL können andererseits in eine *Liquiditätskrise* geraten. Interne Anpassungsmaßnahmen mit dem Ziel, CA_{S0} zum Ursprung hin zu verschieben, können aus politischen Gründen beispielsweise nicht durchsetzbar sein. Daher ist es denkbar, daß das EL - um die Liquiditätskrise zu überwinden - nun *bei höheren Zinssätzen eine gestiegene Kreditnachfrage entfaltet*. Dann erhält CA_{S1} einen positiven Anstieg, und zwar beginnend im Ausgangspunkt $i_0/b_{S0}S$, und verläuft entsprechend CA_{S1}. Zum neuen Zinssatz i_1 beträgt die Überschußnachfrage nach Krediten jetzt $(b_{S1}d - b_{S1}S)$.

Der Erklärungsansatz von Stiglitz/Weiss hat sich als sehr leistungsfähig erwiesen, um Niveau und Struktur der Kapitalflüsse aus IL in EL zu erklären. Beispielsweise konnte Nunnenkamp (1990) die These empirisch erhärten, daß externe Schocks (wie Verschlechterungen der TOT) keinen positiven Einfluß auf die Kreditvergabe an EL haben (im Sinne eines "kompensatorischen Verhaltens"). Auch konnte er (ebenda) zeigen, daß erhöhte Risiken des Vertragsbruchs (default risk) durch die EL bei den Banken die Abneigung erhöhen, neue (zusätzliche) Kredite zu vergeben. Anpassungsleistungen der EL, die sich in einer verbesserten Perfomance niederschlagen, werden von den Banken bei der Kreditvergabe dagegen honoriert (vgl. ebenda, S 567).

In der bisherigen Analyse haben wir uns nur auf die Zinsreagibilität der *privaten Bankkredite* beschränkt. Damit ist natürlich nur ein Teil des Auslandskapitalflusses erfaßt. Weitere wichtige Elemente sind:

- unentgeltliche Übertragungen (Schenkungen, technische Hilfe)
- private Exportkredite
- private Direktinvestitionen
- private Portfolioinvestitionen

Bei empirischen Untersuchungen hat sich nämlich gezeigt, daß die Korrelation zum inländischen Sparen - je nach Art des (Netto-) Kapitalzuflusses - erheblich streut. G. Papanek errechnete eine stark negative Korrelation zwischen inländischem Sparen und Entwicklungshilfe, "während mit den anderen Bestandteilen des Auslandskapitalzuflusses keine signifikanten (positiven oder negativen) Beziehungen vorlagen" (Görgens 1983, S. 20).

Den (Mehr-) Konsumeffekt der Entwicklungshilfe kann man anhand von <u>Abbildung II.1.17</u> verdeutlichen.

Die Option des EL, die verfügbaren inländischen Ressourcen entweder zur Befriedigung von Gegenwartskonsum (C_t) oder zur Kapitalakkumulation zwecks Befriedigung von Zukunftskonsum (C_{t+1}) einzusetzen, wird durch die intertemporale Transformationsgerade AB wiedergegeben. Bei der angenommenen gesellschaftlichen Indifferenzkurve I_1, herrscht vor dem Ressourcentransfer ein Produktions- und Konsumgleichgewicht im Punkt P_1, in dem die Grenzrate der Transformation und die der Substitution übereinstimmen. *OD* wird konsumiert, *DB* investiert und steht im Zeitraum t+1 für Konsumzwecke (OE) zur Verfügung. Infolge von Entwicklungshilfe im Umfang von P_1H verschiebt sich die Transformationskurve nach YZ, so daß das Optimum jetzt bei P_2 liegt. Der Gegenwartskonsum wird auf *OF* ausgeweitet, die Investition auf *FZ*. Dies bedeutet, daß nur ein Teil der Entwicklungshilfe, nämlich *KH*, investiven Zwecken zugeführt wird. Die gesamtwirtschaftliche Sparquote ist gesunken, falls:

$$\frac{DB}{OB} > \frac{FZ}{OZ}$$

Abb. II.1.17:

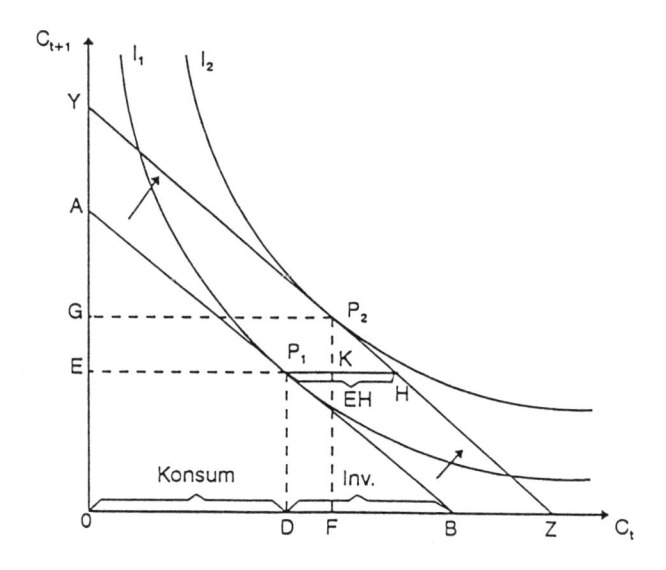

[Diagramm: Achsen C_{t+1} (vertikal) und C_t (horizontal). Punkte Y, A, G, E auf der vertikalen Achse; D, F, B, Z auf der horizontalen Achse. Indifferenzkurven I_1, I_2. Punkte P_1, P_2, K, EH, H. Bereiche "Konsum" und "Inv." sind markiert.]

EH = Entwicklungshilfe

Quelle: Donges (1981)

Die Schwäche der Darstellung in Abbildung II.1.17 besteht darin, daß Entwicklungshilfe als ungebundener Einkommenstransfer aufgefaßt wird. Beispielsweise könnte man stattdessen annehmen, daß der Transfer aus dem Ausland ausschließlich investiven Zwecken vorbehalten ist (vgl. Abbildung II.1.18): Während die alte Budgetlinie immer noch den Verlauf *AB* aufweist, hat die neue die Gestalt *YDB*, wobei die Senkrechte *DB* sich aus $(1+r)DI$ ergibt. Nehmen wir an, daß vor dem Einkommenstransfer entsprechend Punkt B in der Gegenwart konsumiert wurde, so schließt die Verwendungsauflage einen Punkt wie E aus. Vielmehr wird sich eine Ecklösung in D einstellen. Demzufolge wird gebundene Entwicklungshilfe dazu führen, daß das Empfängerland einen höheren Anteil des zusätzlichen Einkommens spart als es seiner marginalen Sparquote entspricht (White 1992, S. 180).

Abb. II.1.18:

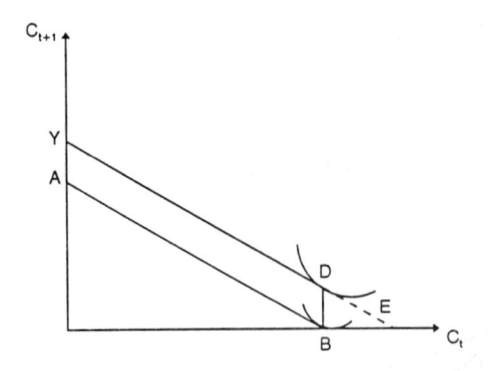

Quelle: White (1992)

Zu Beginn der 80er Jahre hatte der Nettoressourcentransfer an EL ein durchaus untypisches Aussehen: Exportkredite und private Kapitalzuflüsse dominierten gegenüber offiziellen Kapitaltransfers. Insbesondere nach der durch Mexiko 1982 ausgelösten Schuldenkrise änderte sich dieses Bild drastisch,

Abb. II.1.19: Rückgang bzw. Stagnation der kommerziellen Kapitalzuflüsse in EL

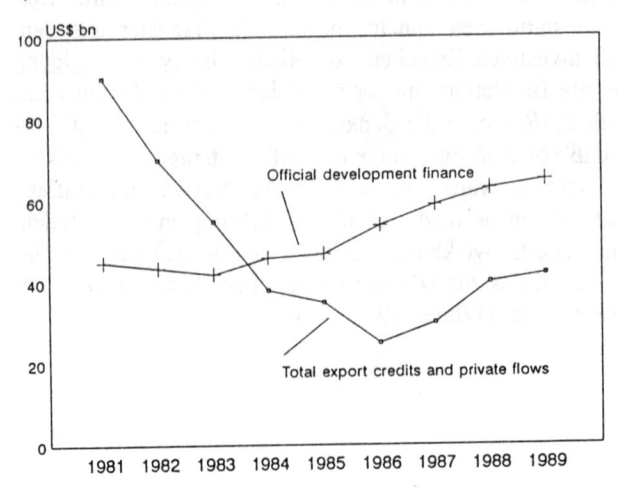

a) Total net resource flows to developing countries (current values)

b) Private net resource flows to developing countries (current values)

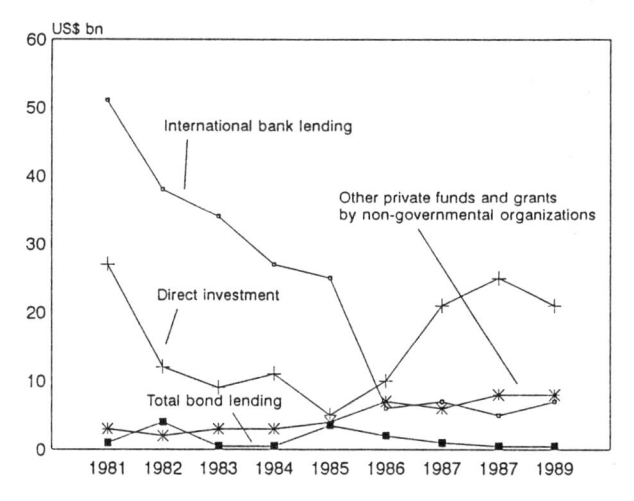

[Figure: Line chart, US$ bn, 0–60, years 1981–1989, showing International bank lending, Other private funds and grants by non-governmental organizations, Direct investment, Total bond lending]

Private resource flows to developing countries declined markedly in the 80s, mainly due to collapsing international bank lending.

Quelle: OECD (1990)

wie Abbildung II.1.19 verdeutlicht: nicht nur, daß die staatliche Entwicklungsfinanzierung wieder die Oberhand gewann, sondern auch die Zusammensetzung der privaten Kapitaltransfers wurde nahezu auf den Kopf gestellt: seit 1986 ist die Bedeutung der Bankenkredite stark rückläufig, während die ausländischen privaten Direktinvestitionen deutlich zulegten. Dies geschah aber u.a. unter dem Einfluß der sogenannten Debt-Equity-Swap-Programme, die i.d.R. ein erhebliches Subventionselement beinhalten.

Literaturhinweise zu diesem Kapitel:

Corsepius, U., Kapitalmarktreformen in Entwicklungsländern. Eine Analyse am Beispiel Perus, Tübingen 1989.

Donges, J.B., Außenwirtschafts- und Entwicklungspolitik, Berlin/Heidelberg /New York 1981.

Drake, P.J. Money, Finance and Development, Oxford 1980.

Duwendag, D./Ketterer, K.H. u.a., Geldtheorie und Geldpolitik, 3. Auflage, Köln 1985.

Fry, M.J., Money, Interest, and Banking in Economic Development, Baltimore 1988.

Gersowitz, M., Saving and Development, in: H.B. Chenery/T.N. Srinivasan (Hrsg.), a.a.O, S. 381-424.

Görgens, E., Entwicklungshilfe und Ordnungspolitik, Bern/Stuttgart 1983.

Hemmer, H.R., Wirtschaftsprobleme der Entwicklungsländer, 2. Auflage, München 1988.

Hesse, H./Sautter, H., Entwicklungtheorie- und politik. Band 1: Entwicklungstheorie, Düsseldorf 1977.

Nunnenkamp, P., Determinants of Voluntary and Involuntary Bank Lending to Developing Countries in the 1980s, in: Kyklos, Vol. 43, Nr. 4/1990, S. 555-577.

OECD, Development Cooperation Report (verschiedene Jahrgänge: 1985-1992), Paris.

Sell, F.L., Erfolgsbedingungen für Kapitalmarktreformen in Entwicklungsländern - eine mikroökonomische Ex-Ante-Analyse, in: Jahrbücher für Nationalökonomie und Statistik, Heft 3/4, 1993, S. 285-305.

Singh, S.K., Development Economics: Some Findings, Lexington: Heath, 1975.

Stiglitz J.E./Weiss, A., Credit Rationing in Markets with Imperfect Information, in: American Economic Review, Vol. 71, Nr. 3, 1981, S. 393-410.

Stobbe, A., Volkswirtschaftliches Rechnungswesen, 6. Auflage, Berlin u.a.O. 1984.

Vos, R., Global Savings, Investment and Adjustment: On Micro- and Macroeconomic Foundations of North-South Financial Interdependence, in: D. Currie/D. Vines (Hrsg.), Macroeconomic Interactions Between North and South, New York u.a.O. 1988, S. 214-248.

Weltbank, Weltentwicklungbericht. Verschiedene Jahrgänge (1988-92), Washington, D.C..

Weltbank, World Debt Tables, verschiedene Jahrgänge (1985-1992), Washington, D.C..

White, H., The Macroeconomic Impact of Development Aid: A Critical Survey, in: The Journal of Development Studies, Vol. 28, Nr. 2, 1992, S. 163-240.

1.3 Mangel an Humankapital

1.3.1 Humankapital als Produktionsfaktor?

Die Investitionsfähigkeit eines Landes bestimmt sich u.a. danach, in welchem Umfang bestehende Investitionsmöglichkeiten erkannt und von Investoren *realisiert* werden können. Letztlich wird hier auf die *Leistungsfähigkeit* der *Unternehmer* (als Träger privater Investitionen) und *staatlicher Stellen* (als Träger staatlicher Investitionen) abgestellt; nur wenn diese gegeben ist, liegt die zur Vornahme von Investitionen unabdingbare gesamtwirtschaftliche *Investitionsfähigkeit* vor.

Nach Auffassung Hirshmans stellt das *unzureichende Unternehmertum* den zentralen Entwicklungsengpaß für viele EL dar. Auch W. Röpke konzediert den EL ein Fehlen jenes "geistig-soziologischen Humus, dem im Westen Unternehmungsgeist, Rechenhaftigkeit ..., Verantwortungssinn, Werktreue, Verläßlichkeit, Pünktlichkeit, Spartrieb und Schaffensdrang entsprossen sind; es fehlt nicht nur an Unternehmern, die dieser Bezeichnung würdig sind, sondern auch an der Schicht und der geistig moralischen Formung, die sie in absehbarer Zeit hervorbringen können, was nicht heißt, daß es etwa an Menschen fehlt, die nicht jede Gelegenheit der Bereicherung erspähen und ergreifen".[36]

Der hier angesprochene Humankapitalmangel - denn einen solchen stellt das *unzureichende Unternehmertum* dar - beschränkt sich allerdings nicht auf die privaten Unternehmer.

Die Überwindung des Humankapitaldefizits setzt häufig einen nachhaltigen *sozialen Wandel* voraus, der die zum Zustandekommen der *Investitionsfähigkeit* benötigten Änderungen in den traditionalistischen Verhaltensweisen und Attitüden bewirkt. Die Investitionsfähigkeit einer Gesellschaft erfordert bestimmte Einstellungen zur Entwicklung und Anwendung neuer Technologien, zur Kapitalakkumulation etc.. Diese Einstellungen ergeben sich sowohl als Folge eines sozialen Wandels als auch im Zusammenhang mit einer gezielten Ausbildung. Zwar kann der *Wille zur Wirtschaft* (K. Brandt) nicht "antrainiert" werden, aber die Fundierung unternehmerischer Entscheidungen durch eine *qualifizierte Ausbildung* erscheint als eine notwendige Ergänzung zur *unternehmerischen Mentalität*.

Auch außerhalb der Entscheidungsebene der Unternehmung ist *Humankapital* als eigenständige Ressource hoch einzuschätzen. So leuchtet es unmittelbar

---

[36] Röpke, W., Unentwicklte Länder, in: ORDO, Band 5 (1953), S. 75 f..

ein, daß der Industrialisierungsprozeß eine Nachfrage nach qualifizierten Arbeitskräften induziert, die - von Arbeitskräfteimporten einmal abgesehen - durch ein entsprechendes Angebot am inländischen Arbeitsmarkt befriedigt werden will.

In der Terminologie der gesamtwirtschaftlichen Produktionsfunktion: Der Faktor Arbeit ist als inhomogen aufzufassen; neben die ungelernte bzw. Arbeit niedrigerer Qualifikation tritt qualifizierte Arbeit, deren Entlohnung u.a. als *Ausbildungsertrag* aufzufassen ist.

1.3.2 Angebot und Nachfrage nach Humankapital

Fragen wir uns zunächst, aus welchem einzelwirtschaftlichen Kalkül heraus ein Individuum eine Ausbildungsinvestition vornimmt (vgl. Yotopoulos/ Nugent 1976, S. 185 ff.):

Bei einer Lebenserwartung von n Jahren, möge sich das Individuum, das bereits einen Bestand an Humankapital in Höhe von $i = K$ besitzt (aus dem es jährlich ein Einkommen von Y_{Kj}; für $j = g$ bis n beziehen kann), entschließen, in Periode g eine Ausbildung zu machen. Dabei steigt der Human-Kapitalstock von K auf K'. Die Kosten dieser Investitionen bestehen einmal in den direkten Investitionsausgaben, $C_{K'j}$ und in den Opportunitätskosten Y_{Kj}. Die Human-Kapital-Investition ist daher nur vorteilhaft, wenn:

$$(92) \quad \sum_{j=g}^{n} \frac{Y_{K'j} - C_{K'j}}{(1+r)^{n-g}} - \sum_{j=g}^{n} \frac{Y_{Kj}}{(1+r)^{n-g}} > 0$$

Dabei kann r die subjektive Diskontrate des Individuums oder der Grenzertrag der besten Investitions-Alternative sein.[37]

Bei einer realitätsnäheren Betrachtung müßten die Y_{ij}'s (also Y_{Kj} und $Y_{K'j}$) gewichtet werden mit
- der Wahrscheinlichkeit, in j (j = g .. n) noch am Leben zu sein und mit
- der Wahrscheinlichkeit, in j (j = g .. n) auch tatsächlich beschäftigt zu sein.

Eine stetige Schreibweise von (93) würde lauten:

---

37 Setzt man (92) = 0, dann ist r so etwas wie der interne Zinsfuß.

$$(93) \quad \int_{j=g}^{n} (Y_{K'j} - C_{K'j})(t) e^{-rt} dt \; - \; \int_{j=g}^{n} Y_{Kj}(t) e^{-rt} dt \geq 0$$

Implikationen eines solchen Ansatzes sind die folgenden: Humankapitalinvestitionen sind c.p. um so profitabler, je

(i) mehr junge Menschen mit längerem Erwerbshorizont, $n - g$, investieren;

(ii) geringer die Mortalitätsraten der betreffenden Gesellschaft,

(iii) höher der Anteil der Individuen, die in das Erwerbsleben eintreten und mit Wahrscheinlichkeit auch beschäftigt bleiben sowie

(iv) umfangreicher die Größe der Gruppe jener Individuen, die relativ niedrige Opportunitätskosten aufweisen (Yotopoulos/Nugent 1976, S. 185).

Durch Gleichung (92) bzw. (93) werden die privaten pekuniären Nutzen einer Investition in Human-Kapital ausgedrückt. Diese sind aber nicht notwendigerweise gleich den gesellschaftlichen Wohlfahrtsgewinnen:[38]

Abb. II.1.20:

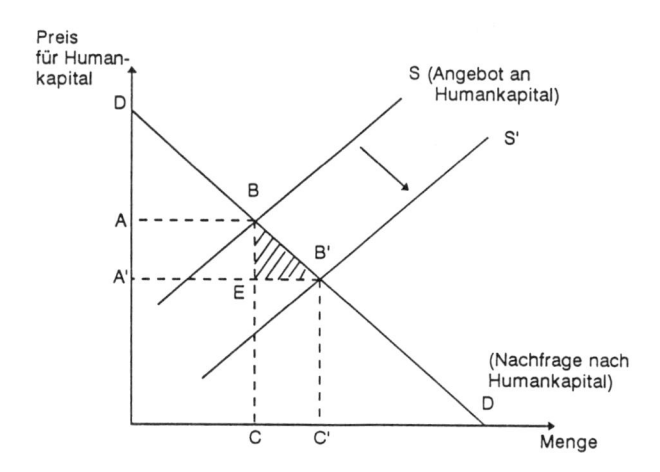

Quelle: Yotopoulos/Nugent (1976)

---

[38] Wir unterstelllen einen wettbewerblichen Markt für Humankapital, ohne Steuern und Subventionen und "normal" verlaufende Marktfunktionen.

Der Einkommensanstieg der Investoren beträgt - bei einer Angebotsausdehnung von S nach S': CEB'C' − A'EBA. Der Bruttoeinkommensgewinn der Haushalte, CEB'C', ist kleiner als der Einkommensgewinn für die Gesellschaft CBB'C'. Das zusätzliche Einkommen der Gesellschaft in Höhe von CBB'C' ergibt sich als Integral unter der Grenzertragsfunktion für Humankapital, DD, zwischen C und C'! Dieser gesellschaftliche Gewinn läßt sich zerlegen in: CEB'C' + EBB'. Solange der (zu diskontierende) *private* Ertrag von Humankapitalinvestitionen unter dem *gesellschaftlichen Ertrag* liegt, kann eine Unterversorgung mit Humankapital konstatiert werden.

1.3.3 Ausbildung und Entwicklungsstand

Nicht zuletzt dieser Tatbestand veranlaßt den Staat, in großem Umfang Ausgaben zugunsten der Ausbildung bzw. des Bildungssektors zu tätigen. Vergleicht man - für 1972 und 1981 - die Ausgaben der Zentralregierungen verschiedener Entwicklungsländergruppen für Ausbildung, ergibt sich folgende Tabelle:

Tab. II.1.10:

Ländergruppen	Anteil der Bildungs- an den Staatsausgaben		Anteil der Staatsausgaben am BSP		Wachstumsrate der realen PKE		Wachstumsrate der realen Pro-kopf-Ausgaben für Bildung in v.H.	
	1972	1981	1972	1981	1972	1981	1972	1981
LIC's	16,4	5,9	21,0	15,4	26		−67	
LIC's (ohne China +Indien)	16,4	11,5	21,0	17,6	7		−37	
MIC's (lower middle income)								
Oil exporters	15,4	16,6	17,2	27,8	34		+133	
Oil importers	11,0	10,0	20,7	21,8	28		+22	
MIC's (upper middle income)	10,8	14,3	15,0	20,6	32		+140	
High Income Oil Exporters	13,5	9,2	36,6	26,3	0		−51	
Industrial Market Economies	4,3	5,1	21,7	28,3	21		+87	

Quelle: T.P. Schultz (1988, S. 555)

Aus Tabelle II.1.10 kann man zunächst entnehmen, daß (vgl. die 6. Spalte)
- in den 70-er Jahren die Pro-Kopf-Entwicklung der Bildungsausgaben in den LIC's rückläufig, bei den MIC's (ölimportierende Länder) nur bescheiden positiv war,
- die ölexportierenden MIC's und die "Upper Middle Income Countries" ihre realen Pro-Kopf-Ausgaben für Ausbildung mehr als verdoppelt haben (+133 v.H. bzw. 140 v.H.),
- der Anstieg bei den IL eine mittlere Stellung einnahm (+87 v.H.).

Dies bedeutet jedoch nicht zwangsläufig, daß sich in den unteren Einkommensgruppen auch die Anteilssätze (innerhalb der jeweiligen Altersgruppe) bei der Belegung von Schulplätzen verschlechtert haben müssen. In Tabelle II.1.10 sind beispielsweise nur die Ausgaben der *Zentralregierung* erfaßt; im gleichen Zeitraum können sich die Ausgaben der Länder, Kommunen oder privater Träger bei den LIC's erhöht haben.

Tab. II.1.11:

	Prozentsatz der jeweiligen Altersgruppe					
	An Grundschulen (6-11)		An weiterführenden Schulen (12-17)		An Universitäten (20-24)	
Ländergruppen	1965	1985	1965	1985	1965	1985
LIC's	74	99	22	34	2	k.A.
LIC's (ohne China u. Indien)	44	67	9	22	1	5
MIC's (lower middle income)	75	104*	16	42	4	13
MIC's (higher middle income)	97	105	29	57	7	16
High Income Oil Exporters	43	86	10	56	1	11
Industrial Market Economies	107	102	63	93	21	39

* Die Zahlen geben das Verhältnis der Schülerzahl zur Bevölkerung im grundschulfähigen Alter (6-11) wieder. Der Wert 100 kann überschritten werden, wenn einige Schüler jünger oder älter sind als als das amtliche Grundschulalter eines Landes.

Quelle: Weltentwicklungsbericht 1988, S. 318 f.

Eine andere mögliche Erklärung ist die, daß im Beobachtungszeitraum die "Stückkosten" beim Angebot von Erziehungs-/Ausbildungsplätzen gesunken sind (Größenersparnisse, Verschlechterung in der Qualität der Ausbildung je Schüler). Schließlich sind natürlich auch Fehler bei den zugrundeliegenden Daten denkbar.

Hinzu kommt, daß die Herausbildung von Humankapital nicht nur auf direkte Ausbildungsmaßnahmen zurückzuführen ist. Die Ansammlung von Erfahrungen im Zuge produktiver Tätigkeiten (learning-by-doing) ist ebenfalls zu berücksichtigen.

1.3.4 Humankapital und Migration

Landflucht bzw. Migration ist ein typisches Merkmal vieler EL. Dabei ist zu erwarten, daß der Anteil an Humankapital, der in den Migranten enthalten ist, im Vergleich zu den Zurückbleibenden relativ hoch ist. Die Chance, in der Stadt einen Arbeitsplatz zu finden, mit dem sich die zur Rechtfertigung der Abwanderungsentscheidung erforderlichen Einkommensniveaus erreichen lassen, ist um so größer, je umfangreicher das im betreffenden Migranten enthaltene Humankapital ist.

Welche Auswirkungen sich auf das Entwicklungsgefälle zwischen städtischen und ländlichen Regionen ergeben, hängt davon ab, ob die Humankapitalausstattung im ländlichen Raum einen Entwicklungsengpaß darstellt oder nicht (Hemmer 1988).

In der Tat werden durch die Landflucht dem ländlichen Bereich häufig die fähigsten, leistungswilligsten und innovationsfreudigsten Menschen entzogen. Die Einführung neuer Technologien, die diesen Effekt kompensieren könnten, scheitert häufig daran, daß die im ländlichen Bereich verbleibende Bevölkerung zur Adaptation solcher technischen Fortschritte nicht fähig oder nicht bereit ist.

Bei einem Humankapitalmangel in der städtischen Region kann es hingegen durch Migration zu positiven Entwicklungseffekten für das urbane Zentrum kommen, sofern das in den migrierenden Arbeitskräften inkorporierte Humankapital eine Humankapitalart betrifft, die im städtischen Bereich ein entwicklungsrelevantes Defizit aufweist. In diesem Fall erhöht sich das städtische Pro-Kopf-Einkommen (Hemmer 1988).

Der empirische Befund für ein EL wie Kolumbien mit Daten aus einem Zensus von 1979 (Schultz 1988, S. 599 ff.) zeigt, daß die private Verzinsung einer Schulausbildung für Männer etwa halb so groß ist, wenn sie in ländlichen Gebieten, statt in städtischen Gebieten wohnen (vgl. Tabelle II.1.12).

Tab. II.1.12:

Monthly income equations for rural and urban workers by current residence and birthplace: Colombia 1973 (beneath regression coeffiicients in parentheses are the absolute values of the t ratios)

	Intercept	Schooling in years	Post-school experience in years	Experience squared (10^2)	Sample size	R^2
A. By current residence						
Men:						
Urban	5.029 (447.)	0.181 (227.)	0.0827 (100.)	−0.118 (75.)	77320	0.4130
Rural	5.320 (294.)	0.103 (48.)	0.0389 (29.)	−0.0539 (23.)	42130	0.0638
Women:						
Urban	4.742 (332.)	0.208 (181.)	0.0547 (48.)	−0.0813 (36.)	38144	0.4656
Rural	4.624 (0.77)	0.201 (36.)	0.0246 (5.53)	−0.0270 (3.43)	4734	0.2279
B. By region of birthplace						
Men:						
Urban	4.972 (340.)	0.191 (185.)	0.0831 (73.)	−0.121 (53.)	37330	0.4858
Rural	4.924 (386.)	0.190 (192.)	0.0699 (73.)	−0.0969 (57.)	82120	0.3191
Women:						
Urban	4.798 (218.)	0.205 (118.)	0.0589 (34.)	−0.0892 (24.)	15451	0.4719
Rural	4.666 (251.)	0.213 (135.)	0.0487 (33.)	−0.0706 (25.)	27429	0.4050

Quelle: Schultz (1988)

Auch der Einfluß des "on-the-job training" - gemessen am Koeffizienten der "post-schooling experience" im Hinblick auf das Einkommensprofil - zeigt einen deutlichen Vorsprung für Männer, die in urbanen Zentren wohnen. Dies deutet darauf hin, daß im ländlichen Raum weniger Möglichkeiten bestehen, gewonnene Erfahrungen einkommenssteigernd einzusetzen, bzw. überhaupt entsprechende Arbeitserfahrungen zu "akkumulieren".

Etwa die Hälfte der städtischen Bewohner Kolumbiens im Jahre 1973 waren im ländlichen Raum geboren worden.

Vernachlässigt man die "Umsiedlungskosten", so war die private Verzinsung einer einjährigen Schulbildung nahezu identisch für diejenigen Städter, die in der Stadt geboren waren. Für Kolumbien kann man sagen, daß etwa die Hälfte der Erträge aus Schulbildung im ländlichen Raum durch Migration in den urbanen Regionen erzielt wird.

Natürlich sind die Verdienstmöglichkeiten der Migranten nicht gleich so gut wie die der "eingeborenen" Städter. Aber nach durchschnittlich 5 Jahren haben sie - bei gleichem Alter, Geschlecht und Ausbildungsstand - die gleichen Verdienste bzw. Verdienstmöglichkeiten.

Literaturhinweise zu diesem Kapitel:

Hemmer, H.R., Wirtschaftsprobleme der Entwicklungsländer, 2. Auflage, München 1988.

Röpke, W., Unentwickelte Länder, in: Ordo, Band 5, 1953, S.75 ff..

Schultz, T.P., Education Investments and Returns, in: H.B. Chenery/T.N. Srinivasan (Hrsg.), Handbook of Development Economics, Vol. 1, Amsterdam u.a.O., 1988, S. 543-630.

Yotopoulos, P.A./Nugent, J.B., Economics of Development. Empirical Investigations, New York u.a.O. 1976.

2. Ineffizienter Faktoreinsatz

2.1 in der Landwirtschaft

2.1.1 Über- und Unterausschöpfung von Produktionsfaktoren

Es wird die These vertreten, daß es den EL weniger an den notwenigen Inputs für ihre Produktion fehlt, als daß sie die verfügbaren Inputs in einer geringeren als der möglichen *Effizienz* einsetzen (Stiglitz 1988).

Dabei kann wieder eine makroökonomische Produktionsfunktion den Ausgangspunkt der Überlegungen bilden:

(94) $Q = F(K, L, B, A)$

Dabei steht K für den Kapitalstock, L für den Arbeitseinsatz, B für den Bodeneinsatz, und A für den Stand des technischen Wissens.

Fehlende Effizienz bzw. *Ineffizienz* liegt in der Landwirtschaft besonders in folgenden Fällen vor:

(i) Es wird außerhalb der *Substitutionsgrenzen* zwischen Arbeit und Kapital produziert, obwohl die vergleichbaren Produktmengen mit geringerem Faktorverbrauch hergestellt werden könnten. Typisch ist in diesem Zusammenhang das Phänomen der versteckten Unterbeschäftigung bzw. des "labor surplus" in der Landwirtschaft.

(ii) *Innovationen* - im Sinne einer positiven Veränderung des technischen Wissens -, die bei gegebenem Input von Arbeit und Kapital den Output erhöhen könnten, werden *nicht eingesetzt*, obwohl sie *verfügbar* sind.

Hier wird oft die Agrarstruktur in EL angeführt, mit dem besonderen Gewicht der Pachtverträge zwischen Landlords und Tenants: Der Landlord wird der Einführung von Innovationen nur dann zustimmen, wenn dadurch die Summe seiner Pacht- *und* Krediteinkünfte (insgesamt) nicht sinkt. Oder, wie es J. Stiglitz ausgedrückt hat: Es gibt Innovationen, die in einer "Share-Cropping-Economy" möglicherweise nicht eingeführt werden, während sie nach einer Bodenbesitzreform - nach der jeder sein eigenes Stück Land bewirtschaften würde - sehr wohl zum Zuge kämen.

2.1.2 Innovationen und Land Tenure

2.1.2.1 Die Erklärung der Teilpacht durch Alfred Marshall

Der Teilbau beschäftigt die Ökonomie und zwar insbesondere die Agrarökonomie seit der Zeit, in der Adam Smith und Arthur Young im späten 18. Jahrhundert ihn als notwendiges Übel in einem Milieu mehr oder weniger unfähiger Gutsherren bezeichneten. "Sharecropping" im Englischen, "Métayage" im Französischen, bezeichnen ein Nutzungsrecht des Bodens, bei dem der Pächter (Tenant) einen vorher festgelegten Prozentsatz des Rohertrages der Ernte an den Grundbesitzer (Landlord) abführt. Die absolute Höhe der Pacht - werde sie nun in Geld oder Früchten erbracht - ist demnach variabel, weil ernteabhängig. Andere bekannte Nutzungsrechte sind die Arbeits-, Geld- und Naturalpacht, bei denen jeweils die absolute Höhe fixiert ist. Sie alle sind - wie der Teilbau - Bestandteil der Grundbesitzverfassung eines Landes. Diese ist wiederum eingebettet in die Agrarverfassung, welche nach von Dietze

(1957) die Gesamtheit der Regeln und Ordnungen in der agrarischen Gesellschaft umfaßt. Der englischsprachige Ausdruck "Land Tenure" kommt dem Inhalt der Begriffs Agrarverfassung recht nahe (vgl. Abbildung II.2.1).

Wir finden den Teilbau auch heute noch und zwar insbesondere in Agrarsystemen einer feudalistischen Landwirtschaft, wie sie etwa in vielen asiatischen EL verbreitet sind. Aber auch aus IL ist er nicht ganz verschwunden: In der Bundesrepublik ist sogar ein zunehmendes Interesse an Teilpachtverträgen zu verzeichnen. Dabei teilen sich häufig Grundbesitzer und Pächter - neben dem Rohertrag - auch variable Aufwendungen. All das wäre nicht weiter bemerkenswert, gäbe es nicht jene inzwischen berühmte Passage in den "Principles of Economics" von Alfred Marshall, in der dieser dem Teilbau ökonomische Rationalität im Sinne von *Paretoeffizienz* - im Gegensatz zur Lohnarbeit und zur Fixpacht - abspricht (*Ineffizienz-These*) und mit den analytischen Mitteln der Grenzproduktivitätstheorie nachweist, daß die Pacht beim Teilbau wie eine Steuer wirkt (*Äquivalenz-Hypothese*). Man spricht verkürzt in diesem Zusammenhang auch von "Marshalls Paradigma der Ineffizienz von Teilbauverträgen". Die provokante Frage für jeden interessierten (Agrar-)Ökonomen mußte daher seitdem lauten: Wie kann etwas in der Wirtschaftswirklichkeit fortbestehen, das schon die einfachsten partialanalytischen Effizienzbedingungen in der Wirtschaftstheorie verletzt?[39]

Nach Allen (1985) muß eine empirisch gehaltvolle Theorie des Teilbaus folgende 4 Teilphänomene erklären können:

(i) Das Überdauern der Teilbauverträge und ihre "Koexistenz" mit Lohnarbeit und Fixpacht in den letzten Jahrhunderten.

(ii) Die Abnahme an Bedeutung des Teilbaus in entwickelten Volkswirtschaften.

(iii) Die geringere Produktiviät des Teilbaus im Vergleich zur Fixpacht.

(iv) Die erdrückende Häufigkeit des Anteilssatzes von 0,5 in den beobachteten Teilbauverträgen (Métayage wurde nämlich - trotz des Wortstammes, métayer = Halbpächter, für alle möglichen Teilbauverträge als Begriff verwandt).

---

39 Frei nach dem Motto: "An economist is a man who sees something work in practice and asks whether it would work in principle".

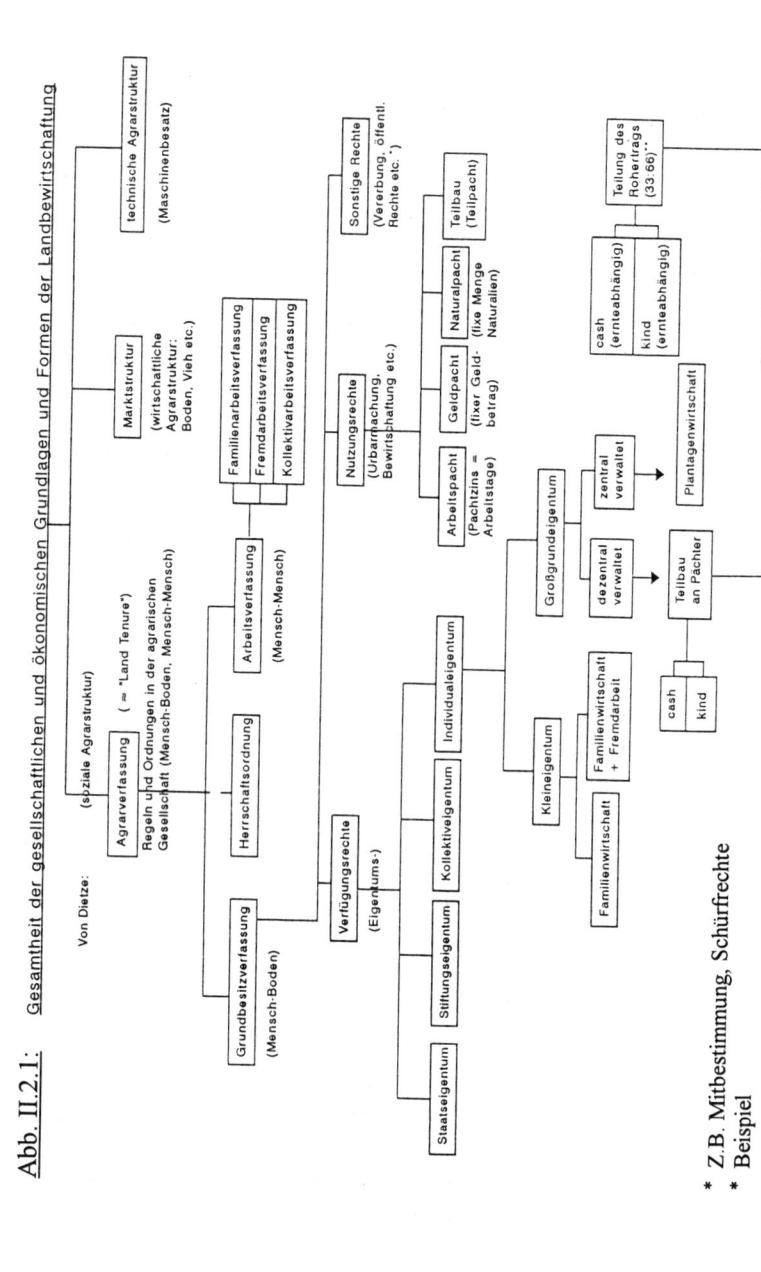

Abb. II.2.1: Gesamtheit der gesellschaftlichen und ökonomischen Grundlagen und Formen der Landbewirtschaftung

Von Dietze:

Agrarverfassung (≈ "Land Tenure") (soziale Agrarstruktur)
Regeln und Ordnungen in der agrarischen Gesellschaft (Mensch-Boden, Mensch-Mensch)

- **Grundbesitzverfassung** (Mensch-Boden)
  - **Verfügungsrechte** (Eigentums-)
    - Staatseigentum
    - Stiftungseigentum
    - Kollektiveigentum
    - Individualeigentum
      - Kleineigentum
        - Familienwirtschaft
        - Familienwirtschaft + Fremdarbeit
      - Großgrundeigentum
        - dezentral verwaltet
          - Teilbau an Pächter
            - cash
            - kind
        - zentral verwaltet
          - Plantagenwirtschaft
  - **Nutzungsrechte** (Urbarmachung, Bewirtschaftung etc.)
    - Arbeitspacht (Pachtzins = Arbeitstage)
    - Geldpacht (fixer Geldbetrag)
    - Naturalpacht (fixe Menge Naturalien)
    - Teilbau (Teilpacht)
      - Teilung des Rohertrags (33:66)*
        - cash (ernteabhängig)
        - kind (ernteabhängig)
      - Theorie der Share Contracts
  - **Sonstige Rechte** (Vererbung, öffentl. Rechte etc.)*

- **Herrschaftsordnung**
  - **Arbeitsverfassung** (Mensch-Mensch)
    - Familienarbeitsverfassung
    - Fremdarbeitsverfassung
    - Kollektivarbeitsverfassung

- **Marktstruktur** (wirtschaftliche Agrarstruktur: Boden, Vieh etc.)

- **technische Agrarstruktur** (Maschinenbesatz)

* Z.B. Mitbestimmung, Schürfrechte
* Beispiel

<u>Quelle</u>: Eigenentwurf

Die Fragestellung von Marshall hatte zwei Aspekte: Zum einen untersuchte er den gewinnmaximalen Arbeitseinsatz, zum anderen den gewinnmaximalen Bodeneinsatz des Pächters, bei gegebenem Lohnsatz (W) und bekanntem Ernteanteil (r, in %), der an den Landlord abzuführen ist. Dabei ging er explizit davon aus, daß ein Pächter seine Arbeitszeit zwischen Pacht- und Lohnarbeit (außerhalb des Pachtvertrages) vollständig aufteilen kann, und daß der Umfang des verpachteten Bodens variabel ist.

Die Einkommensmaximierungsbedingungen des Pächters ergeben dann die aus der Sicht des Pächters optimale Allokation der Faktoren Arbeit und Boden; implizit unterstellte Marshall:

- Alle Märkte für Produktionsfaktoren sind wettbewerblich organisiert.
- Der Arbeitseinsatz von Pächtern/Lohnarbeitern unterliegt keiner Aufsicht.
- Es herrscht vollkommene Voraussicht; die "Endlichkeit" von Tenants und Landlords, die Unsicherheit von Ernteerträgen stehen nicht zur Debatte.

In <u>Abbildung II.2.2</u> erkennt man die Grenzertragskurve der Arbeit (mPL = marginal product of labor) und den Reallohnsatz W. Dem Pächter fällt nur ein Teil (1 − r) des Grenzertrags der Arbeit zu. OL_1 ist der optimale Arbeitseinsatz des Pächters, obwohl das gesamte Grenzprodukt der Arbeit (PL_1) größer ist als der vom Pächter gezahlte (Real-)Lohn. Dies ist aus seiner Sicht plausibel: Jede Arbeitseinheit über L_1 hinaus erwirtschaftet geringere ihm zufallende Zusatzerträge - entlang (1 − r) mPL -, als Zusatzkosten für sie zu zahlen sind (W). Die Pacht besteuert gewissermaßen den Ernteertrag aus der Sicht des Tenant (*Äquivalenz-Hypothese*); aus seinem Nettoeinkommen muß er alle anfallenden variablen Kosten bestreiten. Fixe Kosten fallen nicht an, da der Preis des Bodens als Produktionsfaktor null ist. Dies hat entsprechende Konsequenzen für den optimalen Einsatz von Bodeneinheiten. Da die Grenzkosten des Bodeneinsatzes null sind, ist auch das Optimum (Grenzkosten = Grenzertrag) dort, wo der Grenzertrag des Bodens null ist.

Man kann nun weiterhin zeigen, daß der Teilbau im Vergleich zur Lohnarbeit auf den ersten Blick ineffizient ist: Würde der Landlord nämlich Tagelöhner zu den konstanten Grenzkosten W (<u>Abbildung II.2.2</u>) beschäftigen, so wäre ein Arbeitseinsatz von OL_2 optimal und der verbleibende Gewinn von UWR größer als die Pachtzahlungen PQTU bei Teilbau.

Abb. II.2.2: Der optimale Arbeitseinsatz eines Marschall'schen Pächters

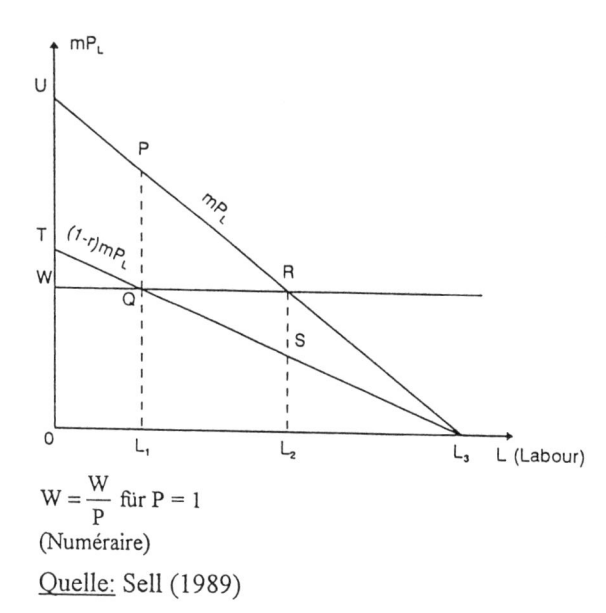

$W = \dfrac{W}{P}$ für $P = 1$
(Numéraire)

Quelle: Sell (1989)

2.1.2.2 Ansätze zur "Überwindung" von Marshalls Ineffizienz-Paradigma

a) Das Modell von Allen/Sell

Seitdem Marshall seine Ineffiezienz-These aufstellte, sind eine Fülle von Beiträgen veröffentlicht worden, die im Prinzip die Rationalität von Teilbauverträgen zu rechtfertigen versuchen. Zwei aus der jüngeren Vergangenheit sollen hier vorgestellt werden. Das erste ist das vom Verfasser vereinfachte und ergänzte Allen-Modell: Franklin Allen (1985, S. 30-48) wies 1985 darauf hin, daß Pachtverträge Kreditcharakter haben. Bodennutzung wird ein Jahr "vorausgeschossen", während Zinsen im Sinne von Bodennutzungszahlungen nach Abschluß der Ernte aufgebracht werden müssen. Wie bei jedem Kreditgeschäft trägt der Gläubiger - hier der Landlord - das Ausfallrisiko.

Einzige verfügbare Information für den Landlord sind die in einer Nullperiode offenbarten Fähigkeiten (abilities), A, denkbarer Pächter. Liegen diese unter A_0, so kommt Pacht nicht in Frage, da in keinem Falle eine Vertragserfüllung zu erwarten ist. Für eine weitere Gruppe von Personen, die zwischen A_0 und A_1 in ihren Fähigkeiten liegt, wird ein Bruch des Teilbauvertrages dann zunehmend erwartet, wenn die von diesen Personen erwirtschafteten Erträge (y), bzw. ihre Fähigkeiten so hoch sind, daß sie die Kosten eines Standortwechsels, verbunden mit vorübergehender Lohnarbeit in der neuen Umgebung (bevor die offenbarten Fähigkeiten wieder ein Pachtangebot ermöglichen), mehr als abdecken.

Dies läßt sich analytisch wie folgt fassen:

(95) $y = f(A)$ Ertragsfunktion

(96) $A = f^{-1}(y)$ Inverse

(97) $u = f^{-1}(y_u)$ Ausreichende Fähigkeiten, um sich einen Vertragsbruch als Tenant zu leisten

(98) y_u = Umsiedlungs- und "Screening"-Kosten

Die Wahrscheinlichkeit dafür, daß ein Teilbauer (S) vertragsbrüchig wird (Default Risk = DR), steigt proportional mit der Differenz $(A - U)^2$.[40] Hinzu kommt ein konstantes, von den Fähigkeiten der Pächter unabhängiges Risiko, $\overline{DR}$:

(99) $DR(S) = (A - U)^2 + \overline{DR}$ für $A_i \geq A_0$

Bei einer Fixpacht nimmt dagegen c.p. das Risiko einer Nichterfüllung des Vertrages proportional mit den Fähigkeiten des Pächters (F) ab:[41]

(100) $DR(F) = \dfrac{r \cdot k}{A} + \overline{DR}$ für $A_i \geq A_0$

Diese Zusammenhänge lassen sich wie folgt graphisch veranschaulichen. In Abbildung II.2.3 sind auf der Ordinate die Risiken eines Vertragsbruchs bei Teilbau (DR(S)) und Fixpacht (DR(F)) in Abhängigkeit des Fähigkeitsprofils der (potentiellen) Pächter abgetragen. Während DR(F) die Gestalt einer Hy-

---

[40] Es ist das Quadrat der Abweichung (A − U) zu nehmen, um positive Eintrittswahrscheinlichkeiten bzw. Risiken zu garantieren.

[41] Für Pächter, die so große Fähigkeiten besitzen, daß sie als Fest-Pächter ein hohes landwirtschaftliches Einkommen erzielen und daher keinen Vorteil aus einer Vertragsverletzung und einer anschließenden Abwanderung in eine andere Region ziehen können, ist ein Fixpachtvertrag optimal.

perbel hat, weist DR(S) die Form einer nach oben geöffneten Parabel auf. Links von A_0 sind die Risiken so hoch, daß weder Teilbau noch Fixpacht in Frage kommen. Zwischen A_0 und A_1 liegt die Risikolinie des Teilbaus unterhalb der der Fixpacht. Allerdings hat DR(S) einen Wendepunkt (U), von dem ab die Neigung zum Vertragsbruch stark ansteigt ($A \geq U$). Jenseits von A_1 ist daher für den Landlord Fixpacht stets vorzuziehen.

<u>Abb. II.2.3:</u> Fähigkeitsverteilung der Pächter und Vertragsgestaltung: Das Allen-Sell-Modell

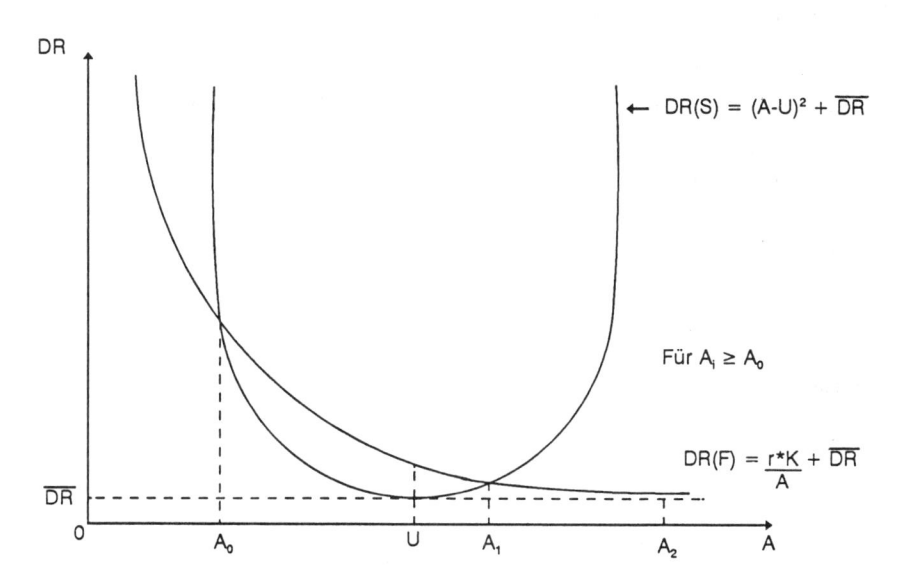

DR

← DR(S) = $(A-U)^2$ + $\overline{DR}$

Für $A_i \geq A_0$

DR(F) = $\frac{r*K}{A}$ + $\overline{DR}$

$\overline{DR}$

0 A_0 U A_1 A_2 A

DR = Default Risk
A = Ability

<u>Quelle:</u> Sell (1989)

Nach Allen könnten auch Pächter, die mit ihren Fähigkeiten zwischen A_0 und A_1 liegen, Festpachtverträge erhalten, wenn sie in der Lage wären, Sicherheiten zu stellen. Je mehr demnach im Zuge des Entwicklungsprozesses Sicherheiten Bestandteile von Pachtverträgen werden, desto mehr verschwindet der Teilbau als Erscheinungsform (Teilphänomen 2). Erfolgt die Vertragsgestaltung in Abhängigkeit von den Fähigkeiten, ist nach dem Gesagten klar, daß tendenziell überdurchschnittliche Fähigkeiten ($A_i \geq A_1$) auf Fixpachtböden zum Einsatz kommen. Mithin ist damit zu rechnen, daß die Bodenproduktivität

$(y/K)_F$ bei Festpacht im Vergleich $(y/K)_S$ zu Teilbau im Vorteil ist (Teilphänomen 3). Natürlich vermag Abbildung II.2.3 auch die Koexistenz von Lohnarbeit, Festpacht und Teilbau (Teilphänomen 1) zu veranschaulichen.

b) Das Modell von Hallagan

Auch im Modell von Hallagan (1978) sind die unternehmerischen Fähigkeiten (e) der Arbeiter bzw. potentiellen Pächter die unabhängige Variable. Die Produktion F wird als ausschließliche Funktion von e aufgefaßt. Pächter sind im Hinblick auf Boden (T) und Arbeitskräfte (L) gleich ausgestattet. Ein Arbeiter hat demnach immer drei Optionen:

(i) er kann ein festes Lohneinkommen in Höhe von $\hat{W} = W \cdot L$ beziehen oder

(ii) einen Teil des Outputs ($\alpha \cdot F$) als Teilpächter erhalten oder schließlich

(iii) den Überschuß der Ernte über die fixe Pacht, $F - R \cdot T$ als Festpächter vereinnahmen.

Abb. II.2.4:

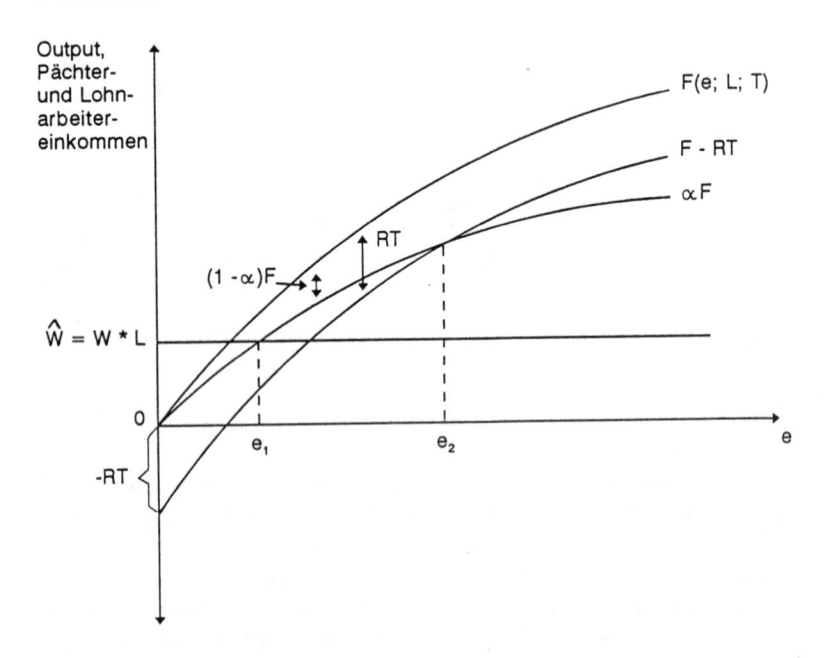

Quelle: Otsuka/Hayami (1988)

Welche Wahl er treffen wird, zeigt Abbildung II.2.4: Ein Arbeiter, dessen Fähigkeiten unter dem Niveau e_1 liegen, wird sich für Lohnarbeit entscheiden. Ein anderer, der zwischen e_1 und e_2 anzusiedeln ist, wird einen Teilpachtvertrag wählen, ein dritter schließlich, der Fähigkeiten über e_2 hinaus aufweist, wird sich für eine Festpacht aussprechen (Otsuka/Hayami 1988, S. 41).

Das von Hallagan nicht gelöste Problem besteht darin, daß er die Arbeiter bzw. potentiellen Pächter eine Wahl treffen läßt, ohne, daß die Landlords gewissermaßen "gefragt" werden. Für die Landlords erscheint aber bei Fähigkeiten zwischen e_1 und e_2 eine Fixpacht im Vergleich zu einer Teilpacht immer von Vorteil zu sein: RT ist stets größer als $(1 - \alpha)F$!

2.1.2.3 "Interlinked Contracts" in der Landwirtschaft von Entwicklungsländern

Der Einfluß des Kredits auf das Produktionsergebnis in der Landwirtschaft von EL ist vermutlich nicht nur eine Funktion des Zinssatzes, sondern auch von der Stellung des landwirtschaftlichen Betriebes bzw. Haushalts innerhalb der Agrarverfassung abhängig. Ein einfaches Beispiel für die verschiedenen Anreizstrukturen geben Kleinbauern mit eigenem Landbesitz auf der einen Seite und Teilpächter auf der anderen Seite.

In Abbildung II.2.5 ist das Grenzwertprodukt (MVP_i) des landwirtschaftlichen Inputs, X_i, dargestellt, wobei der Einsatz aller übrigen Produktionsfaktoren als konstant unterstellt ist. Q sei der gegebene Preis des Inputgutes. Bei angenommener Gewinnmaximierung, keiner Kreditaufnahme und vollständiger Konkurrenz, liegt das Produktionsoptimum bei X_4, sofern der betreffende Bauer ein Kleineigentümer ist: sein Nettogewinn entspricht c.p. dem Dreieck $B''qF$. Wenn er zum Zinssatz i^* einen Kredit aufnehmen muß, um sein "working capital" zu finanzieren, steigt die Inputpreislinie auf $q(1 + i^*)$. Der Nettogewinn wird auf $Bq(1 + i^*)F$ reduziert, der Einsatz des Inputs sinkt auf X_6.

David/Meyer (1980, S. 203) erläutern hierzu, daß "a credit programme which lowers the effective cost of borrowing to (i) increases optimum input use to (X_5) and net farm income by $B''B'q(1 + i) q (1 + i^*)''$.

Wenn der Produzent dagegen - in unserer einfachen neoklassichen Modellwelt - mit dem Grundbesitzer einen Teilpachtvertrag abgeschlossen hat, wird er sich wie ein Marshall'scher Pächter verhalten: die für ihn relevante Grenzertragskurve ist nun MVP_i, multipliziert mit dem Anteil am Output, der ihm zukommt (1 – r). Ohne finanzielle Beschränkung wird der Output bei X_3 liegen und dem Pächter fällt ein Nettogewinn von $AB''E$ zu. Es ist jedoch häufig so, daß Pächter in EL bei ihren Grundbesitzern oder bei anderen informellen Geldgebern (Händler, Nachbarn usw.) um Kredite nachfragen. Was die Grundbesitzer betrifft, so ist leicht einzusehen, warum diese an der Geldvergabe selbst interessiert sind: "If credit is productive, then the landlord collects a share of the entire product" (Newbery/Stiglitz 1979, S. 332): unterstellt der Zinssatz sei i, dann wird der Inputeinsatz c.p. bei X_2 liegen. Der Gundbesitzer wird folglich im Vergleich zu der Alternativsituation (X_1), in der der Pächter sich an einen "gewöhnlichen" Geldverleiher wendet, der einen höheren Zinssatz i^* fordert, ein zusätzliches Pachteinkommen erhalten, das der schraffierten Fläche GCDH entspricht. Bei diesen Kreditkonditionen wird der Nettogewinn des Pächters auf die schraffierte Fläche ABC reduziert, im Vergleich zu $AB'D$ beim Zinssatz i. Demnach scheinen beide, nämlich Grundbesitzer und Pächter, von niedrigeren Zinssätzen zu profitieren.

Abb. II.2.5:

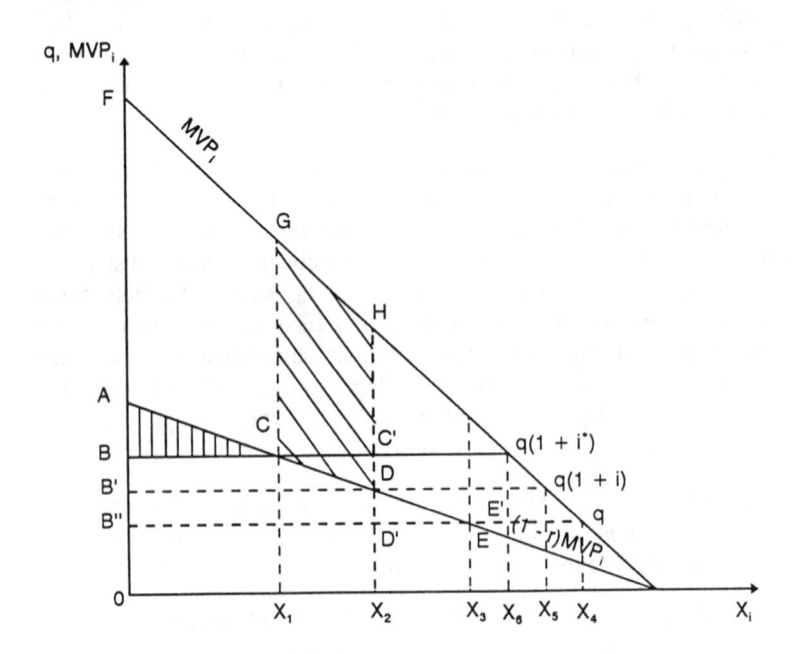

Quelle: Sell (1990)

Natürlich beinhaltet diese Aussage nicht, daß für den Grundbesitzer keine Opportunitätskosten zu berücksichtigen sind. Anstatt Inputs aus eigenen Mitteln zu finanzieren - die von dem Pächter zuzüglich der Zinsen (B'B"D'D) zurückgezahlt werden müssen - könnte er ein zusätzliches Zinseinkommen durch die Vergabe des Kredits an einen anderen Kleinbauern zu dem höheren Zinssatz i^* erzielen, da BB"E'q(1 + i^*) größer ist als BB'DC'.

Es wird jedoch für ihn vorteilhafter sein, dem eigenen Pächter den Kredit zu gewähren, solange gilt:

$$GCDH > BB''E'q(1+i^*) - B'B''D'D.$$

2.1.2.4 Die These von der Innovationsfeindlichkeit der Landlords

Da wir das Phänomen des "*Labor Surplus*" ausführlich im Zusammenhang mit dem Lewis-Modell (III/2.1) besprechen werden, soll hier eine Beschränkung auf das Problem der sogenannten "Interlinked Transactions" zwischen Landlords und Pächtern in EL erfolgen.

Die These von der "Innovationsfeindlichkeit" der Landlords geht auf Bhaduri (1973) zurück. Danach haben Landlords, wenn sie *alleinige Kreditgeber* für die Pächter sind, kein Interesse an Innovationen, die bei gegebenem Input den Output erhöhen, sofern die Einkommenssteigerung bei den Pächtern diese in die Lage versetzt, ihre Verschuldung einzuschränken. Entscheidend ist, ob die Summe der Einnahmen aus Kreditvergabe und aus dem Pachtvertrag sinkt, gleichbleibt oder - im günstigsten Fall - sogar steigt.

In Abbildung II.2.6 ist die Entscheidungssituation für Landlords und Pächter dargestellt.[42] Bei einem Zinssatz von i^* wird der Pächter im Umfang von OX_1 den variablen Input X_i in *Periode 1* einsetzen. Ihm verbleibt das Dreieck ABC zur Selbstversorgung.[43] Seine Zinskosten aufgrund der Kreditaufnahme betragen ADEB; dies sind gleichzeitig Zinseinnahmen aus der Sicht des Landlords.

Die Innovation verschiebt in *Periode 2* nun die Grenzertragskurve (MVP$_i$)

---

[42] Dabei wird unterstellt, daß die Tenants Inputs zu Marktpreisen von den Landlords beziehen. Darauf schlagen die Landlords einen Zins. Beides muß in der folgenden Periode zurückgezahlt werden.

[43] D.h., er zahlt den Kredit OX_1ED aus Periode 0 plus Zinsen ABED in Periode 1 aus den Ernteerträgen zurück.

nach außen. Der optimale Einsatz von X_i steigt von X_1 auf X_2. Die Zinskosten des Pächters steigen um $BB'E'E$, wenn er wiederum (in *Periode 1*) vom Landlord einen Kredit nachfragt.

Abb. II.2.6:

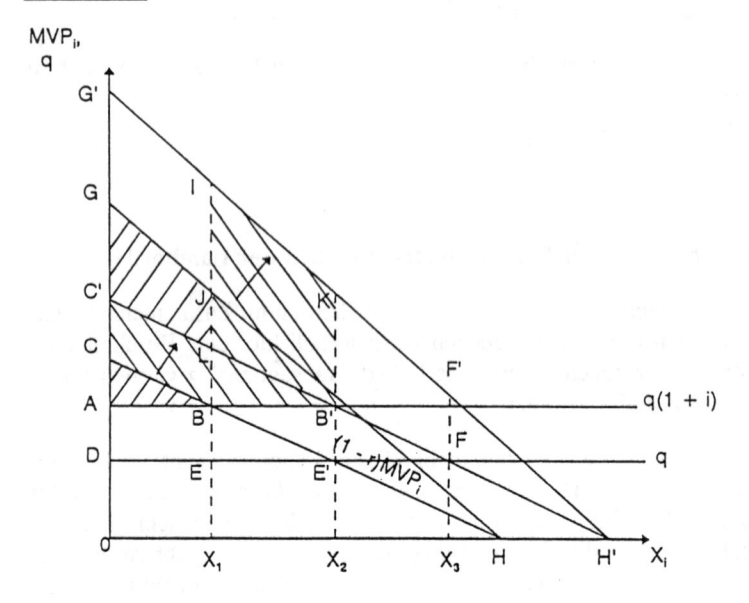

[Diagramm: MVP$_i$, q gegen X_i; Achsenbeschriftungen G', G, C', C, A, D an der vertikalen Achse; X_1, X_2, X_3, H, H' an der horizontalen Achse; Linien q(1+i), q, (1-r)MVP$_i$; Punkte B, B', E, E', F, F', I, J, K, L]

Quelle: Eigenentwurf

Für *Periode 3* kann der Pächter nun in *Periode 2*, da seine Überschüsse von ABC auf AB'C' gestiegen sind, möglicherweise Rücklagen bilden. Damit wird er (zumindest teilweise) den Input i zu Marktpreisen (q) beschaffen können und seine Kreditaufnahme gegenüber dem Landlord einschränken.

Der Landlord verliert dann maximal Zinseinnahmen in Höhe von ADE'B'. Allerdings hätte er ohne die Innovation die zusätzlichen Pachteinnahmen in Höhe von LIKB' + KB'FF' + (G'GJI − C'CBL) nicht erhalten![44]

Von *Clive Bell* (1988, S. 813 ff.) stammen andererseits folgende Überlegun-

---

44 Unter diesen Bedingungen fragt der Tenant in Periode 3 *keinen* Kredit mehr nach.

gen, die zum Ergebnis führen, daß Innovationen im Prinzip stets von Vorteil für den Landlord sind:

Nehmen wir an, der Pächter borgt sich einen Betrag (B) in Periode 1, der seine Konsumwünsche (C_1) befriedigt. Einschließlich der Zinsen (r) muß er diesen Kredit aus dem Teil der Ernte (Q) in Periode 2 zurückzahlen, der ihm (α) zufällt. Ist nun die Periode 2 hinreichend kurz, so daß in ihr nicht konsumiert werden muß ($C_2 = 0$), dann ist im Gleichgewicht:

(101) $(1+r)C_1 = \alpha \cdot Q$

Das gesamte Einkommen des Landlords ist dagegen:

(102) $\Pi = (1-\alpha)Q + \underbrace{r \cdot C_1}_{\text{Zinseinkommen}}$

$ = Q - \alpha Q + r \cdot C_1$

$ = Q - (1+r)C_1 + r \cdot C_1$ wg. (102)

$ = Q - C_1$

Danach sind Innovationen für den Landlord stets vorteilhaft, sofern es ihm gelingt, C_1 - durch die Wahl von α und r - auf dem Niveau zu halten, das der Pächter bei einer alternativen Beschäftigung erzielen könnte. In Nutzeneinheiten (V) ausgedrückt, spricht Bell vom sogenannten "*reservation utility level*". Solange daher

(103) $Q > C_1$

und die Einführung von Innovationen vom Pächter keine Zusatzanstrengungen erfordert, überkompensieren Outputsteigerungen möglicherweise entgangene Zinseinnahmen. Dieses Ergebnis ist deshalb besonders bemerkenswert, als sich Bhaduris ursprüngliches Argument darauf bezog, daß die Pächter bei technischem Fortschritt weniger Konsumkredite nachfragen. Es gibt in EL zwei typische Gründe für einen Konsumkreditbedarf der Pächter: Entweder sie benötigen Geld, um allgemeinen Solidaritätsverpflichtungen nachzukommen, religiöse Feste zu finanzieren, Hochzeiten auszurichten etc., oder sie benötigen den Kredit, um bis zur nächsten Ernte überleben zu können, da der diesjährige Ernteertrag witterungsbedingt zu gering war.

Literaturhinweise zu diesem Kapitel:

Allen, F., On the Fixed Nature of Sharecropping Contracts, in: The Economic Journal, Vol. 95, 1985, S. 30-48.

Bell, C., Credit Markets and Interlinked Transactions, in: H.B. Chenery/T.N. Srinivasan (Hrsg.), o.a.O., S. 763-830.

Bhaduri, A., A Study in Agricultural Backwardness under Semi-Feudalism, in: The Economic Journal, Vol. 83, 1983, S. 120-137.

David, C.C./Meyer, R.L., Measuring the Farm Level Impact of Agricultural Loans. In: J. Howell (Hrsg.), Borrowers & Lenders, ODI 1980, S. 201-233.

Hallagan, W., Self-Selection by Contractual Choice and the Theory of Sharecropping, in: Bell Journal of Economics, Vol. 9, 1978, S. 344-354.

Marshall, A., Principles of Economics, 8. Auflage, London 1956.

Newbery, D.M.G./Stiglitz, J.E., Sharecropping, Risk-Sharing and the Importance of Imperfect Information. In: J.A. Roumasset et al. (Hrsg.), Risk, Uncertainly and Agricultural Development, New York 1979, S. 311-339.

Otsuka, K./Hayami, Y., Theories of Share Tenancy: A Critical Survey, in: Economic Development and Cultural Change, Vol. 37, Nr. 1, 1988, S. 31-68.

Sell, F.L., Zur ökonomischen Rationalität von Teilbauverträgen. Eine Bestandsaufnahme von Erklärungsansätzen, in: Agrarwirtschaft, Jahrgang 38, Heft 3/1989, S. 84-91.

Sell, F.L., Kredit als Produktionsfaktor in der Landwirtschaft: Erkenntnisse aus Thailand, in: Th. Dams (Hrsg.), Beiträge zur Gesellschafts- und Wirtschaftspolitik, Berlin 1990, S. 223-238.

2.2 in der Industrie

2.2.1 Technische Effizienz und Preis- bzw. allokative Effizienz

Für die Analyse ineffizienter Produktion in der Industrie von EL muß zunächst zwischen der *technischen Effizienz* und der Preis- oder *allokativen Effizienz* unterschieden werden.

Betrachten wir die Produktion eines Gutes X, das von drei repräsentativen Unternehmen (1, 2, 3) hergestellt wird:

Abb. II.2.7:

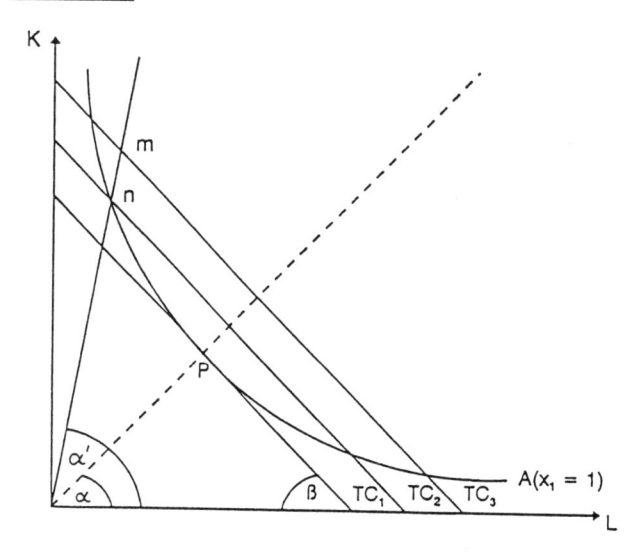

$\tan \beta = \dfrac{1}{z} = \dfrac{\text{Reallohn}}{\text{Realzins}}$

$\tan \alpha = \dfrac{K}{A}$

In P ist: $\dfrac{dK}{dA} = \dfrac{GPA}{GPK} = \dfrac{1}{z}$

Quelle: Pack (1988)

Produktionsfaktoren sind Arbeit (L) und Kapital (K); A gibt die Isoquante wieder, mit der ein Output von einer Einheit X_1 assoziiert wird. TC_1 bis TC_3 sind Faktorpreislinien (bzw. Isokostenlinien). Die Unternehmung (U_3), die in m produziert, muß höhere Kosten (TC_3) aufwenden als eine Unternehmung (U_1), die in p produziert. Der Unterschied zwischen m und p läßt sich in zwei Komponenten zerlegen:

(i) die *geringere totale Faktorproduktivität* läßt U_3 in m im Vergleich zu U_2 in n - bei gleicher Faktorintensität - zu viel an Arbeit und Kapital einsetzen, dies gibt den Kostenunterschied $TC_3 - TC_2$ wieder.

(ii) In n wird von U_2 im Vergleich zu U_1 in p bei gegebenen relativen Faktorpreisen (deren Verhältnis wird ausgedrückt durch den Tangens des Winkels β) die *falsche Technik* eingesetzt: Bei gegebenem Faktorpreisverhältnis ist

ist die Kapitalintensität der Produktion in n zu hoch[45]: Dies ergibt den Kostenunterschied $TC_2 - TC_1$.

2.2.2 Der empirische Befund

Howard Pack (1988) hat zum Problemkreis der Industrieineffizienz in EL Ergebnisse aus verschiedenen Länderuntersuchungen zusammengestellt. Daraus ergeben sich folgende Beiträge einer besseren *technischen* Effizienz und einer höheren *allokativen Effizienz* zur Erhöhung des Outputs:

Tab. II.2.1:

Länder	Wachstumsbeträge einer erhöhten Effizienz in ausgewählten Ländern: Veränderung des Outputs in v.H. aufgrund einer Erhöhung der	
	technischen Effizienz (Move to Best Practice)	Preiseffizienz
Ägypten	25	k.A.
Ghana	25	7
Indien	60-100	k.A.
Kenia	45	15
Philippinen	7	17

Quelle: H. Pack (1988, S. 363)

In allen untersuchten Industrien bzw. Ländern lag im Ausgangszustand eine Strategie der *Importsubstitution* vor.

Im Falle Ägyptens ging die Verbesserung der technischen Effizienz mit einer Politik der Handelsliberalisierung (seit 1973) einher:

Die totale Faktorproduktivität stieg in den folgenden Jahren stark an. Dies war die Folge davon, daß vorher ineffiziente Unternehmen ihre Kapazitäten stärker auslasteten, was sie u.a. wegen einer erhöhten Verfügbarkeit über Devisen tun konnten. Die Verfügbarkeit über Devisen ermöglichte andererseits den Import der "Best-Practice-Technologie".

---

[45] $\tan \alpha' > \tan \alpha$.

Pack selbst hat Untersuchungen[46] über die Ursachen der geringen totalen Faktorproduktivität angestellt; drei Faktoren wurden zur Erklärung herangezogen:

(i) Zu geringe Spezialisierung bzw. zu große Diversifizierung in der Produktion;

(ii) geringe Managementfähigkeiten;[47]

(iii) niedriger Ausbildungsstand der Arbeitskräfte.

Als herausragend für die Erklärung erwiesen sich die beiden zuerst genannten Determinanten.

Im Hinblick auf die Allokationsineffizienz kann man folgendes feststellen: Wenn Unternehmen eine kapitalintensive statt der kostenminimalen Technik wählen - bei gegebenen Faktorpreisen - so erhöhen sie damit die Produktionskosten. Arbeitskräfte, die so im formellen Sektor keine Beschäftigung finden, werden in den informellen Sektor abgedrängt. Sind die Faktorpreise darüber hinaus durch staatliche Eingriffe verzerrt, bringt eine Liberalisierung zusätzliche Wohlfahrtsgewinne.

Empirische Untersuchungen von Pack (1988) besagen, daß die Annahme der Minimalkosten-Technologie in einem typischen ärmeren LDC folgende Konsequenzen hätte:

(i) Die jährliche Wertschöpfung in der Industrie könnte um 72%, die Beschäftigung um 311% und das Netto-Lohn-Einkommen um 31% steigen.

(ii) Diese Effekte fallen noch stärker aus, wenn bei den Simulationen nicht die tatsächlichen, sondern Schatten-Faktorpreise verwendet werden.

2.3 im öffentlichen Sektor

2.3.1 Das Phänomen der überhöhten Löhne und der "redundanten Arbeitskräfte"

Zwei auffallende Phänomene bei öffentlichen Unternehmen in EL sind das Vorhandensein *überschüssiger Arbeit* und von Löhnen/Lohnnebenleistungen,

---

[46] Am Beispiel der Philippinen und Kenias.
[47] Gemessen daran, inwieweit sogenannte "engineering norms" realisiert wurden.

die jene Schwelle, die nötig ist, um Arbeit in den öffentlichen Sektor anzuziehen, bei weitem überschreiten.

Die jeweiligen Regierungen führen als Begründung gerne an, daß *ein* Ziel der öffentlichen Unternehmen in EL darin bestehe, Beschäftigung zu schaffen und, daß die Regierung eine Art Modell-Arbeitgeber sein müsse, der eine angemessene Entlohnung anbietet.

Hinzu kommt, daß öffentliche Unternehmen weniger Anreize haben, Lohnerhöhungen zu begrenzen. Die Preiskalkulationen erfolgen nämlich oft nach einem "Stückkosten + X"-Prinzip innerhalb unvollkommener Märkte, so daß Lohnerhöhungen nicht als gewinnschmälernd empfunden werden. Andererseits ist die Maxime der Unternehmen im öffentlichen Sektor häufig eher Verkaufs- als Gewinnmaximierung.

Die Ineffizienz des Arbeitseinsatzes im öffentlichen Sektor vieler EL läßt sich an folgender Abbildung verdeutlichen:

Abb. II.2.8:

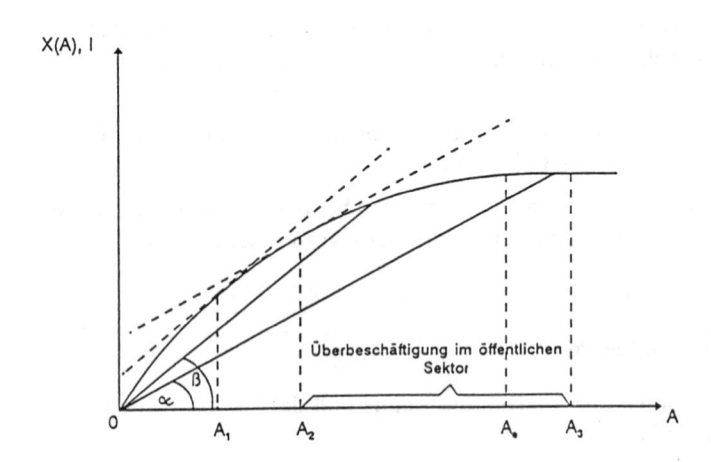

$\tan \beta = l_{\text{öff}}$
$\tan \alpha = l_{\text{pr}}$

Quelle: Eigenentwurf

Der öffentliche Lohnsatz ist im Vergleich zum privaten überhöht: $\tan \beta > \tan \alpha$. Der tatsächliche Arbeitseinsatz (A_3) ist nicht nur suboptimal ($A_3 > A_1$), sondern er wird auch über das Ausmaß der Effizienz (A_e) hinaus ausgedehnt. Die "wahre" Überbeschäftigung beträgt aber nicht ($A_3 - A_1$), sondern ($A_3 - A_2$).

2.3.2 Auswirkungen auf die Einkommensverteilung

Selbst wenn das Allokationsziel verletzt werde - so lautet ein oft wiederholtes Argument - könne die Überbeschäftigung an bzw. die Überbezahlung der Arbeit in öffentlichen Unternehmen einen Beitrag zur *Vergleichmäßigung der EV in EL* leisten.

Der empirische Befund spricht aber gegen diese These: Zahlreiche Untersuchungen belegen nämlich, daß die personelle EV der Arbeitseinkommen in öffentlichen Unternehmen von EL nicht "gleichmäßiger" ist als in den übrigen Sektoren.

Als Beispiel hierfür lassen sich die Ergebnisse einer Untersuchung von R. Musgrave für Bolivien aus dem Jahr 1975 anführen:

Tab. II.2.2:

Quintile Sektoren	Anteile am gesamten Arbeitseinkommen in v.H.				
	1. und 2. Quintil	3. und 4. Quintil	5. Quintil	1. Zentil	10. Zentil
Öffentliche Unternehmen	20	38	42	3,5	26,7
Staatliche Institutionen	25	37	37	5,2	23,6
Organisierter privater Sektor	18	34	48	3,1	32,7
Unorganisierter privater Sektor	22	36	41	5,4	27,5

Quelle: Leroy P. Jones, Public Enterprice for Whom? Perverse Distributional Consequences of Public Operational Decisions. In: Economic Development and Cultural Change, Vol. 33, No. 2, 1984.

Aus Tabelle II.2.2 läßt sich erkennen, daß öffentliche Unternehmen Boliviens eine unwesentlich gleichmäßigere Verteilung des Arbeitseinkommens als der organisierte private Sektor aufweisen.

Aufschlußreich ist die Verteilung der Durchschnittseinkommen innerhalb der Quintile (in B$):

Tab. II.2.3:

Sektoren	Y	Durchschnittseinkommen innerhalb der Quintile in B$					
		1. und 2. Quintil	3. und 4. Quintil	5. Quintil	⌀	1. Zentil	10. Zentil
Öffentliche Unternehmen		19,4	36,9	81,7	39,2	13,7	103,9
Staatliche Institutionen		17,0	25,2	50,5	27,1	14,1	64,3
Organisierter privater Sektor		16,9	32,0	90,2	37,6	11,7	122,9
Unorganisierter privater Sektor		3,6	5,9	13,3	6,5	3,5	17,9
Total		4,1	8,6	34,4	11,9	3,7	49,4

<u>Quelle:</u> Leroy P. Jones, Public Enterprice for Whom? Perverse Distributional Consequences of Public Operational Decisions. In: Economic Development and Cultural Change, Vol. 33, No. 2, 1984.

Insgesamt kann man feststellen, daß die am schlechtesten bezahlten Arbeiter in öffenlichen Unternehmen Boliviens sich im oberen Viertel/Drittel der Verteilung der durchschnittlichen Arbeitseinkommen befinden (vgl. umrandete Ziffern in Tabelle II.2.3). Damit ist die These überhöhter Durchschnittslöhne in öffentlichen Unternehmen - hier am Beispiel Boliviens - wohl kaum zu verwerfen.

Auch das Argument, daß ein Abbau der "überschüssigen" Arbeit in öffentlichen Unternehmen zu Arbeitslosigkeit führe und auf diesem Wege die Verteilung verschlechtere, sticht nicht: Bei einer *Privatisierung* der öffentlichen Unternehmen und einer zu erwartenden Verbesserung der Rentabilität werden i.d.R. Investitionen ermöglicht, von denen sowohl Einkommens- als auch Beschäftigungseffekte zu erwarten sind. L.P. Jones (1984, S. 341) hat es so ausgedrückt: "for a given set of workers the choice is between false jobs now and real jobs in the future".

2.3.3 Möglichkeiten und Grenzen der Privatisierung

Eine verbreitete These - nicht nur für EL - lautet, daß der Privatbesitz an Industrieunternehmen zu einer effizienteren Nutzung der Ressourcen führt. Dieses Argument beruht allerdings auf der Vorstellung der *vollständigen Konkurrenz* und des *Paretooptimums*, das durch den Marktmechanismus hergestellt werden kann. Oft besteht die Alternative jedoch nicht zwischen privater Konkurrenz und staatlichem Monopol, sondern zwischen einem staatlichen und einem privaten Monopol.

Da der Industrialisierungsprozeß eng mit dem Phänomen steigender Skalenerträge verbunden ist und dieses wiederum die Herausbildung natürlicher Monopole fördert, wird gefordert, daß die Nutzen aus steigenden Skalenerträgen der Gesellschaft - vertreten durch den Staat - und nicht den privaten Eignern des natürlichen Monopols zufliessen sollten.

Dieser Einwand "pro Verstaatlichung" erscheint nicht stichhaltig, da in dem Umfang der bestehenden Marktzugangsmöglichkeiten dem natürlichen privaten Monopol eine Schranke erwächst. Dagegen ist der Marktzugang privaten Unternehmen oft verwehrt, wenn ein "legales" Monopol des Staates vorliegt.

Abb. II.2.9:

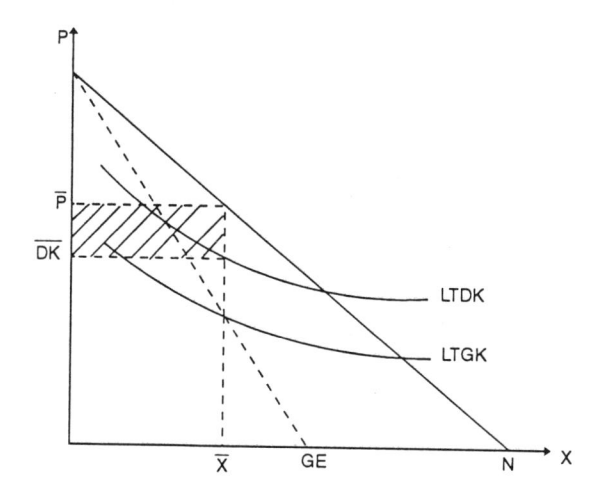

Quelle: Ryan/Pearce (1977)

In Abbildung II.2.9 ist die Situation des natürlichen Monopols wiedergegeben. Im natürlichen Monopol sinken bekanntlich die langfristigen totalen Stückkosten der Produktion (LTDK) bei wachsender Ausbringung; typisch hierfür ist die Produktion bzw. das Angebot der Bahn. Konkurrenten, die keine sinkenden Grenz- (LTGK) und Durchschnittskostenverläufe aufweisen, können durch Profitschmälerungen ruiniert werden.

Auf keinen Fall sollte man aber *privaten Besitz* an Unternehmen mit *Intensität des Wettbewerbs* gleichsetzen: Auch staatliche Unternehmen können prinzipiell einem starken Wettbewerb ausgesetzt sein. Mit anderen Worten: Privatisierung ergibt wenig Sinn, wenn lediglich öffentliche durch private Monopole ersetzt werden!

Auch die Unterscheidung zwischen Management und Kapitaleignern ist für die Privatisierungsfrage wichtig: *Tendenziell* unterliegen die Manager privater Unternehmen einem stärkeren Erfolgsdruck - man denke an die Verantwortung gegenüber der Aktionärsversammlung - als die Leiter öffentlicher Unternehmen.

Empirische Untersuchungen von Millward (1988) für EL haben ergeben, daß es im Durchschnitt keine ausreichende Signifikanz für die These einer stärkeren technischen Ineffizienz staatlicher Unternehmen gibt. Gleichwohl tendiert die "Richtung" dorthin. Auch ist die *technische Ineffizienz* staatlicher Unternehmen nicht einheitlich; tendenziell reicht die Spannweite von der "best" bis zur "worst practice".

Darüber hinaus sind folgende *Probleme einer Privatisierung* in EL zu beachten: Während in IL die Privatisierung meistens über den Verkauf von Anteilen am Kapitalmarkt geschieht, ist die *Enge des Kapitalmarktes* in vielen EL sowie der *geringe Handel* ein Hemmnis für diesen Weg. Anderseits ist der direkte Verkauf bzw. Transfer öffentlicher Unternehmen an private Wirtschaftssubjekte in EL oft ein politischer Stein des Anstoßes.

Weitere "technische" Probleme bestehen darin, daß es in hochinflationären Wirtschaften - wie etwa in vielen lateinamerikanischen EL - schwierig sein dürfte, den "realen Wert" der Unternehmung festzustellen.[48]

---

48   Vgl. T. Killick/S. Commander, State Divestiture as a Policy Instrument in Developing Countries. In: World Development, 1988, Vol. 16, No. 12, S. 1465-1479.

Literaturhinweise zu diesem Kapitel:

Jones, L.P., Public Enterprise For Whom? Perverse Distributional Consequences of Public Operational Decisions, in: Economic Development and Cultural Change, Vol. 33, No. 2, 1984, S. 333-347.

Killick, T./Commander, S., State Divestiture as a Policy Instrument in Developing Countries, in: World Development, Vol. 16, No. 12, 1988, S. 1465-1479.

Millward, R., Measured Sources of Inefficiency in the Performance of Private and Public Enterprises in LDC's, in: Cook, P./Kirkpatrick, C. (Hrsg.), Privatisation in Less Developed Countries, Brighton 1988.

Pack, H., Industrialisation and Trade, in: H.B. Chenery/T.N. Srinivasan, a.a.O., S. 333-380.

Ryan, W.J.L./Pearce, D.W., Price Theory, Revised Edition, London 1977.

3. Geringe (wirtschaftliche) Integration

3.1 in den intranationalen Handel

3.1.1 Naturaltausch als erste Integrationsstufe

Zum Phänomen der Subsistenzproduktion in EL gehören im wesentlichen folgende Merkmale:

(i) Die Produktion wird vom Haushalt bzw. von der erweiterten Familie selbst erstellt und auf die Mitglieder der Gemeinschaft verteilt.

(ii) Entscheidungen über Produktion und Konsum werden simultan, i.d.R. durch ein Familienoberhaupt gefällt.

(iii) Die Mitglieder der "Subsistenzfamilie" streben nicht nach maximaler Bedürfnisbefriedigung. Ein "gewöhnliches" bzw. "befriedigendes" Konsumniveau (an ihren eigenen Subsistenzgütern), das erreicht werden soll, genügt ihnen.

(iv) Ein Mehrkonsum über das übliche Niveau hinaus, wird nicht als Nutzensteigerung empfunden. Dies gilt allerdings nur so lange, wie ausschließlich "Subsistenz-Güter" zur Verfügung stehen.

(v) Treten Nicht-Subsistenz-Güter in den Gesichtskreis der Subsistenzfamilie, so wird die Produktion der Subsistenz-Güter gesteigert - dies kann einfach dadurch geschehen, daß die Freizeit (*leisure*) gegenüber der Arbeitszeit eingeschränkt wird-, um durch Tausch in den Besitz sogenannter "Non-Necessities" zu gelangen.

(vi) Damit ist klar, daß der (dauerhafte oder nicht dauerhafte) Konsum von Gütern außerhalb des Subsistenzbereichs nutzensteigernd wirkt.

(vii) Solange sich der Erwerb der nutzenstiftenden Nicht-Subsistenzgüter durch *reinen Tauschhandel* vollzieht, bleibt das Potential der Nutzensteigerung nicht voll ausgenutzt: Der Tauschhandel impliziert die Notwendigkeit, mindestens zwei korrespondierende Wünsche zu finden. Dabei muß der Zeitaufwand für die Suche nach dem Tauschparnter als Kostenfaktor berücksichtigt werden (s.u.).

3.1.2 Chancen und Risiken der Monetarisierung

a) Einzelwirtschaftlich

Mit der Produktion für den Markt und der Ablösung von Waren- bzw. Gütertausch durch "Ware-Geld-Ware-Geschäft" (K. Marx), werden Anzahl und Qualität der möglichen Tauschakte beträchtlich ausgeweitet.

Gleichwohl ist in vielen EL zu beobachten, daß die mit der Marktproduktion verbundene Monetarisierung nur schleppend vorangeht. Handeln die Subsistenzbauern nicht rational?

Besteht das *"Marktrisiko"* darin, mit den Erlösen einer Absatzperiode mindestens die gleichzeitig anfallenden Kosten zu decken, so liegt das *"Subsistenzrisiko"* eines typischen Kleinbauern in EL darin, möglicherweise die Versorgung der Mitglieder der Subsistenzgemeinschaft über eine bestimmte Periode hinweg nicht sicherstellen zu können. In beiden Fällen liegt ex ante *Unsicherheit* vor.

Die besondere Ungewißheit der Subsistenzproduktion hat zwei Elemente:

(i) Der geringe Stand der technischen Beherrschung der physischen Umwelt;

(ii) Unvollkommene Einsicht in die den Produktionserfolg bestimmenden Faktoren.

Beide Elemente sind letztlich abhängig davon, wie stark die Diffusion von Neuerungen im ländlichen Raum ist.

Die mögliche Diffusion von Neuerungen ist wiederum u.a. eine Funktion der Intensität des Kulturkontaktes - dem Zusammenhalt der Subsistenzgesellschaft durch familiäre und freundschaftliche Bindungen. Dieser hat als Kehrseite ein gewisses Ausmaß an Abschließung gegenüber dem Fremden, dem Andersartigen. Folgerichtig vermag nur (*notwendige Bedingung*) eine "Entpersönlichung des Austauschvorganges" den Übergang vom Naturaltausch in seinen verschiedenen Formen zum Markttausch und die Verwendung von Geld zu erklären.

Ein beschleunigter Abbau der nicht-monetären Subsistenzwirtschaft ist aber nicht einfach dadurch zu erreichen, daß etwa das gesamtwirtschaftliche Geldangebot verstärkt ausgeweitet wird. Dies hätte kurzfristig lediglich zur Folge, daß die Preise im bereits monetarisierten Sektor steigen (vgl. Sell 1988).

Ausschlaggebend (*hinreichende Bedingung*) für den Monetarisierungsprozeß dürfte die Tatsache sein, daß Subsistenzbauern ein Gespür für die Entwicklung *relativer Preise* entwickeln. Wenn Güter, die sie auch produzieren, tendenziell im Preis stärker steigen als solche, die sie möglicherweise im Konsum anstreben und/oder als Vorprodukte erwerben könnten, werden sie das *Marktrisiko* günstiger beurteilen als früher. Je mehr sie die möglichen Wohlfahrtssteigerungen durch Marktproduktion für sich zu erkennen glauben, je mehr entsprechende Demonstrationseffekte des bereits monetarisierten Sektors zum Tragen kommen, desto eher wird die Überwindung des *Subsistenzrisikos* als Aufgabe relativ an Bedeutung verlieren. Der Versorgungsgedanke im Hinblick auf die Gemeinschaft tritt dann hinter das Streben nach Bedürfnisbefriedigung des Einzelnen zurück (vgl. v. Stockhausen 1984).

b) Gesamtwirtschaftlich

Fehlt ein Mechanismus, der Ersparnisse eines Sektors in andere Sektoren lenkt, wo profitablere Investitionsmöglichkeiten bestehen, so wird gesamtwirtschaftlich die Verzinsung der Investitionen abnehmen (return on investment).

Dieser Mechanismus kann durch intermediäre Finanzinstitutionen und die Existenz von Geldanlagemöglichkeiten in Gang gesetzt werden. Zum Finanzsektor einer Volkswirtschaft zählt die Zentralbank, ein System von Geschäftsbanken sowie ein koordinierter Kapitalmarkt. Neben der produktiven Verteilung neuer Ersparnisse sorgt der Finanzsektor dafür, daß eine Palette verschiedener Geldanlageformen Anreize zum Sparen und Investieren gibt.

Dabei ist eine dichte Präsenz von Bankenzweigstellen im Raum von großer Bedeutung; zur Nähe von Sparsammelstellen und ihrer Wirkung schreibt

Lewis: "If they (savings institutions, der Verf.) are pushed right under the individuals nose ... people save more than if the nearest savings institution is some distance away" (A.W. Lewis, Theory of Economic Growth, 1955).

Die Einkommenselastiziät der Geldnachfrage ist in EL i.A. größer als in entwickelten Volkswirtschaften. I.d.R. sinkt die Umlaufgeschwindigkeit des Geldes (V) zunächst bei steigendem Pro-Kopf-Einkommen, um später anzusteigen.

Die Geldversorgung muß - gerade in den frühen Phasen der Monetarisierung - dem aufkommenden Kassenhaltungsmotiv sprichwörtlich Nahrung geben:

$$(104) \quad \frac{\dot{M}}{M} = \frac{\dot{Kd}}{Kd} + \frac{\dot{p}}{p} + \frac{\dot{y}}{y}$$

$$Kd = \text{Kassenhaltungskoeffizient} = \frac{1}{V}$$

$$(105) \quad \frac{\dot{Kd}}{Kd} = \frac{\dot{M}}{M} - \frac{\dot{p}}{p} - \frac{\dot{y}}{y}$$

In Anlehnung an Drake (1980) lassen sich die Bestimmungsgründe für Kd bzw. für 1/V in folgende Komponenten zerlegen:

$$(106) \quad Kd \equiv \frac{1}{V} = \frac{M}{p \cdot y} = \frac{M}{Y} = \frac{M}{Y^m} \cdot \frac{Y^m}{Y}$$

Der linke Faktor repräsentiert den Kehrwert der Einkommenskreislaufgeschwindigkeit im bereits monetarisierten Sektor der Volkswirtschaft, der rechte den Monetarisierungsgrad. Eine zunehmende Monetarisierung erhöht demzufoge c.p. den Kassenhaltungskoeffizienten, während eine steigende Einkommenskreislaufgeschwindigkeit des Geldes in der "Geldwirtschaft" den entgegengesetzten Effekt hat. Mit zunehmendem PKE ist der zuerstgenannte Einfluß zunächst stärker (V sinkt), während der zweitgenannte (V steigt) in späteren Entwicklungsphasen überwiegt. Man kann auch sagen, daß zunächst das "financial widening" im Vordergrund steht, während später das "financial deepening" von größerer Bedeutung ist (s.u.).

3.1.3 Transaktionskosten und Tauschmittelfunktion von Gütern: Überlegungen von J. Niehans

In einer voll integrierten Volkswirtschaft lösen die Wirtschaftssubjekte *dezentralisiert* das Optimierungsproblem für die Tauschmengen.

Sind m Güter vorhanden und hat jedes Individuum ein Gut, so hat jede Person (m − 1) Tauschbeziehungen. Da m Personen tauschen, ergeben sich m(m − 1) Beziehungen. Die Hälfte dieser Beziehungen ist jedoch identisch. Der Tausch von e nach f entspricht dem Tausch von f nach e. Daher erhalten wir beim Naturaltausch insgesamt

(107) $N = \dfrac{m(m-1)}{2} = \dbinom{m}{2}$ Tauschbeziehungen bzw. erforderliche Märkte.

In einer reinen Geldwirtschaft betrachten wir bei m Gütern einfach m Märkte. Wird ein allgemeines Walrasianisches Gleichgewicht unterstellt, reichen aber m − 1 Märkte aus, um alle Tausch- bzw. Kaufkonstellationen zu definieren: Werden nämlich m − 1 Märkte geräumt, so muß auch der m-te Markt im Gleichgewicht sein.

Daraus wird ersichtlich - was wir oben bereits angesprochen hatten -, daß der Naturaltausch höhere Kosten für die Tauschpartner bedingt: Der Naturaltausch verlangt die doppelte Koinzidenz der Wünsche, der Geldwirtschaft dagegen genügt die einfache Koinzidenz, durch den zugrundeliegenden indirekten Tausch über das Tauschmedium Geld, das die Funktionen der Recheneinheit, des Tausch- und des Wertaufbewahrungsmittels vereinigt.

Nach Niehans[49] erfolgt der Übergang von einer einstufigen Tauschwirtschaft, bei der jedes Gut getauscht wird, um im Besitz des Erwerbers zu bleiben, zu einer zweistufigen Tauschwirtschaft in Abhängigkeit von den *Transaktionskosten*.

Was man zunächst beobachten kann, ist, daß zunehmend *2 Güterarten* auftreten: Güter, die auf dem Markt eingetauscht werden und Güter, die neben dem Eigenverbrauch nur als Tauschmedium dienen. Die Wahrscheinlichkeit dafür, daß ein Gut als Tauschmittel verwendet wird, steigt *mit sinkenden Transaktionskosten dieses Gutes.*

---

[49] Vgl. J. Niehans, The Theory of Money, Baltimore u. London 1978, S. 99-117.

Umgekehrt - so Niehans - gibt es immer einen Transaktionskostensatz, der hoch genug ist, um die Ausschaltung des betreffenden Tauschmittels vorteilhaft zu machen, so daß indirekter Tausch durch direkten Tausch ersetzt wird. Wird dieses Verfahren fortgesetzt, so gelangt man früher oder später zu einem Tauschsystem, in dem nur noch direkter Tausch vorkommt.

Die Transaktionskosten entstehen nach Niehans durch den erforderlichen Einsatz der Faktoren Zeit bzw. Arbeit, wobei dieser Einsatz proportional mit dem Umfang der getauschten Menge wächst und spezifisch zusammenhängt mit der Art des Tauschgutes, den Tauschpartnern und der Richtung des Tauschvorgangs.

3.1.4 Weitere Bestimmungsgründe für die Vorteilhaftigkeit einer Geldwirtschaft

Neben der Senkung von Transaktionskosten läßt sich die Vorteilhaftigkeit von Geld auf die Schaffung von Transaktionserleichterungen zurückführen. Dies läßt sich für ein Individuum, das in t und t + 1 (2 Perioden) lebt, wie folgt zeigen:

(108) $U = U(C_t, l_t, C_{t+1}, l_{t+1})$

Dabei ist l (leisure) = Freizeit und C = Konsum. Für die Freizeit soll folgende Restriktion gelten:

(109) $l_t = 1 - n_t - s_t$

wobei die Zeit auf 1 normiert ist, n die Arbeitszeit und s die "Shoppingzeit" angibt. Für letztere wird angenommen, daß

(110) $\dfrac{s_t}{C_t} = \Psi\left(\dfrac{m_t}{C_t}\right); \quad \Psi' < 0$

wobei m_t die Realkasse darstellt. Je größer das Portemonnaie in Relation zu den Konsumwünschen, desto geringer der Zeitaufwand für Shopping. Setzt man diese Beziehungen in die obige Nutzenfunktion ein, so erhält man:

(111) $U = U(C_t, 1 - n_t - C_t \cdot \Psi(m_t/C_t), C_{t+1},$
$\qquad 1 - n_{t+1} - C_{t+1} \cdot \Psi(m_{t+1}/C_{t+1})) \overset{!}{\Rightarrow} \text{Max}$

oder

(112) $\tilde{U} = \tilde{U}(C_t, n_t, m_t, C_{t+1}, n_{t+1}, m_{t+1}) \overset{!}{\Rightarrow} Max$

$\tilde{U}$ ist aber eine Funktion von m_t, m_{t+1}!

Dabei ist:

(113) $\dfrac{\partial U}{\partial m_t} = \underbrace{-C_t}_{>0} \cdot \underbrace{\dfrac{\partial \Psi}{\partial\left(\frac{m_t}{C_t}\right)}}_{<0} \cdot \underbrace{\dfrac{\partial\left(\frac{m_t}{C_t}\right)}{\partial m_t}}_{>0} > 0$

Diese Modelle werden in der modernen Geldtheorie auch *Money-In-the-Utility-Function-Models* genannt.

Die Vorteilhaftigkeit von Geld läßt sich auch im Rahmen der "Overlapping Generations Modelle" (OLG) nachvollziehen:

In jeder Periode t gibt es eine junge Generation, die in t und in t + 1 am Leben ist und eine alte Generation, die nur noch in t lebt.

Wenn nun jede Generation am Anfang kein Geld besitzt und im Alter keine Arbeit mehr verrichten kann, so lautet die modifizierte Nutzenfunktion der jungen Generation jetzt:

(114) $U = U(C_t, 1 - n_t - C_t \cdot \Psi(0), C_{t+1},$

$1 - C_{t+1} \cdot \Psi(m_{t+1}/C_{t+1})) \overset{!}{\Rightarrow} Max$

bzw.

(115) $\tilde{U} = \tilde{U}(C_t, n_t, C_{t+1}, m_{t+1}) \overset{!}{\Rightarrow} Max$

Dabei ist

(116) $\dfrac{\partial \tilde{U}}{\partial m_{t+1}} > 0$

Eine weitere mikroökonomische Rechtfertigung für Geldhaltung wird von den sogenannten "*Cash in Advance*"-Ansätzen geliefert.

Dabei wird unterstellt, daß eine Mindestkassenhaltung, m_t, bestehen muß, um den gewünschten Konsum, C_t, auch effektiv machen zu können:

(117) $m_t = \alpha \cdot C_t$; $\alpha > 0$

Dabei wird - vereinfacht ausgedrückt - angenommen, daß jedes Wirtschaftssubjekt *in einer Periode* nur *einen Markt* aufsuchen kann.

Die Käufer von Waren in der Periode t + 1 suchen in t den Bond-Markt auf, wo sie durch Verkauf von Wertpapieren Kasse erwerben. Ist α eine konstante Größe, so können die Verkäufer von Waren daraus die (indirekte) Information gewinnen - sofern sie die Anzahl der potentiellen Käufer bzw. die Höhe der Umsätze am Wertpapiermarkt kennen-, mit welcher *Nachfrage nach Gütern* in der Periode t + 1 zu rechnen ist.

Auf diese Weise reduziert Geld die Unsicherheit der Verkäufer und hilft ihnen, falsche Preissetzung(en) und Produktwahlen möglichst zu vermeiden!

3.1.5 Messung der Monetarisierung

Chandavarkar (1977) nimmt an, daß mit wachsendem Prokopfeinkommen (y) der Anteil des nicht monetarisierten Sektors (nµ) abnimmt:

(118) $\ln n\mu = a_0 - a_1 \ln y$

Schwellenländer, die annahmegemäß besonders hohe Wachstumsraten aufweisen, müßten demnach eine vergleichsweise rapide Abnahme des nicht-monetarisierten Sektors verzeichnen. Dies ist von der Geldpolitik zu berücksichtigen und zeichnet die Schwellenländer besonders aus, einerseits gegenüber den entwickelten IL, andererseits gegenüber anderen EL, die noch nicht den "take-off" erreicht haben!

Von Robert F. Emery stammt folgende Formel:

(119) $\dfrac{dW}{W} = \dfrac{dM}{M} - \dfrac{dp}{p} - \dfrac{dO}{O}$

Monetarisierungsrate	Wachstumsrate der Geldmenge	Wachstumsrate des Preisniveaus	Wachstumsrate des realen Sozialprodukts

unter der Annahme, daß die Einkommenskreislaufgeschwindigkeit des Geldes konstant bleibt!

Auf sektoraler Ebene ist - so Chandavarkar (1977, S. 688) - die folgende Beobachtung ein signifikanter Anhaltspunkt für einen voranschreitenden Monetarisierungsprozeß: "The substitution of cash rentals for fixed rentals in kind and sharecropping is a good indicator of the monetization of a rural economy" (S. 688).

3.1.6 Subsistenzwirtschaft und Handel: Das Tisdell/Fairbairn-Modell

Zahlreiche Inseln im Pazifik (wie die Cook Islands, Tonga, Western Samoa etc.) weisen vornehmlich eine subsistenzwirtschaftliche Produktion von Agrargütern auf, verzeichnen ein hohes Bevölkerungswachstum und einen begrenzten Ressourcenvorrat. Für diese "Quasi-Robinson-Ökonomien" haben Tisdell und Fairbairn ein eigenes Modell entwickelt:

Bezeichnen wir mit Y den *Output* an Subsistenzgütern und mit P die Größe der Subsistenzpopulation, dann soll ODEF die gesamtwirtschaftliche Produktionsfunktion symbolisieren:

Abb. II.3.1:

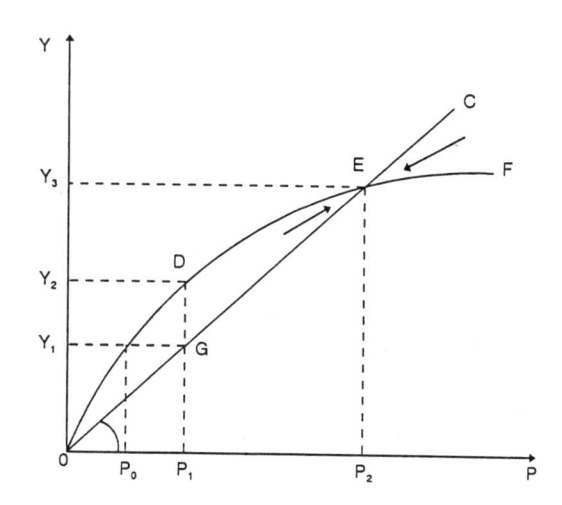

Quelle: Tisdell/Fairbairn (1984)

Der Anstieg von OC (tg α) soll den gewünschten Pro-Kopf-Konsum widerspiegeln: Bei einer Bevölkerung von P_1 könnte ein Output von Y_2 erzeugt werden. Es wird aber tatsächlich nur Y_1/P_1 pro Kopf produziert, da dies annahmegemäß der *gewünschte* Subsistenzverbrauch ist. Der geringere Output Y_1 wird möglich durch Ausdehnung der Freizeit: Das Arbeitspotential der Inselwirtschaft wird demnach nicht ausgeschöpft; der Output Y_1 könnte nämlich auch mit der geringeren Population P_0 erzeugt werden.

Wenn nun Bevölkerungswachstum unterstellt wird, kann bei einer Population von P_2 ein Gleichgewicht erwartet werden: Bei diesem Bevölkerungsniveau erhält jedes Individuum (entlang OC) das gewünschte Subsistenzniveau des Konsums und für "Extra-Freizeit" gibt es keinen Platz mehr. Jenseits von E (bzw. P_2) kann das gewünschte Konsumniveau allerdings nicht mehr aufrecht erhalten werden.

Nehmen wir nun weiter an, daß irgendwann ein Export (durch Tausch) von Subsistenzgütern möglich sei: Die Subsistenzgesellschaft wünscht sich nun, eine möglichst große Menge von Nicht-Subsistenz-Gütern zu importieren[50] - durch Tausch gegen überschüssige Subsistenzgüter. Ein solcher Überschuß ist erreichbar durch Reduktion der Freizeit auf eine noch akzeptable Größenordnung.

Unter diesen Bedingungen wird bei einer Population von P_1 der Output Y_2 (statt Y_1) produziert. Im Umfang von $Y_2 - Y_1$ können nun Subsistenzgüter gegen "Non-Necessities" eingetauscht werden. Bei wachsender Bevölkerung ($P > P_1$) wird aber c.p. der tauschfähige Überschuß abnehmen, bis er schließlich in P_2 null ist.

Somit kann - unter den hier gemachten, vereinfachenden Annahmen - der *Gütertausch* für eine Subsistenzwirtschaft zu einem *rein temporären Phänomen* werden.

Dieser Gedanke wird nun von Tisdell/Fairbairn auf den internationalen Handel übertragen: Ist der zweite Sektor ("Non-Necessities") im Inland ansässig und ist - wegen fehlender internationaler Wettbewerbsfähigkeit sowie gleichzeitigem Schutz vor ausländischer Konkurrenz durch hohe Transportkosten - dieser Sektor vollständig auf intranationalen Handel angewiesen, so kann er zunächst einen Aufschwung erfahren, um dann aber - im Zuge des Bevölkerungswachstums im Subsistenzsektor - einen Niedergang zu erfahren: Jenseits

---

50 Sofern das gewünschte Konsumniveau an Subsistenzgütern realisiert werden kann.

von P_2 hat der Subsistenzsektor c.p. keinen tauschfähigen Überschuß mehr, der 2. Sektor muß mangels Nachfrage nach seinen Produkten "eingehen".

Diese ungünstige Entwicklung könnte verhindert oder zumindest doch aufgeschoben werden, wenn technische Fortschritte auftreten. Diese würden nämlich die ODEF-Linie nach oben verschieben. Nun hatten wir aber oben die geringe Diffusion von technischen Neuerungen gerade als ein bestimmendes Merkmal des Subsistenzsektors bezeichnet.

Ein anderer "Schlüssel" für die Entwicklung des Subsistenzsektors wäre natürlich die Kontrolle des Bevölkerungswachstums.

Die wesentliche Aussage des hier diskutierten Modells besteht vor allem darin, auf die Risiken für neue Sektoren in EL hinzuweisen, in denen der Subsistenzbereich der Hauptabnehmer für Produkte des neuen Sektors ist.

Literaturhinweise zu diesem Kapitel:

Chandavarkar, A.G., Monetization of Developing Economies, in: IMF-Staff Papers. Vol. 24, No. 3, 1977, S. 665-721.

Drake, P.J., Money, Finance and Development, Oxford 1980.

Emery, R.F., The Rate of Monetization in the Less Developed Countries. Discussion Paper No. 31, Federal Reserve System, Washington, D.C. 1973.

Lewis, A.W., The Theory of Economic Growth, London 1955.

Mc Callum, B.T., The Role of Overlapping-Generations Models in Monetary Economics, in: Carnegie Rochester Conference Series on Public Policy, Vol. 18, 1983, S. 9-44.

Samuelson, P.A., An Exact Consumption Loan Model of Interest With or Without the Social Contrivance of Money, in: The Journal of Political Economy, Vol. LXVI, No. 6, Dezember 1958, S. 467-482.

Sell, F.L., Geld und Währungspolitik in Schwellenländern, am Beispiel der ASEAN-Staaten, Berlin 1988.

Thirlwall, A.P., Growth and Development, 2. Auflage, London 1978.

Tisdell, C./Fairbairn, T.J., Subsistence Economies and Unsustainable Development and Trade: Some Simple Theory, in: The Journal of Development Studies, Vol. 20, No.2, 1984, S. 227-241.

V. Stockhausen, J., Staatliche Agrarkreditpolitik und ländliche Finanzmärkte in den Ländern der Dritten Welt, Berlin 1984.

3.2 in den internationalen Handel

3.2.1 Bilateralisierung des Außenhandels durch Konpensationsgeschäfte

Aus der Sicht der OECD - Länder sind 10% ihres Handels mit EL sogenannte Kompensationsgeschäfte.

Was hat man unter Kompensationshandel zu verstehen? Allgemeines Kennzeichen dieser Handelsform ist die Tatsache, daß ein Exporteur vertraglich verpflichtet ist, vom Käufer seiner Waren (Importeur) selbst Güter/Dienstleistungen zu erwerben. Es werden also zwei - in einem Freihandelssystem normalerweise voneinander unabhängige - (Export-, Import-) Geschäfte zu einer einzigen, bilateralen Transaktion verknüpft. Man sagt auch, die wechselseitigen Forderungen werden kompensiert, daher die Namensgebung.

In seiner ursprünglichen und zugleich radikalsten Form beinhaltet der Kompensationshandel eine hundertprozentige Gegenleistung zu im- bzw. exportierten Waren/Dienstleistungen (volle Reziprozität). Da in diesem Fall buchstäblich Ware gegen Ware (internationaler Realtausch) aufgerechnet wird, liegt gleichzeitig eine Demonetarisierung des Handels vor: Es werden keine Devisen eingesetzt. Im Englischen spricht man daher von "pure barter".

In der heutigen Wirtschaftswirklichkeit ist volle Reziprozität allerdings nur *ein* Spezialfall. Auch ist der Kompensationshandel nicht auf zwischenstaatliche Handelsbeziehungen beschränkt; private aus- und inländische Unternehmen können ebenfalls untereinander "Countertrade" treiben. Genausogut kann eine Regierung mit einzelnen ausländischen Unternehmen Realtausch verabreden.

3.2.2 Preisbildung für Kompensationsgüter

Von dem immer seltener werdenen Fall des "pure barter" einmal abgesehen, wird es bei Kompensationsgeschäften, die sich auf produzierte Güter beziehen, in der Regel *Verrechnungspreise* geben. Dabei gelten folgende Plausibilitätsüberlegungen: Das Unternehmen aus einem IL (U), das als Nachfrager auf die Kompensationsangebote des EL (E) eingeht, wird eine Prämie (π) für das eigene Gut (M) verlangen:

(120) $\quad P'_M = P_M (1 + \pi)$

wobei

π = Prämie

P_M = Weltmarktpreis für das Importgut in Inlandswährung des EL

P'_M = Verrechnungspreis desselben Gutes im Kompensationsgeschäft

Gleichzeitig wird das EL einen Abschlag auf den Weltmarktpreis des eigenen Exportgutes, X, hinnehmen müssen:

(121) $\quad P'_X = P_X (1 - \delta)$

mit δ = Disagio

Definieren wir die Terms of Trade des Kompensationsgeschäftes als

(122) $\quad \tilde{p} = \left(\dfrac{P'_X}{P'_M} \right)$,

so können Angebot (aus der Sicht des EL) an und Nachfrage nach Kompensationsgütern (aus der Sicht des Unternehmens aus dem IL) wie folgt spezifiziert werden:

(123) $\quad A_{Barter} = A(\tilde{p}, e, K)$

$$\frac{\partial A}{\partial \tilde{p}} > 0$$

$$\frac{\partial A}{\partial e} < 0$$

$$\frac{\partial A}{\partial K} < 0$$

wobei

e = Wechselkurs

K = Angebot an "fresh money" aus dem IL

Ist e im Ausgangszustand ein tendenziell überbewerteter Wechselkurs (gegenüber den wichtigsten Handelspartnern), dann können die Tauschbedingungen des Kompensationshandels als substitutive Maßnahme für eine gesamtwirtschaftlich unerwünschte Abwertung wirken. Da Kompensationsverträge (s.u.) u.U. als Substitut für Handelskredite gelten, wird ein zusätzlicher (autonomer) Kreditstrom das Angebot an Kompensationsverträgen drosseln.

(124) $N_{Barter} = N(\tilde{p}, e, \kappa)$

$$\frac{\partial N}{\partial \tilde{p}} < 0$$

$$\frac{\partial N}{\partial e} < 0$$

$$\frac{\partial N}{\partial \kappa} < 0 \qquad \text{51}$$

wobei κ = Niveau der eigenen Kapazitätsauslastung

Der Einfluß des Wechselkurses kommt dadurch zustande, daß als "Gegenleistung" von Unternehmen aus IL oft nicht Güter, sondern Beiträge zur Verbesserung der Produktion des Exports im EL erwartet werden. Dies kann z.B. im Rahmen von "joint ventures" geschehen, bei denen das Unternehmen aus dem IL sich eine vergleichsweise erleichterte Repatriierung von Dividenden und Tantiemen erhofft. Bei einer Abwertung des Wechselkurses des EL wird dieser Bestimmungsgrund tendenziell abgeschwächt, wenn mit der Abwertung eine Liberalisierung von Kapitalexporten einhergeht und der früher beschriebene Anreiz zu Joint Ventures c.p. abnimmt.

Aus den Bestimmungsgründen für Angebot an und Nachfrage nach Kompensationsgeschäften bei den Kompensationsgütern läßt sich in Abbildung II.3.2 ein *partialanalytisches Gleichgewicht* ableiten.

Bei einer Abwertung des EL-Wechselkurses werden das Angebot an *und* die Nachfrage nach Kompensationsgeschäften tendenziell zurückgehen: Der Umfang an Kompensationsgeschäften geht zurück. Was mit $\tilde{p}$ geschieht, hängt vom Anstieg der Nachfrage- bzw. der Angebotskurve und der jeweiligen Wechselkurselastizität ab.[52]

In Abbildung II.3.2 ergibt sich aus der Gesamtwirkung von Nachfrage- und Angebotseinschränkung ein unverändertes Verrechnungspreisverhältnis $\tilde{p}_1$ ($=\tilde{p}_0$).

---

[51] Aus der Sicht der IL dient Countertrade dazu, die eigenen Kapazitäten besser auszulasten. Je höher das Niveau der Kapazitätsauslastung, desto niedriger ist c.p. die Nachfrage nach Kompensationsverträgen.

[52] Vgl. F.L. Sell, Der Kompensationshandel, in: WiSt, Heft 9/1988b, S. 451-456.

Abb. II.3.2:

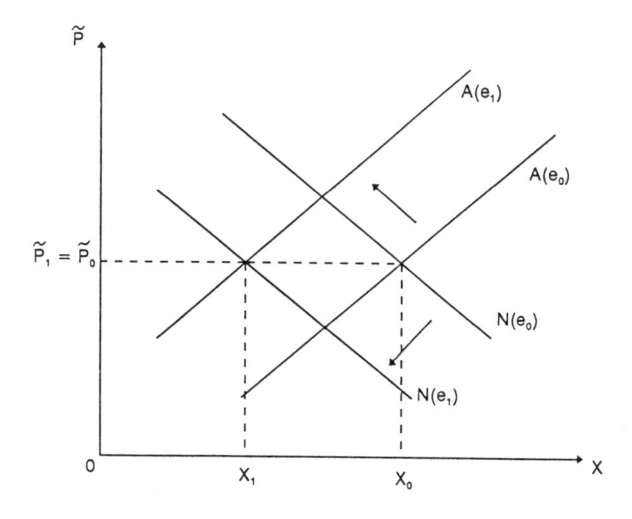

Quelle: Sell (1988)

3.2.3 Entwicklungshemmende Auswirkungen des Kompensationshandels

EL weisen typischerweise eine hohe Nachfrage nach Kapitalimporten auf, mit denen sie ihre meistens defizitären Leistungsbilanzen auszugleichen wünschen.

Es gelingt dabei selten, einen gewünschten Bestand an Devisenreserven aufzubauen, der aber andererseits für den Erhalt von ausländischen Krediten den Geschäftsbanken häufig als Bonitätskriterium gilt.

Es wird nun von verschiedenster Seite die These vertreten, daß es den EL mit Hilfe von Kompensationsgeschäften gelingen könne, ihren Mangel an Devisenreserven zu lindern.

Nun ist der "Mangel an Devisen" jedoch i.d.R. eine direkte Folge wirtschaftspolitischer Eingriffe:

(i) Aufgrund eines überhöhten Wechselkurses, den die Notenbank durch Abgabe von Devisen verteidigt, werden Devisenreserven aufgezehrt;

(ii) die Währung des EL ist nicht konvertibel und es fehlt an "harten Devisen", um gewünschte Importe zu tätigen.

Wir wollen diese Frage dadurch angehen, daß wir die Wirkungen des Kompensationshandels auf den Leistungsbilanzsaldo untersuchen. Der Leistungsbilanzsaldo ist bekanntlich gleich der Differenz:

(125)　$LBS = S - I$

Die Ersparnis kann als Funktion des Einkommens, Y, und des Zinssatzes, r, aufgefaßt werden:

(126)　$S = S(Y, r)$

Das Einkommen kann wiederum als Funktion der Terms of Trade (TOT) und der gesamtwirtschaftlichen Effizienz (E) bzw. Produktivität aufgefaßt werden:

(127)　$Y = Y(TOT, E)$

Die induzierten Investitionen mögen der Einfachheit halber nur als zinsabhängig betrachtet werden. Wir erhalten damit:

(128)　$I = I_0 + I(r)$

Durch Einsetzen ergibt sich:

(129)　$LBS = S[Y(TOT, E), r] - I(r) - I_0$

(130)　$dLBS = [\underbrace{\overset{>0}{\frac{\partial Y}{\partial TOT}} dTOT + \overset{>0}{\frac{\partial Y}{\partial E}} dE}_{dy}] \overset{>0}{\frac{\partial S}{\partial Y}} + \overset{>0}{\frac{\partial S}{\partial r}} dr - \overset{<0}{\frac{\partial I}{\partial r}} dr$

(131)　$dLBS = \frac{\partial S}{\partial Y} dY + dr \left(\frac{\partial S}{\partial r} - \frac{\partial I}{\partial r} \right)$

(132)　$dLBS = \left(\frac{\partial S}{\partial Y} \cdot \frac{\partial Y}{\partial TOT} \right) dTOT + \left(\frac{\partial S}{\partial Y} \cdot \frac{\partial Y}{\partial E} \right) dE + \left(\frac{\partial S}{\partial r} - \frac{\partial I}{\partial r} \right) dr$

(i) Da

(133)　$\overset{>0}{\frac{\partial S}{\partial r}} - \overset{<0}{\frac{\partial I}{\partial r}}$　stets größer als null ist, werden Zinserhöhungen c.p. den Leistungsbilanzsaldo verbessern, *Zinssenkungen* dagegen verschlechtern. Verschlechterungen des LBS durch *Einkommenssenkungen* kommen c.p. dagegen immer dann zustande, wenn sich die *Terms of Trade* verschlechtern und/oder die *gesamtwirtschaftliche Effizienz* sinkt.

(ii) Was die Terms of Trade angeht, so kann man feststellen, daß die Anbieter von Kompensationsverträgen i.d.R. auf den Weltexportmärkten in der Rolle von Preisnehmern sind. Dazu kommen die oben beschriebenen Preisauf- bzw. -abschläge, die im Vergleich zum Weltmarktpreisniveau für das EL eindeutig zu einer Verschlechterung ihrer Terms of Trade beitragen.

Gegeben die negativen Wirkungen von niedrigeren Terms of Trade auf das Einkommen (Laursen-Metzler-Effekt), ist von dieser Seite her vom Kompensationshandel eine *Verschlechterung* des Leistungsbilanzsaldos zu erwarten.

(iii) Die *ökonomische Effizienz* wird vom Kompensationshandel insoweit berührt, als diese Form des Handels zu einer stärkeren/schwächeren Spezialisierung des EL entsprechend seinen komparativen Kostenvorteilen führen kann.

Empirische Untersuchungen für Brasilien (Sell 1988a)[53] haben gezeigt, daß das Exportprofil (Exportwertanteilssätze nach Produktgruppen) des Kompensationshandels signifikant vom gesamten Exportprofil abweicht. Dieses Ergebnis spricht kaum dafür, daß der Kompensationshandel zu einer stärkeren Spezialisierung entsprechend den komparativen Kostenvorteilen der EL beiträgt.

Daher trägt der Kompensationshandel auch *im Hinblick auf Effizienzgesichtspunkte* tendenziell zu einer Verschlechterung des Leistungsbilanzsaldos bei.

Schließlich ist nach dem Einfluß des Kompensationshandels auf das *Zinsniveau* zu fragen. Spezielle Formen des Kompensationshandels wie der sogenannte "Counterpurchase", beinhalten Transaktionen, bei denen das EL Importe gegen zukünftige Ansprüche des Partners auf inländische Güter erhält. In dieser Form bedeutet das Kompensationsgeschäft eine Kreditvergabe des Vertragspartners. Was die Wirkungen angeht, sind nun zwei Fälle zu unterscheiden:

---

[53] Sell, F.L., Kompensationshandel als Mittel zur Erleichterung des Schuldendienstes? Das Beispiel Brasilien, in: Die Weltwirtschaft, Heft 2/1988a, S. 105-114.

(i) Befindet sich das EL in der Situation einer "*genuine credit shortage*", so verschafft ihm der Kompensationsvertrag einen Kredit, den er sonst nicht erhalten hätte. Tendenziell *reduziert* dann der Kompensationsvertrag den durchschnittlichen, effektiven Zins auf Auslandskredite.

(ii) Ist die Kreditsituation des EL günstiger zu beurteilen, liegt mithin *kein* sogenannter "*credit crunch*" vor, so läßt sich zumindest sagen, daß von Kompensationsverträgen *keine Erhöhung* der durchschnittlichen Zinsen auf Auslandskredite ausgehen dürfte: Solange nämlich das EL Zugang zum Weltkreditmarkt hat, kann es annahmegemäß zu diesem Zinssatz borgen. Daher könnte es einem möglicherweise überzogenen impliziten Zinssatz - im Rahmen von "Counterpurchase" - ausweichen.

Insgesamt dürfte daher gelten, daß der *Zinseinfluß* von Kompensationsverträgen per Saldo zu *keiner Verbesserung* des Leistungsbilanzsaldos beiträgt.

Zusammenfassend (vgl. Mirus/Yeung 1987)[54] läßt sich sagen, daß der Kompensationshandel ein untaugliches Mittel ist, die Devisenknappheit von EL abzubauen.

Literaturhinweise zu diesem Kapitel:

Mirus, R./Yeung, B., Countertrade and Foreign Exchange Shortage: A Preliminary Assessment, in: Weltwirtschaftliches Archiv, Band 123, 1987, S. 535-544.

Sell, F.L., Kompensationshandel als Mittel zur Erleichterung des Schuldendienstes? Das Beispiel Brasilien, in: Die Weltwirtschaft, Heft 2/1988a, S. 105-114.

Sell, F.L., Der Kompensationshandel, in: WiSt, Heft 2/1988b, S. 451-456.

Sowie die in Sell (1988a, 1988b) angegebenen Titel.

---

[54] Vgl. R. Mirus/B. Yeung, Countertrade and Foreign Exchange Shortage: A Preliminary Assessment. In: Weltwirtschaftliches Archiv, Bd. 123, 1987, S. 535-544 sowie F.L. Sell, Kompensationshandel als Mittel zur Erleichterung des Schuldendienstes? Das Beispiel Brasilien, in: Die Weltwirtschaft, Heft 2/1988a, S. 105-114.

4. Unzureichende Rahmenbedingungen für die Wirtschaftspolitik

4.1 wegen Fehlens unabhängiger Institutionen

4.1.1 Trägervielfalt bei dezentralisierter Wirtschaftspolitik

Die Entscheidung für eine bestimmte reale Wirtschaftsordnung ist sicherlich normativ.

Unterstellt man allerdings, daß Menschen - gleich, in welcher Wirtschaftsordnung sie leben - in erster Linie ihre individuellen Nutzenvorstellungen zu realisieren versuchen, so dürfte per Saldo eine primär auf individualistische Zielvorstellungen eingehende Wirtschaftsordnung zu besseren Ergebnissen führen als eine primär auf kollektivistischen Wertvorstellungen basierende Ordnung.

Der bekannteste Realtyp einer dezentralen Ordnung ist die moderne bzw. soziale *Marktwirtschaft*. Die Voraussetzungen zur Anwendung der Marktwirtschaft sind in den meisten EL grundsätzlich gegeben:

(i) Die Menschen in EL sind entweder bereits mit Marktprozessen vertraut oder sie finden sich im Zuge der Monetarisierung in dieselben hinein.

(ii) Die Feststellung einer "passiven Grundeinstellung" und "mangelnder individueller Initiative der Menschen in EL" sind empirisch weitgehend widerlegt; weniger die Menschen als die (z.T. *fehlenden*) Rahmenbedingungen, unter denen sie wirtschaften, müssen in Richtung Liberalisierung geschaffen bzw. verändert werden.

Der dezentrale Lenkungsmechanismus einer Marktwirtschaft ist in der Regel ein effizientes Allokationssystem, das in der komplexen Realität bei einer Vielzahl von wirtschaftlichen Vorgängen einer zentralen Lenkung ökonomisch überlegen ist: Auf den Märkten bildet sich tendenziell jenes System von Preisen heraus, das c.p. die Knappheiten im Spannungsverhältnis zwischen den individuellen und gesellschaftlichen Zielen, dem technischen Wissen und den verfügbaren Ressourcen widerspiegelt. Funktionsfähige Märkte vermitteln Informationen relativ schnell, was angesichts der unzureichend entwickelten Kommunikationsstruktur in vielen EL ein wichtiges Argument ist (s.u.).

Vielfach wird das von den *Kritikern* angeführte angebliche *Versagen* der Marktwirtschaft als Ordnungsmodell für EL mit Beispielen aus der Realität belegt, die überhaupt nicht oder nur in geringem Umfang auf reale Marktwirtschaften abstellen.

Die Ökonomien vieler EL, die laut eigener Bekundung eine vom Grundsatz her wettbewerbswirtschaftliche Orientierung aufweisen, sind in der Realität nur sehr entfernt mit Marktwirtschaften verwandt.

Die Wettbewerbswirtschaft setzt für eine erfolgreiche Wirkungsweise nämlich bestimmte *Bedingungen* voraus; wo diese Voraussetzungen nicht wenigstens annähernd gegeben sind, kann eine Marktwirtschaft nicht funktionieren:

(i) Zu einer dezentralisierten Wirtschaftspolitik gehören - im Gegensatz zu einer strikt zentralisierten Wirtschaftspolitik, die im Prinzip mit einem Träger auskommt - *mehrere Träger der Wirtschaftspolitik*. Die Trägervielfalt folgt dem Prinzip der Trennung der Aufgabenbereiche. Dies bedeutet, daß es unzulässig wäre, etwa *zwei* Ziele einer einzigen Institution, (bzw. einem Träger) anzuvertrauen (Hesse 1982, S. 345), ähnlich wie die Tinbergen-Bedingung (soviel Instrumente, wie Ziele unabhängig voneinander angestrebt werden) besagt, daß ein Instrument nicht dazu ausreicht, um zwei ökonomische Zwischenziele zu erreichen.

(ii) Für eine dezentralisierte Wirtschaftspolitik ist konstituierend, daß jeder einzelne Träger über einen gewissen *selbständigen Handlungsspielraum* verfügen muß, innerhalb dessen er eigene wirtschaftspolitische Entscheidungen trifft.

(iii) Nicht zu den Trägern der Wirtschaftspolitik sind jene (staatlichen) Institutionen zu rechnen, deren Tätigkeit sich auf die *weisungsgebundene Erfüllung* ihnen übertragener Aufgaben erstreckt; sie sind dann lediglich *ausführende Organe*.

(iv) Soweit andere Träger der Wirtschaftspolitik oder Regelmechanismen bessere Ergebnisse als die Staatstätigkeit erwarten lassen, sollte der Staat auf die Wahrnehmung eigener Handlungsmöglichkeiten verzichten (Lösch 1983).

(v) Um die Fähigkeiten des Staates zu erhöhen, entsprechende Organisationsstrukturen für Träger der Wirtschaftspolitik aufzubauen, ist der Transfer von ordnungspolitischem Know-How aus IL u.U. wichtig.

Am Beispiel zahlreicher Notenbanken in EL läßt sich das Problem der mangelnden Trägervielfalt in EL gut dokumentieren.[55]

---

55 In der Bundesrepublik Deutschland sind Rechte und Pflichten der Notenbank im Bundesbankgesetz festgehalten; danach kann sie ihre währungspolitischen Befugnisse unabhängig von Weisungen der Bundesregierung ausüben.

4.1.2 Die "dienende" Funktion der Notenbanken im Entwicklungsprozeß - am Beispiel der ASEAN-Staaten

Für die Mehrzahl der Notenbanken in den ASEAN-Staaten gilt, daß ihre Autonomie stark eingeschränkt ist und, daß sie nicht nur über die Stabilität der Währung "wachen", sondern auch nicht-monetäre Aufgabenstellungen verfolgen sollen.

Die eingeschränkte Autonomie läßt sich anhand der folgenden Kriterien verdeutlichen (vgl. Sell 1988, S. 8-31):

(i) *Geld und Kredit*:

Die weitgehendste Einschränkung bei der Formulierung eines Geldmengenziels findet sich in *Indonesien*: Hier gibt die Regierung praktisch das Geldmengenziel vor. Vergleichsweise liberal sind dagegen die Verhältnisse in Singapur, wo ein "Board of Directors" - ein siebenköpfiges Gremium, in dem der Notenbankpräsident nur *eine* Stimme hat - lediglich *allgemeine Richtlinien* der Geldpolitik festlegt, während der Zentralbankgouverneur das Tagesgeschäft bestimmen kann.

(ii) *Deficit Spending*:

Während in *Malaysia* die Geldverfassung explizit die Verschuldung des Staates bei der Notenbank auf 12,5 v.H. der Steuereinnahmen begrenzt, kann der Staat in *Thailand* bis zu 25 v.H. der jährlichen "gewöhnlichen" Staatsausgaben durch Notenbankkredite finanzieren.

Die Geldverfassungen der *Phillipinen* und *Singapurs* haben es vermieden, das Deficit Spending des Staates direkt anzusprechen. Wiederum ist es *Indonesien*, wo wir die vergleichsweise schwächste "Gegenwehr" der Notenbank antreffen: Die Zentralbank räumt der Regierung praktisch nach "Bedarf" Kassenkredite ein.

(iii) *Entscheidungsprozeß*:

Analog zum Zentralbankrat der Deutschen Bundesbank gibt es in den meisten ASEAN-Staaten einen sogenannten "Monetary Board", in dem die wichtigen geldpolitischen Entscheidungen getroffen werden. Im Unterschied zu den meisten IL, bei denen der Finanzminister i.d.R. nur ein Anhörungsrecht in diesem Kreis hat, ist in den ASEAN-Staaten der Finanzminister ordentliches Mitglied des "Monetary Board", häufig sogar dessen Vorsitzender!

Literaturhinweise zu diesem Kapitel:

Hesse, H., Ökonomische Kriterien zur Beurteilung konkurrierender Lösungsmodelle, in: A. Hertz u.a. (Hrsg.), Handbuch der christlichen Ethik, Band 3, Freiburg/Basel/Wien 1982, S. 337-349.
Lösch, D., Markt oder Staat für die Dritte Welt? Hamburg 1983.
Sell, F.L., Geld- und Währungspolitik in Schwellenländern, am Beispiel der ASEAN-Staaten, Berlin 1988.

4.2 wegen Versagens bestehender Institutionen

4.2.1 Die Bedeutung staatlicher Präsenz für den Entwicklungsprozeß

Die prinzipielle Entscheidung für eine dezentrale Wirtschaftsordnung entbindet den Staat in EL nicht von folgenden Pflichten:

(i) Interventionen, im Sinne geplanter und aufeinander abgestimmter wirtschaftspolitischer Eingriffe zur Korrektur der als *systematisch* erkannten Fehlentwicklungen auf realen Märkten (*Prozeßpolitik*).

(ii) Ausbau und Garantie einer *wettbewerblichen* Wirtschaftsverfassung, in der die allgemeinen Spielregeln für die Marktteilnehmer festgehalten sind (*Ordnungspolitik*).

zu (i): Im Rahmen der Wirtschaftsordnungsdiskussion für IL werden Eingriffe in den marktwirtschaftlichen Prozeß mit drei *systemimmanenten Funktionsschwächen* begründet:

a) Das Versagen des Marktmechanismus bei der Bereitstellung öffentlicher Güter;

b) Die Instabilität der kurz- und langfristigen Wirtschaftsentwicklung und

c) Die Einkommens- und Vermögensverteilung, wie sie sich aus dem Marktprozeß ergibt. Diese steht möglicherweise in Konflikt mit gesellschaftspolitischen Zielsetzungen.

zu a) In EL gehört die *Infrastruktur* (Transportwege, Ausbildungsangebot, Gesundheitssystem) zum wichtigsten Bereich öffentlicher Güter.

zu b) Die Instabilität der wirtschaftlichen Entwicklung in EL ist vor allem in Gestalt von Zahlungsbilanzkrisen, hyperinflationären Prozessen und starken Schwankungen im Auslastungsgrad des Produktionspotentials zu beobachten.

zu c) Schließlich kann man behaupten, daß die offene und verdeckte Arbeitslosigkeit bzw. Unterbeschäftigung und große Einkommens- und Vermögensunterschiede das soziale Hauptproblem der Entwicklungspolitik darstellen.

zu (ii): Die Gestaltung der Rahmenbedingungen für ein Marktsystem beginnt in EL mit der Schaffung von Rechtssicherheit, insbesondere von privaten *Eigentumsrechten* (s.u.). Zu den berechenbaren Rahmenbedingungen - etwa für ausländische Direktinvestoren - gehört auch ein nachvollziehbares *Steuersystem*.

Bei der "Regulierung" ausländischer Direktinvestoren, steht der Staat vor der Herausforderung, diese weder abzuschrecken, noch auf mögliche "benefits" für das Inland (Ausbildung, Devisen, Kapitalbildung) freiwillig zu verzichten.

Um diesen vielfältigen Problemkreisen zu begegnen, bedarf es einer öffentlichen Verwaltung, die sowohl *effizient* als auch *effektiv* arbeitet. Gerade daran mangelt es aber in den meisten EL. Gunnar Myrdal hat in diesem Zusammenhang vom sogenannten "*Soft State*" in EL gesprochen.

Im folgenden werden wird uns den *Ursachen* sowie den *Konsequenzen* des "Soft State" für den Entwicklungsprozeß zuwenden.

4.2.2 Ursachen für den "Soft State" in Entwicklungsländern

Eine Beobachtung, die man in EL - insbesondere in Afrika machen kann - ist die häufige *Mißwirtschaft* der öffentlichen Verwaltung (mismanagement), die *Ineffizienz* im Umgang mit Ressourcen, eine blühende *Korruption* und die Unfähigkeit, die verbreitete Umgehung bzw. *Verletzung von Gesetzen und Regulierungen* zu verhindern.

Dazu kommt - nach Auffassung von G. Myrdal[56] ein genereller *Mangel an "sozialer Disziplin"* Dieser Mangel drückt sich in einer lückenhaften Gesetzgebung, in einer geringen Neigung, *Gesetze durchzusetzen*, in fehlendem *Gehorsam gegenüber Richtlinien* aus, denen die Staatsbediensteten auf den verschiedensten Ebenen zu folgen haben. Schließlich machen Beamte gerade mit jenen machtbesitzenden Personen oder Gruppen gemeinsame Sache, die sie von Rechts wegen eigentlich kontrollieren sollten.

---

[56] The "Soft State" in Underdeveloped Countries, in: Unfashionable Economics, Essays in Honour of Lord Balogh (edited by Paul Streeten), London 1970, S. 227-243.

Um diese Zustände zu verstehen, muß man untersuchen, wie das Gemeinwesen in der *vorkolonialen Zeit* organisiert war, welche staatliche Organisation die *Kolonialländer* "mitbrachten" und welche Effekte schließlich mit der *Unabhängigkeit* der bisherigen Kolonien eintraten.

Die *vorkoloniale ländliche Gesellschaft* der EL funktionierte durch ein Netz von Pflichten und Rechten, in dem vor allem die *Nutzung des Bodens*, die *Instandhaltung der Transportwege*, der *Kanäle*, der *Wasserreservoirs* und anderer Fazilitäten geregelt war. Grundlage dieser Arrangements war nahezu ausschließlich das *Gewohnheitsrecht*. Gebote und Verbote bezogen sich auf die *Beziehungen einzelner Personen, Familien* oder *Gruppen* von verschiedenem Status *untereinander* und waren nicht auf die Gesellschaft schlechthin ausgerichtet.

Allerdings funktionierten die vorhandenen Sanktionsmechanismen weitaus besser gegenüber den Unterprivilegierten als bei den Begüterten.

Der Primäreffekt der *Kolonisierung* von EL bestand nun darin, das in der dörflichen Gemeinschaft gewachsene System - auch von indirekten - Rechten und Pflichten zu schwächen, ja mancherorts sogar zu brechen bzw. zu verdrängen. Dagegen stellte die Kolonialverwaltung den *westlichen Eigentumsbegriff* für Grund und Boden, das allgemeine *Steuerwesen* und die *Sicherung der öffentliche Ordnung*. Da dieses System keine gewohnheitsrechtliche (bzw. traditionale) Fundierung bzw. *Legitimation* besaß, funktionierte es durch das Prinzip von persönlichem Befehl und Gehorsam. Dadurch kam der sogenannte *Neo-Paternalismus* und das Vorwiegen der "*personal rule*" auf. Für den Einzelnen wurde es zur Gewohnheit, Befehle von oben zu erhalten, aber auch, *selbst* mit soviel wie möglich davonzukommen.

In den letzten Jahrzehnten der Kolonialzeit bildete sich eine Tendenz zum *systematischen Ungehorsam* und zur *Nichtkooperation* mit den ausländischen Befehlshabern heraus. Für Gandhi war dies in Indien Teil einer philosophischen und einer taktisch-politischen Überlegung. Die *Verweigerungshaltung* gegenüber der staatlichen Autorität der Kolonialherren wurde aber auch zu einer Hinterlassenschaft der Kolonialzeit für die später in die Unabhängigkeit entlassenen EL.

Mit der *Unabhängigkeit* legten sich die meisten EL demokratische Verfassungen zu, in denen die Grundrechte garantiert waren. Im Gegensatz zum Europa des ausgehenden 18. Jahrhunderts handelte es sich dabei aber *nicht um erstrittene* und *erkämpfte Rechte*, sondern um Normen, welche die politische und intellektuelle Elite der betroffenen EL den Metropolen der IL abgeschaut hatte. In Indien etwa, das sich eine parlamentarische Monarchie im britischen Stil zulegte, hat es keinen "Kampf von unten" für das Wahlrecht gegeben. Vielmehr hat die Demokratie dazu gedient, den *ökonomischen und sozialen Status Quo* zu erhalten.

So ist dort vor allem das *Kastensystem* - insbesondere im ländliche Raum - *erhalten* geblieben. Die meisten gesetzgeberischen Reformansätze haben es nicht geschafft, materiell die sozio-ökonomische Schichtung bzw. Stratifikation zu verändern. So bleiben etwa Initiativen zur Gleichstellung der Frauen in den Dörfern eine Ausschmückung ohne praktische Relevanz, solange diese Frauen von ihren Rechten nichts wissen bzw. nicht verstehen, um was es dabei konkret geht.

Viele unabhängig gewordene EL haben Gesetze zur *Agrar- bzw. Bodenbesitzreform* (s.u.) verabschiedet. Kaum eines hat wirklich zu einer signifikanten Veränderung der Agrarstruktur geführt. Entweder enthielt die Gesetzgebung systematische Schlupflöcher oder die Durchführung der Maßnahmen scheiterte an der Koalition zwischen der öffentlichen Verwaltung und den Landlords bzw. an den geringen angedrohten Strafen bei Nichtausführung der Reformbestimmungen.

Der Kern des hier geschilderten Problems liegt in der durch die Entlassung in die Unabhängigkeit für die Regierungen nicht gelösten *Legitimitätsfrage*: Stützen sich nämlich die Regierungen der EL auf Normen, die sich aus den "importierten Verfassungen" ableiten, so ist ihre Stellung naturgemäß schwach, denn die abstrakten Prinzipien westlicher Demokratien helfen zumeist wenig, um eine schwach integrierte ländliche Gesellschaft zusammenzuhalten.

Natürlich kann sich die Legitimation einer Regierung auch auf eine *Revolution* stützen. Erfahrungen aus afrikanischen EL zeigen allerdings, daß die mit sozialistischen Planvorstellungen erzielten ökonomischen Ergebnisse derart katastrophal ausfielen, daß sehr bald eine pragmatische Anpassung hin zu einem mehr oder weniger liberalen Marktsystem erfolgte.

Auch *Tradition* kann eine Quelle für Legitimität sein. Regierungen werden eher auf freiwillige Unterordnung stoßen, wenn sie sich auf althergebrachte - oft auch noch durch die Religion "abgesegnete" - Normen stützen. Allerdings haben die wenigsten EL nach der Unabhängigkeit patrimoniale und/oder patriarchale Herrschaftsformen angenommen. Dies hat natürlich damit zu tun, daß die Kolonialzeit zu einer *Erosion des traditionellen Wertesystems* beigetragen hat.

Da ein Staat im allgemeinen nur so stark ist, wie die *freiwillige Unterwerfung* seiner Mitbürger unter die hoheitliche Gewalt ausfällt, folgt aus dem bisher gesagten, daß der typische Staat in EL ein *schwacher Staat* ist. Die Unterwerfung der Bürger unter die Staatsgewalt ist ja nur in dem Maße freiwillig, als sie denjenigen, die an den Machthebeln sitzen, deshalb gehorchen, weil sie bei diesen die Verfolgung von *moralischen Grundsätzen* vermuten, welche sie mittragen. Fehlt jedoch dieser moralische Konsens, dann wird die Unterordnung - sofern sie überhaupt erfolgt - lediglich davon bestimmt sein, ob eine bestimmte Regierung den *eigenen* Interessen nützt oder nicht.

Diese Einsicht wird den typischen politischen Anführer in EL dazu bewegen, bestimmte Regionen/Sektoren/Personengruppen durch *Patronage* zur Unterstützung seiner Politik anzuregen. Er muß sich dabei sicher sein, daß er die für den Machterhalt *relevante Lobby* ausgewählt hat. Dadurch wird er aber noch lange nicht zu einem dauerhaften Regenten; er ist immer dann gefährdet, wenn sich die wirtschaftliche Entwicklung zuungunsten seiner Klientel wendet. Da nicht alle Interessengruppen gleichzeitig befriedigt werden können und/oder manche Führer nur geringes Geschick dabei entwickeln, ihrer Lobby geeignete Geschenke und Transfers zukommen zu lassen, sind *Zwangsherrschaft und Gewalt* die zweite wichtige Stütze unseres "Staatsmannes" aus EL.

Das politische System nimmt dann - mit den Worten von Max Weber - die Charakterzüge des *Sultanismus* an. Je geringer die konstitutionelle, die revolutionäre oder die traditionelle Legitimität in den betroffenen EL ist, desto mehr ist die Herrschaft des "starken Mannes" zu befürchten. Richard Sandbrook[57] spricht von der Herrschaft der "*personal rule*" (vgl. oben).

4.2.3 Konsequenzen des "Soft State" in Entwicklungsländern für die Entwicklungsländer

Wie wir gesehen haben, fördern die Bedingungen eines "*soft state*" das Aufkommen sogenannter "*strong men*". Diese werden alle wichtigen strategischen Positionen in Politik, Bürokratie, Polizei und Militär mit Personen besetzen, die ihnen *persönlich loyal* sind. Dies schließt Verwandte, Schulkameraden und Angehörige des eigenen "*Clans*" ein. Die vom strong man designierten

---

57   R. Sandbrook, The State and Economic Stagnation in Tropical Africa. In: World Development, Vol. 14, No. 3, 1986, S. 319-332.

Schlüsselpersonen werden selbst zu "patrons", welche materielle Vorteile und mit Prestige verbundene Stellungen an ihre eigene Klientel weiterreichen. Bedingt durch das *Legitimitätsproblem* und die Einschränkung, daß die Bevorzugung einer bestimmten Gruppe die implizite Diskriminierung anderer Gruppen nach sich zieht, muß sich der "*strong man*" auf Gewaltmittel zur Erhaltung seiner Regierung stützen. Je unsicherer ein Führer sich fühlt, desto eher wird er dazu neigen, zunächst seinen Personenschutz auszubauen, später eine Geheimpolizei aufzustellen, die mögliche Gegner und Konkurrenten aufspüren soll.

Unter *Wohlfahrtsgesichtspunkten* ist das Regime der "personal rule" äußerst kritisch zu beurteilen:

(i) Die Entscheidungen des öffentlichen Sektors werden tendenziell unter kurzfristigen Gesichtspunkten und der eigenen Klientel dienenden Zielsetzungen getroffen. Damit ist i.d.R. eine Verschwendung von Ressourcen und die Ermöglichung schneller Profite *zu Lasten produktiver Investitionen* verbunden.

(ii) Die öffentliche Verwaltung ist nach einer gewissen Zeit von "*patrons*" durchsetzt; dem Amtsmißbrauch ist Tür und Tor geöffnet, *Korruption* (s.u.) macht sich breit. Oft ist der Endzustand einer zunehmenden Korrumpierung mit dem pathologischen Befund verbunden, daß "*wrong-doing has become the norm*".

(iii) Um im obigen Sinne erfolgreich zu sein, muß der Staatsführer im Marktsystem eine für das Wachstumsziel förderliche Finanzpolitik betreiben. Mit dem Wachstum erhöht sich gleichzeitig der *Einnahmen-Spielraum des Staates*. Eine zu hohe Steuerbelastung wirkt dagegen wachstumshemmend und damit für den Staat auch einnahmeschmälernd.

Im typischen "*soft state*" der EL sind die politischen Führer häufig mit einer massiven Steuerflucht bzw. -vermeidung der Reichen konfrontiert. Da sie gleichzeitig ihre Einnahmesituation aufrechterhalten bzw. verbessern wollen, weichen sie mit der Steuerbelastung auf die mittleren und unteren Einkommensbezieher aus.

(iv) *Marketing Boards* mit einer häufig starken, monopsonistischen Stellung sind ein gutes Beispiel für die "Ausbeutung" der Kleinbauern im "soft state" der EL. Im Prinzip kaufen Marketing Boards Agrargüter zu Preisen auf, die vom Weltmarkt abgekoppelt sind. Zweck soll die Abschirmung der heimischen Bauern vor *Schwankungen der Weltmarktpreise* sein. Bei einem hohen Weltmarktpreisniveau sollen die Marketing Boards Überschüsse thesaurieren, die sie bei einem Preisverfall zur Abstützung des inländischen Preisniveaus einsetzen können. In der Wirtschaftswirklichkeit vieler EL kann man aber stattdessen beobachten, daß die Marketing Boards versuchen, das inländische Preisniveau künstlich niedrig zu halten und aus den Überschüssen das staatliche Budget mitzufinanzieren. Das niedrige inländische Preisniveau drückt aber andererseits das inländische Angebot und damit - über den Mengeneffekt - auch die möglichen Staatseinnahmen. Somit liegt ein gewisser Trade-off vor. Die Funktionsweise der Marketing Boards kann durch das folgende einfache Modell beschrieben werden:

Wir unterstellen, daß die Nachfrage nach Agrargütern auf dem Weltmarkt vollkommen elastisch ist; es ergibt sich dann der Profit des Marketing Boards - bei Vernachlässigung von Kosten - als:

(134) $P_W \cdot X - P_F \cdot X = \Pi$, wobei P_W = Weltmarktpreis

(135) $P_F = P_F(X)$ (Monopson) P_F = An Farmer gezahlter Preis

(136) $\Pi = P_W \cdot X - P_F(X) \cdot X \Rightarrow Max!$

(137) $\dfrac{\partial \Pi}{\partial X} = P_W - \left[P_F + \dfrac{dP_F}{dX} \cdot X \right] \stackrel{!}{=} 0$

(138) $\dfrac{\partial \Pi}{\partial X} = P_W - P_F \left(1 + \dfrac{1}{\eta_{P_F,X}} \right) \stackrel{!}{=} 0$

(139) $\eta_{P_F,X} = \dfrac{dX}{dP_F} \cdot \dfrac{P_F}{X}$ = Preiselastizität des Angebots

(140) $\dfrac{1}{\eta_{P_F,X}} = \dfrac{dP_F}{dX} \cdot \dfrac{X}{P_F}$

(141) $P_F = \dfrac{P_W}{\left(1 + \dfrac{1}{\eta_{P_F,X}} \right)}$

Wie Gleichung (141) zeigt, liegt für die Farmer in EL immer dann Preisdiskriminierung (im Vergleich zum Weltmarkt) vor, wenn die Preiselastizität des Angebots *nicht* unendlich ist!

(v) Eine wirksame *Einnahmen-Ausgaben-Kontrolle* in öffentlichen Unternehmen findet unter den Bedingungen der "personal rule" nicht mehr statt. Skrupellosen Angestellten gelingt es, sich Mittel zu ihrer privaten Bereicherung anzueignen, ohne i.d.R. Verfolgung befürchten zu müssen.

(vi) Der Staat ist langfristig unter den Bedingungen der "personal rule" zunehmend weniger in der Lage, die politischen, rechtlichen und ökonomischen Bedingungen für ein gesundes Wirtschaftswachstum zu garantieren. Zwar gibt es immer noch zahlreiche Gelegenheiten zu kurzfristigen Profiten, das unternehmerische Interesse wird aber von produktiven, langfristigen Investitionen abgelenkt.

(vii) Schnelle Profite werden z.B. auf Schwarzmärkten eingestrichen. Die Existenz vieler Schwarzmärkte in EL hängt direkt mit der *Bestechlichkeit* öffentlicher Bediensteter zusammen. Die Korruption betrifft ja vor allem solche Beamte, die z.B. Import-Lizenzen ausgeben, die über Devisenzuteilungen entscheiden, die die Preiskontrollen und die Einhaltung von Zollbestimmungen überwachen, u.ä.m.. Auf der anderen Seite nimmt aber mit der Größe und Ausbreitung der Untergrundwirtschaft die Stabilität der Regierung tendenziell ab: Die sogenannte "fiscal basis" geht nämlich dadurch ständig zurück.

4.2.4 Ökonomische Theorie der Korruption

4.2.4.1 Grundlagen

Mit dem Begriff der "Korruption" verbindet sich zunächst die Vorstellung der Verletzung von Normen bzw. Gesetzen (was nicht das gleiche sein muß).

Konkret soll im folgenden immer dann von Korruption gesprochen werden, wenn illegale Aktivitäten mit der expliziten Absicht geduldet werden, daraus monetäre/nicht monetäre Vorteile zu ziehen. Machen wir uns den Zusammenhang an einem Beispiel klar: Ein Zöllner, dem Schmuggel entgeht, ist nicht korrupt. Ein Zöllner, der den Schmuggel stoppen könnte, es aber nicht tut, weil er gemeinsame Sache mit den Schmugglern macht, ist korrupt.

Auch im Zusammenhang mit der Korruption (vgl. das Kapitel zum Kompensationshandel) ist es sinnvoll, zwischen *Angebot* und *Nachfrage* zu unterscheiden.

Der Nachfrager nach Bestechungsgeld *bietet* eine illegale Dienstleistung *an* - etwa das Übersehen von zollpflichtiger Ware. Ein Importeur kann entweder auf dieses Angebot nicht eingehen, und den Zoll zahlen, oder aber auf das Angebot des Zöllners eingehen. Geht der Importeur auf den Zöllner ein, so hat sich das Angebot gewissermaßen seine eigene Nachfrage geschaffen. Andererseits kann sich die Nachfrage auch ihr eigenes Angebot schaffen. Will der Importeur die Zollvermeidung durchsetzen, so bietet er dem Zöllner von sich aus ein Bestechungsgeld an. Der Zöllner kann sich natürlich gegen diesen Bestechungsversuch wehren, die Zahlung des Zolls durchsetzen und die damit verbundenen Konsequenzen in Kauf nehmen. Möglicherweise kommt der Importeur nur durch Druck und ohne Bestechung zum Ziel. Schließlich kann der Zöllner aber auch auf den Bestechungsvorschlag eingehen. In diesem Fall schafft sich gewissermaßen die Nachfrage ihr Angebot.

Ist Korruption als Verhaltensweise erst einmal in Gang gekommen, dann ist die Unterscheidung, wer wen dazu anstiftet, nicht mehr so wichtig. Der "learning-by-doing"-Effekt bei Wiederholung der Transaktionen bringt Nachfrager und Anbieter von sich aus zusammen.

Um das ökonomische Kalkül eines Bestochenen nachzuvollziehen, ist folgende Überlegung wichtig: er wird bestrebt sein, sein Gesamteinkommen aus verschiedenen Quellen zu maximieren.

Die konkrete Maximierungsaufgabe - etwa eines korrupten Zöllners - stellt sich wie folgt dar: Für sein festes Gehalt muß er - um nicht entlassen oder bestraft zu werden - ein Mindestmaß an Einsatz (gemessen in Arbeitsstunden oder in Verzollungsfällen pro Monat) leisten. Seine Gesamteinkünfte kann er nur in Abhängigkeit der Bestechungsfälle steigern bzw. maximieren. Dabei gilt die Erhaltung seines Arbeitsplatzes aber als strenge Nebenbedingung: *Ohne seinen Job fallen nämlich sowohl das Gehalt als auch die Bestechungseinkünfte weg!*

Was versetzt aber den Zöllner oder andere öffentlich Bedienstete überhaupt in den Stand, Bestechungen fordern zu können? Hier lassen sich vornehmlich 3 Bestimmungsgründe ausmachen:

(i) Der Beamte besitzt ein *natürliches Monopol (s.o.)*, wenn ein effizienter Faktoreinsatz nur einen einzelnen Bearbeiter erforderlich macht. Er kennt sich dann am besten in den gesetzlichen Bestimmungen aus, er kann leicht Verzögerungen verursachen, Vorwände vorschieben, die von den Sachunkundigen nicht unbedingt nachvollziehbar sind.

(ii) Der Beamte hat nur mit einer geringen Wahrscheinlichkeit eine wirksame Bestrafung zu befürchten, dagegen führt Pflichterfüllung nur selten zu Beförderungen. Damit eröffnen sich für die leistungsfähigen Beamten zwei

Alternativen: Entweder zu einer besser bezahlten Tätigkeit zu wechseln oder - bei gegebenem Gehalt - die abgegebene Leistung einzuschränken und das eigene Einkommen durch Bestechungsgelder aufzubessern.

(iii) Es liegt eine asymmetrische Verteilung von Informationen zwischen Vorgesetzten und Untergebenen vor; d.h., letztere besitzen i.d.R. größere Sachkenntnisse im Detail. Damit eröffnen sich den Untergebenen zahlreiche Möglichkeiten, etwa bei der technischen Charakterisierung von Gütern, welche zollpflichtig sind, zu manipulieren. Die Chancen, solche Manipulationen aufzudecken, sind für die Vorgesetzten i.A. begrenzt. Zumal dann, wenn es schwierig ist, die Untergebenen zu disziplinieren, wird die Neigung zur Tolerierung von Regelverletzungen groß sein.

Ein *weiterer wichtiger* Problemkreis betrifft die Frage, warum Korruption so häufig in Form von "joint ventures" auftritt und seltener das Produkt individueller Unternehmungen ist:

(i) Ein einzelner Beamter ist i.A. aufgrund der *Unsicherheit* in seiner Umwelt nicht in der Lage, die Gegenleistung zur Bestechung allein zu erbringen. Im Fall des Zollamtes ist z.B. klar, daß die Warenabnahme meistens mehreren Beamten überantwortet ist. Die Bestechung kann nur dann gelingen, wenn *alle* damit einverstanden sind.

(ii) Nehmen wir an, unser Importeur hätte es mit mehreren Stufen der Zollfeststellung zu tun und er wüßte, daß er mit jedem einzelnen Zollbeamten - allerdings separat - zu einem Bestechungsabkommen kommen kann, so besteht möglicherweise immer noch Unsicherheit über die Höhe der jeweils geforderten Bestechungssumme, wenn die einzelnen Bediensteten sich untereinander nicht absprechen. Möglicherweise schätzt der Importeur die Summe der Einzelzahlungen für zu hoch ein, als daß sich Bestechung für ihn noch lohnt. Schlimmstenfalls kommt so überhaupt kein "Deal" zustande. Diese Beobachtung wird die einzelnen Zollbeamten möglicherweise dazu veranlassen, dem Importeur ein "Gesamtpaket" anzubieten.

(iii) Auch die Notwendigkeit, den Deal geheim zu halten, wird tendenziell eine Kooperation herbeiführen. Für einen einzelnen Zollbeamten kann nämlich die Gefahr, von Kollegen verraten zu werden, zu groß sein.

(iv) Die Neigung, Güter zu schmuggeln, wird i.A. zunehmen, wenn nicht nur der Zoll, sondern auch die Polizei des Landesinneren bestechlich ist und den Weg der Waren ins Verkaufsnetz der Städte nicht unterbindet. Wenn allerdings auf zu vielen Stufen Beamte die Hand aufhalten, wird der Preis der Schmuggelware tendenziell steigen, bis es irgendwann nicht mehr lukrativ erscheint, zu schmuggeln.

(v) Je mehr sich Korruption ausbreitet, desto schwächer wird c.p. die Stigmatisierung der Korruption durch die Gesellschaft. Letzteres wirkt wiederum stimulierend auf die Ausbreitung der Korruption. In Abwandlung des berühmten Greshamschen Gesetzes[58] kann man sagen, daß am Markt ehrliche von korrupten Kaufleuten verdrängt werden.[59]

4.2.4.2 Eine spieltheoretische Erklärung für Korruption

Eine Unternehmung A sei Teil von N Firmen, die bei der Ausschreibung um ein Projekt konkurrieren, dessen Wert P beträgt. In einem Milieu *ohne Korruption* hat A eine Chance, den Zuschlag zu bekommen, in Höhe von:

(142) $\quad p = \dfrac{1}{N}$

Ein korrupter Staatsbeamter (S) kann nun die Wahrscheinlichkeit für A, den Zuschlag zu erhalten, erhöhen. Wenn wir seinen Einfluß durch den Parameter a ausdrücken, wobei

(143) $\quad 0 \leq a \leq 1$

dann erhöht sich durch Bestechung die Erfolgswahrscheinlichkeit von A auf

(144) $\quad p' = p + a(1 - p)$

Die Wirkung des Staatsbeamten (S) zielt darauf ab, die Wahrscheinlichkeit, daß A nicht zum Zuge kommt, zu senken unter der Annahme, daß alle übrigen Unternehmen ehrlich sind.

Ist a = 0, so ist Korruption unsinnig, da S keinen Einfluß hat, dann ist nämlich

(145) $\quad p' = p$

Hätte S allein zu entscheiden, dann wäre a = 1 und

---

58 "Gutes" Geld wird von "schlechtem" Geld als Zahlungsmittel verdrängt.
59 Vgl. Hasendra Kanti Dey, The Genesis and Spread of Economic Corruption: A Microtheoretic Interpretation. In: World Development, Vol. 17, No. 4, 1989, S. 503-511.

(146) $\quad p' = p + a - p = 1$

Auch wenn nahezu alle Konkurrenten von A korrupt sind, soll es zumindest einen geben, der es nicht ist und dessen Erfolgswahrscheinlichkeit (p'') gleichwohl größer als Null sein soll. Dies läßt sich damit begründen, daß die Angebote der Unternehmen ja nie ganz einheitlich ausfallen werden.

Zunächst fragen wir nach der Wahrscheinlichkeit dafür, daß A zum Zuge kommen wird, wenn N-2 Rivalen korrupt sind, und zwar aus der Sicht dieser Rivalen:

(147) $\quad p'_b = p + \dfrac{a(1-p)}{N-1}$

Dann muß die Erfolgswahrscheinlichkeit der ehrlichen Unternehmung,

(148) $\quad p'' = 1 - (N-1) \cdot p'_b$

$ = 1 - (N-1)\left[\dfrac{1}{N} + \dfrac{a(1 - 1/N)}{N-1}\right]$

$ = \dfrac{N - [(N-1) + a(N-1)]}{N}$

$ = \dfrac{1}{N} - \dfrac{a(N-1)}{N}$ sein.

Wenn $p'' \geq 0$ sein soll, kann a höchstens $1/N - 1$ sein, bzw.:

(149) $\quad a < \dfrac{1}{N-1}$

Beispiel: Gibt es 4 Bewerber (N = 4), kann S keinem der drei Korrupten ein höheres a als 1/3 versprechen.

Das eigentliche Problem für die Unternehmung A besteht aber nun darin, daß sie nicht *weiß*, ob ihre Konkurrenten korrupt sind oder nicht.

Die Strategie von Firma A wird es nun sein, ihre erwarteten Netto-Einkommen *(EY)* aus dem Projekt zu vergleichen, und zwar

(i) einmal, wenn sie selbst sich korrupt verhält (*Strategie 1*)

(ii) und zum anderen, wenn sie ehrlich bleibt (*Strategie 2*).

Dabei soll der Anteil korrupter Firmen X sein, demnach (1 − X) den Anteil ehrlicher Firmen wiedergeben.

Ziehen wir den Fall (ii) zuerst heran:

(150) $EY_{ii} = p'' \cdot X \cdot P + p(1-X)P - d$

wobei d die *Kosten des Verzuges für Formalitäten* darstellen, die einem ehrlichen aber erfolgreichen Unternehmen entstehen.

Im Fall (i) ist dagegen

(151) $EY_i = p'(1-X)P + p \cdot X \cdot P - p_F F - c$

Dabei sind *c die Bestechungskosten, F sind Sanktionskosten* aufgrund von aufgedeckter Korruption, die mit der *Wahrscheinlichkeit p_F* anfallen werden. Setzt man F proportional zu P, so erhält man:

(152) $F = v \cdot P$

Für das Produkt $p_F \cdot F$ kann man nun auch schreiben:

(153) $p_F \cdot F = p_{1F} X \cdot \underbrace{v \cdot P}_{F} + p_{2F}(1-X)\underbrace{v \cdot P}_{F}$

wobei p_{1F} die Wahrscheinlichkeit dafür ist, bestraft zu werden, wenn auch alle anderen Konkurrenten bestochen haben, während p_{2F} die Wahrscheinlichkeit dafür ist, bestraft zu werden, wenn die übrigen Konkurrenten unschuldig sind.

Einsetzen ergibt:

(154) $EY_i = (p' - \hat{p_{2F}})P(1-X) + (p' - \hat{p_{1F}})P \cdot X - c$

für

(155) $\hat{p_{iF}} = v\, p_{iF}$

Setzt man außerdem:

(156) $Y_i' = EY_i + c$ sowie

(157) $Y_{ii}' = EY_{ii} + d$ und soll vereinfachend gelten:

$$\boxed{c = d}\,,$$

dann ergibt sich folgende Matrizengleichung:

(158) $\hat{Y}_{1\times 2} = \hat{X}_{1\times 2} \; A_{2\times 2}$, da

(159) $\hat{Y} = [Y'_i, Y''_{ii}]_{1\times 2}$

und

(160) $\hat{X} = [X, (1-X)]_{1\times 2}$ sowie

(161) $A = \begin{bmatrix} (p - \hat{p}_{1F})P & p'' \cdot P \\ (p' - \hat{p}_{2F})P & p \cdot P \end{bmatrix}_{2\times 2}$

Folgende Beispielswerte sind gegeben:

$N = 6$ \qquad $X = 2/5$

$P = 10$ \qquad $(1 - X) = 3/5$

$a = 1/10$

$\hat{p}_{1F} = 1/20$

$\hat{p}_{2F} = 1/20$

Daraus ergibt sich: $p = \dfrac{1}{6}$

$p' = \dfrac{1}{4}$

$p'' = \dfrac{5}{60}$

Demnach ist

(162) $A = \begin{pmatrix} \left(\dfrac{1}{6} - \dfrac{1}{20}\right) \cdot 10 & \dfrac{5}{60} \cdot 10 \\ \left(\dfrac{1}{4} - \dfrac{1}{20}\right) \cdot 10 & \dfrac{1}{6} \cdot 10 \end{pmatrix}$

$$A = \begin{pmatrix} 1\frac{1}{6} & \frac{5}{6} \\ 2 & 1\frac{2}{3} \end{pmatrix}$$

Dann ist

(163) $Y'_i = 2 \cdot \dfrac{\overset{1-X}{3}}{5} + 1\dfrac{1}{6} \cdot \dfrac{\overset{X}{2}}{5}$

$= \dfrac{5}{6} \cdot \dfrac{7}{6} \cdot \dfrac{2}{5}$

$= \dfrac{36}{30} + \dfrac{14}{30} = \dfrac{50}{30} = \dfrac{5}{3} = 1\dfrac{2}{3}$

(164) $Y''_{ii} = \dfrac{5}{6} \cdot \dfrac{2}{5} + \dfrac{5}{3} \cdot \dfrac{3}{5}$

$= \dfrac{10}{30} + \dfrac{15}{15} = \dfrac{40}{30} = 1\dfrac{1}{3}$

Im Vergleich der Strategien 1 und 2, ist es für A vorteilhaft, korrupt zu sein, da nämlich

$1\dfrac{2}{3} > 1\dfrac{1}{3}$.

Also ist *Strategie 1* vergleichsweise optimal.

Es läßt sich nun zeigen, daß auch ein höherer Anteil von korrupten Konkurrenten (3/5 statt 2/5) für A zum gleichen Ergebnis führt. In diesem Fall ist nämlich:

$Y'_i = 1\dfrac{1}{2}$ und

$Y''_{ii} = 1\dfrac{1}{6}$

Natürlich hängt das erzielte Ergebnis vor allem von F und p_F bzw. von beiden ab. Bei einem höheren p_F kann es zu einem sogenannten "cross-over-point" kommen, dergestalt, daß nicht-korrupte Strategien vorteilhafter werden.

Der Effekt von *Strafen für den Bestochenen* ist bisher nicht berücksichtigt worden. Das Nettobestechungseinkommen (U_0) setzt sich aus der Anzahl der korrupten Rivalen (R), multipliziert mit c, zusammen; davon ist der mit der Eintrittswahrscheinlichkeit gewichtete Strafbetrag abzuziehen ($p_{0F} \cdot F_0$).

Man kann nun annehmen, daß der korrupte Beamte nur dann bereit ist, sich bestechen zu lassen, solange $U_0 \geq 0$ bleibt. Macrae[60] spricht in diesem Zusammenhang vom "official's security level". Dabei ist zu berücksichtigen, daß p_{0F} mit steigendem R mit Wahrscheinlichkeit zunimmt.

Eine weitere Möglichkeit - neben der Erhöhung von F/p_F -, um die Attraktivität von Korruption herabzusetzen, besteht darin, die Anzahl (N) der Bewerber zu erhöhen. Denn damit wird die Prämie (π), welche ein korrupter Beamter einem potentiellen Bestecher anbieten kann, reduziert:

(165) $\pi = p' - p$

$= p + a(1-p) - p$

$= a(1-p)$

$= a\underbrace{(1 - 1/N)}$

Wahrscheinlichkeit, das Projekt nicht zu bekommen, nimmt mit größerem N zu.

4.2.4.3 Empirische Bestimmungsgründe der Korruption

Bislang gibt es - der Natur des "Sujets" entsprechend - nur wenige empirische Untersuchungen zum Korruptionsphänomen. Eine bemerkenswerte Untersuchung liegt von Goel und Rich (1989) vor. Ihnen standen Daten auf Bundes -, Länder- und kommunaler Ebene in den USA zur Verfügung (1970-1983).

Der Anteil der wegen Bestechlichkeit verurteilten Staatsbediensteten wurde als Proxy für die Neigung, sich bestechen zu lassen, interpretiert (CONV).

Die subjektive Wahrscheinlichkeit, erwischt zu werden, wurde angenähert durch die realen Polizeiausgaben pro Kopf der Staatsbediensteten (PEXP).

Die Wahrscheinlichkeit, nach der Verhaftung auch verurteilt zu werden, ergab

---

[60] John Macrae, Underdevelopment and the Economics of Corruption: A Game Theoretic Approach, in: World Development, Vol. 10, Nr. 8, 1982, S. 677-687.

sich aus der Relation von Verurteilungen zu Anklagen in einem Jahr (JUDGE). Mit einer steigenden Verurteilungswahrscheinlichkeit sollte i.d.R. die Neigung zur Bestechlichkeit abnehmen.

Je strenger die Bestrafung, desto geringer ebenfalls die Bestechlichkeitsneigung. In der Untersuchung von Goel und Rich wurde die Durchschnittsgefängnisdauer für Veruntreuungsdelikte (TERM) als Proxy gewählt.

Ein weiterer Bestimmungsgrund war das relative Einkommen der Staatsdiener im Verhältnis zu alternativen Verdienstmöglichkeiten im privaten Sektor (RELINC).

Implizite Kosten bei privater Beschäftigung wurden durch die gesamtwirtschaftliche Arbeitslosenrate ausgedrückt (UR).

Weiterhin wurde davon ausgegangen, daß Demonstrationseffekte im Konsum auftreten und für das Vorkommen von Korruption wichtig sind. Je größer die jährlichen Ausgaben für Werbung und Anzeigen (ADVLR), desto eher sollte sich die Bestechlichkeit tendenziell erhöhen.

Damit erhielten die Autoren folgende Regressionsgleichung:

(166)   CONV = f (JUDGE, TERM, PEXP, RELINC, UR, ADVLR)

Bei den Schätzungen für den oben genannten Zeitraum in den USA stellten sich folgende Ergebnisse ein:

Insbesondere die Variablen JUDGE und TERM erwiesen sich als hoch-signifikant. Die "Polizeivariable", PEXP, zeigte sich als unbedeutend; auch RELINC und UR hatten die erwarteten Vorzeichen: Je höher die alternativen Verdienstmöglichkeiten im privaten Sektor, desto größer auch die Neigung, sich als Staatsdiener bestechen zu lassen. Je höher dagegen UR, desto geringer wurden die Opportunitätskosten einer Stellung im Staatsapparat empfunden. Auch die Variable ADVLR erwies sich - bei richtigem Vorzeichen - als hochsignifikant.

4.2.4.4 Auswirkungen der Korruption

Was einigermaßen verwundert, ist die Tatsache, daß die moderne Entwicklungstheorie kaum zu den Allokationswirkungen der Korruption in EL Stellung nimmt. Einige unstrittige Beobachtungen sollen hier angeführt werden:

Korruption wirkt analog zu einem überbewerteten Wechselkurs oder zu einer Steuer an der Grenze: Sie erhöht c.p. allgemein die Marktzugangskosten.

Korruption erhöht z.b. die effektiven Zinssätze gegenüber den nominellen Zinssätzen, wenn nur eine Bestechung des Bankbeamten den Abschluß eines Kreditgeschäftes garantiert. Damit wird andererseits tendenziell die Zinsdifferenz zwischen formellem und informellem Kreditmarkt verkleinert und die implizite Subventionierung des Faktors Kapital - als Teil einer häufig unzureichenden Entwicklungsstrategie - herabgesetzt.

Korruption kann verheerende Auswirkungen auf die Qualifikationsstruktur der Arbeit haben. Macht nämlich Bestechung auch vor der Universität nicht halt, werden weniger Leistungen als vielmehr hohe Bestechungssummen über die Qualität der Zeugnisse entscheiden. Damit wird dem Peter-Prinzip Vorschub geleistet und Ineffizienz verbreitet.

Weiterhin kann Korruption den Faktor Arbeit im Vergleich zum Faktor Kapital diskriminieren. Empirische Untersuchungen zeigen, daß für korrupte Manager das Risiko steigt., bzw. von ihnen als desto höher empfunden wird, je größer die Anzahl der (Bestechungs-)Transaktionen, und je größer die Anzahl der involvierten Mitarbeiter. Daher geht von der Korruption ein indirekter Anreiz zugunsten einer *höheren Kapitalintensität* der Produktion aus.

Bestechungsgelder reduzieren den Nettoprofit der Unternehmung, die bei einer Ausschreibung zum Zuge kommt. Der korrupte Beamte erhält u.U. auch von nicht erfolgreichen Rivalen Transfers (s.o.). Die Sparneigung aus diesen Beträgen dürfte beim korrupten Beamten niedriger sein als bei den Unternehmen, die diese Mittel prinzipiell für Investitionen zur Verfügung gehabt hätten. Insoweit bringt Korruption Wachstumsverluste mit sich. Werden die Bestechungsgelder vor allem für den Erwerb ausländischer Luxusgüter verwendet, ergeben sich tendenziell *negative Zahlungsbilanzeffekte* und nur geringe *Einkommens-/Beschäftigungseffekte* im Inland.

Schließlich ist der negative Realeinkommenseffekt zu berücksichtigen, wenn die Preise für Güter und Dienstleistungen jeweils einen Aufschlag für Bestechungsgelder enthalten. Von diesem Preiseffekt sind Arme *und* Reiche betroffen, nur können ihn die Reichen leichter verschmerzen. Insofern wirkt sich Korruption auch negativ auf die personelle *Einkommensverteilung* aus.

Wie Alam (1990) ausführt, wurde die Existenz von Korruption aus wohlfahrtsökonomischen Gründen (etwa von Leff) lange Zeit gerechtfertigt, weil angeblich die allokative Effizienz bürokratischer Entscheidungen damit erhöht werden könne. So führte Leff (1964) aus:

"Entrepreneurs bid against each other in what amounts to a clandestine and imperfect auction. With competition forcing prices up, the favors will tend to be allocated to those who can pay the highest prices. In the long run, the favors will go to the most efficient producers, for they will be able to make the highest bids compatible with remaining in industry" (S. 13).

Mehrere Gründe sprechen gegen die Argumentation von Leff:

(i) ethisch orientierte Wirtschaftssubjekte unter den effizienten Produzenten halten sich möglicherweise bewußt von den "Auktionen" fern;

(ii) Auktionsverhältnisse setzen einen ungehinderten Informationsfluß und freien Eintritt voraus. Mit beidem ist aber bei den bekannten Risiken im Zusammenhang mit Bestechung nicht zu rechnen.

Nach Auffassung von Alam ist vielmehr davon auszugehen, daß Korruption zusätzliche X-Ineffizienzen in der Wirtschaft verursacht und demzufolge zu *Wohlfahrtseinbußen* führt. Dies läßt sich am Beispiel von Abbildung II.4.1 leicht demonstrieren: Gegeben sei ein staatliches Automobilwerk, dessen Manager gehalten sind, nach der Regel Durchschnittskosten (AC) = Preis ($O\overline{P}$) zu kalkulieren. Danach würde sich der Output bei $O\overline{Q}$ einstellen. Wenn DD' die Nachfragekurve darstellt, könnten sich die Manager durch eine Auktion illegale Einnahmen in Höhe von $P^*\overline{P}O\overline{Q}$ verschaffen.

Abb. II.4.1:

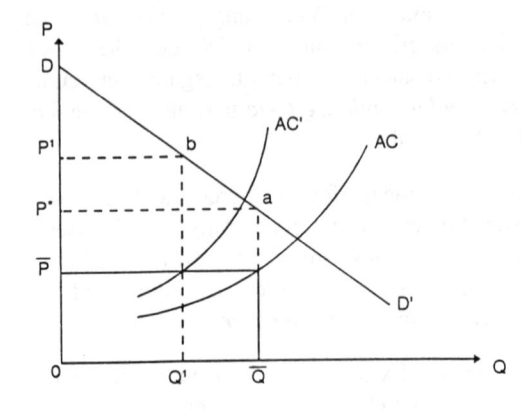

Quelle: Alam (1991)

Die Manager werden allerdings schnell realisieren, daß sie diese Nebeneinkünfte noch steigern können (bei "normalen" Elastizitätsverhältnissen), wenn sie die Ausbringung einschränken. Hierzu reicht es aus, daß sie ihren "Managereinsatz" reduzieren bzw. die X-Ineffizienz erhöhen, so daß AC nach AC' verlagert wird. Der Output fällt nun auf OQ^1 herab, während die illegalen Nebeneinnahmen, $\overline{P}P^1OQ^1$, die ursprünglichen Bestechungsgelder, $P^*\overline{P}O\overline{Q}$, übertreffen.

Literaturhinweise zu diesem Kapitel:

Alam, M.S., Some Economic Costs of Corruption in LDC's, in: The Journal of Development Studies, Vol. 27, Nr. 1, 1990, S. 89-97.

Dey, H.K., The Genesis and Spread of Economic Corruption: A Microtheoretic Interpretation, in: World Development, Vol. 17, Nr. 4, 1989, S. 503-511.

Goel, R.K./Rich, D.P., On the Economics for Taking Bribes, in: Public Choice, Vol. 61, 1989, S. 269-275.

Leff, N.H., Economic Development through Bureaucratic Corruption, in: American Behavioral Scientist, Vol. 8, Nr. 3, 1964, S. 8-14.

Macrae, J., Underdevelopment and the Economics of Corruption: A Game Theoretic Approach, in: World Development, Vol. 10, Nr. 8, 1982, S. 677-687.

Myrdal, G., The `Soft State` in Underdeveloped Countries, in: P. Streeten (Hrsg.), Unfashionable Economics, Essays in Honour of Lord Balogh, London 1970, S. 227-243.

Sandbrook, R., The State and Economic Stagnation in Tropical Africa, in: World Development, Vol. 14, Nr. 3, 1986, S. 319-322.

4.3 wegen Inkonsistenz der Wirtschaftsverfassung

4.3.1 Zum Begriff der Wirtschaftsverfassung

Die Wirtschaftsverfassung eines Landes legt nach Tuchtfeldt[61] alle rechtlichen und organisatorischen Normen fest, welche die langfristigen Rahmenbedin-

---

[61] E. Tuchtfeldt, Das Instrumentarium der Wirtschaftspolitik. Ein Beitrag zu seiner Systematisierung. In: Gérard Gäfgen (Hrsg.), Grundlagen der Wirtschaftspolitik, Köln & Berlin 1970, 3. Auflage, S. 260-273.

gungen für den Wirtschaftsprozeß schaffen. Die Wirtschaftsverfassung ist praktisch das wirtschaftliche Gegenstück zur Staatsverfassung.

Die Wirtschaftsverfassung läßt sich in die Mikroverfassung (i) und in die Makroverfassung (ii) unterteilen:

(i) Handelt es sich um die wirtschaftlichen Rahmenbedingungen für die Produktion, so spricht man von der *Produktionsverfassung*. Zur Produktionsverfassung gehören *Zulassungsregelungen* aller Art (Befähigungsnachweise, Bedürfnisprüfungen, numerus clausus), ferner gesetzliche Vorschriften, die bei der Beschaffung von Produktionsfaktoren zu beachten sind (Arbeitsrecht, Betriebsverfassungsrecht etc.) sowie Normen, denen die Produktion selbst unterworfen ist (gesundheits-, baupolizeiliche Maßnahmen etc.).

Die Instrumente der *Marktverfassung* sollen entweder die *Markttransparenz* verbessern, um dadurch den Wettbewerb zu fördern (Preisauszeichnungspflicht, Börsen-, Markt- und Messewesen) oder die Anbieter vor *ruinöser Konkurrenz* untereinander schützen (Gesetzgebung gegen unlauteren Wettbewerb etc.) oder die Nachfrager gegen wirtschaftliche *Machtstellungen der Anbieter* (Gesetze gegen Kartellbildung etc.) bewahren.

(ii) Die *Geldverfassung* definiert das Währungssystem und seinen räumlichen Geltungsbereich sowie den organisatorischen Aufbau der Notenbank.

Die *Finanzverfassung* regelt den Aufbau des Steuersystems, die Einteilung der Steuerklassen, die Festlegung der Steuertermine, den horizontalen/vertikalen Finanzausgleich, nicht aber die Steuersätze selbst, da es sich hier um Eingriffe in den Wirtschaftsablauf, also um ablaufpolitische Entscheidungen handelt.

4.3.2 Inkonsistente Wirtschaftsverfassungen in Entwicklungsländern am Beispiel von Geld- und Marktverfassung

In den meisten EL ist die Autonomie der Notenbanken eingeschränkt: Die Geldverfassungen enthüllen den direkten Einfluß des Staates auf die Höhe des Zentralbankgeldes. Bei entsprechenden Reformen der Geldverfassungen würde der Handlungsspielraum der Notenbanken jedoch nur dann zunehmen, wenn von der Exogenität der Kreditvergabe an Geschäftsbanken ausgegangen werden kann. Nun läßt sich andererseits zeigen, daß diese Exogenität immer dann gefährdet ist, wenn die Marktverfassungen bzw. die Marktordnungspolitik nicht für intensiven Wettbewerb sorgen.

Dieser Zussamenhang soll am Beispiel der in Lateinamerika beobachteten *Gewinnmargeninflation*[62] aufgezeigt werden.

Die Gewinnmargeninflation entspricht der Vorstellung *oligopolistisch strukturierter* Märkte, bei denen marktbeherrschende Unternehmen nach einer höheren, mindestens aber nach einer Konstanz ihrer Profitrate (G/K) streben.

Sinken im *Konjunkturabschwung* die Verkäufe (V), ist eine Stabilisierung der Profitrate durch eine Ausdehnung der Profitmarge (G/V) möglich:

(167) $\left(\overline{\dfrac{G}{K}}\right) = \left(\dfrac{G}{V}\right)\uparrow \cdot \left(\dfrac{V}{K}\right)\downarrow$

Sobald die Gewinnmargen einmal erhöht wurden, wird die Tendenz bestehen - sofern dies am Markt durchsetzbar ist - sie nicht wieder zurückzunehmen.

Auf polypolistischen Märkten wird dagegen im *Aufschwung* die Tendenz bestehen, die Gewinnmargen auszudehnen und sie im Abschwung zu reduzieren. Auf oligopolistischen Märkten besteht dagegen im Abschwung die umgekehrte Tendenz, während dort im Aufschwung die Gewinnmargen häufig konstant bleiben.

Entscheidend für die Stabilisierung der Profitrate ist die Fähigkeit der Unternehmer, Kostensteigerungen - im Sinne einer Aufschlagskalkulation - automatisch auf ihre Preise zu überwälzen.

Dies ist immer dann möglich, wenn die Geschäftsbanken und die Notenbank die Preiserhöhungen durch Ausweitung der Geldmenge akkomodieren, um nicht einen Rückgang des Sozialprodukts in Kauf zu nehmen.

Dies läßt sich nachvollziehen, wenn man die Fisher'sche Verkehrsgleichung von rechts nach links - in Änderungsraten ausgedrückt - liest:

(168) $\hat{m} + \hat{v} = \hat{y} + \hat{p}$

(169) $\hat{y} = \hat{m} - \hat{p}$ für $\hat{v} = 0$ bzw.

(170) $\hat{y} = (\hat{m} + \hat{v}) - \hat{p}$

Wie Gleichung (169) zeigt, muß das reale Sozialprodukt sinken, wenn die

---

[62] Diese kann als Teil der Beharrungsinflation aufgefaßt werden. Vgl. Sell 1990.

reale Geldmenge abnimmt. Das Bankensystem schafft sich daher möglichst immer jene (nominale) Geldversorgung, die das verhindert.

Der Druck auf die Notenbank, die Geldmenge zu akkomodieren, kommt einzelwirtschaftlich gesehen von Unternehmen, die - in Erwartung einer weiterhin hohen Inflationsrate - entsprechende Lohnerhöhungen zugestanden haben und die sich, sofern sie keinen Zugang zu Krediten erhalten, um diese Ausgabensteigerungen zu finanzieren, der Gefahr eines Bankrotts ausgesetzt sehen.

Literaturhinweise zu diesem Kapitel:

Sell, F.L., Beharrungsinflation und "heterodoxe" Stabilisierungspolitik: Erfahrungen aus Argentinien, Brasilien und Israel, in: Kredit und Kapital, 23. Jahrgang, Heft 1/1990, S. 60-85.

Tuchtfeldt, E., Das Instrumentarium der Wirtschaftspolitik. Ein Beitrag zu seiner Systematik, in: G. Gäfgen (Hrsg.), Grundlagen der Wirtschaftspolitik, Köln & Berlin, 3. Auflage, 1970, S. 260-273.

4.4 wegen fehlenden Zugangs zu Produktionsfaktoren bzw. Eigentumsrechten

4.4.1 Zur Definition von Eigentumsrechten

Nach Clive Bell (1990, S. 144 f.) regeln Eigentumsrechte im wesentlichen die folgenden drei Fragenkomplexe:

(i) *Exklusivität*: Wer darf über ein "asset" verfügen und welchen Anteil des Ertrags darf er/sie beanspruchen?

(ii) *Transferabilität*: Können Nutzung und Ansprüche (dauerhaft/temporär) auf einen Dritten übertragen werden?

(iii) *Veräußerlichkeit*: Gibt es - sofern Transfers grundsätzlich erlaubt sind - Einschränkungen gegenüber wem bzw. wie diese vorgenommen werden dürfen?

Es gibt sowohl individuelle als auch kollektive Eigentumsrechte, diese stellen gewissermaßen die "Polarformen" dar. Die Wirtschaftswirklichkeit ist voll von "Mischformen" (intermediate forms, ebenda, S. 165). Erfahrungen aus Afrika belegen, daß Bevölkerungsdruck (s.u.) und Kommerzialisierung bzw. Monetarisierung (s.o.) tendenziell die Herausbildung von individuellen Eigentumsrechten fördern.

4.4.2 Eigentumsrechte und Wirtschaftswachstum

Hernando de Soto führt am Beispiel Perus anschaulich vor Augen, wie wichtig Eigentumsrechte für die wirtschaftliche Entwicklung sind: "Nur die erfolgreichsten ... Unternehmer haben genügend Dynamik, um in Maschinen und Gebäude zu investieren, ihre Märkte zu erweitern und wettbewerbsfähiger zu werden" (1992, S. 43). Voraussetzung für ihren Erfolg war und ist, daß sie formal abgesicherte Eigentumsrechte an Land, Gebäuden, Maschinen oder sonst einem Gut erwerben konnten. "Damit konnten sie Kredit für Investitionen zu bauüblichen Bedingungen erhalten, waren doch die Eigentumstitel als Pfandwerte oder Hypotheken rechtsgültig. Dies ist keine Selbstverständlichkeit. In Peru sind 70% des urbanen und 90% des ruralen Besitzes ohne Titel, und in den meisten EL sind über zwei Drittel des Landes und der Gebäude ohne Eigentumstitel. Investitionen werden so praktisch verunmöglicht. Wir schätzen für Peru, daß deshalb jährlich mindestens 1% reales Wachstum des Bruttosozialprodukts nicht realisiert wird. Wenig spricht dagegen, diese konservative Annahme auf ganz Lateinamerika auszudehnen" (ebenda).

Eigentumsrechte schaffen, das wird an de Sotos Beispiel auch deutlich, die Voraussetzungen dafür, daß in Kreditgeschäften Sicherheiten gestellt werden können. Damit ist eine wesentliche Vorbedingung geschaffen, um die beträchtliche Risikokomponente in den Ausleihzinsen (insbesondere der informellen) zu senken und Kapitalkosten einzusparen. Die frei gewordenen Mittel werden somit für bessere Verwendungen und damit für das Wirtschaftswachstum verfügbar.

4.4.3 Eigentumsrechte und Einkommens- bzw. Vermögensverteilung

Es wird die These vertreten, daß der Markt für Boden - dort, wo es ihn gibt - einen Mechanismus anbietet, um Eigentumsrechte an Boden umzuverteilen. Demnach müßten diejenigen, die über mehr Boden verfügen möchten, sich diesen zum herrschenden Marktpreis von denen, die verkaufen möchten, besorgen. Die armen Bauern zumal sind u.U. besonders hartnäckige Nachfrager, da sie über den Vorteil billiger Familienarbeitskräfte verfügen.

Diese These läßt sich aus mehreren Gesichtspunkten heraus angreifen: Zunächst einmal werden die armen Kleinbauern zum Bodenkauf unfähig sein, solange die Kapitalmärkte nur unzureichend funktionieren. Davon ist aber in den meisten EL auszugehen (s.o.). Selbst wenn aber der Kapitalmarkt die erforderlichen Mittel bereitstellen würde, gäbe es doch folgendes zu beachten:

der Preis für Boden würde sehr wahrscheinlich steigen (insbesondere dann, wenn alle Nachfrager zum Zuge kommen) und dieser Effekt würde damit den ursprünglichen Bodeneigentümern zu gute kommen. Wenn aber das eigentliche Ziel darin besteht, den armen Bauern Wohlfahrtverbesserungen zuteil werden zu lassen, so müßten diese Boden zu Vorzugsbedingungen erwerben können. Dies impliziert aber, daß eine andere Gruppe in der Gesellschaft Wohlfahrtseinbußen erleidet. Diese Gruppe wird sich sehr wahrscheinlich mit Macht gegen ein solches Arrangement stemmen.

Es gibt noch weitere Faktoren, die zu berücksichtigen sind: Städtische Unternehmer und organisierte Arbeitnehmer haben ein gemeinsames Interesse an billiger und gesicherter Zufuhr an Nahrungsmitteln und Rohmaterialien. Ebenso geht es der Regierung, deren Überleben vor allem in den Händen der urbanen Bevölkerung liegt. Da aber gewöhnlich der vermarktbare Überschuß (s.u.) pro Hektar auf größeren Farmen höher ausfällt als auf kleineren Farmen, profitieren die genannten Interessengruppen auf die eine oder andere Art von einer ungleichen Verteilung des Bodenbesitzes (Bell 1990, S. 156).

Binswanger und Elgin (1988) führen an, daß der Bodenpreis in EL eine Prämie enthalten wird, welche die erwarteten Kapitalgewinne und die Nützlichkeit von Boden als Sicherheit (wenn der Zugang zum Kapitalmarkt ohne Sicherheiten besonders schwierig ist) reflektiert. Die erwarteten Kapitalgewinne aus Bodenbesitz werden andererseits - aus der Sicht der wohlhabenden Großgrundbesitzer - durch selektive Subventionen und Steuerbefreiungen positiv beeinflußt. Folglich sollte jedem Umverteilungsprogramm im ländlichen Raum tunlichst ein rigoroser Abbau von impliziten Vergünstigungen vorausgehen: Der Bodenpreis selbst würde davon (nach unten) beeinflußt werden und die Abwicklung der Refom über Märkte erleichtern.

Literaturhinweise zu diesem Kapitel:

Bell, C., Reforming Property Rights in Land and Tenancy, in: The World Bank Research Observer, Vol. 5, No. 2, 1990, S. 143-166.

Binswanger, H./Elgin, M., What are the Prospects of Land Reform? In: A. Maunder (Ed.), Agriculture and Governments in an Interdependent World, Dartmouth 1989, S. 739-752.

De Soto, H., Neue Spielregeln für die Entwicklung. Eine liberale Ordnung als Ausweg aus der Armutskrise, in: Neue Zürcher Zeitung, Nr. 96/1992, S. 43-44.

4.5 wegen nur ungenügend ausgebildeter Informationssysteme

4.5.1 Information als entwicklungsrelevantes knappes Gut

Folgt man Bardhan (1989), so steht im Zentrum der Entwicklungsländerforschung ("development economics") die Beschäftigung mit unvollständigen Märkten und Marktversagen. Diese Mängel sind seiner Ansicht nach aber wiederum "often the result of the substantive presence of transaction costs and *information problems*" (S. 1389, Hervorhebung durch den Verfasser). An Informationen fehlt es insbesondere über Märkte, über Preise von Gütern und Produktionsfaktoren, über Mitstreiter, steuerliche Bestimmungen und einiges mehr (de Soto 1992, S. 43). Die meisten EL haben eng begrenzte und kontrollierte Informationssysteme, zu denen der Zutritt schwierig, teuer und manchmal unmöglich ist. Gelegentlich bedarf es außergewöhnlicher Talente und großer Hartnäckigkeit, um zu jenen 5-10% der Gesellschaft zu gehören, die genügend wissen, um frühzeitig stark genug reagieren zu können (ebenda). Es fehlt bisweilen nicht an gezielter Informationsunterdrückung. Ein solches Phänomen ist natürlich längst kein ausschließlich ökonomisches mehr, sondern hat deutlich auch politischen Charakter. Nicht zuletzt durch F.A. v. Hayek wissen wir aber, daß Markt und Demokratie zusammengehören, beide basieren auf Eigentumsrechten (s.o.) und transparenten Informationen (ebenda).

Die Bedeutung der Information als knappes ökonomisches Gut ist gerade in den letzten Jahren besonders durch die Transaktionskostenschule herausgearbeitet worden. Demnach verursachen Informationsmängel - neben Verhandlungs-, Koordinations-, Überwachungs- und Vertragsdurchsetzungs- sogenannte Transaktionskosten. Die Bereitstellung von Informationen - eigentlich eine Binsenweisheit - nimmt Ressourcen in Anspruch und ist demnach kein "free lunch". Dabei kann man unterscheiden, ob es sich um die eigentliche *Produktion* von Informationen, ob es sich um die *Vervielfältigung*, um die *Speicherung*, die *Distribution* oder schließlich um die *Übermittlung* von Informationen handelt.

4.5.2 Ökonomische Konsequenzen informationsbedingter Transaktionskosten

Das Coase-Theorem besagt bekanntlich, daß die Ausgangsverteilung von Eigentumsrechten für das Finden einer effizienten Verteilunglösung dann unmaßgeblich ist, "wenn Transaktionskosten nicht entstehen oder unerheblich sind" (Schneider/Backhaus 1980, S. 182) bzw., "daß bei kostenlosen Transaktionen Änderungen in der Rechtsordnung die Faktorallokation nicht verändern" (ebenda).

Im historischen Entwicklungprozess (auch der heutigen IL) gibt es einen Trade-off zwischen niedrigen Transaktionskosten auf der einen und Skalenerträgen bzw. Spezialisierungsvorteilen auf der anderen Seite: In einer kleinen dörflichen Gemeinschaft sind die Informationskosten (da jeder jeden kennt) niedrig, dafür sind aber die Produktionskosten hoch, da Arbeitsteilung und Spezialisierung durch die Marktenge begrenzt werden (Bardhan 1989, S. 1389). In einer weitmaschigen, pluralistischen Gesellschaft wird der ökonomische (Aus-)Tauschprozeß zunehmend entpersönlicht, informationsbedingte Irrtümer erhalten Gewicht und werden durch strategisches Verhalten (wie etwa cheating) verstärkt, während Skalenerträge und Spezialisierung in der Produktion nicht gekannte Ausmaße erreichen. Interessant ist es aber, nun zu beobachten, wie sich komplexe institutionelle Strukturen herausbilden "to constrain the participants, to reduce the uncertainty of social interactions, in general to prevent the transactions from being too costly and thus to allow the productivity gains of larger scale and improved technology to be realized" (ebenda).

Daß sich in EL Institutionen herausbilden, die teilweise als (unvollständige) Substitute für fehlende Kredit-, Versicherungs- und Terminmärkte funktionieren, gilt in der Agrarökonomie inzwischen als akzeptiert. Als beredtes Beispiel kann hier etwa die Teilpacht angeführt werden oder die breite Palette der "interlinked transactions" (s.o.): "under a set of informational constraints and missing markets, a given agrarian institution...may be serving a real economic function" (ebenda, S. 1390). Gleichzeitig darf nicht übersehen werden, daß der Informationsvorsprung der Landlords im Rahmen der "verketteten Transaktionen" ihnen z.T. monopolistische Positionen verschafft und Dritte (als mögliche Marktpartner der Pächter) fernhält (ebenda, S. 1391).

Literaturhinweise zu diesem Kapitel:

Bardhan, P., The New Institutional Economics and Development Theory: A Brief Critical Assessment, in: World Development, Vol. 17, No.9, 1989, S. 1389-1395.

De Soto, H., Neue Spielregeln für die Entwicklung. Eine liberale Ordnung als Ausweg aus der Armutskrise, in: Neue Zürcher Zeitung, Nr. 96, 1992, S. 43.

Schneider, F./Backhaus, J., Das Coase Theorem, in: WiSt, Heft 4/1980, S. 182-184.

5. Gesundheit, Ernährung und generatives Verhalten[63]

5.1 Ursachen und Konsequenzen einer hohen Kindersterblichkeit und einer geringen Lebenserwartung

5.1.1 Morbidität und Mortalität in Entwicklungsländern

Unter *Morbidität* versteht man den Krankheitszustand bzw. die Anfälligkeit für Krankheiten. Morbiditätsziffern sind entsprechend Maßzahlen über die Häufigkeit von Krankheiten. *Mortalität* gibt dagegen die Lebenserwartung bzw. die Anfälligkeit einer Population für Sterbefälle wieder. Sterberaten - als typische Mortalitätsziffern - registrieren die Anzahl der Sterbefälle pro 1000 Einwohner und Jahr.

In vielen EL, und zwar vorwiegend in denen mit niedrigem PKE, beträgt die Lebenserwartung bei der Geburt weniger als 60 Jahre. Diese niedrige Lebenserwartung ist hauptsächlich der hohen Säuglings- und Kindersterblichkeit zuzuschreiben. Wenn ein Kind das fünfte Lebensjar einmal erreicht hat, dann liegt seine Lebenserwartung allerdings nur noch um 6-8 Jahre unter der seiner Altersgenossen in IL. Dabei wird es in seinem weiteren Leben noch sehr häufig unter Krankheiten zu leiden haben: Die Weltbank schätzte vor wenigen Jahren, daß die Bewohner von EL im Durchschnitt 10% ihrer Lebenszeit nicht ihren gewöhnlichen Tätigkeiten nachgehen können, weil sie ernsthaft erkrankt sind.

Hinzu kommen chronische Krankheiten, die vor allem die Arbeitsproduktivität und/oder den Lernerfolg in der Schule beeinträchtigen. In sehr vielen ländlichen Gebieten der EL ist es schwierig, überhaupt jemanden zu finden, der nach westlichen Maßstäben als gesund gelten würde.

So düster dieses Bild auch ist, so erfuhren die EL in den letzten 30 Jahren doch wesentliche Verbesserungen in ihren Morbiditäts- und Mortalitätsverhältnissen. Dies zeigt auch <u>Tabelle II.5.1</u> von *Behrman* und *Deolalikar*.

Wie kann man dieses Phänomen erklären? Dazu bietet sich die Unterscheidung in exogene und endogene Faktoren der Sterblichkeitsverminderung an. Bei den *exogenen* Faktoren handelt es sich im Kern um medizinisch-hygienische Maßnahmen, die i.d.R. in einem IL entwickelt wurden und i.A. billig, gut übertragbar, zur Massenanwendung geeignet und sehr effizient sind. Die

---

[63] Die folgenden Kapitel bzw. Abschnitte lehnen sich eng an die vorzügliche Dissertation von Jakob (1985) an.

Tab. II.5.1:

Indicators of recent levels and changes in health and nutrition and in related percentage shares of government expenditures

	Life expectancy in years at birth				Mortality rates per 1000				Population per				Daily caloric supply per capita (1982)	
	Male		Female		Infant (age < 1)		Child (1 - 4)		Physician		Nursing person		Total	% of requirement
	1960	1983	1960	1983	1960	1983	1960	1983	1960	1980	1960	1980		
Low-income economies	42	58	41	60	165	75	27	9	12088	5556	7226	4564	2408	105
China and India	42	61	41	63	165	61	26	6	7019	1858	6734	3279	2503	109
Other low-income	42	50	43	52	163	115	31	18	37092	17990	9759	8697	2118	93
Middle-income economies	49	59	52	63	126	75	23	9	17257	5995	3838	1945	2661	114
Lower middle income	44	55	47	59	144	87	29	11	28478	7555	4697	2292	2495	109
Upper middle income	55	63	58	68	101	59	15	5	2532	2018	2752	995	2880	119
High-income oil exporters	43	57	45	60	175	90	44	11	14738	1360	4996	836	3271	...
Industrial market economies	68	72	73	79	29	10	2	(·)	816	554	470	180	3400	133
East European nonmarket Economies	65	66	72	74	38	30	3	1	683	345	358	130	3419	133

Quelle: J.R. Behrman and A.B. Deolalikar 1988, S. 634

endogenen Faktoren beziehen sich auf die Lebensverhältnisse in den EL selbst und umfassen so wichtige Größen wie Einkommen, Bildung, Ernährung oder hygienisches Verhalten der Bevölkerung.

Eine Verminderung der Sterblichkeit setzt i.d.R. zuerst ein, wenn duch externe Entwicklungsaktivitäten die erwähnten medizinisch-hygienischen Maßnahmen zur Anwendung kommen. Preston schätzt, daß die Sterblichkeitsverminderung in den EL von Beginn der 30er Jahre bis Mitte der 60er Jahre je nach Land zu 75-90% exogenen Faktoren zuzuschreiben ist. Diese erste Phase der Sterblichkeitsverminderung endet meistens bei einer rohen Sterberate von 10-12 bzw. einer Lebenserwartung bei der Geburt von 50-55 Jahren.

In einer zweiten Phase spielen öffentliche und private Hygiene, Ernährung, Bildung und Einkommen die auschlaggebende Rolle. Die Sterblichkeit kann jetzt fast nur noch bei Säuglingen und Kindern verringert werden, während sich die Sterblichkeit der über Fünfjährigen schon weitgehend an die in den IL anpaßt.

Der Prozeß der Sterblichkeitsverminderung ist von einer Veränderung der relativen Anteile der einzelnen Todesursachen begleitet. Steigt die Lebenserwartung bei der Geburt von 40 auf 60 Jahre, dann verringert sich der Anteil der Todesfälle durch infektiöse und parasitäre Krankheiten. Krebs und Zirkulationskrankheiten nehmen zu, während Geburtsfehler, Krankheiten, die typischerweise nur in den ersten Lebenswochen auftreten, sowie Gastritis, Diabetes mellitus etc. leicht zurückgehen. Bei einer weiteren Erhöhung der Lebenserwartung von 60 auf 70 Jahre setzen sich diese Trends fort, außer bei der zuletzt genannten Gruppe von Krankheiten, deren Anteil in dieser Phase konstant bleibt und erst bei einer Lebenserwartung über 70 Jahre sehr stark abnimmt (Jakob 1985).

5.1.2 Bestimmungsgründe für Mortalität und Morbidität in Entwicklungsländern

Als Bestimmungsgründe für hohe Morbiditäts- und Mortalitätsziffern in EL werden zuvörderst die - soweit sie die Gesundheit beeinträchigen - *allgemeinen Lebensbedingungen* (endogene Faktoren) und der *Grad an medizinischer Versorgung* (exogene Faktoren) genannt. Zu ersterem gehört sicher auch das *durchschnittliche Kalorienangebot*, zu letzterem die *Pro-Kopf-Versorgung mit Ärzten und Pflegepersonal*. Zu beidem gibt die Tabelle von Behrman und Deolalikar ebenfalls Auskunft (s.o.). Zwischen Morbidität und Mortalität bestehen natürlich enge Zusammenhänge: Infektiöse und parasitäre Krankheiten erhöhen bei Kindern und Heranwachsenden das Risiko einer hohen Sterblichkeit bzw. einer geringen Lebenserwartung erheblich.

Behrman und Deololikar (1988, S. 640 ff.) weisen auf die folgenden weiteren Bestimmungsgründe für die hohe Morbidität in EL, bzw. den schlechten Gesundheitszustand (H) hin:

(i) Der niedrige Bildungsstand, der die Nachfrage nach Gesundheitsdiensten negativ beeinflußt;
(ii) das Erbgut;
(iii) die Zeit, die von den Individuen bzw. Haushalten für gesundheitsbezogene Tätigkeiten aufgewendet wird.

Die *Mortalität* eines Individuums i ist nach Behrman und Deolalikar andererseits eine Funktion der Differenz zwischen dem tatsächlichen Gesundheitszustand (H^i) und einem "kritischen" Gesundheitszustand (H^*):

(171) $M^i = M(H^i - H^*)$, $i = 1 \ldots I$

wobei

(172) $\dfrac{\partial M^i}{\partial (H^i - H^*)} < 0$

Die Gesundheit eines Individuums, H^i, kann selbst wiederum als Funktion verschiedener Variablen bzw. Entscheidungen aufgefaßt werden:

(173) $H^i = H[N^i, C^i, C^P, E^i, \ldots]$

wobei

N^i = Nährstoffaufnahme durch i

C^i = Konsum anderer (privater) Güter[64] durch i

C^P = Konsum öffentlicher Güter durch i

E^i = Ausbildungsniveau des i

E^M = Ausbildungsniveau der Mutter von i

---

[64] Medizin, Zigaretten etc..

Schließlich kann auch untersucht werden, wovon N^i abhängt:

(174) $N^i = N\ [C^i, E^M, \Omega, ...]$

wobei

Ω = allgemeine Umweltbedingungen (Behrman/Deolalikar 1988, S. 641 f.)

5.1.3 Wirkungen von Morbidität und Mortalität auf die soziale und ökonomische Entwicklung

5.1.3.1 Gesundheit und Bevölkerungsentwicklung

Die oben beschriebene Sterblichkeitsverminderung verursachte im Durchschnitt ein sehr starkes Wachstum der Bevölkerungszahl in EL, da die Geburtenraten zunächst auf dem traditionell hohen Niveau verharrten. Dies löste heftige Diskussionen über das Problem der Bevölkerungsentwicklung und ihres Einflusses auf die soziale und ökonomische Entwicklung aus.

Die Vertreter der *optimistischen Auffassung* sehen im Bevölkerungswachstum kein Problem. Zur Begründung wird einmal von einer positiven Auswirkung einer hohen Bevölkerungszahl auf die wirtschaftliche Entwicklung ausgegangen; zweitens sei die Bevölkerungsdichte der meisten heutigen EL im Vergleich zu jener der IL niedriger; schließlich sei ein demographischer Übergang zu erwarten, wie er auch in der Geschichte der heutigen IL zu beobachten war.

(i) Das erste Argument, das etwa lauten könnte, "je größer die Bevölkerung, desto besser für die Wirtschaft", kann angesichts der heutigen Erkenntnisse aus dem Bereich der Ökologie schnell zurückgewiesen werden. Die ökologischen Ressourcen der Erde lassen kein unbegrenztes Bevölkerungswachstum zu, selbst wenn äußerst optimistische Annahmen über den technischen Fortschritt und seine Anwendung in den EL gemacht werden.[65]

(ii) Der Hinweis auf die geringere Bevölkerungsdichte in den EL ist ebenfalls nicht stichhaltig. Bevölkerungsmathematische Modelle zeigen klar auf, welches enorme Bevölkerungswachstum in den EL allein aufgrund der heutigen Altersstruktur und der gegebenen Sterbe- und Geburtenraten zu erwarten ist (Jakob 1985).

---

[65] Vgl. z.B. die bekannte Studie Global 2000.

(iii) Aus dem demographischen Übergang (s.u.), wie er in den IL stattfand, läßt sich nicht einmal ein begrenzter Optimismus herleiten, denn erstens hat sich die Verminderung der Sterblichkeit in den EL viel schneller als in den IL eingestellt und zweitens ist noch überhaupt nicht klar, ob diejenigen Faktoren, die im westlichen Kulturkreis "kausal" gewesen sind, in der Dritten Welt ebenso wirksam sein werden.[66]

Die Begründung für die pessimistische Auffassung lautet etwa so: Eine exogen oder endogen verursachte Sterblichkeitsverminderung löst (wegen der zunächst gleichbleibenden Geburtenrate) ein starkes Bevölkerungswachstum aus. Dieses Bevölkerungswachstum führt einerseits zu einer veränderten Altersstruktur der Bevölkerung mit einer höheren Abhängigkeitsquote (sogenannte dependency ratio, s.o.) - d.h., zu einem höheren Anteil junger, ökonomisch nicht aktiver Jahrgänge - und andererseits c.p. zu einer Vergrößerung des Arbeitsangebotes. Eine höhere Abhängigkeitsquote dämpft aber die gesamtwirtschaftliche Spar- und Investitionsquote, da ein größerer Anteil der erwirtschafteten Güter dem Konsum von ökonomisch nicht produktiven Menschen zugeführt wird. Das höhere Arbeitsangebot und die daraus folgende höhere Arbeitsintensität in der Produktion führen aber bei abnehmender Grenzproduktivität der Arbeit zu einem sinkenden Pro-Kopf-Einkommen.

Diese Auffassung kann aus mehreren Gründen kritisiert werden: Eine geringere Mortalität geht fast immer mit einer niedrigeren Morbidität einher. Dies hat zweifellos positve Auswirkungen auf die Arbeitsfähigkeit und damit die Arbeitsproduktivität. Aufgrund einer höheren Lebenserwartung wird sich aber auch das Spar- und das Investitionsverhalten ändern. Wenn die Chancen, die Früchte der Spartätigkeit länger zu genießen, steigen, wird der Anreiz zur Ersparnisbildung nämlich i.A. zunehmen.

5.1.3.2 Gesundheit und Sparen

Eine bisher gängige Vorstellung über die Bildung von Kapital in EL sah ungefähr so aus: Von den erzeugten Gütern wird ein Teil sofort konsumiert, ein anderer Teil wird als Produktionsmittel verwendet, mit dem neue Güter hergestellt werden. Der Umfang neuer Produktionsmittel bzw. die Höhe der Kapitalgüterproduktion hängt von der Höhe des Einkommens ab. Bei gegebenem Einkommen kann die Kapitalgüterproduktion demnach nur dann vergrößert

---

[66] Zur vollständigen Darstellung des demographischen Übergangs s.u..

werden, wenn die Konsumgütererzeugung eingeschränkt wird. Dies erfordert Ersparnisse, d.h. Konsumverzicht. Da aber das Einkommen in vielen EL so niedrig ist, daß es fast vollständig konsumiert werden muß, besteht eine zu geringe Sparfähigkeit, um genügend Kapitalgüter für ein "angemessenes" Wirtschaftswachstum zu produzieren.

Kann aber die Kapitalgüterproduktion wirklich nur durch Konsumverzicht erhöht werden? Dies gilt doch offensichtlich nur dann, wenn alle Produktionsfaktoren voll ausgelastet sind und das höchstmögliche Einkommen erwirtschaftet wird. Ist dies jedoch nicht der Fall, dann kann bereits durch eine stärkere *Auslastung* der Produktionsfaktoren die Kapitalgüterproduktion ausgeweitet werden, ohne den Konsum einzuschränken!

Selbst wenn man Sparen als die einzige Möglichkeit zur Bildung von Geld- und Sachkapital in EL ansieht, so ist der Zusammenhang von Gesundheit und Sparen doch komplizierter, als es in der gängigen Vorstellung von oben zum Ausdruck kam: Eine höhere Lebenserwartung und eine höhere Arbeitsfähigkeit, die aus einem besseren Gesundheitszustand resultieren, können beide zu einem größeren permanenten Einkommen beitragen; erzielt jemand aufgrund verbesserter Arbeitsfähigkeit ein höheres laufendes Einkommen und beobachtet gleichzeitig eine längere Lebensdauer der Menschen in seiner Umgebung, so wird er sein permanentes Einkommen allmählich höher einschätzen. Wenn aber die Sparquote aus dem permanenten Einkommen konstant ist, wie es in der permanenten Einkommenshypothese behauptet wird, so führt dieses höhere permanente Einkommen auch zu größeren Ersparnissen (Jakob 1985).

Bisher wurden nur Geld- und Sachkapital betrachtet. Jedoch dürfte dem Humankapital, d.h. den besonderen Kenntnissen und Fähigkeiten der Menschen, eine mindestens ebenso große Bedeutung für die soziale und ökonomische Entwicklung zukommen wie den beiden anderen Kapitalformen (s.o.).

Der Rückgang der Sterblichkeit in den EL verursachte dort nicht nur eine Erhöhung der Lebenserwartung bei der Geburt, sondern auch eine starke Erhöhung der Lebenserwartung im Alter von 15, 20 oder mehr Jahren. Dies verstärkte für die betroffenen Menschen den Anreiz, "Opfer" - z.B. in Form eines vorläufigen Verzichtes auf mögliches Einkommen - für weitere formale Bildung oder On-the-Job-Training zu bringen (Jakob 1985).

5.1.3.3 Gesundheit und Arbeitsfähigkeit

Im Subsistenzsektor der meisten EL wird die Existenz eines hohen Arbeitspotentials vermutet. Das Vorhandensein dieses Arbeitspotentials wird zumeist durch die niedrige Anzahl der Arbeitsstunden pro Tag oder pro Jahr, die in traditionellen Gesellschaften beobachtet wird, nachzuweisen versucht. Dieser Argumentation wird dann oft der Hinweis auf saisonale Arbeitsspitzen in der Landwirtschaft und die ökonomische Bedeutung von Aktivitäten außerhalb des Bereiches der Feldarbeit entgegengesetzt (Jakob 1985).

Da von den Bewohnern in EL nur der kleinere Teil in feuchten Tropen lebt, der größere jedoch in subtropischen Gebieten oder Bergregionen mit gemäßigtem Klima, hat die Klimabelastung oft nur saisonale oder sogar überhaupt keine Bedeutung für die Arbeitsfähigkeit. Andererseits haben wir bisher eine gute körperliche Verfassung der arbeitenden Menschen vorausgesetzt. Wovon hängt diese ab? Vor allem das Herz-Kreislauf-System spielt bei der Wärmeregulierung des Körpers eine entscheidende Rolle. Viele der typischerweise in EL vorkommenden Krankheiten beeinträchtigen die Funktionsfähigkeit des Herz-Kreislauf- und des Atmungssystems und behindern damit auch die Wärmeregulierung des Körpers. Um die Auswirkungen solcher Krankheiten aufzuzeigen, sind in Tabelle II.5.2 Zusammenhänge zwischen der maximal möglichen Arbeitsleistung, dem Klima und Krankheiten ausgewiesen. Dabei wird angenommen, daß Krankheit die potentielle Arbeitsleistung um 20% vermindert, was noch eine sehr vorsichtige Schätzung ist.

Neben den in Tabelle II.5.2 implizit berücksichtigten Krankheiten begrenzt auch die häufig unzureichende Ernährung die Arbeitsfähigkeit in EL. Mitte der 70er Jahre hatten 47% der indischen Bevölkerung, 77% der Bevölkerung von Bangladesh, 43% der Bevölkerung von Brasilien und 50% der marokkanischen Bevölkerung eine geringere Energiezufuhr als von der FAO und der WHO empfohlen. Ähnlich sind die Verhältnisse in anderen EL. Die genannten Werte gelten für die Gesamtbevölkerungen der jeweiligen Länder. Mit großer Sicherheit kann aber angenommen werden, daß die Werte für Teilbevölkerungen im ländlichen Raum wesentlich höher liegen und, daß die absolut Armen i.d.R. unter einem so großen Energiemangel leiden, daß sie keine regelmäßige schwere körperliche Arbeit leisten können (Jakob 1995).

Tab. II.5.2: Maximal mögliche Arbeitsleistung in kcal/h in Abhängigkeit von Klima und Gesundheitszustand des Arbeiters

Effektive Temperatur* in °C	Gute Gesundheit, keine Sonneneinstrahlung	Gute Gesundheit, Sonneneinstrahlung	Schlechte Gesundheit, Sonneneinstrahlung
26	350	275	220
27	300	225	180
28	250	175	140
29	200	125	100
30	150	Ausruhen im Schatten	

Anmerkung: *Eine bestimmte effektive Temperatur ergibt sich aus den Kombinationen von trockener Lufttemperatur, Luftfeuchtigkeit und Windgeschwindigkeit, die ein gleiches Hitzeempfinden auslösen, wobei der *metabolische Arbeitsumsatz* (Stoffwechsel) und die Isolierwirkung der Kleidung als konstant angenommen werden. Als Daumenregel gilt: Trockene Temperatur, plus bis zu 1,5°C für volle Sonneneinstrahlung, minus 2-3°C, wenn die relative Luftfeuchtigkeit über 70 Prozent liegt und die Windgeschwindigkeit unter 1m/s, ergibt die effektive Temperatur.

Quelle: H. Brandt 1980, S.117, 121. Zitiert nach Jakob (1985).

Literaturhinweise zu diesem Kapitel:

Behrman, J.R./Deolalikar, A.B., Health and Nutrition, in: H.B. Chenery/T.N. Srinivasan (Hrsg.), a.a.O., S. 633-711.

Brandt, H., Work Capacity Restraints in Tropical Agricultural Development, Frankfurt 1980.

Jakob, R., Gesundheit, Ernährung und generatives Verhalten: Ihre Bedeutung für die ländliche Entwicklung, Berlin 1985.

5.2 Ursachen und Konsequenzen von Fehlernährung

5.2.1 Ursachen

Die Ernährungslage in vielen EL ist durch eine zu geringe Energiezufuhr (kcal.) sowie durch einen eklatanten Mangel an Nährstoffen (Vitamin A, Eisen und Jod) gekennzeichnet.

Die erforderliche Energiezufuhr eines Gesunden liegt bei rund 2300-2400 kcal je Person und Tag. Bei Energiemangel muß der Körper auf Protein als Energielieferanten zurückgreifen, da die Energiezufuhr Priorität im Stoffwechsel genießt. So wird aber wertvolles Protein anderen wichtigen Stoffwechselfunktionen entzogen.

Die stärkste Unter- und Fehlernährung in EL tritt bei Kindern sowie schwangeren und stillenden Frauen auf. Wo liegen die Hauptursachen hierfür?

Folgende Bestimmungsgründe werden am häufigsten genannt:

a) Knappheit in der Verfügbarkeit an Nahrungsmitteln:

  aa) säkular (Nichtvorhandensein genügender Nutzböden, Diskriminierung des Agrarsektors)

  ab) zyklisch bzw. saisonal (Mißernten)

b) Geringes monetäres Einkommen der Familie

c) Preisschwankungen bei Nahrungsmitteln: Die Landlosen sind von den Preisveränderungen bei Nahrungsmitteln am stärksten betroffen, da sie den größten Teil ihrer Nahrungsmittel kaufen müssen.

d) Geringe Eigenproduktion von Nahrungsmitteln.

e) Landnutzung: Für *Viehzucht* konnte die These, daß die Exportproduktion von Agrargütern die Nahrungsmittelproduktion für die einheimische Bevölkerung verdrängt, teilweise bestätigt werden. Viehhaltung beansprucht riesige Flächen und nur wenige Arbeitskräfte. Dagegen geht dieser Verdrängungseffekt kaum von traditionellen Exportprodukten wie Kaffee, Bananen, Baumwolle und Tabak aus, die vergleichsweise arbeitsintensiv angebaut werden (Jakob 1985).

5.2.2 Auswirkungen der Unter- und Fehlernährung

5.2.2.1 Körperliche und geistige Entwicklung von Kindern

Die Meinung, daß Menschen verschiedener Rassen aufgrund unterschiedlicher Erbanlagen im Durchschnitt verschieden groß werden, ist weitverbreitet. Immer mehr Studien belegen jedoch, daß bei guter Ernährung die durchschnittlichen Körpergrößen in verschiedenen Bevölkerungen sehr ähnlich sind: Die Körpermaße von Eliten in EL unterscheiden sich nur wenig von denen der Menschen in IL, zumindest in den ersten 10 Lebensjahren. Chronische Unterernährung nach der Geburt führt zu einer Verlangsamung des Körperwachstums und zu einer Verlängerung der Wachstumsperiode, die sich bei Männern bis zum 24. Lebensjahr hinziehen kann. Trotz längerer Wachstumsperioden sind Erwachsene in schlecht ernährten Bevölkerungen im Durchschnitt um 10% kleiner als in gut ernährten Bevölkerungen. Die drei wichtigsten beeinflußbaren Faktoren, die die körperliche Entwicklung von Kindern bestimmen, sind Proteinkonsum, Häufigkeit von Diarrhöe und Stillgewohnheiten. Zahlreiche Beobachtungen belegen, daß physische Aktivitäten der wichtigste Faktor beim Ausgleich der Energiebilanz unterernährter Kinder sind: Ein unterernährtes Kind bewahrt sich seine Energie schlicht für das Überleben und das Aufwachsen auf. Es hat kaum oder gar keine Reserven für das Spiel und das Entdecken seiner Umwelt (Jakob 1985).

Nicht nur die körperliche, auch die geistige Entwicklung von Kindern wird durch ungenügende Kalorien- und Proteinzufuhr beeinflußt. Zahlreiche Untersuchungen weisen statistisch hochsignifikante Zusammenhänge zwischen Unterernährung und Intelligenzquotienten oder anderen Indikatoren für geistige Entwicklung nach. Fast alle diese Untersuchungen haben aber schwerwiegende methodische Mängel: Es wird zum einen nicht geklärt, ob die geringeren geistigen Fähigkeiten unterernährter Kinder direkt auf die Unterernährung zurückzuführen sind, oder ob sie die Folge des besonderen sozialen Milieus sind, in dem unterernährte im Vergleich zu gut ernährten Kindern gewöhnlich aufwachsen. Ein anderer Mangel solcher Untersuchungen über den Zusammenhang von Unterernährung und geistiger Entwicklung besteht darin, daß sie sich i.d.R. nur mit besonders extremen Formen von Unterernährung befassen. Für solche Fälle kann ein Zusammenhang zwischen Unterernährung und geistiger Entwicklung inzwischen als gesichert gelten (vgl. ebenda).

Körperlich und geistig weiter entwickelte Kinder lassen nicht nur bessere Schulleistungen erwarten, sie sind auch wertvollere Arbeitskräfte und können kurzfristig mehr zum Familieneinkommen beitragen als schwächere Kinder. Eine bessere körperliche und geistige Entwicklung von Kindern hat aber *zwei entgegengesetze Wirkungen* auf die Wahrscheinlichkeit, mit der sie eine Schule besuchen werden: Einerseits erhöht sich die Wahrscheinlichkeit, weil von diesen Kindern bessere schulische Leistungen erwartet werden können, andererseits vermindert sie sich, weil diese Kinder kurzfristig mehr zum Familieneinkommen beitragen können.

Sind Beeinträchtigungen der geistigen Entwicklung durch Unterernährung in der frühen Kindheit im späteren Leben reversibel? Empirische Untersuchungen haben gezeigt, daß geistige Schäden durch Unterernährung im frühen Kindesalter durch ausreichende Ernährung und ein geistig anregendes soziales Milieu später wieder einigermaßen ausgeglichen werden können. Allerdings wird dies um so unwahrscheinlicher, je früher und je stärker die Unterernährung ein Kind trifft. "Ob Kinder, die von frühester Kindheit an unterernährt sind, sich zu zukünftigen Einsteins entwickeln werden, darf bezweifelt werden" (Jakob 1985, S. 6).

5.2.2.2 Ernährung und Arbeitsfähigkeit

In Bevölkerungen mit allgemein schlechter Ernährung kann bei erwachsenen Personen die Körpergröße als Indikator für deren Ernährung in der Kind- und Jugendzeit verwendet werden. Die Körpergröße kann die Arbeitsfähigkeit erwachsener Personen auf vielfache Weise beeinflussen. Insbesondere bei vielen landwirtschaftlichen Tätigkeiten, bei denen es auf Kraft und Hebelwirkungen ankommt, kann eine zu geringe Körpergröße einen negativen Einfluß auf die Produktivität von Arbeitskräften haben.

Andererseits wird zusätzliche Energiezufuhr nicht ohne weiteres für zusätzliche, bezahlte Arbeit verwendet, sondern z.T. auch für andere Aktivitäten außerhalb der Arbeitszeit. Dies bestätigen z.B. empirische Untersuchungen aus Guatemala (Jakob 1985).

Ein Arbeiter, der im Tagesdurchschnitt nur 2600 bis 2800 kcal oder weniger zu sich nimmt, kann nicht ganztags körperlich arbeiten. Wird davon ausgegangen, daß er 1500 kcal pro Tag für den Grundumsatz benötigt, d.h. den erforderlichen Energiebedarf bei völliger körperlicher Ruhe, dann bleiben ihm höchstens noch 1100 bis 1300 kcal pro Tag für physische Aktivitäten.

5.2.3 Der empirische Befund

Mangels aussagekräftiger Durchschnittsaussagen, soll die Ernährungssituation in EL am Beispiel von zwei Afrikanischen Ländern, Malawi und Kenia, vorgeführt werden (vgl. Tabelle II.5.3): Insgesamt werden 4 Haushaltstypen unterschieden:

(i) mit Männern als Familienvorstand (males),

(ii) mit Frauen als de jure Familienvorstand (Witwen, unverheiratete Frauen),

(iii) mit Frauen als de facto Familienvorstand (Haushalte, in denen die Männer über 50% der Zeit abwesend sind) und

(iv) Pendlerhaushalte mit Frauen als Familienvorstand ("migrants", die Männer sind z.B. in Südafrika beschäftigt).

Tab. II.5.3: Household caloric intake and child caloric adequacy

	Kenya				Malawi				
	Males	Females			Males	Females			
		Total	De jure	De facto		Total	Migrants	De jure	De facto
Caloric intake per AEU*	2.691+	2.546+	2.639	2.360+	1.626++	1.484	1.870++	1.484	1.423++
Average household caloric adequacy (percentage)	94+	89+	93	83+	57++	54	66++	52	50++
Percentage households below caloric adequacy	26.7	37.4	34.8	42.4	90.5	90.4	78.6	93.1	93.3
Child caloric adequacy	58.36	57.2	56.22	58.88	70.5	70	75.3	68.4	69
Child/household caloric adequacy	0.66	0.67	0.64	0.72	1.31	1.37	1.19	1.36	1.48

* Adult Equivalency Units.
+ Significantly different than male-headed household at $p < 0.05$.
++ De facto female head of household significantly different from male head of household $p < 0.05$ and migrant female head of household significantly different from male head of household at $p < 0.10$.

Quelle: Kennedy/Peters 1992

Im Durchschnitt verfügen die von Männern angeführten Familien über ein höheres Durchschnittseinkommen als Familien mit Frauenvorständen (Kennedy/ Peters 1992, S. 1079). In der besten Einkommenssituation befinden sich allerdings Familien von Status (iv), während Gruppe (iii) am schlechtesten abschneidet. In diesen Familien ist außerdem die dependency ratio i.d.R. am höchsten.

Bemißt man die "Nahrungsmittelsicherheit ("food security") nach der Quantität (und, schwer erfaßbar, nach der Qualität) der Kalorienaufnahme, so ergibt sich folgendes Bild:

(i) In beiden Ländern ist der Prozentsatz ausreichender Kalorienaufnahme bei den von Männern geführten Haushalten höher als bei den von Frauen geführten Haushalten. Ausschlaggebend für diese Durchschnittsziffer dürfte das höhere Einkommen sein.

(ii) Eine Ausnahmestellung nehmen die sogenannten Migrantenhaushalte ein, die einkommensbedingt eine bessere Ernährungslage aufweisen und Frauen als Familienvorstände haben. Hierfür liegen nur Zahlen für Malawi vor (vgl. Kennedy/Peters 1992, S. 1081).

(iii) Was die Ernährung von Kindern betrifft, so lassen sich im Durchschnitt praktisch keine größeren Unterschiede mehr zwischen Haushalten mit Männern und solchen mit Frauen als Familienvorständen ausmachen.

(iv) Besonders fällt auf, daß die sogenannten "De-facto-Haushalte" (s.o.) - obwohl sie i.d.R. über ein deutlich geringeres Einkommen als die "Males-Haushalte" verfügen - nahezu die gleichen (Malawi) und zum Teil höhere (Kenia) prozentuale Kalorienwerte für Kinderernährung erreichen.

(v) Nimmt man die Relation angemessene Kinderernährung zu angemessener Haushaltsernährung als Anhaltspunkt, so stehen die Kinder aus den "De-facto-Haushalten" in beiden Ländern sogar überdurchschnittlich gut da. Diese Ergebnisse belegen, daß mit steigendem Einkommen die Ernährungssituation der Kinder in EL sich nicht ohne weiteres verbessert. Als mögliche Gründe führen Kennedy/Peters (ebenda, S. 1083) an: "It could be that, given limited resources, investment of income in the form of food for children brings the highest return among poorer households' few alternative investment options. By investing in their children, these poorer households may best be able to insure their long-term security... An additional explanation ... may be that at higher levels of income, money is spent on more expensive calories rather than more calories per se".

Literaturhinweise zu diesem Kapitel:

Behrmann, J.R./Deolalikar, A.B., Health and Nutrition, in: H.B. Chenery/T.N. Srinivasan (Hrsg.) a.a.O., S. 633-711.

Jakob, R., Bevölkerungswachstum - Problem oder Chance? In: E+Z, Heft 4, 1986, S. 4-6.

Derselbe, Gesundheit, Ernährung und generatives Verhalten ... , a.a.O..

Kennedy, E./Peters, P., Household Food Security and Child Nutrition: The Interaction of Income and Gender of Household Head, in: World Development, Vol. 20, No. 8, 1992, S. 1077-1085.

5.3 Ursachen und Konsequenzen der "traditionellen" Familienplanung

5.3.1 Kindersterblichkeit und generatives Verhalten

In der bevölkerungswissenschaftlichen Literatur wird häufig die These vertreten, die Anzahl der Geburten einer Frau in EL werde nicht nur von Faktoren wie Bildung, Beschäftigung, Einkommen oder Wohnort beeinflußt, sondern auch von der Zahl der gestorbenen Kinder einer Familie (*Child Survival Hypothese*): Die Familien in EL streben danach eine bestimmte Zahl überlebender Kinder an und *orientieren ihr generatives Verhalten an der erfahrenen bzw. an der erwarteten Säuglings- bzw. Kindersterblichkeit: Gestorbene Kinder werden ersetzt.* Tabelle II.5.4 weist diese Zusammenhänge zwischen erfahrener Säuglings-/Kindersterblichkeit einer Familie, dem Alter der Frauen und der Anzahl der Lebendgeburten für den ländlichen Raum in Honduras aus: *Frauen der gleichen Altersgruppe haben demnach um so mehr Lebendgeburten, je mehr Kinder nach der Geburt sterben.*

Ein wichtiger Bestimmungsgrund der Säuglingssterblichkeit ist das Geburtsgewicht. Mit abnehmendem Geburtsgewicht steigt die Sterbewahrscheinlichkeit eines Kindes überproportional an. Wenn Kinder mit Untergewicht die Geburt überleben, verläuft ihre körperliche und geistige Entwicklung viel ungünstiger als bei Kindern, die mit Normalgewicht zur Welt kommen. In ländlichen Räumen zahlreicher EL wurden Anteile von Kindern mit Untergewicht bei der Geburt von bis zu 40% gefunden.

Die Ernährung der Frau vor und während ihrer Schwangerschaft bestimmt andererseits in hohem Maße das Geburtsgewicht ihrer Kinder mit. Es gilt als gesicherte Erkenntnis, daß sich bei einer täglichen Energiezufuhr von weniger als

Tab. II.5.4: Durchschnittliche Anzahl lebendgeborener Kinder von Frauen im ländlichen Raum von Honduras in Abhängigkeit vom Alter und der Anzahl der gestorbenen Kinder der Frauen

Alter der Frauen \ Gestorbene Kinder	0	1	2	3	4 oder mehr
- 24 Jahre	1,95 (485)	2,94 (104)	3,52 (23)	5,00 (4)	-
25 - 29 Jahre	3,43 (342)	4,44 (98)	4,90 (30)	6,40 (5)	6,00 (1)
30 - 34 Jahre	4,37 (225)	5,90 (113)	6,61 (38)	7,69 (13)	8,50 (6)
35 - 39 Jahre	5,54 (137)	5,86 (85)	8,02 (49)	8,96 (26)	9,82 (22)
40 - 44 Jahre	6,01 (89)	7,48 (70)	8,31 (42)	9,90 (20)	11,09 (24)
45 - 49 Jahre	5,70 (63)	8,03 (41)	7,88 (24)	9,55 (22)	11,50 (26)

Anmerkung: Die Zahlen in Klammern geben die Anzahl der Frauen in der Untersuchung wieder. Es sind nur solche Frauen berücksichtigt, die mindestens schon eine Lebendgeburt hatten.

Quelle: Jakob (1985)

1800 bis 2000 kcal für Frauen *während* ihrer Schwangerschaft das Geburtsgewicht ihrer Kinder deutlich vermindert. Nicht weniger bedeutsam ist die Ernährungssituation der Frauen *vor* ihrer Schwangerschaft. Körpergrößen von Frauen in EL mit schlechter Ernährungslage können als Indikator für die Ernährung der Frauen in ihrer Kindheit verwendet werden: Selbst wenn große und kleine Frauen gleichschwere Kinder zur Welt bringen, sind die Überlebenswahrscheinlichkeiten der Kinder kleiner Frauen c.p. geringer. Diese Befunde bedeuten, daß Mädchen, die heute unterernährt sind, in Zukunft Kinder zur Welt bringen werden, die ein hohes Sterberisiko haben (Jakob 1985).

Mit steigendem Einkommen, zunehmender Dauer der Schulbildung und wachsender Größe des Wohnortes verbessert sich gewöhnlich die Ernährungssituation der Frauen in EL. Jüngeren, die eine lange Schulbildung genossen haben und in großen Orten wohnen, eröffnen sich i.d.R. mehr Gelegenheiten für bezahlte Arbeit außerhalb des eigenen Haushaltes als älteren Frauen, die nie eine Schule besuchen konnten und in kleinen Orten wohnen. Mit der Verbesserung der Einkommenssituation geht aber i.d.R. auch eine verbesserte Ernährungslage einher. Damit wird aber auch ein Teufelskreis der folgenden Art sichtbar: Arme und unterernährte Frauen bringen Kinder zur Welt, die einem erhöhten Sterberisiko unterliegen; gleichzeitig bringen sie (vgl. oben) auch *häufiger* Kinder auf die Welt. Da aber bekannt ist, daß bei einem Geburtenabstand von weniger als einem Jahr das Sterberisiko des Kindes ungefähr dreimal so hoch ist, wie bei einem Geburtenabstand von 2-3 Jahren, steigt mit zunehmender Geburtenzahl einer Frau das Sterberisiko ihrer Kinder ebenfalls an (Jakob 1985).

5.3.2 Schulbildung, sozioökonomische Situation der Frauen in Entwicklungsländern und generatives Verhalten

Die Dauer der Schulbildung kann das generative Verhalten von Frauen *direkt* oder *indirekt* beeinflussen. (1) *Indirekte* Wirkungen ergeben sich deshalb, weil Frauen mit zunehmender Schulbildung vermehrt einer bezahlten Tätigkeit außerhalb des eigenen Haushaltes nachgehen, um ein Einkommen zu erzielen. Frauen mit guter Schulbildung leben vorwiegend in größeren Orten des ländlichen Raumes, in denen es mehr Arbeitsplätze außerhalb des Haushaltes gibt als in kleineren Orten. Kenntnisse über Empfängnisverhütung dürften bei gebildeteren ebenfalls größer sein als bei weniger gebildeten Frauen. Berufstätigkeit, Einkommen, Wohnort und Kenntnisse über Empfängnisverhütung hängen also eng mit der Schulbildung der Frauen zusammen. Diese Faktoren wirken aber auch auf das generative Verhalten der Frauen ein und stellen so eine indirekte Beziehung zwischen Schulbildung und generativem Verhalten her. (2) *Direkte* Beziehungen zwischen Schulbildung und generativem Verhalten ergeben sich z.B. durch die Einstellung zu Kindern, die durch die eigene Schulbilung geprägt werden kann. Frauen können beispielsweise der Ansicht sein, ihre Kinder sollten mindestens eine gleichwertige Ausbildung erhalten wie sie selbst. Deshalb könnten sie versuchen, die Kinderzahl zu begrenzen, um ihren Kindern diese Ausbildung mit den zur Verfügung stehenden Mitteln zu ermöglichen (Jakob 1985).

5.3.3 Vermögen, Kinderzahl und generatives Verhalten

Die bekanntesten Autoren aus dem Bereich der Gesundheitsökonomik für EL kommen zu dem Schluß, daß die Kinderzahl einer Bauernfamilie mit zunehmendem Landbesitz zunächst steigt und danach wieder abnimmt: Mit zunehmender Größe des Landbesitzes hat für die Familie die Arbeitskraft der Kinder zunächst eine wachsende Bedeutung. Ab einer gewissen Größe müssen aber auch fremde Arbeitskräfte eingestellt werden, so daß die relative Bedeutung der Arbeitskraft der eigenen Kinder wieder abnimmt. Mit zunehmender Größe des Landbesitzes einer Familie im EL geht die Funktion der Versicherung gegen Krankheit, Alter etc. immer mehr von den Kindern auf den Grundbesitz über. Für die zahlreichen Landlosen im Agrarsektor von EL sind solche Überlegungen relativ müßig. Sofern die Child Survival Hypothese zutrifft, werden sie - ohne sonstiges Vermögen - eine bestimmte Zahl von überlebenden Kindern anstreben, die ihnen (hoffentlich) einen Teil ihrer Altersvorsorge abnehmen. Dazu müssen - von der Säuglingssterblichkeit einmal abgesehen - diese Kinder aber zunächst am Leben erhalten werden.

Die hohe Zahl von illegalen Abtreibungen, die es in EL geben soll, das häufige Aussetzen von Kleinkindern sowie die weitverbreitete Gewohnheit, Kinder an andere Haushalte zu geben, wo sie gegen Arbeitsleistung Unterkunft und Verpflegung erhalten, sprechen aber dafür, daß insbesondere arme Familien in EL mehr Kinder haben, als sie ernähren können.

5.3.4 Generatives Verhalten, Ernährung und Umwelt

Die Situation vieler EL mit niedrigem PKE ist - bei rückläufigen Sterberaten - nach wie vor von anhaltend hohen Geburtenraten geprägt (vgl. oben). Als "Resultante" ergeben sich bedenklich hohe Wachstumsraten der Bevölkerung.

Die Bevölkerungzuwachsrate (w_B) ergibt sich bekanntlich als Differenz zwischen der Geburtenrate (w_G) und der Sterberate (w_S) - sofern von Ein- und Auswanderungen abgesehen wird:

(175) $w_B = w_G - w_S$ (Hemmer 1988, S. 278)

Das größte Problem der Bevölkerungsentwicklung in der 3. Welt besteht wohl in der hohen Geschwindigkeit, mit der sich das Bevölkerungswachstum vollzieht. Bei einer Wachstumsrate von etwas mehr als 3 % verdoppelt sich die Bevölkerungszahl ungefähr alle 20 Jahre. Das bedeutet c.p. eine Verdoppelung des Nahrungsmittelbedarfes in etwa 20 Jahren, selbst wenn die gegenwärtig schlechte Ernährungslage der Bevölkerung nicht verbessert wird. Sinken die Flächenerträge bei den Grundnahrungsmitteln Mais, Bohnen und Sorgho und wird die Ausdehnung der Produktionsflächen dieser Nahrungsmittel durch die Eigentumsverhältnisse an Grund und Boden sowie durch die Nutzungsformen des Bodens behindert, sind weitere Engpässe zu erwarten. Es steht zu befürchten, daß solche Engpässe u.a. auch durch die Rodung tropischer Regenwälder zur Gewinnung neuer Acker- und Weideflächen, wenn nicht beseitigt, dann doch reduziert werden (Amelung 1989, S. 152). Ein anderes Problem, das durch das Bevölkerungswachstum verschärft wird, ist die Energieversorgung. Wenn keine anderen Energiequellen erschlossen werden, steigt der Brennholzbedarf proportional zur Bevölkerungszahl an. Das gegenwärtig schon zu verzeichnende Verschwinden der Wälder wird sich in Zukunft dann noch erheblich beschleunigen (vgl. ebenda, S. 153 f.).

Durch eine Verlangsamung des Bevölkerungswachstums gewänne man Zeit für die dringend notwendigen Verhaltensänderungen der Menschen und für umfangreiche Investitionen zur Schonung der Umwelt. Eine Verringerung der Säuglings- und Kindersterblichkeit scheint dabei eine notwendige, wenn auch nicht eine hinreichende Voraussetzung zur Senkung der Geburtenzahlen zu sein (vgl. oben).

5.3.5 Generatives Verhalten und Migration

Der Geburtenzuwachs liegt in den IL heute im Durchschnitt bei gut 0,5 Prozent im Jahr. In den Ländern des Südens beläuft er sich dagegen auf 2,1% im Jahr. Es liegt nahe, daß sich mit zunehmendem Bevölkerungsdruck auch die Tendenz zur Migration erhöht. Kesselring führt als besonders wichtige Bestimmungsgründe an:

" 1. Zunehmende Verknappung von Ressourcen, insbesondere von Nahrungsmitteln, Wasser, Boden und nichterneuerbarer Energien.

2. Potenzierung der ökologischen Schäden einschließlich der Beschleunigung des Treibhauseffekts und der Ausdünnung der Ozonschicht.

3. Überlastung der Infrastruktur in den Ländern mit dem stärksten Bevölkerungszuwachs.

4. Zunahme von Arbeitslosigkeit und Unterbeschäftigung, Wachstum der Schattenwirtschaft, aber auch der Kriminalität" (derselbe 1991, S. 29).

Die Migration von Kleinbauern ist außerdem natürlich eine Folge verhinderter Land- bzw. Bodenreformen (s.o.) und einer inkonsistenten Agrarpolitik (s.u.).

5.3.6 Exkurs: Ökonomische Modelle generativen Verhaltens

Nach den Vorstellungen von Becker (1960) und Willis (1973) maximieren Haushalte Nutzenfunktionen (U), in denen neben dem Konsum üblicher Güter (Z), die Anzahl (N) und die "Qualität" je Kind (Q)[67] berücksichtigt sind:

---

[67] Im Sinne von getätigten Humankapitalinvestitionen.

(176) $U = U[N, Q, Z]$

Der Gesamtoutput (C) an Kindern:

(177) $C = NQ = f[t_c, x_c]$,

ist eine Funktion der Zeit (t_c), die Eltern ihren Kindern widmen und der Güter (x_c), die sie für sie bereitstellen können. (177) ist gewissermaßen eine Nebenbedingung für die zu maximierende Funktion (176). Dieses Modell ist zwar recht grobschlächtig, es ist aber durchaus leistungsfähig zur Erklärung der Frage, warum mit steigendem Einkommen die Geburtenrate rückläufig ist:

Mit steigendem Lebensstandard wird die Zeit (t_c), die für ein Kind aufgebracht werden muß, mit immer höheren Opportunitätskosten verbunden sein (steigende Löhne). Zweitens steigt mit höherem Lebensstandard die Wahrscheinlichkeit dafür, daß die Eltern die "Quantität" von Kindern durch höhere "Qualität" derselben substituieren wollen. Beide Effekte werden durch (176) und (177) immerhin eingefangen!

Literaturhinweise zu diesem Kapitel:

Amelung, T., Zur Rettung der tropischen Regenwälder: Eine kritische Bestandsaufnahme der wirtschaftspolitischen Lösungsvorschläge, in: Die Weltwirtschaft, Heft 2/1989, S. 152-165.

Becker, G.S., An Economic Analysis of Fertility, in: UNBCER (Hrsg.), Demographic and Economic Change in Developed Countries, Princeton 1960.

Hammel, W., Das Schicksal des tropischen Regenwaldes in der Côte d' Ivoire: Ein Fallbeispiel, in: H. Sautter (Hrsg.), Entwicklung und Umwelt, Berlin 1992, S. 79-83.

Hemmer, H.R., Wirtschaftsprobleme der Entwicklungsländer, a.a.O..

Jakob, R., Gesundheit, Ernährung und generatives Verhalten ... , a.a.O..

Kesselring, Th., Die demographische Herausforderung. Soziale und ethische Aspekte des Bevölkerungswachstums, in: Neue Zürcher Zeitung, Nr. 207, 1991, S. 29.

Tsirdsall, N., Economic Approaches to Population Growth, in: H.B. Chenery /T.N. Srinivasan, a.a.O., S. 477-542.

Willis, R., A New Approach to the Economic Theory of Fertility, in: Journal of Political Economy, März/April (Beilage) 1973, S. 14-64.

III. (Unter-)Entwicklungstheorien

1. Außerökonomische Erklärungsansätze[68]

1.1 Klimatheorien

Historisch gesehen sind die Beiträge, welche Entwicklung bzw. Unterentwicklung durch klimatische Einflüsse zu erklären versuchen, mit die ältesten Entwicklungstheorien. Schon Montesquieu wies in seinem Werk "De l'Esprit des Lois" (1748) darauf hin, daß die Arbeitsbereitschaft mit dem Klima korreliere und um so ausgeprägter sei, je weiter man sich vom Äquator entferne. Diese These wurden u.a. 1915 von dem Geographen E. Huntington wiederaufgegriffen und weiter ausgebaut. Auch Huntington sieht im Klima einen wichtigen Erklärungsfaktor, da sich seiner Ansicht nach heißes Klima ungünstig auf das menschliche Leistungsvermögen und das Leistungsstreben auswirkt. Andererseits sei das Klima auch eine Herausforderung, da es den Menschen in kälteren Regionen zwinge, sich psychisch und physisch stärker seiner Umwelt anzupassen, um überleben zu können. Dadurch würden aber auch ökonomische Verhaltensweisen gefördert, wie Sparsamkeit, Vorsorge, usw., die sich letztendlich günstig auf die weitere sozioökonomische Entwicklung auswirkten.

Der geographische Determinismus, wie er aus den Beiträgen von Montesquieu und Huntington spricht, der das Klima für einen entscheidenden Faktor der Entwicklung bzw. Unterentwicklung hält, wird heute nicht mehr vertreten. Die Tatsache, daß alle IL in der gemäßigten Zone liegen, während sich viele EL im tropischen und subtropischen Bereich befinden, darf nicht den Blick darauf verstellen, daß auch viele EL in nicht-tropischen Regionen liegen und, daß es auch innerhalb der EL mit gleichen klimatischen Bedingungen sehr unterschiedliche Entwicklungsniveaus gibt. Die Menschen haben in höchst unterschiedlicher Weise auf die z.T. ungünstigen Wirkungen des Klimas reagiert: von fatalistisch bis hin zu Gegenmaßnahmen stimuliert. Es sind Beispiele von EL bekannt, für die das ungünstige Klima weniger ausschlaggebend war als andere günstige Voraussetzungen, wie z.B. die Inkas und Azteken in Hochebenen oder die Mayas in tropischen Niederungen. Das Klima mag infolgedessen bestenfalls ein zusätzliches Element in der Kausalkette von Erklärungsfaktoren sein. Um die Entwicklung bzw. Unterentwicklung zu erklären, müs-

---

[68] Die folgenden Abschnitte (1.1 bis 1.4) lehnen sich eng an den vorzüglichen Überblicksartikel von Bruno Knall aus dem Jahr 1980 an.

sen aber auch andere Faktoren einbezogen werden (Knall 1980, S. 421 f.).

1.2 Psycholgische Theorien

1.2.1 Der Ansatz von McClelland

Einer der bekanntesten modernen Vertreter des entwicklungspsychologischen Ansatzes ist McClelland; für ihn liegt die Hauptursache der Unterentwicklung im Fehlen eines individuellen Bedürfnisses nach Leistung (mangelnde Leistungsmotivation). Seine Ideen gehen u.a. auf Max Webers' "Die protestantische Ethik und der Geist des Kapitalismus" aus dem Jahre 1904 zurück; dort stellte Weber die These auf, daß der asketische Protestantismus die ökonomische Leistung besonders stimuliere. McClelland geht allgemeiner davon aus, daß der Leistungswille durch die Erziehung und durch gesellschaftliche Werte bestimmt wird (Borner/Weder 1990, S. 160).

Plausibilitätsüberlegungen sprechen dafür, daß wirtschaftliche Entwicklung erst dann möglich ist, wenn der Wille zur Leistung zeitlich vorgeschaltet ist. Karl Brandt spricht in diesem Zusammenhang vom "Willen zur Wirtschaft". Allerdings ist zu berücksichtigen, daß sich leistungsmotiviertes Verhalten nicht nur auf wirtschaftliche Aktivitäten richten muß, sondern, daß es auch andere Tätigkeiten gibt, für die dies gilt, z.b. für Priester, Gelehrte, Militärs usw. Der schwerwiegendste Einwand gegen den psychologischen Ansatz von McClelland ist dessen Einseitgkeit: Die Leistungsmotivation wird zu *dem* Erklärungsfaktor für Wirtschaftswachstum, ohne genügend andere Faktoren zu berücksichtigen, wie z.B. sozio-kulturelle Einflüsse (Knall 1980, S. 422).

1.2.2 Der Ansatz von Lerner

Auf eine besondere persönlichkeitsspezifische Voraussetzung für die Wirtschafts- und Sozialentwicklung eines Landes hat Lerner hingewiesen. Die moderne, auf ökonomische und politische Beteiligung aufbauende Gesellschaft setzt eine Vielzahl von Individuen voraus, die sogenannte empathische Fähigkeiten besitzen. Empathie kann etwa mit Einfühlungvermögen gleichgesetzt werden, also der Fähigkeit, sich selbst in einer anderen Situation als der eigenen vorzustellen. "Empathie" setzt psychische Mobilität voraus, die wiederum durch ein formales Schulsystem und/oder Erwachsenenbildung gefördert werden kann.

Eine größere Empathie kann zwar auch die potentiellen Reibungsmöglichkeiten in einer Gesellschaft vergrößern. Auf der anderen Seite werden aber aufgrund der größeren psychischen Mobilität der Menschen die einzelnen Individuen offener und anpassungsfähiger auf Konflikte reagieren (Knall, ebenda).

1.3 Theorien des sozialen Wandels

1.3.1 Der Ansatz von Hagen

Noch umfassender als der psychologische Ansatz ist die von Hagen (1962) formulierte Theorie des sozialen Wandels.

Nach der Vorstellung Hagens kann Wirtschaftswachstum nur dann stattfinden, wenn in einer Gesellschaft schöpferische und unternehmerische Persönlichkeiten vorhanden sind, die zur Lösung der im Entwicklungsprozeß anfallenden Probleme beizutragen bereit sind. Darüber hinaus sollte ein großer Teil der Bevölkerung seine schöpferischen Energien auf wirtschaftliche Bereiche richten. "Für Hagen (1962) liegen die Voraussetzungen für die Akkumulation von wissenschaftlichem und technischem Know-how und damit für das Wachstum in der Veränderung von Beziehungen zwischen ... Gesellschaftsgruppen" (Borner/Weder 1990, S. 160).

Im Verlauf des Wirtschaftswachstums entstehen soziale Spannungen, die darauf zurückzuführen sind, daß einige soziale Klassen einen Statusverlust erleiden, wenn ihnen das bisher beanspruchte Prestige streitig gemacht wird ("withdrawal of status respect"). An ihre Stelle treten dann neue schöpferische Persönlichkeiten mit innovativen Fähigkeiten für technologische Neuerungen. Die Theorie von Hagen, die einige interessante Zusammenhänge aufzeigt, konnte bislang nur in Teilen empirisch verifiziert werden (Knall 1980, S. 422 f.).

1.3.2 Der Ansatz von Hoselitz

Hoselitz (1969) hat einen mit den Überlegungen von Hagen sehr verwandten Ansatz: er stellt die Frage, ob nicht aus traditionellen Rollenzuweisungen und Normen sowie den Verhaltensregeln, wie sie zahlreiche Religionen von Naturvölkern nahelegen, ein Sozialverhalten hervorgeht, das die wirtschaftliche Entwicklung eher hemmt als fördert (Borner/Weder 1990, S. 160). Demzufolge wäre das "Abstreifen" manch solcher Verhaltensweise eine notwendige Voraussetzung für Innovationen und eine eigenständige Wachstumsdynamik.

1.4 Modernisierungstheorien

1.4.1 Einführung

"Modernisierung" wird als Begriff von Soziologen, Politologen, Sozialpsychologen, Ethnologen, Historikern und auch von Nationalökonomen verwendet. Artverwandt zu diesem Begriff sind die Termini "Kulturwandel", "sozialer Wandel", bis hin zur sogenannten "Verwestlichung". Unter dem Modernisierungsprozeß wurde ursprünglich eine Art sozioökonomischen Wandels verstanden wie er mit der industriellen Revolution in England und /oder der Revolution in Frankreich assoziiert wird.

Nach dem 2. Weltkrieg verband sich mit dem Begriff der Modernisierung eine allgemeine Zuversicht "im Zusammenhang mit der Prosperität der Nachkriegswirtschaft und dem damit verbundenen technischen Fortschritt" (Borner/Weder 1990, S. 159). Nicht zufällig entstand in dieser Zeit die Solow'sche Wachstumstheorie in deren Zentrum nicht mehr (wie bei den Keynesianern) ein notwendiges Wachstum der Nachfrage, sondern ein ausreichendes Ressourcenwachstum stand, um einen zunehmenden materiellen Wohlstand zu garantieren.

Heute wird der Begriff "Modernisierung" (häufig unreflektiert) auf den Entwicklungsprozeß der Dritten Welt angewendet. Die modernen IL stellen gemäß der Modernisierungstheorie so etwas wie eine Norm für den Nachholbedarf der EL dar. Die "Modernisierungstheorie" untersucht Auswirkungen ökonomisch-industrieller Veränderungen auf die traditionelle Gesellschaft sowie umgekehrt die Frage, welcher soziale Wandel erforderlich ist, damit sich eine Volkswirtschaft entwickeln kann. Dabei richtet sich das Interesse grundsätzlich auf die gesamtgesellschaftliche Entwicklung.

Im folgenden werden einige Forschungsansätze der Modernisierungstheorie behandelt, die den Übergang von der traditionalen zur modernen Gesellschaft analysieren (vgl. Knall 1980, S. 423 ff.).

1.4.2 Der Evolutionsansatz

Die Vertreter dieser "Schule" (Parsons; Levy; Moore; Eisenstadt) sind (funktionalistische) Soziologen. Ihr Hauptgedanke ist ein evolutionärer Modernisierungsprozeß: Der Wandel erfolgt durch eine zunehmende Differenzierung von sozialen Funktionen und zentralen gesellschaftlichen Institutionen sowie durch die Mobilisierung gesellschaftlicher Schichten für politische/gesellschaftliche Aufgaben. Darüber hinaus gibt es bestimmte minimale Merkmale, über die eine moderne Gesellschaft verfügen muß, um zu "funktionieren": Erstens eine einfache Technologie, sprachliche Kommunikation, Religion und eine auf dem Inzesttabu beruhende Verwandtschaftsorganisation. Zweitens die Entwicklung von sozialen Schichten (primitive Gesellschaften sind nicht geschichtet) sowie von spezialisierten, kulturellen Legitimierungssystemen. Schließlich drittens: bürokratische Organisationsformen zur Realisierung kollektiver Ziele, ein Geld- und Marktsystem, ein allgemeingültiges Rechtssystem und demokratische Abstimmungsregeln.

Kritisch wird gegen den Evolutionsansatz wie folgt argumentiert: Die oben erwähnte Differenzierung von sozialen Funktionen muß nicht zwangsläufig zu einer neuen sozialen Ordnung, sie kann auch zur Stagnation, ja zum Zusammenbruch führen. Die Mobilisierung unterschiedlicher gesellschaftlicher Schichten ist außerdem nicht immer und überall Anlaß zu einer erhöhten Partizipation, sondern kann auch dazu beitragen, Energien für andere Tätikeiten zu absorbieren und damit von der Politik fernzuhalten.

1.4.3 Theorie der politischen Entwicklung

Die sogenannte politische Entwicklungstheorie ist noch relativ neuen Datums. Politische Modernisierung im Sinne von Almand, Pye, Coleman u.a. ermöglicht einen Wandel im politischen System, der darin besteht, daß im System noch nicht vorhandene Handlungskapazitäten ("performance capabilities") entwickelt und vergrößert werden. Almond (1969) nennt z.B. die Kapazität zur Integration und Mobilisierung, die Kapazität der internationalen Anpassung, die Kapazität der Partizipation usw. Die Entwicklung solcher Kapazitäten hängt u.a. davon ab, inwieweit eine Gesellschaft dazu imstande ist, ein verändertes Rollenverhalten bzw. das Entstehen völlig neuer Rollenstrukturen zu intensivieren. Wenn dies gelingt, dann werden traditionelle Auffassungen und Verhaltensweisen zunehmend durch rational-dynamische ersetzt.

Während des Modernisierungsprozesses bleiben in der Regel Krisen nicht aus. So nennt Pye u.a. die Identitäts-, die Legitimitäts-, die Integrations- und die Umverteilungskrise. Hinzu kommen intersektorale Probleme: Mit zunehmender Urbanisierung wird das politische System erfahrungsgemäß immer mehr von der Stadtbevölkerung beeinflußt. Auch kann politische Modernisierung zu Instabilitäten führen, wenn die einmal ausgelöste soziale Mobilisierung Bedürfnisse und Erwartungen weckt, die das politische System nicht erfüllen kann.

Die Bedeutung der Theorie der politischen Entwicklung für die EL liegt vor allem in dem Nachweis (Almond/Coleman), daß zwischen Wirtschaftsentwicklung und einer demokratischen, "wettbewerbsmäßig" ausgerichteten Politik eine positive Korrelation besteht (Knall 1980, S. 424). Allerdings ist die Weiterentwicklung politischer Systeme keine Gesetzmäßigkeit im Sinne einer zwangsläufig aufwärtsgerichteten Entwicklung.

1.4.4 Theorie der sozialen Mobilisierung

Diese Theorie geht auf den Politikwissenschaftler Deutsch zurück und untersucht, wie sich der Wandlungsprozeß, den wesentliche Teile der Bevölkerung auf dem Weg zu modernen Lebensformen durchmachen (z.B. Berufswechsel, Änderungen von Rollen, Verhaltensweisen, Erwartungen, Bedürfnissen usw.), auf das politische Verhalten auswirkt (Knall 1980, S. 424). Deutsch zeigt einige Konsequenzen des sozialen Mobilisierungsprozesses für die Stabilität der Regierung, die Erhöhung des Volkseinkommens, für politisch-administrative Reformen usw. auf.

1.4.5 Wirtschaftsstufentheorien

Die Stadientheorie von Rostow (1960) knüpft an das Erbe der historischen Stufentheoretiker unmittelbar an. Ihr Bezug zur Modernisierungstheorie ist insofern gegeben, als Rostow mehrere Entwicklungsstadien unterscheidet, die eine traditionelle Gesellschaft auf dem Weg in die Modernisierung durchläuft (Knall 1980, S. 425):

1. Die traditionelle Gesellschaft ist vornehmlich agrarisch, hat hierarchische Gesellschaftsstrukturen, weist nur eine geringe vertikale Mobilität auf, ist durch Fatalismus gekennzeichnet;

2. In der Übergangsgesellschaft werden die Voraussetzungen für Wirtschaftswachstum gelegt durch ein Ansteigen der Investitionsquote und durch entwicklungsträchtige Veränderungen der Verhaltensweisen; die Gesellschaft bereitet sich für ein anhaltendes Wirtschaftswachstum vor (Borner/Weder 1980, S. 159).

3. Der wirtschafliche Aufstieg ("take-off") erfolgt, wenn bestimmte Voraussetzungen erfüllt sind: Anstieg der Investitionsquote auf mindestens 10 v.H., Entstehen von dynamischen führenden Wirtschaftsbranchen mit hohen Wachstumsraten, Vorhandensein politischer, sozialer und institutioneller Rahmenbedingungen sowie eines Pionier-Unternehmertums;

4. Das Stadium der Reife wird möglich, wenn mit Hilfe moderner Techniken die Ressourcen in effizienterer Weise genutzt werden;

5. Nach dem Reifestadium bieten sich einer Gesellschaft die Möglichkeiten des Massenkonsums, in Gestalt von Dienstleistungen und dauerhaften/ nicht dauerhaften Konsumgütern. In einem neueren Werk hat Rostow (1971) ein mögliches sechstes Stadium präzisiert, das er "the search for quality" nennt. Hier soll eine Schwergewichtsverlagerung auf die Freizeitindustrie, die Pflege der Umwelt und das Bildungswesen erfolgen.

Für (ex-ante) prognostische Zwecke ist die Stadienfolge von Rostow kaum zu gebrauchen. Auch ist sie nicht in der Lage, zu erklären (Ex-post-Prognose) wie und warum der erste bedeutende wirtschafliche Aufstieg in der Geschichte, nämlich Englands, entstanden ist.

1.4.6 Kritik

Kritische Bemerkungen gegenüber den Modernisierungstheorien haben eine Schwierigkeit darin, daß es inhaltlich kein einheitliches Modernisierungskonzept gibt. Fragwürdig erscheint besonders die häufig anzutreffende Auffassung zu sein, daß die sozio-ökonomische und politische Entwicklung traditioneller Gesellschaften nach dem Vorbild westlicher IL voranschreiten sollte (Knall 1980, S. 426).

Der häufig benutzte Gegensatz zwischen "Tradition" und "Modernisierung" berücksichtigt nicht, daß Modernisierung die Besinnung auf autochthone, kulturelle Werte einschließen sollte: Modernisierung kann auch wohlbedachte Retraditionalisierung sein.

Auch hat sich die Modernisierungstheorie zu wenig auf die externen Verursachungsfaktoren der Unterentwicklung konzentriert. Hier hat die Dependencia-Theorie Beiträge beigesteuert, die die koloniale Vergangenheit sowie die asymmetrischen Beziehungen zwischen EL und IL in den Mittelpunkt rücken (s.u.).

Die Modernisierungstheorien geben zwar Hinweise für eine handlungsorientierte Entwicklungstheorie, andererseits muß aber auch die Modernisierungstheorie selbst "modernisiert" werden (Knall 1980, S. 426). Dabei gilt, daß der Wandlungsprozeß der EL keine gleichgerichtete Entwicklung darstellt, sondern daß es eine Reihe von z.T. sehr unterschiedlichen Entwicklungspfaden gibt (vgl. dazu Knall 1962, S. 232 ff.).

1.5 Dasguptas Theorie vom "Well-Being"

Die Entwicklungstheorie Dasguptas hat zwei Stoßrichtungen: zum einen kritisiert er den utilitaristischen Wohlfahrtsbegriff der "welfare economics", zum anderen betont er die wichtige Rolle des Staates für den Entwicklungsprozeß. Seiner Ansicht nach kann sich der Prozeß hin zu einem Staat, der ethische Normen verkörpert, nicht allein darauf stützen, daß aggregierte Nutzenfunktionen auf Zustandsverbesserungen hinweisen. Die Aggregation stellt nämlich nicht sicher, daß das Nutzenniveau einzelner Individuen über einer kritischen Grenze verbleibt (derselbe 1990, S. 11): "So the issue is not whether human welfare is an appropriate ingredient in an ethical theory, but whether it ought to be the *sole* ingredient. Put another way, rights-based theories scrutinise not only the utility consequences of public actions ... They distinguish between different types of interest" (ebenda, S. 11/12). Welches sind diese verschiedenen Interessen?

Mit fortschreitender Entwicklung sollten die Individuen in der Lage sein, neben steigender Bedürfnisbefriedigung über bestimmte Freiheiten (liberties) und Rechte (rights) zu verfügen: "I shall call such an aggregate for *each* person his well-being" (ebenda, S. 13).

Grundlage hierfür ist der im Rousseau'schen Sinne durch Sozialkontrakt zustandegekommene Staat, "concerned primarily with the solution of conflicts that inevitably arise when individuals and groups pursue their own interests ..." (ebenda, S. 4). In einem solchen Gemeinwesen erst kann ein Individuum "reject a political argument which gave no weight to his well-being" (ebenda, S. 13).

Der Entwicklungsprozeß schreitet nach Dasgupta in dem Maße voran, wie basic needs (s.o.) befriedigt werden; dabei sind aber drei Ebenen auseinanderzuhalten:

(i) die Input- oder Ebene des Güterverbrauches,
(ii) die Ebene des "background environment", die die Individuen mit

"Negativfreiheiten" ausstattet: "negative-rights ... for example to the extent to which people are able to play an active and critical role in the choice of political leaders, the ability of people to express their opinions without fear of reprisals ..." (ebenda, S. 15),

(iii) die Outputebene, die u.a. durch soziale Indikatoren eingefangen wird (Geburtenraten, Lebenserwartung, Alphabetisierung etc., s.o.).

Der Staat hat dafür zu sorgen, daß Situationen herbeigeführt werden, "in which such 'basic needs' are obtainable by all" (ebenda, S. 19/20). Das heißt aber nicht, daß der Staat auch Sorge dafür tragen müßte, daß die Menschen die basic needs effizient nützen: "citizens may be prohibited from trading these rights away" (ebenda, S. 21).

Dasguptas Aussagen werden insofern zu einer testbaren Entwicklungshypothese, als er davon ausgeht, daß es eine hohe Korrelation zwischen dem Niveau der ersten und der dritten Ebene einerseits und dem Niveau der zweiten Ebene andererseits gibt. In einer Querschnittsuntersuchung für 50 EL der unteren Einkommensgruppen findet er seine These vorläufig bestätigt: "statistically speaking, of the 50 poor countries under observation, those whose citizens enjoyed greater political and civil liberties also performed better in terms of improvements in life expectancy at birth, per capita income and infant survival rates" (ebenda, S. 4).

Literaturhinweise zu diesem Kapitel:

Borner, S./Weder, R., Entwicklungstheorien versus moderne Mainstreamökonomie, in: WiSt, Heft 4/1990, S. 158-164.

Dasgupta, P., Well-Being and the Extent of its Realisation in Poor Countries, in: The Economic Journal, Vol.100 (Conference 1990), S. 1-32.

Knall, B., Wirtschaftserschließung und Entwicklungsstufen. Rostows Wirtschaftsstufentheorie und die Typologie von Entwicklungsländern, in: Weltwirtschaftliches Archiv, Band 88, 1962, S. 184-258.

Knall, B., Entwicklungstheorien, in: HdWW, 2. Band, Stuttgart u.a.O. 1980, S. 421-435.

Rostow, W.W., The Stages of Economic Growth. A Non-Communist Manifesto, London 1960.

2. Dualismus-Modelle

2.1 Lewis

2.1.1 Wesentliche Annahmen[69]

Von Sir W.A. Lewis stammt das klassische Wachstumsmodell einer unterentwickelten, geschlossenen Volkswirtschaft; es ist auch heute noch eine wichtige Grundlage bei der Diskussion um Entwicklungsstrategien für Länder der Dritten Welt. Lewis unterscheidet den kapitalistischen K-Sektor (dieser nutzt reproduzierbares Kapital und zahlt den Kapitalisten das Nutzentgelt dafür) vom Subsistenzsektor S (dieser nutzt ex definitione kein reproduzierbares Kapital).

Eine Gleichsetzung des K-Sektors mit dem städtischen Industriesektor bzw. des S-Sektors mit dem ländlichen Agrarsektor ist nicht zwingend; entscheidend für den S-Sektor ist die Tatsache, daß zum herrschenden Subsistenzlohn ein "unbegrenzter" Angebotsüberschuß an Arbeit besteht ("unlimited supply of labor"). Die Grenzproduktivität (GP) dieser Überschußarbeit und damit auch ihre Opportunitätskosten, sind Null; eine Verlagerung derselben erhöht c.p. die gesamtwirtschaftliche Produktion. Der Subsistenzlohnsatz w_s entspricht dem Durchschnittswertprodukt der Arbeit im S-Sektor.

Der Angebotsüberschuß an Arbeit im S-Sektor rekrutiert sich aus Frauen, dem Bevölkerungswachstum, Bauern, Gelegenheitsarbeitern, Klein- und Einzelhändlern, die durch den Familienbetrieb im S-Sektor ernährt und diesen nur dann verlassen werden, wenn der Lohnsatz im K-Sektor, w_k, einen höheren Konsum (= Einkommen) verspricht.

Der Real-Lohnsatz im K-Sektor wird nach Lewis durch das Grenzprodukt der Arbeit bestimmt, da sich die Unternehmer, bei vollständiger Konkurrenz auf Absatz- und Beschaffungsmärkten, profitmaximierend verhalten. Annahmegemäß ist die GPA im Subsistenzsektor zunächst kleiner als der Reallohn im K-Sektor.

Auch bei Aufgabe dieser strengen Modellprämissen soll der Lohnsatz im K-Sektor jedoch stets über dem Lohnsatz im S-Sektor liegen, sei es wegen

- der höheren Lebenshaltungskosten im K-Sektor,
- der psychologischen Transferkosten vom S- in den K-Sektor,

---

[69] Die folgenden Ausführungen lehen sich eng an Sell (1983) an.

- des Sozialprestiges oder Großstadtgeschmacks, der im Lohn seinen Niederschlag finden soll,
- des Wirksamwerdens von Gewerkschaftsmacht,
- der größeren Arbeitsplatzunsicherheit im K-Sektor.

Die Produktion im K-Sektor erfolgt mit abnehmenden Ertragszuwächsen, die Unternehmer sparen ihre Profite vollständig, die von ihnen gezahlten Löhne werden ausschließlich für Konsumzwecke verwandt.

2.1.2 Der Akkumulations- und Umverteilungsprozeß

Erklärt wird nun von Lewis, wie es in einer solch dualistischen Wirtschaft zum Wachstum des K-Sektors kommt, bei zunehmender Beschäftigung und sich ändernder Einkommensverteilung (zunächst zugunsten der Unternehmer): In Abbildung III.2.1 beschreibt der konkave Streckenzug PRS die Grenzproduktkurve der Arbeit im K-Sektor. Zum Lohnsatz w_k ($> w_s$) werden OA_0 Arbeitskräfte aus dem S-Sektor abgezogen und im K-Sektor beschäftigt. Das Einkommen der Arbeitnehmer beträgt in dieser "Startsituation" (t_0) $OQRA_0$.

Abb. III.2.1:

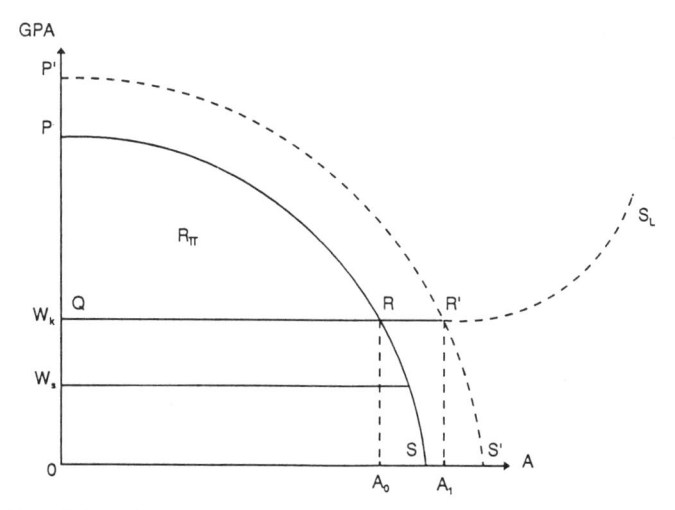

R_π = Reinvestierte Profite

Quelle: Sell (1983)

Dagegen fällt in t_0 ein Kapital- und Unternehmereinkommen in Höhe von PQR an; dieses wird gespart und reinvestiert. Gleichzeitig erhöhen diese Nettoinvestitionen bei konstantem Arbeitseinsatz die Grenzproduktivität der Arbeit (P'R'S'), einerseits durch die Kombination mit mehr Kapital, andererseits durch die Kombination mit höherwertigem Kapital (technischer Fortschritt). Der folgende Prozeß kann in drei Abschnitte aufgeteilt werden:

1. Phase: Bei konstantem Lohnsatz (aufgrund der Überschußarbeit im S-Sektor) steigt in t_1 die Beschäftigung auf OA_1, die Produktion auf $OA_1R'P'$; gesamtwirtschaftlich wird die Verteilung ungleicher, da im K-Sektor der Zuwachs des Kapital- und Unternehmereinkommens größer ist als der des Arbeitseinkommens und der Anteil des K-Sektors am Volkseinkommen zunimmt. Im Umfang von A_0A_1 werden weitere Arbeitskräfte aus dem S-Sektor abgezogen. Dieser Prozeß hält (mindestens) so lange an, bis die versteckte Arbeitslosigkeit im S-Sektor abgebaut ist.

2. Phase: Dann nämlich ist zusätzliche Beschäftigung im K-Sektor nur noch zu steigenden Lohnsätzen entlang $R'S_L$ zu bekommen, da sonst kein Anreiz mehr zur Migration besteht; die gesamtwirtschaftliche Verknappung der Arbeitskräfte wirkt nun der Einkommenskonzentration entgegen (gleichmäßigere Verteilung).

3. Phase: Der kapitalistische Akkumulationsprozeß im K-Sektor wird entscheidend gebremst, sobald:

(1) die Nachfrage und schließlich die Preise der vom S-Sektor produzierten Güter (relativ und absolut) steigen, womit sich die Terms of Trade des K-Sektors verschlechtern,

(2) die Produktivität im Subsistenzsektor stark ansteigt, womit die Subsistenzlöhne und notwendigerweise (Anreizschwelle) die Reallöhne im K-Sektor zunehmen,

(3) die Arbeiter des K-Sektors in der Lage sind, etwa durch Gewerkschaftsmacht, ihren Lebensstandard zu erhöhen.

Aus (2) folgt, daß die Kapitalisten nach Lewis ein "natürliches" Interesse daran haben, die Produktivität im Subsistenzsektor niedrig zu halten.

Der "investitionshemmende" Effekt von steigenden Löhnen im K-Sektor ist von *Loraine Donaldson*[70] graphisch wie folgt verdeutlicht worden:

---

[70] Economic Development. Analysis and Policy. St.Paul 1984.

Abb. III.2.2:

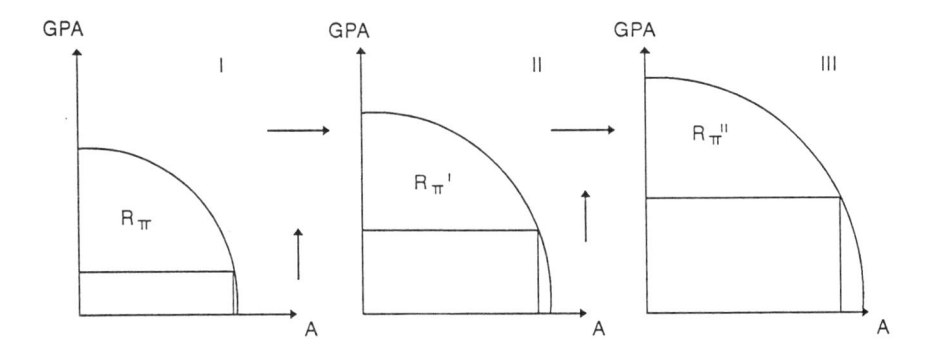

```
GPA                    GPA                    GPA
 |    I                 |    II                |    III
 |                      |                      |
 |         →            |         →            |        R_π"
 |                      |                      |
 |                      |    R_π'              |
 |   R_π                |                      |
 |            ↑         |            ↑         |
 |_____      |_____      |_____
                  A                       A                       A
```

Quelle: Donaldson (1984)

Zwar steigt der Output im Wachstumsprozeß (I ⇒ II ⇒ III), aber die Relation zwischen den einbehaltenen Profiten (Rπ) und dem Output geht bei steigenden Lohnsätzen zurück. Die Profite Rπ'' (III) etwa werden möglicherweise nur noch für Ersatzinvestitionen eingesetzt.

Die zentrale Aussage Lewis' besteht darin, daß eine "Industrierevolution" nur durch einen Anstieg der gesamtwirtschaftlichen Sparquote erklärt werden kann: Dies geschieht durch Umverteilung zugunsten der Profitempfänger (nicht der Grund-Rentiers). Diese Verteilungsänderung (die später eine entgegengesetzte Richtung hat) kann, so Lewis, in Kauf genommen werden, da

- zusätzliche Beschäftigung geschaffen wird,

- dem S-Sektor über Infrastruktur, Schulen etc. sogenannte "non cash benefits" aus dem K-Sektor zukommen,

- der K-Sektor neue Technologien, Genossenschaftsideen, ja sogar Verhaltensweisen in den S-Sektor einführt.

2.1.3 Die Reallokation der Arbeit zwischen traditionellem und modernem Sektor

Die Reallokation der Arbeit zwischen einem modernen, kapitalistischen (Y) und einem traditionellen Subsistenzsektor (X) in einer Labor-Surplus-Wirtschaft á la Lewis wird durch Hemmer (1988, S. 197 f.) in folgender Graphik

(Abbildung III.2.3) diskutiert: Dort sind die "partiellen Ertragsfunktionen der Arbeit im traditionellen [X = f(A)] und im modernen Sektor [Y = g(A)] eingezeichnet. ... Der Substitutionsbereich erstreckt sich im modernen Sektor über den Abschnitt DF ... und im traditionellen Bereich über den Abschnitt BC". Jenseits der Substitutionsbereiche verlaufen die jeweiligen Ertragsfunktionen horizontal.

Abb. III.2.3:

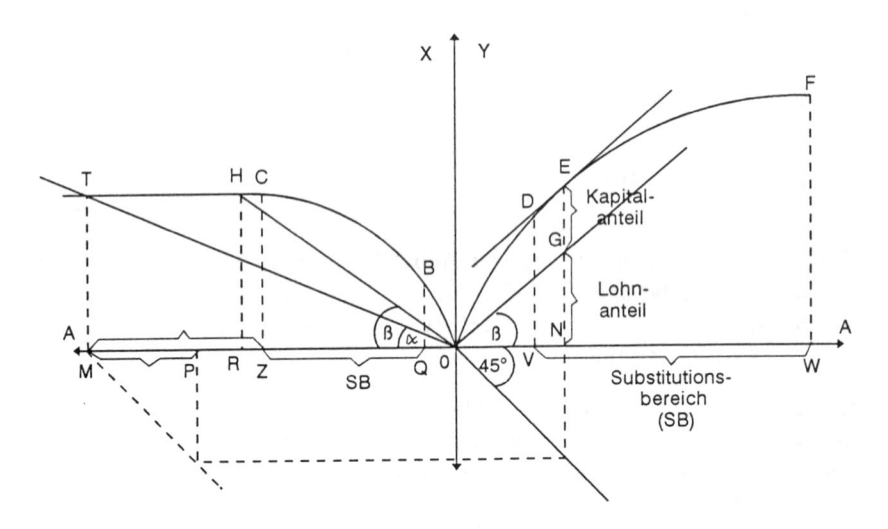

- DF = Substitutionsbereich zwischen Arbeit und Kapital im modernen Sektor
- BC = Substitutionsbereich zwischen Arbeit und Kapital im traditionellen Sektor
- Versteckte AL_0 = MZ ; TM/0M = tan α = Durchschnittseinkommen der Arbeitskräfte im traditionellen Sektor
- Versteckte AL_1 = RZ
- Einsatz von abgewanderten Arbeitskräften im modernen Sektor: MP bzw. PM = 0N
- Offene AL_1 = 0M − (MP + 0R) = PR
- Migration von Arbeitskräften in den modernen Sektor: RM > PM
- Arbeitskräftebestand des betrachteten Landes: 0M

Quelle: Hemmer (1988)

Wenn OM der Arbeitskräftebestand des betrachteten Landes ist, so liegt in der Ausgangssituation (t_0), bei der nur im traditionellen Sektor produziert wird, versteckte Arbeitslosigkeit in Höhe von MZ vor. Die im S-Sektor eingesetzten (einschließlich der versteckt Arbeitslosen) Kräfte erhalten ein Durchschnittseinkommen, welches durch tan α bzw. durch das Streckenverhältnis TM/OM beschreiben wird (vgl. ebenda, S. 199).

In t_1 wird gewissermaßen der moderne K-Sektor, welcher Y produziert, ins Leben gerufen. Dort möge ein (beispielsweise durch Mindestlohngesetzgebungen bedingter) Lohnsatz herrschen, der dem Tangens des Winkels β entspricht: der Arbeitseinsatz wird dann ON betragen, zu dem eine Produktion von NE möglich ist.[71] Arbeitskräfte im Umfang von ON wurden aus dem S-Sektor abgezogen; die Strecke ON des 1. Quadranten möge der Strecke PM bzw. MP im 2. Quadranten entsprechen. Diese "Menge" an Arbeitskräften ist aber geringer als die Anzahl von Arbeitskräften, die - durch den höheren Reallohn im K-Sektor angelockt (tan β > tan α) - aus dem S-Sektor abgewandert sind (RM). Somit entsteht im modernen Sektor offene Arbeitslosigkeit in Höhe von PR. Gleichzeitig reduziert sich nun die versteckte Arbeitslosigkeit im S-Sektor von MZ in t_0 auf RZ in Periode t_1.

2.1.4 Kritik am Lewis-Modell

Am Lewis-Modell ist vielfältige Kritik geübt worden. Zunächst wird gerügt, daß die Annahme einer GPA von Null im S-Sektor entweder unhaltbar ist oder aber die "Frucht" eines Mißverständnisses: Unterstellen wir, ein Arbeiter leistet 30 Stunden/Woche. Sein Beitrag zur Wertschöpfung in der letzten Wochenstunde ist vernachlässigbar. Was aber, wenn 5 Mann á 6 Stunden arbeiten? Die GP der 30 Stunden (GP der Arbeitsstunden = 0, GP der Arbeitskräfte > 0) ist sicher größer als Null!! Weiterhin konnte u.a. Thirlwall zeigen, daß bei konstanten Skalenerträgen sich die Kurve der GPA des modernen Sektors im Wachstumsprozeß verteilungsneutral verschiebt, d.h., die Einkommenszuwächse werden gleichverteilt.

Um dieses Argument zu verstehen, soll im folgenden das Eulersche Theorem in Erinnerung gerufen werden; für eine homogene Produktionsfunktion vom Grade r gilt:

(178) $\lambda^r \cdot f(A,K) = f(\lambda A, \lambda K) = \lambda^r \cdot y$ und

---

[71] "Vom Produktionsvolumen des modernen Sektors NE erhalten die Arbeitskräfte NG, so daß für die Kapitalbesitzer das (maximale) Einkommen GE übrig bleibt" (ebenda, S. 200).

(179) $A \cdot GPA + K \cdot GPK = r \cdot y$

für A = Arbeit und K = Kapital

Im Falle von r = 1 wird (179) zu:

(180) $A \cdot GPA + K \cdot GPK = y$ (Output)

Bei Konkurrenzentlohnung (Grenzproduktivitätstheorie) gilt aber

(181) $p \cdot GPA = 1$ (Lohnsatz)

(182) $p \cdot GPK = i$ (Zinssatz)

Somit ist

(183) $\underbrace{A \cdot 1 + K \cdot i}_{\text{Summe aller Faktorkosten}} = p \cdot y$ (Gesamterlös)

Bei r = 1 dehnt die Unternehmung die Produktion in der Weise aus, daß sie den Einsatz aller Faktoren proportional erhöht und damit eine konstante Faktorintensität beibehält (Abbildung III.2.4).

Abb. III.2.4:

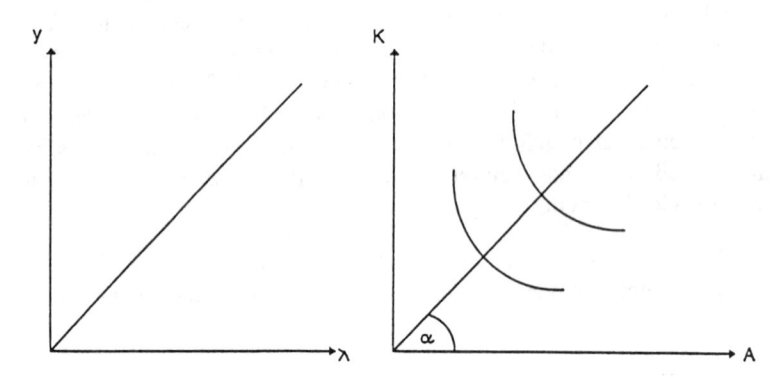

$tg\,\alpha = \dfrac{K}{A}$

Quelle: Eigenentwurf

Für r < 1 wird aus (180):

(184) $\quad \dfrac{1}{\underbrace{r}_{>1}} [\underbrace{A \cdot GPA + K \cdot GPK}_{\substack{\text{Entlohnung}\\ \text{der Faktoren}}}] = y <$ Gesamtprodukt

Für r > 1 wird aus (180):

(185) $\quad \dfrac{1}{\underbrace{r}_{<1}} [\underbrace{A \cdot GPA + K \cdot GPK}_{\substack{\text{Entlohnung}\\ \text{der Faktoren}}}] = y >$ Gesamtprodukt

Für r = 1 kommt es im Rahmen des Lewis-Modells (vgl. Thirlwall 1983) zu folgender Verschiebung der GPA-Kurve (Abbildung III.2.5):

Abb. III.2.5:

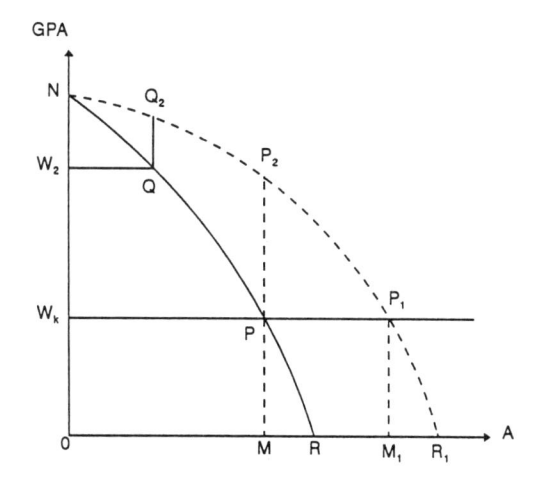

Wenn $\dfrac{Q_2Q}{W_2Q} = \dfrac{P_2P}{W_kP}$, dann ist $\dfrac{W_kNP}{ONPM} = \dfrac{W_kNP_1}{ONP_1M_1}$.

Quelle: Thirlwall (1983)

In t_0 lautet die GPA-Funktion: NPR. Es werden OM Arbeitskräfte eingestellt. Durch die Investitionstätigkeit der Unternehmer verschiebt sich in t_1 NPR nach NP_1R_1. Jetzt werden im Umfang von OM_1 Arbeitskräfte eingesetzt. Das zusätzliche Lohneinkommen, MPP_1M_1, führt aber nicht wie bei Lewis zu einer niedrigeren Lohnquote (vgl. Abbildung III.2.5)!

Damit erscheint die fast zwangsläufige Verschlechterung der Verteilung (innerhalb des K-Sektors) zweifelhaft. Dieser Einwand wird durch die empirische Beobachtung verstärkt, daß die Löhne in der Regel weit früher zu steigen beginnen, als bis der Abbau des Labor Surplus vollzogen ist. Auch zeigte sich, daß die Absorptionsfähigkeit von Arbeitskräften von der Industrie weit niedriger als angenommen war; dies schon deshalb, weil ein Teil der Reinvestitionen *arbeitssparende* Technologien einführten.

Lewis erkannte dieses Dilemma später selbst und gab dafür ein eindrucksvolles Beispiel: Ist etwa der Anteil der im K-Sektor Beschäftigten 30% und die Wachstumsrate der Arbeitsbevölkerung 3%, so muß der K-Sektor um 10% wachsen, um die zusätzlichen Arbeitskräfte zu absorbieren!

Beispiel:

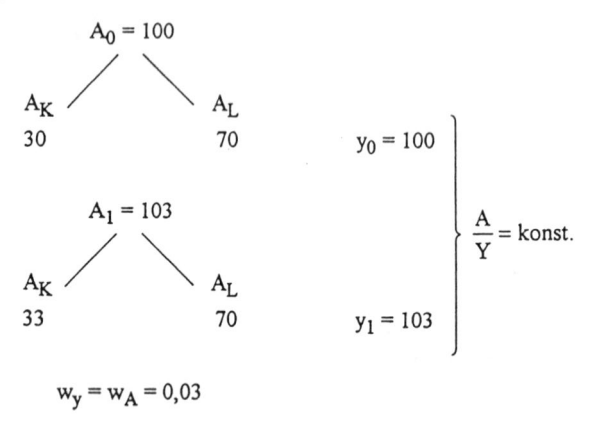

$$A_0 = 100$$
$$A_K = 30 \qquad A_L = 70 \qquad y_0 = 100$$

$$A_1 = 103$$
$$A_K = 33 \qquad A_L = 70 \qquad y_1 = 103$$

$$\frac{A}{Y} = \text{konst.}$$

$$w_y = w_A = 0{,}03$$

Andererseits wurde beobachtet, daß steigende Beschäftigungsmöglichkeiten Land-Stadt-Migrationen auslösten, die im Endeffekt die Arbeitslosigkeit im K-Sektor erhöhten. Lewis dagegen nahm an, daß die Abwanderung erst dann erfolgen würde, wenn die entsprechenden Arbeitsplätze im K-Sektor geschaffen und zu besetzen wären.

Der gravierendste Vorwurf gegen das Labor-Surplus-Modell bezieht sich darauf, daß von Lewis die Axiome der Kreislauftheorie nicht beachtet würden, mit anderen Worten, die Nachfrage nach den im K-Sektor produzierten Gütern, seien es Konsum- oder Investitionsgüter, werde nicht berücksichtigt bzw. erklärt.

Dieser Vorwurf läßt sich, selbst bei Anführung des Say'schen Theorems, nicht ganz entkräften, zumal jenes nicht ohne weiteres auf eine duale Wirtschaft anwendbar ist. Schließlich fehlt (im Konsumbereich) die elementare Unterscheidung zwischen inferioren und superioren Gütern, die die angenommene Entwicklung der Terms of Trade (s.o.) eher zugunsten des K-Sektors beeinflussen würde.

Als weitere Kritik am Lewis-Modell führt Ghatak (1986, S. 80 f.) die Möglichkeit an, daß die Profitakkumulation der Kapitalisten nicht immer das Niveau der Beschäftigung im Industriesektor anheben muß:

Das Ausgangsgleichgewicht in Abbildung III.2.6 sei durch den Punkt E beschrieben, in dem der Reallohn gleich der GPA ist. Führt die repräsentative Unternehmung nun eine arbeitssparende Produktionstechnik im Zuge des Akkumulationsprozesses bzw. der Reinvestition der Profite ein, so wird die neue GPA-Linie nicht durchgehend außerhalb der alten GPA-Linie verlaufen. Verläuft sie entsprechend D_1D_1 und schneidet die Reallohnlinie ebenfalls im Punkt E, so kommt es zu keiner Mehrbeschäftigung. Allerdings sind die Profite der Kapitalisten gestiegen, da $w_KD_1E > w_KDE$ ist. Ghatak nennt einen solchen, durchaus denkbaren Prozeß, "growth without development".

Abb. III.2.6:

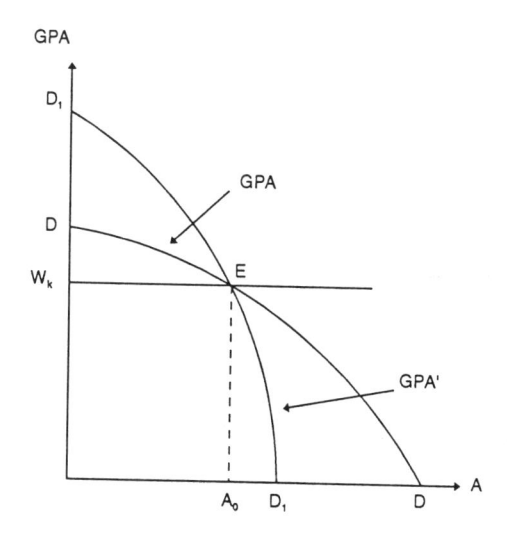

Quelle: Ghatak (1986)

Abschließend noch eine methodische Randnotiz des Verfassers, die eine Kritik an der Rezeption des Lewis-Modells in der Literatur sein soll.

Die durchgehend zu findende konkave Darstellung der GPA-Kurve stellt - selbst innerhalb einer Klasse von linear-homogenen Produktionsfunktionen (r = 1) - offensichtlich einen Spezialfall dar (vgl. Abbildung III.2.7).

Abb. III.2.7: Unterschiedliche Grenzwertproduktkurven im Lewis-Modell
(r = 1)

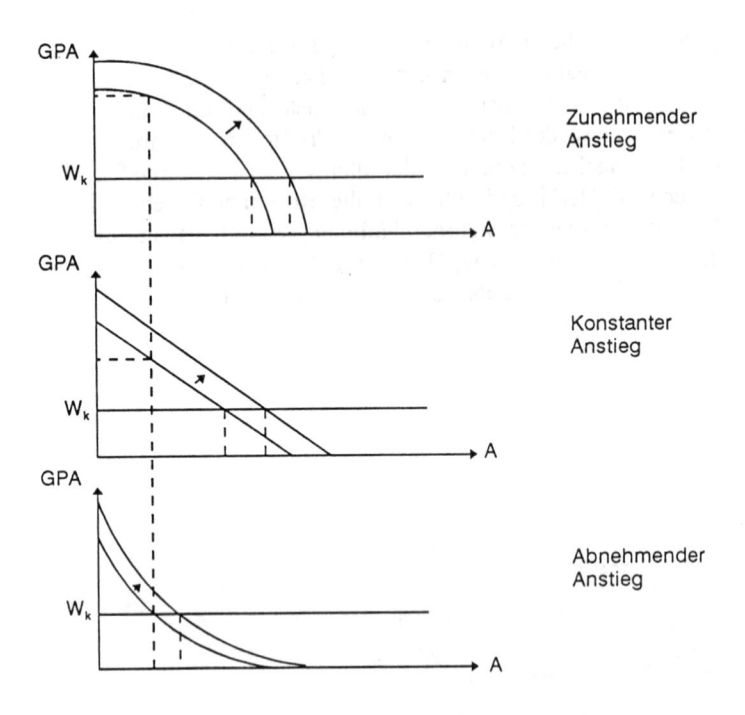

[Abbildung: Drei Diagramme mit GPA über A, mit W_k markiert - Zunehmender Anstieg, Konstanter Anstieg, Abnehmender Anstieg]

Quelle: Eigenentwurf

Allgemein ergibt sich der Anstieg der GPA-Funktion (bei einer Cobb-Douglas-Funktion) aus:

(186) $Y = A^{\alpha_1} \cdot K^{\alpha_2}$ bzw. $= A^{\alpha_1} \cdot K^{1-\alpha_1}$
(für r = 1)

(187) $\quad GPA = \alpha_1 \cdot A^{\alpha_1-1} \cdot K^{1-\alpha_1}$

(188) $\quad \dfrac{\partial GPA}{\partial A} = \underbrace{(\alpha_1-1)}_{-\alpha_2}\alpha_1 \cdot A^{\alpha_1-2} \cdot K^{1-\alpha_1}$

(189) $\quad \dfrac{\partial^2 GPA}{\partial A^2} = -(\alpha_1-2)\alpha_2\alpha_1 A^{\alpha_1-3} \cdot K^{1-\alpha_1}$

Liegt ein konstanter Anstieg vor, so muß (189) null sein; liegt ein zunehmender Anstieg (konkaver Verlauf) vor, so muß (189) dem Betrage nach größer als null, im umgekehrten Falle dagegen kleiner als null sein!

Literaturhinweise zu diesem Kapitel:

Donaldson, L., Economic Development. Analysis and Policy, St. Paul 1984.

Ghatak, S., An Introduction to Development Economics, 2. Auflage, London 1986.

Hemmer, H.R., Wirtschaftsprobleme der Entwicklungsländer, 2. Auflage, München 1988.

Lewis, W.A., Economic Development with Unlimited Supplies of Labour, in: The Manchester School of Economic and Social Studies, Vol. 22, Nr. 2, Mai 1954, S. 139-191.

Sell, F.L., Das Lewis Modell, in: WiSt, 12. Jahrgang, Heft 5/1983, S. 249-251.

2.2 Fei/Ranis

2.2.1 Graphische Analyse

Das Fei/Ranis-Modell soll anhand der Abbildung III.2.8 erläutert werden.

Im oberen Diagramm sind Arbeitsangebot (A_I) und das Grenzprodukt der Arbeit in der Industrie (GPA_I) abgebildet. Aus dem Schnittpunkt von Angebots- und Nachfragekurve ergibt sich die Beschäftigung im Industriesektor. Investitionen im I-Sektor führen zu einer Verschiebung der GPA nach außen (von df nach d'f').

Abb. III.2.8:

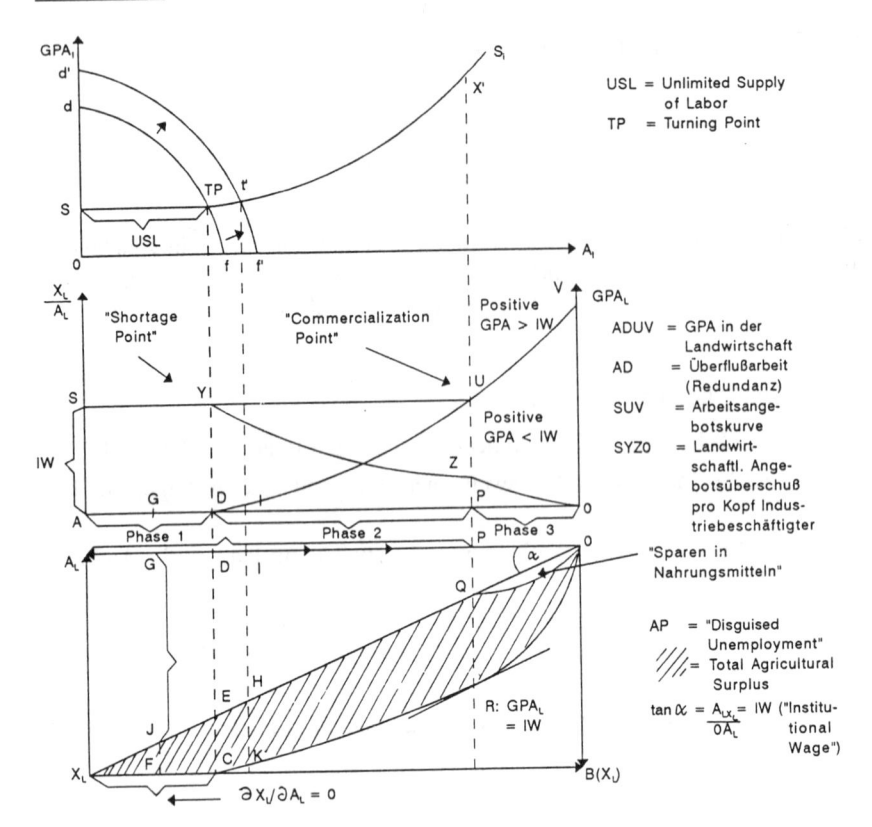

Quelle: Fei/Ranis (1961)

Das Lewis'sche "unbegrenzte" Arbeitsangebot ist durch den horizontalen Abschnitt der Arbeitsangebotskurve, USL, gegeben. Sobald sich die Angebotskurve, S_i, nach oben neigt, ist der sogenannte *"Turning Point"* (TP) gegeben. Im *untersten* (3.) Diagramm ist der Output in der Landwirtschaft (X_L) in Abhängigkeit von der Beschäftigung (A_L) dargestellt. Arbeitskräfte über OD (= BC) hinaus sind *redundant*, da das Grenzprodukt der Arbeit, $(\partial X_L / \partial A_L)$, in diesem Bereich gleich null ist.

In der Ausgangssituation möge die gesamte Beschäftigung OA_L in der Landwirtschaft engagiert sein; es wird ein Output von $A_L X_L$ erwirtschaftet, der annahmegemäß vollständig von der Arbeitsbevölkerung in der Landwirtschaft konsumiert werden soll.

Der Reallohn (IW) beträgt dort:

(190) $\dfrac{A_L X_L}{OA_L} = IW$ ("Institutional Wage").

Das Fortbestehen dieses Lohnniveaus sei durch institutionelle bzw. Nichtmarkt-Faktoren garantiert. Nehmen wir nun weiter an, daß in R die Tangente an die Ertragskurve parallel zu OX_L verläuft: *Der "institutional wage" entspricht dort dem Grenzprodukt der Arbeit.* Die Strecke $A_L P$ können wir als versteckte Arbeitslosigkeit in der Landwirtschaft auffassen, *da jenseits von P das Grenzprodukt der Arbeit kleiner als der institutionelle Lohnsatz (IW) ist.*[72] Im Punkt P kann auch die Aufteilung der Beschäftigung zwischen Industrie und Landwirtschaft nach Einsetzen der Take-off-Phase abgelesen werden: OP Arbeitskräfte sind in der Landwirtschaft, $A_L P$ in der Industrie beschäftigt.

Im mittleren Diagramm ist auf der linken Achse das Durchschnittsprodukt der Arbeit (X_L/A_L) der Landwirtschaft, auf der rechten Achse die GPA in der Landwirtschaft abgetragen. Die Linie ADUV steht für die Entwicklung der GPA in der Landwirtschaft (von rechts nach links gelesen!).

Die Strecke SA (= PU) gibt den institutionellen Lohnsatz IW wieder. Der Take-Off-Prozeß läßt sich nun in *drei Phasen* zerlegen:

(i) *Phase 1*: die GPA_L ist gleich null; Arbeit ist im Umfang von AD redundant.

(ii) *Phase 2*: die GPA_L ist positiv, aber noch kleiner als IW. In U ist schließlich die verborgene Arbeitslosigkeit in der Landwirtschaft abgebaut.

(iii) *Phase 3*: die GPA_L ist positiv und größer als IW. Allerdings wird in dieser 3. Phase IW nicht mehr maßgeblich sein; jenseits von U wird die Arbeit nun auch in der Landwirtschaft mit ihrem Grenzprodukt entlohnt. Fei/Ranis sprechen in diesem Zusammenhang davon, daß der landwirtschaftliche Sektor nunmehr voll *kommerzialisiert* ist. Landlords bekommen zusätzliche Arbeit nur noch zu steigenden Lohnsätzen. Die Kurve SUV gibt an, welche Reallöhne bezahlt werden müssen, um Arbeit aus der

---

[72] Die versteckte AL ist also weitaus größer als der "unlimited supply of labor" (PA_L versus DA_L).

Landwirtschaft abzuziehen: SUV ist die *"supply-price curve of agricultural labor"*.

Der Abzug von Arbeitskräften bleibt aber nicht ohne Folgen für die Verfügbarkeit an Nahrungsmitteln: Werden beispielsweise in Periode 0 im Umfang von AG (siehe mittleres Diagramm) Arbeitskräfte in die Industrie verlagert, so wird ein Output von JG benötigt, um die verbleibenden Arbeitskräfte in der Landwirtschaft (OG) zu ernähren. Es entsteht ein "landwirtschaftlicher Überschuß" (*total agricultural surplus* = TAS) in Höhe von JF. Für jede weitere Periode ergibt sich der *TAS aus der vertikalen Differenz* zwischen OX_L und der Ertragskurve $ORCX_L$. Lediglich in *Phase 3* (s.o.) ist der TAS geringer als diese Differenz, da nun steigende Reallöhne in der Landwirtschaft auftreten. M.a.W.: es wird unterstellt, daß Arbeiter jetzt sparen können und zwar in Nahrungsmitteln.

Der landwirtschaftliche Überschuß kann als vermarktbare Produktion aufgefaßt werden, der zur Ernährung der Industriearbeiter zur Verfügung steht. Der TAS pro Kopf (AAS) Industriebeschäftigter ist im mittleren Diagramm durch die Kurve $SYZO$ angegeben.

In *Phase 1* (SY) fällt der AAS mit dem institutionellen Lohnsatz zusammen: jeder abwandernde Arbeiter nimmt gewissermaßen sein Subsistenzbündel an Nahrungsmitteln mit an den neuen Industriestandort. In *Phase 2* (YZ) beginnt der AAS knapp zu werden, da die aus der Landwirtschaft abgezogenen Arbeitskräfte eine GPA von größer null aufwiesen. In *Phase 3* (ZO) sinkt der AAS noch schneller ab. Die Terms of Trade des Industriesektors verschlechtern sich aufgrund der relativen Knappheit an Nahrungsmitteln. In der *dritten Phase* (jenseits von U) wird die Arbeitsangebotskurve im Industriesektor steil ansteigen (höhere Reallöhne, gemessen in Industriegütern).

Nach Fei/Ranis müssen 2 Punkte streng auseinandergehalten werden:

(i) der Lewis'sche *"turning point"* (Y im mittleren Diagramm), von dem ab der TAS pro Kopf Industriebeschäftigter abnimmt und

(ii) der *"commercialization point"* (Z bzw. U im mittleren Diagramm), der den Beginn der Gleichheit von GPA und Reallohn in der Landwirtschaft anzeigt.

Ein Hinausschieben des Lewis'schen *"turning points"* ist nach Fei/Ranis möglich,

- sofern die Arbeitsproduktivität in der Landwirtschaft zunimmt (die Ertragskurve $ORCX_L$ verschiebt sich nach oben) und/oder

- positives Bevölkerungswachstum auftritt (Verlängerung der Abszisse OA_L), welches die "Redundanzstrecke" verlängert.

2.2.2 Kritik des Fei/Ranis-Modells

Hier sind vor allem drei Punkte zu nennen (vgl. insbesondere Timmermann 1982, S. 113):

(i) Die Annahme, daß das Grenzprodukt der aus der Landwirtschaft in die Industrie abwandernden Arbeitskräfte während der 1. Phase gleich null sei, ist, genauso wie in der Darstellung des Lewis-Modells ausgeführt, mehr als problematisch.

(ii) Die Rolle des Produktionsfaktors Kapital wird im Fei-Ranis-Modell nicht genügend explizit herausgearbeitet. "Es wird nur darauf hingewiesen, daß Investitionen für die Ausweitung der Grenzprodukte erforderlich sind; aber dieser Zusammenhang wird nicht produktionstheoretisch abgeleitet" (ebenda, S. 113).

(iii) Fei/Ranis vernachlässigen - durch die Annahme einer geschlossenen Volkswirtschaft - den Außenhandel. Durch Außenhandel könnten sich aber einige wesentliche Konklusionen relativieren. Durch Importe von landwirtschaftlichen Produkten wird es möglich, vorübergehend Nahrungsmittelknappheiten zu reduzieren. Eine streng ausgewogene Entwicklung zwischen der einheimischen Landwirtschaft und der Industrie würde dadurch wenigstens zeitweise aufgehoben.

Literaturhinweise zu diesem Kapitel:

Fei, J.C./Ranis, G. , Innovation, Capital Accumulation, and Economic Development, in: AER, Vol. LIII, No. 3, 1963, S. 283-313.

Ranis, G./Fei, J.C., A Theory of Economic Development, in: AER, Vol. LI, No. 4, 1961, S. 533-558.

Timmermann, V., Entwicklungstheorie und Entwicklungspolitik. Göttingen 1982.

2.3 Jorgenson

2.3.1 Neoklassische Annahmen

Im Unterschied zu Lewis bezeichnet Jorgenson (1967, S. 299 f.) seinen eigenen Ansatz explizit als *neoklassisch*. Zwei Dinge unterscheiden ihn (seiner Ansicht nach) von diesem:

(i) für ihn gibt es keine GPA in der Landwirtschaft von null bzw. "labor is never redundant";

(ii) der (Real-) Lohnsatz ist nicht fixiert, sondern variabel. Die Löhne im traditionellen Sektor sind zu denen im modernen Sektor *proportional* (ebenda, S. 300).

Die Produktionsfunktion im traditionellen, landwirtschaftlichen Sektor möge lauten:

(191) $Y = e^{\alpha t} L^{\beta} A^{(1-\beta)}$

A ist dabei der Arbeitseinsatz, α die autonome technische Fortschrittsrate, β die Elastizität des Outputs in bezug auf eine Erhöhung des Bodenangebots (L)[73]. Bei einem fixen Bodenangebot läßt sich (191) auch schreiben als:

(192) $Y = e^{\alpha t} A^{(1-\beta)}$

Es liegen somit Cobb-Douglas-Verhältnisse vor.

Im folgenden unterstellt Jorgenson, daß die Produktion im Fertigwarensektor ebenfalls mit konstanten Skalenerträgen erfolgen möge:

(193) $X = e^{\lambda t} K^{\sigma} M^{1-\sigma}$

K = Kapitalstock

M = Beschäftigung in der Industrie

σ = Produktionselastizität des Faktors Kapital

$(1 - \sigma)$ = Produktionselastizität des Faktors Arbeit

Der Zuwachs des Kapitalstocks ($\dot{K} = S$) entspricht den Gewinnen (Z) im Industriesektor ($s_Z = 1$):

---

[73] Entsprechend ist $(1 - \beta)$ die Produktionselastizität des Faktors Arbeit.

(194) $\dot{K} = \sigma \cdot X = \frac{Z}{X} \cdot X = Z$

2.3.2 Der neoklassische Wachstumspfad

Wie findet nun die (Re-)Allokation der Arbeit zwischen Landwirtschaft und Industrie statt? Dazu definiert Jorgenson ein sogenanntes "kritisches Niveau" der Pro-Kopf-Produktion landwirtschaftlicher Güter, y^t, bis zu dem die Produktion der Landwirtschaft vollständig konsumiert wird. Ist y^t einmal erreicht, so erfolgt jeder zusätzliche Konsum in Form des "Verzehrs" von Industriegütern. Ein landwirtschaftlicher Output pro Kopf, der über y^t hinausgeht, stellt mithin einen Überschuß (surplus), s, dar:

(195) $s = y - y^t$

Für s > 0 kann nun ein Teil der Arbeitskräfte aus der Landwirtschaft zur Produktion von Industriegütern abgezogen werden, und zwar bei gleichbleibendem Bevölkerungswachstum. Die gesamte Bevölkerung (P) setze sich zusammen aus:

(196) $P = A + M$

Dabei sind A die in der Landwirtschaft, M die in der Industrie Beschäftigten. Die Wachstumsrate der Bevölkerung ($\dot{P}/P$) bzw. Nettoreproduktionsrate wird von Jorgenson nun zerlegt in:

(197) $\dfrac{\dot{P}}{P} = \min \begin{cases} \gamma \left[y \cdot \dfrac{A}{P} \right] - \delta \\ \varepsilon \end{cases}$

wobei

(198) $\left[y \cdot \dfrac{A}{P} \right] = \dfrac{Y}{A} \cdot \dfrac{A}{P} = \dfrac{Y}{P}$

gleich dem Output an Nahrungsmitteln pro Kopf der Gesamtbevölkerung ist. Der Ausdruck γ[Y/P] entspricht dann der Wachstumsrate der Nahrungsmittel pro Kopf, δ gibt die minimale Nettoreproduktionsrate (bei der maximal möglichen Sterberate) wieder und ε sei die durch soziales Umfeld und medizinische Versorgung maximal mögliche Nettoreproduktionsrate der gesamten Bevölkerung. In einer Wirtschaft mit einem landwirtschaftlichen Überschuß ($y > y^t$) beträgt der gesamte Verbrauch an Nahrungsmitteln:

(199) $\quad y^t \cdot P = C_Y$

Der Anteil der in der Landwirtschaft beschäftigten Arbeitskräfte ist gegeben durch:

(200) $\quad \dfrac{A}{P} = \dfrac{y^t}{y} \quad$ sofern $y > y^t$

Daraus ergibt sich die Aufteilung der Arbeit zwischen Industrie und Landwirtschaft als

(201) $\quad \dfrac{A}{P} = \min \begin{cases} 1 & \text{(vor der Industrialisierung)} \\ \dfrac{y^t}{y} & \text{(im Zuge der Industrialisierung)} \end{cases}$

Zu Beginn des Industrialisierungsprozesses ist $M = 0$ und P entspricht A. Der landwirtschaftliche Output pro Kopf ist zunächst noch kleiner/gleich y^t. Sobald $y > y^t$, entsteht industrielle Beschäftigung und die Wachstumsrate der Bevölkerung ist nun durch die maximal mögliche Nettoreproduktionsrate, ε, bestimmt (Jorgenson 1967, S. 302).

Wegen

(202) $\quad y = e^{\alpha t} \cdot L^\beta \cdot A^{-\beta}$

ist

(203) $\quad \dfrac{\dot{y}}{y} = \alpha - \beta \dfrac{\dot{P}}{P} \quad$ für $\quad \dfrac{\dot{L}}{L} = 0 \quad$ und näherungsweise $\quad \dfrac{\dot{A}}{A} = \dfrac{\dot{P}}{P} \quad$ [74]

Da

(204) $\quad \dfrac{\dot{P}}{P} = \varepsilon \quad$ sobald $\quad y > y^t \quad$ (s.o.)

ist

---

[74] Genau genommen ergibt sich aus (200):
$\dfrac{\dot{A}}{A} = \dfrac{\dot{P}}{P} + \dfrac{\dot{y}_t}{y_t} - \dfrac{\dot{y}}{y} < \dfrac{\dot{P}}{P}$

(205) $\dfrac{\dot{y}}{y} = \alpha - \beta\varepsilon$

Die Bedingung:

(206) $\alpha > \beta\varepsilon > 0$

ist sowohl notwendig als auch hinreichend für die Herausbildung eines anhaltenden landwirtschaftlichen Überschusses. Diese Bedingung beinhaltet ferner, daß

(207) $\alpha > \beta\varepsilon$ [75]

$-\alpha < -\beta\varepsilon$

$\varepsilon - \alpha < \varepsilon - \beta\varepsilon$

$\varepsilon - \alpha < \varepsilon(1-\beta)$

$\varepsilon > \dfrac{\varepsilon - \alpha}{1-\beta}$

Die Wachstumsrate des Industrieoutputs ergibt sich andererseits aus (208):

(208) $\dfrac{\dot{X}}{X} = \lambda + \sigma \cdot \dfrac{\dot{K}}{K} + (1-\sigma) \cdot \dfrac{\dot{M}}{M}$

Der Industriesektor kann wachsen - jedoch nur dann - , wenn es einen positiven und zunehmenden landwirtschaftlichen Überschuß gibt.
Stellt man auf die Produktion je Industriebeschäftigten ab, so gilt:

(209) $x = \dfrac{X}{M} = e^{\lambda t} \cdot K^{\sigma} \cdot M^{-\sigma}$

Daraus kann man gewinnen:

(210) $\dfrac{dx}{x} = \lambda + \sigma \cdot \dfrac{dk}{k}$; $k = \dfrac{K}{M}$

Zunächst ergibt sich aus (209):

---

[75] "Unless technological progress in agriculture is sufficiently rapid to outpace the growth of population and the force of diminishing returns, the industrial sector may not be economically viable" (Jorgenson 1967, S. 311).

(211) $\quad \dfrac{dx}{x} = \sigma\left(\dfrac{dK}{K}\right) - \sigma\left(\dfrac{dM}{M}\right) + \lambda = \lambda + \sigma\underbrace{\left[\left(\dfrac{dK}{K}\right) - \left(\dfrac{dM}{M}\right)\right]}_{\dfrac{dk}{k}}$

Beweis:

$k = \dfrac{K}{M}$

$dk = \dfrac{\partial(K/M)}{\partial K} \cdot dK + \dfrac{\partial(K/M)}{\partial M} \cdot dM$

$\quad = \dfrac{1}{M} \cdot dK + \dfrac{-K}{M^2} \cdot dM$

$\dfrac{dk}{k} = \dfrac{1}{M} \cdot \dfrac{M}{K} \cdot dK + \dfrac{-K}{M^2} \cdot \dfrac{M}{K} \cdot dM \qquad$ Demnach ist:

$\dfrac{dk}{k} = \dfrac{dK}{K} - \dfrac{dM}{M} \quad \Rightarrow \quad$ q.e.d.!

Aus (210) ergeben sich die folgenden Schlußfolgerungen:

Ohne autonomen Fortschritt ($\lambda = 0$) muß, damit der Output je Industriebeschäftigten wächst, so investiert werden, daß die Kapitalintensität, d.h. die Kapitalausstattung der Arbeitskräfte, zunehmen kann. Damit aber Kapitalbildung überhaupt möglich wird, müssen Arbeitskräfte im industriellen Sektor beschäftigt werden, und dazu wiederum ein "Surplus in Agriculture" erzielt und zur Ernährung der Industriearbeiter bereitgestellt werden (206).[76]

Damit sich ein anhaltend hoher landwirtschaftlicher Überschuß einstellt, hat die Wirtschaftspolitik zwei bzw. drei "Angriffspunkte":

a) Eine Erhöhung von α und/oder eine

b) Senkung von dP/P bzw. ε, bei gegebenem β;

c) Senkung von β (Erhöhung von $(1 - \beta)$) bei gegebenem ε.

---

[76] "Given any positive initial capital stock, no matter how small, the existence of a positive and growing agricultural surplus generates sustained economic growth" (Jorgenson 1967, S. 303).

2.3.3 Terms of Trade zwischen Landwirtschaft und Industrie

Wenn die Konsumquote der landwirtschaftlichen und der städtischen Arbeitskräfte gleich eins ist, muß folgende Identität gelten:

(212) $\underbrace{w \cdot M + \mu \cdot w \cdot A}_{\substack{\text{Gesamtwirtschaftliche} \\ \text{Lohnsumme in Ein-} \\ \text{heiten von Fertigwaren}}} = \underbrace{(1-\sigma)X}_{\substack{\text{Nicht investierter} \\ \text{Teil der Produktion} \\ \text{von Fertigwaren}}} + \underbrace{Y \cdot \underbrace{\frac{P_A}{P_M}}_{q}}_{\substack{\text{Landw. Erlöse} \\ \text{in Einheiten von} \\ \text{Fertigwaren}}}$

wobei

μ = Proportionalitätsfaktor zwischen Reallöhnen in der Industrie (w) und in der Landwirtschaft ($\mu \cdot w$), der konstant sein soll.

q = Terms of Trade zwischen Landwirtschaft und Industrie.

Da

(213) $w = \dfrac{\partial X}{\partial M} = (1-\sigma)\dfrac{X}{M}$ ist

(214) $w \cdot M = (1-\sigma)X$

Daher kann (212) vereinfacht werden zu:

(215) $\mu \cdot w \cdot A = Y \cdot q$ bzw. in Wachstumsraten

(216) $\dfrac{\dot{w}}{w} + \dfrac{\dot{A}}{A} = \dfrac{\dot{q}}{q} + \dfrac{\dot{Y}}{Y}$ oder

(217) $\dfrac{\dot{q}}{q} = \dfrac{\dot{w}}{w} + \left[\dfrac{\dot{A}}{A} - \dfrac{\dot{Y}}{Y}\right] = \dfrac{\dot{w}}{w} - \left[\dfrac{\dot{Y}}{Y} - \dfrac{\dot{A}}{A}\right]$

Demnach werden sich die TOT der Landwirtschaft immer dann verschlechtern, wenn die Arbeitsproduktivität im eigenen Sektor schneller zunimmt als die Reallöhne in der Industrie wachsen.

2.3.4 Einwände gegen das Jorgenson-Modell[77]

(1) Von Jorgenson wird die Kapitalbildung im landwirtschaftlichen Bereich vernachlässigt. Eine Reihe empirischer Untersuchungen lassen sich nämlich angeben, die zeigen, wie bedeutend Investitionen in der Landwirtschaft von EL für die Ausweitung der Agrarproduktion waren. Als Beispiele lassen sich Japan, Indien und Ägypten anführen.

(2) Zwar werden in diesem neoklassischen Entwicklungsmodell unterschiedliche Produktionsfunktionen für die Landwirtschaft und die Industrie eingeführt, "aber die *Unterschiede in der Nachfrage* aufgrund der wahrscheinlich sehr verschiedenen Konsumvorstellungen im traditionellen und im modernen Bereich werden nicht berücksichtigt" (Timmermann 1982, S. 115).

(3) Schließlich sollte auch die Problematik der von Jorgenson verwendeten einfachen neoklassischen Produktionsfunktionen gesehen werden; die besonders rigiden Annahmen solcher Produktionsfunktionen schränken die Aussagen des neoklassischen Dualismus-Modells entsprechend ein. So könnte etwa das Auftreten von Skalenerträgen die Verteilung der Arbeitskräfte zwischen beiden Sektoren nachhaltig beeinflussen.

(4) Die Erklärung der Terms of Trade zwischen Industrie und Landwirtschaft ist weitgehend kreislauf-tautologisch. Darüber hinaus werden möglicherweise unterschiedliche Wettbewerbsverhältnisse in Landwirtschaft und Industrie außer acht gelassen.

(5) Auch Jorgenson "degradiert" im gewissen Sinne den Landwirtschaftssektor in EL zum "Ressourcenlieferanten" für den Take-Off-Prozeß.

Literaturhinweise zu diesem Kapitel:

Gans, O., Dualistische Wirtschaftsentwicklung und neoklassische Theorie, in: WISU, Heft 7/1982, S. 348-355.

Jorgenson, D.W., Surplus Agricultural Labor and the Development of a Dual Economy, in: Oxford Economic Papers, Vol. 19, 1967, S. 288-312.

Timmermann, V., Entwicklungstheorie und Entwicklungspolitik, Göttingen 1982.

---

[77] Die folgenden Gesichtspunkte stützen sich vor allem auf Timmermann (1982, S. 115).

2.4 Sah/Stiglitz

2.4.1 Definitionen und Annahmen

Wie wir bereits bisher sahen, besteht ein besonderes Problem zwischen Industrie und Landwirtschaft von EL in der Höhe "geeigneter" *Terms of Trade*. Im englischen Schrifttum ist auch vom sogenannten "intersectoral pricing" die Rede.

Die "optimalen" Terms of Trade im Rahmen eines dualen Modells der Entwicklung sind das wesentliche Anliegen im (noch recht) aktuellen Modell von *Sah/Stiglitz* aus dem Jahr 1984.

Folgende Definitionen liegen dem Modell zugrunde:

- N^1 = Bevölkerung im ländlichen Raum
- N^2 = Bevölkerung im städtischen Raum
- A = Gesamte landwirtschaftliche Nutzfläche (konstant)
- AK = Arbeitskraft
- a = A/N^1 Nutzfläche pro AK
- L^1 = geleistete Arbeitsstunden pro AK im ländlichen Raum
- L^2 = geleistete Arbeitsstunden pro AK im städtischen Raum
- N^u = unbeschäftigte Arbeitskräfte
- X = Output pro AK im ländlichen Raum ("rural good")
- Y = Output pro AK im städtischen Raum ("urban good")
- K = städtischer Kapitalstock
- k = K/N^2; Kapitalstock pro AK im städtischen Raum
- I = Überschuß an "urban goods"
- p = P/P^* = ländliches Preisniveau/städtisches Preisniveau
- x^1, y^1 = Konsum von "rural" und von "urban goods" einer ländlichen AK
- x^2, y^2 = Konsum von "rural" und von "urban goods" einer städtischen AK
- W = Nominallohnsatz (pro Arbeitsstunde) im städtischen Sektor
- w = W/P^* = Reallohn im städtischen Sektor
- Q = Überschuß an X pro AK im ländlichen Sektor

Dann soll gelten:

(218) $\quad X = X(A/N^1, L^1) \equiv X(a, L^1)$

und

(219) $Q = X - x^1 = X(a, L^1) - x^1$

sowie

(220) $y^1 = \dfrac{P \cdot Q}{P^*} = p \cdot Q$

[Vollständige Verausgabung der Verkaufserlöse von rural goods für urban goods.]

Wenn nun für den ländlichen Sektor folgende Nutzenfunktionen unterstellt wird:

(221) $U^1 = U^1(x^1, y^1, L^1)$

dann muß folgende Restriktion eingehalten werden:

(222) $pX(A/N^1, L^1) \stackrel{!}{=} px^1 + y^1$

bzw.

(223) $\dfrac{P \cdot X}{P^*} = \dfrac{P \cdot x^1}{P^*} + y^1$

wobei

$\dfrac{P \cdot X}{P^*}$ = reale Verträge des ländlichen Sektors an den eigenen und an den städtischen Sektor

$\dfrac{P \cdot x^1}{P^*} + y^1$ = reale Ausgaben des ländlichen Sektors im eigenen und im städtischen Sektor

Es gilt dann für den Nutzen einer einzelnen ländlichen Arbeitskraft:

(224) $\underset{}{\text{Max}} \; U^1(x^1, y^1, L^1) + \lambda^1 \left[pX(A/N^1, L^1) - px^1 - y^1 \right]$

in Bezug auf x^1, y^1, L^1.

Diese Funktion ist, wenn sie nach x^1, y^1, λ^1 maximiert wurde, noch eine Funktion von N^1 und von p (da X selbst eine Funktion von N^1 und L^1 ist).

Sah/Stiglitz sprechen dann von der indirekten Nutzenfunktion V^1,

(225) $\quad V^1(p, N^1) = \underset{x^1, y^1, L^1}{\text{Max}} \left[U^1(x^1, y^1, L^1) + \lambda^1 \left[pX(A/N^1, L^1) - px^1 - y^1 \right] \right]$

mit

(226) $\quad \dfrac{\partial V^1}{\partial p} = \lambda^1 X - \lambda^1 x^1 = \lambda^1 (X - x^1) = \lambda^1 Q > 0$

(227) $\quad \dfrac{\partial V^1}{\partial N^1} = \underbrace{\lambda^1 \cdot p \cdot \dfrac{\partial X}{\partial a}}_{\text{äußere Ableitung}} \cdot \left[-\dfrac{A}{(N^1)^2} \right] = -\lambda^1 \cdot p \cdot \dfrac{\partial X}{\partial A} \cdot \dfrac{a}{N^1} < 0$

da $\quad \dfrac{a}{N^1} = \dfrac{\frac{A}{N^1}}{N^1} = \dfrac{A}{N^1} \cdot \dfrac{1}{N^1} = \dfrac{A}{(N^1)^2}$

1. Fazit: Der indirekte Nutzen *einer ländlichen AK* nimmt zu, wenn sich die TOT zugunsten der Landwirtschaft verbessern ($\dot{p} > 0$), er nimmt dagegen ab, wenn die Bevölkerung in der Landwirtschaft, also im eigenen Sektor, zunimmt.

Bezieht man den Einfluß von p und N auf den landwirtschaftlichen Überschuß, Q, so läßt sich sicher behaupten, daß

(228) $\quad Q = Q(p, N^1)$

mit

$\dfrac{\partial Q}{\partial p} > 0 \quad$ und $\quad \dfrac{\partial Q}{\partial N^1} < 0$

Für den *städtischen Sektor* soll nun folgendes gelten:

(229) $\quad px^2 + y^2 = w \cdot L^2 \quad$ (Budgetbeschränkung der städtischen AK)

(230) $\quad U^2 = U^2(x^2, y^2, L^2) \quad$ (Nutzenfunktion für eine städtische AK)

Die indirekte Nutzenfunktion einer städtischen AK lautet dann entsprechend:

(231) $\quad V^2(p,w) = \underset{x^2, y^2, L^2}{\overset{!}{\text{Max}}} \left[U^2(x^2, y^2, L^2) + \lambda^2 \left[wL^2 - px^2 - y^2 \right] \right]$

Für die partiellen Ableitungen von (231) gilt:

$$\frac{\partial V^2}{\partial w} = \lambda^2 L^2 > 0$$

sowie

$$\frac{\partial V^2}{\partial p} = -\lambda^2 x^2 < 0$$

D.h., der indirekte Nutzen einer städtischen AK steigt mit dem Reallohnsatz und sinkt bei einer Verschlechterung der TOT des städtischen Sektors.

Außerdem ist es plausibel, für den Konsum der städtischen AK anzunehmen, daß:

(232) $\quad x^2 = x^2(p, w)$

mit

$$\frac{\partial x^2}{\partial p} < 0 \quad \text{und} \quad \frac{\partial x^2}{\partial w} > 0$$

D.h., das ländliche Gut ist "normal" (keine Einkommensinferiorität). Der Output eines einzelnen städtischen Arbeiters sei gegeben durch:

(233) $\quad Y \equiv Y(k, L^2) \; ; \; k = K/N^2 \quad$ ("Kapitalintensität")

Schließlich gilt die Definitionsgleichung:

(234) $\quad N = N^1 + N^2$

Die ländliche Produktion kann nicht direkt, sondern nur indirekt über die TOT beeinflußt werden. Für den städtischen Sektor wird angenommen, daß die Regierung den Reallohn manipulieren kann.

Der Überschuß an städtischen Gütern kann als Nettoinvestition aufgefaßt werden:

(235) $I = N^2 Y - N^2 y^2 - N^1 y^1$; $I = \dot{K} = \dfrac{dK}{dt}$

Der Teil des städtischen Outputs, der nicht konsumiert wird, steht für Investitionen zur Verfügung.

Für den ländlichen Sektor gilt, daß der Überschuß dieses Sektors als Angebot auf dem städtischen Markt auftritt und dort der Nachfrage gleich sein muß.

(236) $N^1 Q(p, N^1) \stackrel{!}{=} N^2 x^2 (p, w)$

2.4.2 Terms of Trade und städtische Beschäftigung

Auch Sah/Stiglitz gehen davon aus, daß EL durch signifikante Arbeitslosigkeit und eine starke Land-Stadt-Mobilität gekennzeichnet sind. Bei einer direkten Preispolitik der Regierung - bezogen auf "urban" und "rural goods"- sind die Rückwirkungen auf Mobilität/Arbeitslosigkeit in Rechnung zu stellen.

Teilt man nun die Bevölkerung ein in drei Gruppen, 1, 2 sowie in die Gruppe der Unbeschäftigten im städtischen Sektor (N^u), so erhält man eine Erweiterung des bisherigen Modells: Die Mobilität der Arbeitskräfte soll durch folgenden Ausdruck wiedergegeben sein:

(237) $N^1 = N^1(p, w, N^2)$

In logarithmischer Schreibweise könnte (237) lauten:

(238) $\ln N^1 = \alpha \ln p + \beta \ln w + \gamma \ln N^2$

$\alpha = \dfrac{\partial \ln N^1}{\partial \ln p} > 0$ [Bevölkerungsfalle]

$\beta = \dfrac{\partial \ln N^1}{\partial \ln w} < 0$ [Harris-Todaro]

$\gamma = \dfrac{\partial \ln N^1}{\partial \ln N^2} \leq 0$ [Ohne Bevölkerungswachstum liegt Null-Summenspiel vor]

Per Definition muß gelten:

(239) $N = N^1 + N^2 + N^u$

Was (237) betrifft, so nehmen Sah/Stiglitz an, daß w von der Regierung fixiert und N^2 von der Regierung "kontrolliert" wird.[78] D.h., für jede Kombination von p und N^2 ist die Höhe von N^1 - bei fixiertem w - eindeutig determiniert. Anders gesagt: Sind N^2 und w gegeben, so bestimmt ausschließlich p über die Höhe von N^1. Für die folgenden Ableitungen sind nun zunächst noch einige Elastizitäten zu definieren:

Dies ist einmal die Elastizität des ländlichen Überschusses pro ländlicher AK in bezug auf die ländliche Nutzfläche pro Kopf, $\varepsilon^1_{Q,a}$ und die Elastizität des gesamten ländlichen Überschusses in bezug auf die TOT, $\varepsilon^1_{N^1Q,p}$:

(240) $\varepsilon^1_{Q,a} = \dfrac{\partial \ln Q}{\partial \ln a} > 0$.

(241) $\varepsilon^1_{N^1Q,p} = \dfrac{\partial \ln[N^1Q]}{\partial \ln p} > 0$ wobei N^1Q = "total rural surplus".

Sah/Stiglitz zeigen nun, daß von der Regierung verfügte Preiserhöhungen für das "rural good" durchaus *zu einer höheren urbanen Beschäftigung führen können*: Ein Anstieg von p erhöht den gesamten landwirtschaftlichen Überschuß, senkt gleichzeitig aber auch die städtische Nachfrage nach "rural goods". Folglich stellt sich ein Angebotsüberschuß bei den rural goods ein.[79] Beim neuen Preisverhältnis p kann diese Angebotsüberschuß nur durch eine höhere urbane Beschäftigung abgebaut werden.

Eine Erhöhung der städtischen Beschäftigung kann sowohl durch Migration ($-N^1$) als auch durch Abbau der Unterbeschäftigung ($-N^u$) im städtischen Sektor zustandekommen:

(242) $N^2 = N - N^1 - N^u$; $N - N^1 = N^2 - N^u$

Die Entscheidung zur Migration wird bei Sah/Stiglitz durch einen Vergleich des indirekten "ländlichen Nutzens" (V^1) mit dem indirekten "städtischen Nut-

---

[78] Man denke dabei an Mindestlohnregelungen und an die Rolle des Staates als öffentlicher Arbeitgeber in EL.

[79] Auf Grund der staatlichen Preispolitik kommt der Preismechanismus hier nicht zum Zuge.

zen" (V^2) getroffen:

(243) $(N - N^1) V^1 = N^2 \cdot V^2 + \underbrace{V^u (N - N^1 - N^2)}_{N^u}$

wobei

$(N - N^1) V^1$ = indirekter Nutzen der nicht-ländlichen Bevölkerung, wenn sie im ländlichen Raum bliebe

$N^2 \cdot V^2$ = indirekter Nutzen der beschäftigten städtischen Bevölkerung

$V^u (N - N^1 - N^2)$ = indirekter Nutzen der arbeitslosen städtischen Bevölkerung

Damit N^u positiv ausfällt, wird außerdem unterstellt, daß:

(244) $V^2 > V^1 > V^u$

Schließlich gilt für die Wahrscheinlichkeit einer ländlichen AK, im städtischen Sektor beschäftigt zu werden:

(245) $\text{prob}(N^2) = \dfrac{N^2}{\underbrace{(N - N^1)}_{\text{nicht-ländliche Bevölkerung}}}$

(246) $\text{prob}(N^2) = \dfrac{N^2}{N^2 + N^u}$ wegen (242)

Für den *städtischen Akkumulationsprozeß* lautet das *Fazit* von Sah/Stiglitz: Preiserhöhungen für Güter des ländlichen Sektors sind durchaus für die Gesamtwirtschaft wohlfahrtssteigernd. Die städtische Beschäftigung kann dadurch - wie oben gezeigt wurde - potentiell Anreizeffekte erfahren. Jeder zusätzliche städtische Arbeiter trägt zum städtischen Output, damit aber auch zu den Investitionen der Gesamtwirtschaft bei. Diese (positiven) Beiträge nehmen allerdings - wegen der abnehmenden GPA bei wachsender städtischer Beschäftigung - ab.

2.4.3 Kritik am Sah/Stiglitz-Modell

(i) Zwar werden von Sah/Stiglitz die Investitionen im städtischen Sektor endogenisiert, nach wie vor gibt es aber keine Investitionen im ländlichen Sektor. Für die lange Frist scheint dies aber unabdingbar.

(ii) Die Ableitungen der Beschäftigungswirkungen ergeben sich fast zwangsläufig aus dem allgemeinen Gleichgewichtscharakter des Modells. Wer schafft diese Nachfrage für die höhere Produktion im urbanen Sektor?

(iii) Auch Sah/Stiglitz berücksichtigen nicht die Möglichkeit von Nahrungsmittelimporten und damit einer einseitigen Spezialisierung auf die Produktion von städtischen Gütern.

(iv) Die Aufteilung in städtische Beschäftigte und Unbeschäftigte wird nur definiert aber nicht befriedigend modelliert: es ist unklar, ob, wann und warum städtische Arbeitslose auftreten.

(v) Es muß gewährleistet sein, daß nicht nur die Mehrbeschäftigung der Industrie den gestiegenen landwirtschaftlichen Überschuß aufkauft, sondern auch, daß die Mehrproduktion der Industrie durch Verkäufe von Konsumgütern (an beide Populationen) bzw. von Investitionsgütern nachgefragt wird. Es ist aber fraglich, ob die Nachfrage nach Investitionsgütern zunehmen kann, wenn sich die Terms of Trade der Industrie verschlechtern.

Literaturhinweise zu diesem Kapitel:

Sah, R.K./Siglitz, J.E., The Economics of Price Scissors, in: AER, Vol. 74, Nr. 1, 1984, S. 125-138.

2.5 Exkurs: Günter Schmitts Kritik an den Dualismus-Modellen

In einem neueren Beitrag (1989) hat sich der deutsche Agrarökonom Günter Schmitt kritisch mit den Dualismus-Modellen auseinandergesetzt. Seiner Auffassung nach sind diesen folgende Merkmale gemeinsam:

(i) Die sogenannte "verborgene Arbeitslosigkeit" in der Landwirtschaft ist ein wichtiger Eckpfeiler;

(ii) Diese wird entweder über eine GPA von Null oder über eine unterschiedliche Durchschnitts- und Grenzproduktivität in der Landwirtschaft im Vergleich zur Industrie begründet.

(iii) Damit wird eine theoretische Erklärung für den strukturellen Dualismus zwischen Landwirtschaft und Industrie in EL versucht.

Die *erste* Kritik von Schmitt bezieht sich nun darauf, daß seiner Ansicht nach Fehler bei der *Messung* der Arbeitsproduktivität in der Landwirtschaft begangen worden sind:

(i) Die sektorale Wertschöpfung des Agrarsektors wird unterschätzt, wenn die nicht-marktmäßige Haushaltsproduktion unvollständig erfaßt wird (Schmitt 1989, S. 3). Diese ist in EL bedeutender als in IL.

(ii) Dem Agrarsektor statistisch zugeordnete Beschäftigte sind ganz oder teilweise auch außerhalb der Landwirtschaft beschäftigt, wo sie zur Wertschöpfung beitragen. Damit wird aber der Arbeitseinsatz, der allein zur Produktion von Agrarprodukten aufgewendet wird, überschätzt (ebenda, S. 3).

(iii) Auch die Haushaltsproduktion in landwirtschaftlichen Haushalten erfolgt i.d.R. durch der Landwirtschaft zugeordnete Arbeitskräfte. Wenn diese Wertschöpfung unberücksichtigt bleibt, ergibt sich eine weitere Quelle für eine Unterschätzung der Arbeitsproduktivität in der Landwirtschaft.

(iv) Aus (i) bis (iii) kann man folgern, daß zum einen die Arbeitsproduktivität in der Landwirtschaft unter- und zum andern diejenige außerhalb der Landwirtschaft überschätzt wird.

Mit fortschreitender wirtschaftlicher Entwicklung nimmt i.d.R. die Bedeutung der Haushaltsproduktion im landwirtschaftlichen wie im nicht-landwirtschaftlichen Bereich ab, während in der Regel das relative Ausmaß der Mehrfachbeschäftigung zuzunehmen tendiert. Wie stark sich die Gewichte dieser Faktoren in ihrem Verhältnis zueinander verschieben, ist letztlich eine von den jeweiligen wirtschaftlich-technischen Verhältnissen abhängige, nur empirisch zu klärende Sachfrage (vgl. ebenda).

Nach Schmitt kommen diese Meßfehler vor allem dadurch zustande, daß -sowohl in EL als auch in IL der landwirtschaftliche *Betrieb* als die für die Faktorallokation relevante organisatorische Entscheidungseinheit angesehen wird, nicht aber der eigentlich mit dem landwirtschaftlichen Betrieb organisatorisch verbundene *Haushalt*. Beide zusammen bilden ja die in der Landwirtschaft dominierende Institution des landwirtschaftlichen "*Familienbetriebs*". Dies ist *Schmitts zweiter Kritikpunkt.*

Eine *dritte Kritik* von Schmitt bezieht sich darauf, daß der von Dualismus-Modellen behauptete Rückgang der intersektoralen Produktivitätsunterschiede bzw. das vermutete Verschwinden der verborgenen Arbeitslosigkeit in der Landwirtschaft im Zuge des Entwicklungsprozesses und damit auch die Einebnung des strukturellen Dualismus nicht, jedenfalls aber nicht systematisch eingetreten sind. Dazu führt Schmitt als Beleg an, daß zwischen den Mitgliedsländern der OECD, aber auch selbst innerhalb der EG gravierende Unterschiede in den intersektoralen Produktivitätsrelationen bestehen und diese überwiegend unabhängig von der Höhe des volkswirtschaftlichen Entwicklungsstandes sind. Seinen Statistiken nach wird auch deutlich, daß sogar im Zeitvergleich nicht einmal ein einheitlicher Trend *in Richtung* auf einen Abbau des intersektoralen Produktivitätsgefälles zu beobachten ist.

Mit anderen Worten: Auch in IL sind große Produktivitätsrückstände der Landwirtschaft zu beobachten; warum sollten diese dann einen Eckpfeiler für den strukturellen Dualismus in EL darstellen? Vielmehr erfolgt auch in der Landwirtschaft von EL eine effiziente Ressourcenallokation und verborgene Arbeitslosigkeit ist dort in weitaus geringerem Ausmaß zu vermuten als die traditionellen Dualismusmodelle unterstellen!

Literaturhinweise zu diesem Kapitel:

Schmitt, G., Bevölkerungswachstum und Unterbeschäftigung in der Landwirtschaft: Mythos und Realität des "strukturellen Dualismus". Referat gehalten auf der Jahrestagung des Vereins für Socialpolitik, Wien, 27.-29.9.1989.

3. Teufelskreismodelle

3.1 Zur Syntax von "circuli vitiosi"

Aus der Soziologie stammt das Konzept von den sich selbst verstärkenden Prozessen ("cumulative circular causation"). Durch die Wirkung solcher kumulativer Prozesse werden Ungleichgewichte nicht beseitigt, sondern u.U. noch verstärkt. Die logische Struktur eines "vicious circle" kann durch Abbildung III.3.1 gekennzeichnet werden.

Ein anschauliches Beispiel für einen Teufelskreis lieferte Mitte der 1970er Jahre Robert M. Solow im Zusammenhang mit den OPEC-Preiserhöhungen und den Finanzierungsproblemen der übrigen EL.

Abb. III.3.1: Die logische Struktur eines vicious circle

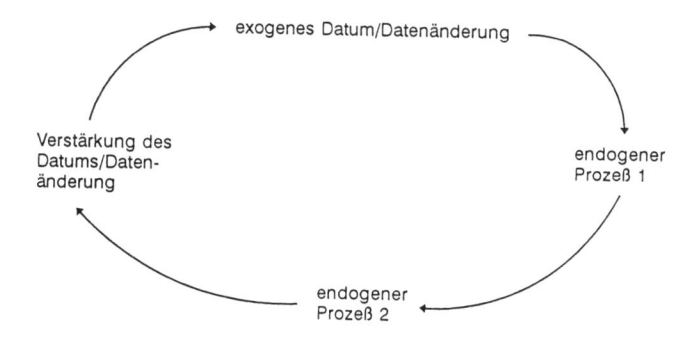

```
                    exogenes Datum/Datenänderung
                 ┌─────────────────────────────┐
                 │                             ▼
   Verstärkung des                         endogener
   Datums/Daten-                           Prozeß 1
   änderung
                 ▲                             │
                 │                             ▼
                 └──────── endogener ──────────┘
                           Prozeß 2
```

Quelle: Eigenentwurf

Er geht davon aus, daß ein Ölvorkommen eine Kapitalanlage ist, ebenso wie eine Druckerpresse oder ein Mietshaus. Nur mit der Besonderheit, daß die natürliche Ressource nicht reproduzierbar ist.

Eine Ressource bezieht ihren Marktwert letztlich aus der Aussicht auf Förderung und Verkauf. Die Märkte für Anlagen einer einheitlichen Risikoklasse sind aber nur dann im Gleichgewicht, wenn alle Anlagemöglichkeiten die gleiche Verzinsung versprechen, im Gleichgewicht muß demnach der Marktwert (nach Abzug der Kosten) des Rohstoffdepots mit einer Rate, die dem Marktzins entspricht, wachsen. Der Marktwert ist dabei nichts anderes als ein Barwert aus zukünftigen Verkäufen, nach Abzug der Förderkosten.

Die Ressourcenbesitzer rechnen mithin damit, daß der Nettoressourcenpreis zinseszinslich (Zins = Marktzins) ansteigen muß (Barwertformel!).

Ist die Förderindustrie (OPEC-Kartell!) nun mehr oder weniger monopolistisch strukturiert, dann ist es nicht der Nettopreis, sondern der Nettogrenzerlös, welcher zinseszinslich ansteigen muß. Im Gleichgewicht sind die OPEC-Länder indifferent, ob sie weiter Öl fördern sollen oder eine äquivalente Anlageform suchen sollen.

Daraus folgt: Bei steigenden Kapitalmarkt- und Kreditmarktzinsen fordern die Ressourcenförderer, daß ihre Netto-Angebotspreise bzw. der Nettogrenzerlös mit markt-zinseszinslicher Rate ansteigen.

Unter diesen Bedingungen geraten aber Nicht-Öl-Entwicklungsländer zunehmend unter Druck, wie auch die folgende Abbildung III.3.2 zeigt:

Abb. III.3.2:

```
         → Erhöhung der Ölpreise ──
        ↗                           ↘
Zins und Rückzahlungen         steigende Finan-
werden für E.-Länder           zierungsdefizite
laufend höher                  bei E.-Ländern
        ↖                           ↙
            Bei stagnierenden
            ODA-Leistungen
            wird der Kredit-
            spielraum auf privaten
            Märkten kleiner
```

Quelle: Solow (1974)

Literaturhinweise zu diesem Kapitel:

Solow, R.M., The Economics of Resources or the Resources of Economics, in: AER, Vol. 64, No. 2, 1974, S. 1-14.

3.2 Die Bevölkerungsfalle

3.2.1 Darstellung

Bekannter als das eben geschilderte Modell von Solow sind - bezogen auf EL - solche Theorien, die zeigen, daß sehr langsam wachsende Wirtschaften einen stationären Zustand möglicherweise nur temporär verlassen können bzw. immer wieder auf diesen zurückgeworfen werden. Dabei stellt sich häufig ein *"stabiles Gleichgewicht auf niedriger Einkommensstufe"* ein (Timmermann 1982). Hierzu wollen wir zwei "klassische" Beispiele anführen. Das erste ist das Modell der sogenannten "Bevölkerungsfalle" und stammt von Richard N. Nelson (1956). In seinem Modell sind im wesentlichen *drei ökonomische Zusammenhänge* verarbeitet:

a) *Die Kapitalbildungsthese*

Nelson vertritt die Ansicht, daß eine Volkswirtschaft erst dann zur Kapitalbildung fähig ist, wenn sie ein kritisches Pro-Kopf-Einkommen $(Y/P)^*$ erreicht hat und dieses übertrifft. Es sei hier auf die frühere einschlägige Diskussion der Sparfunktion in EL verwiesen. Sofern ein linearer Zusammenhang unterstellt wird, ergibt sich folgende graphische Darstellung:

Abb. III.3.3:

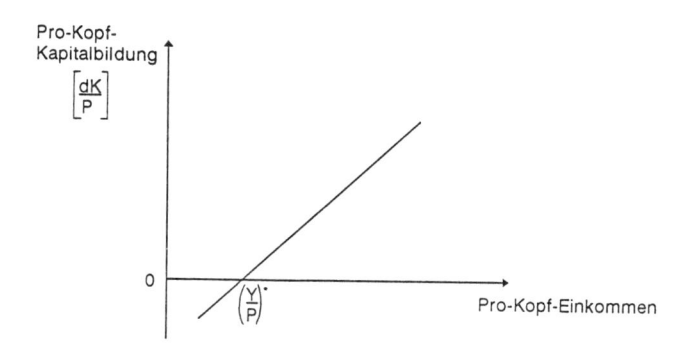

[Diagramm: Pro-Kopf-Kapitalbildung $\left[\frac{dK}{P}\right]$ auf der y-Achse, Pro-Kopf-Einkommen auf der x-Achse, mit Schwellenwert $\left(\frac{Y}{P}\right)^*$]

Quelle: Timmermann (1982)

Wenn wir eine geschlossene Volkswirtschaft unterstellen, so entspricht der Pro-Kopf-Kapitalbildung (dK/P) in Abbildung III.3.3 stets auch die Pro-Kopf-Ersparnis.

b) *Die These vom demographischen Übergang*

Aus der Bevölkerungswissenschaft stammt die Hypothese, daß sich die Bevölkerungsentwicklung der heutigen modernen IL in 5 stilisierten Phasen abspielt hat. Dabei wird der definitorische Zusammenhang zugrundegelegt, daß

(247) $BWR = GR - SR + S^*$

wobei

BWR = Bevölkerungswachstumsrate
GR   = Geburtenrate

SR = Sterberate
S* = Saldo aus Zu- und Abwanderungen

Abbildung III.3.4 zeigt nun den Verlauf von (247) in der Zeit, wobei von Wanderungsbewegungen abstrahiert wird.

Abb. III.3.4:

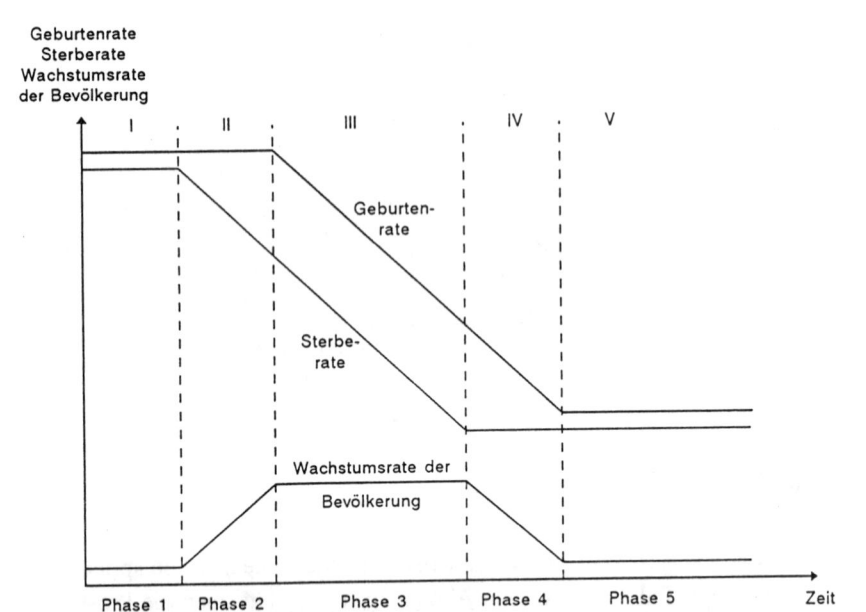

Geburtenrate
Sterberate
Wachstumsrate
der Bevölkerung

[Phasen I, II, III, IV, V — Phase 1, Phase 2, Phase 3, Phase 4, Phase 5, Zeit]

Quelle: Hemmer (1988)

(i) In *Phase 1* ergibt sich bei hohen Geburten- *und* Sterberaten eine mäßige Rate des Bevölkerungswachstums. Dies erscheint für traditionale Gesellschaften typisch.

(ii) In *Phase 2* sind es insbesonders die oben erwähnten exogenen Faktoren (verbesserte medizinische Versorgung und Hygiene), die - bei nach wie vor hoher Geburtenrate - für eine Abnahme der Sterberate und damit für eine Zunahme des Bevölkerungswachstums sorgen.

(iii) In *Phase 3* sinkt die Sterberate weiter, während die Geburtenrate nun erstmals auch sinkt. Auslöser hierfür sind der Einkommens- und Bildungsanstieg, die verbesserte Ernährung von Schwangeren und Kindern (s.o.!) und die allmähliche Anpassung im generativen Verhalten an diese Verbesserungen.

(iv) In *Phase 4* stabilisiert sich die Sterberate auf einem mehr oder weniger konstanten Niveau, während die Geburtenrate - wenn auch allmählich schwächer - noch abnimmt.

(v) In der *5. Phase* stabilisiert sich nun auch die Geburtenrate; als Folge hiervon ergibt sich eine mehr oder weniger konstante Rate des Bevölkerungswachstums. Diese Rate ist i.d.R. geringer als jene im Ausgangszustand.

Nelson ist nun der Auffassung, daß die meisten EL sich zwischen der 1./2. bis 3. Phase des demographischen Übergangs befinden. Stellt man auf den Zusammenhang zwischen der Rate des Bevölkerungswachstums (dP/P) und dem Pro-Kopf-Einkommen (Y/P) ab, so ergibt sich für Nelson (stilisiert) ein dreiphasiger Verlauf (vgl. Abbildung III.3.5):

Abb. III.3.5:

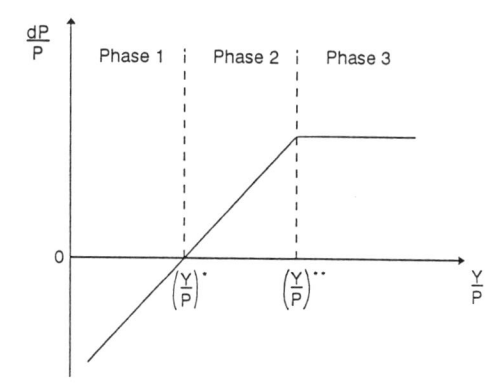

Quelle: Timmermann (1982)

Im Extremfall eines Pro-Kopf-Einkommens unter dem kritischen Existenzminimum $(Y/P)^*$, kann die Sterberate sogar über der Geburtenrate liegen, so daß die Bevölkerung schrumpft (*Phase 1*). Erst wenn das Pro-Kopf-Einkommen das Existenzminimum übertrifft, sinkt die Sterberate unter die Geburtenrate und es ergibt sich eine positive Wachstumsrate der Bevölkerung (*Phase 2*). Das Bevölkerungswachstum stabilisiert sich schließlich nach Überschreiten einer zweiten Einkommensschwelle $(Y/P)^{**}$.

c) *Die Wirtschaftswachstumshypothese*

Nelson versucht, die Produktionsverhältnisse in EL (ähnlich wie Jorgenson) durch eine neoklassische Produktionsfunktion einzufangen:

(248) $\quad Y = f(A, K)$

Daraus folgt für die Wachstumsrate:

(249) $\quad \dfrac{dY}{Y} = w_Y = \alpha \cdot w_A + (1-\alpha) \cdot w_K$

Wenn nun beachtet wird, daß:

(250) $\quad w_K = \dfrac{dK}{K} = \dfrac{dK}{A} \cdot \dfrac{A}{K} = \dfrac{dK}{A} \cdot \dfrac{K}{A}$,

so erhält man:

(251) $\quad \dfrac{dY}{Y} = \alpha \cdot \underbrace{w_A}_{\frac{dP}{P}} + (1-\alpha) \cdot \left[\dfrac{dK}{A} : \dfrac{K}{A} \right]$

Der linke Teil des Klammerausdrucks von (251) ist aber nichts anderes als die Kapitalbildung pro Arbeitskraft bzw. pro Kopf (für A = P), der rechte Teil die Kapitalintensität. Gefragt ist nun nach dem Zusammenhang zwischen der Wachstumsrate des Einkommens (dY/Y) einerseits und dem Pro-Kopf-Einkommen (Y/P) im EL andererseits. Dieser Zusammenhang ist nur implizit in (251) enthalten. Wir rufen uns zunächst in Erinnerung (vgl. Abbildung III.3.3), daß

(252) $\quad \dfrac{dK}{P} = \dfrac{dK}{A} = f(Y/P) \; ; \quad f' > 0 \; ; \quad f'' = 0$

Weiterhin zeigt Abbildung III.3.5, daß

(253) $\quad \dfrac{dP}{P} = g(Y/P) \qquad g' > 0 \quad \text{für} \quad \dfrac{Y}{P} \leq \dfrac{Y^{**}}{P}$

$$g' = 0 \quad \text{für} \quad \frac{Y}{P} > \frac{Y^{**}}{P}$$

$$g'' = 0$$

Schließlich zeigen sowohl Querschnitts- als auch Längsschnittuntersuchungen, daß, (stilisiert)

(254) $\quad \frac{A}{K} = h(Y/P) \; ; \; h' < 0 \; ; \; h'' = 0$

Somit gilt für:

(255) $\quad \dfrac{d\left[\dfrac{dY}{Y}\right]}{d\left[\dfrac{Y}{P}\right]} = \alpha \cdot \dfrac{d\left[\dfrac{dP}{P}\right]}{d\left[\dfrac{Y}{P}\right]} + (1-\alpha) \cdot \left[\dfrac{d\left(\dfrac{dK}{A}\right)}{d\left(\dfrac{Y}{P}\right)} \cdot \dfrac{A}{K} + \dfrac{dK}{A} \cdot \dfrac{d\left(\dfrac{A}{K}\right)}{d\left(\dfrac{Y}{P}\right)}\right] > 0$

Dieser Ausdruck ist i.A. positiv, jedoch liegen abnehmende Zuwächse vor. Verkürzt kann (255) nämlich geschrieben werden als:

(256) $\quad \dfrac{d\left[\dfrac{dY}{Y}\right]}{dx} = \alpha \cdot \underbrace{g'(x)}_{>0} + (1-\alpha)\left[f'(x) \cdot h(x) + f(x) \cdot h'(x)\right] > 0$

für $x = Y/P$

Demnach ist:

(257) $\quad \dfrac{d^2\left[\dfrac{dY}{Y}\right]}{dx^2} = \alpha \cdot \underbrace{g''(x)}_{=0} + (1-\alpha)$

$$\left[\underbrace{f''(x) \cdot h(x)}_{=0} + \underbrace{f'(x) \cdot h'(x)}_{<0} + \underbrace{f'(x) \cdot h'(x)}_{<0} + \underbrace{f(x) \cdot h''(x)}_{=0}\right] < 0$$

Die ökonomischen Gründe hierfür sind vor allem zwei: Zum einen sind vom Bevölkerungswachstum, insbesondere für Y/P > Y/P** keine besonderen Impulse zu erwarten (s.o.). Zum zweiten wird es bei wachsender Kapitalintensität der Produktion und begrenzter Substituierbarkeit der Faktoren zu einer abnehmenden Grenz- und Durchschnittsproduktivität des Faktors Kapital und damit auch zu einer abnehmenden Produktionselastizität desselben kommen. Das Ergebnis wird durch Abbildung III.3.6 verdeutlicht:

Abb. III.3.6:

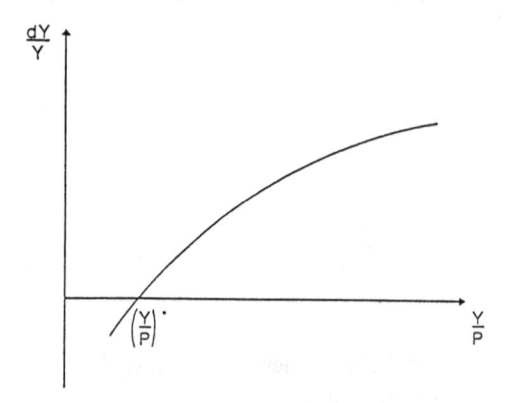

Quelle: Timmermann (1982)

Jetzt ergibt sich die Gelegenheit - bei gleicher Variablenbezeichnung auf der Abszisse - die Abbildungen III.3.6 und III.3.5 in *ein* Schaubild zu überführen. Dies ist in Abbildung III.3.7 geschehen:

Abb. III.3.7:

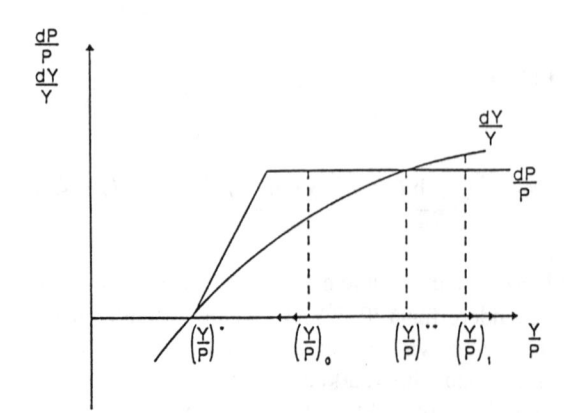

Quelle: Timmermann (1982); Eigenentwurf

Offensichtlich ist zwischen $(Y/P)^*$ und $(Y/P)^{**}$ die Zuwachsrate der Bevölkerung größer als das Wirtschaftswachstum. Ausgehend etwa von einem Pro-Kopf-Einkommen von $(Y/P)_0$ müßte ein EL wieder auf das Subsistenzniveau $(Y/P)^*$ zurückfallen: "Die Gesellschaft befindet sich dort wieder in der Situation einer stationären Wirtschaft ohne Kapitalbildung" (Timmermann 1982, S. 123).

Erst wenn das Pro- Kopf -Einkommen über $(Y/P)^{**}$ hinaus gelangt - wie im Punkt $(Y/P)_1$ - ist die Gesellschaft der "Bevölkerungsfalle" entkommen.

Welche Möglichkeiten gibt es, die Wahrscheinlichkeit hierfür zu erhöhen?

(i) Technische Fortschritte wären in der Lage, den Wachstumspfad (dY/Y) nach oben zu verschieben.

(ii) Ein sogenannter "Big Push" vermag u.U. dazu zu führen, daß das kritische Einkommen $(Y/P)^{**}$ gewissermaßen "übersprungen" wird.

(iii) Eine gezielte Beeinflussung der demographischen Entwicklung ist möglicherweise in der Lage, die Konstanz des Bevölkerungswachstums auf einem niedrigen Niveau zu erreichen.

3.2.2 Kritische Würdigung

Kritik an Nelsons "Bevölkerungsfalle" entzündete sich gleich an mehreren Eckpfeilern seines Modells:

(i) Die unterstellte positive Beziehung zwischen Bevölkerungs- und Einkommensentwicklung sei empirisch nicht nachweisbar (vgl. Abbildung III.3.5) bzw. der *demographische Übergang* für IL sei nicht so einfach auf EL übertragbar.

(ii) Weiterhin wird gegen die Bevölkerungsfallentheorie eingewendet, es sei unzulässig, den *technischen Fortschritt* auszuklammern. Dieser vermöge die dY/Y-Kurve soweit nach oben zu verschieben, daß sie im gesamten Bereich oberhalb der dP/P-Kurve verlaufe.

(iii) Es sei außerdem unrealistisch, gesamtwirtschaftlich abnehmende Grenzerträge von Arbeit und Kapital anzunehmen. Gerade im Prozeß der wirtschaftlichen Entwicklung - bei Ausweitung der Industrieproduktion - seien *steigende Skalenerträge* möglich, die Intensivierung der Arbeitsteilung ermögliche *Spezialisierungsgewinne*.

Hinzu kommt, daß empirische Untersuchungen über den Zusammenhang zwischen der Wachstumsrate der Bevölkerung (dP/P) und der des PKE (Y/P) keinen statistisch signifikanten Beweis für das Vorhandensein der Bevölkerungsfalle, bzw. für einen stilisierten Verlauf wie in Abbildung III.3.5 gebracht haben.

In einer Reihe von Schwellenländern war die Wachstumsrate des Einkommens sogar dort am größten, wo auch die Bevölkerung am stärksten wuchs.

Hirschman und Boserup haben für dieses Phänomen folgende Erklärung: Geht man von Duesenberry's relativer Einkommenshypothese aus, wonach die Menschen einer Minderung ihres Lebensstandards zu begegnen versuchen, indem sie bei einem (zyklischen) Rückgang ihres Einkommens ihre Sparquote senken, um so ihr gewohntes Konsumniveau halten zu können, ergibt sich ein sogenannter Ratchet-Effekt. Wenn sich die Menschen aber derart verhalten, weshalb sollten sie sich nicht auch einer Verminderung ihres Einkommens durch Bevölkerungswachstum widersetzen? *Hirschmann* ist daher der Überzeugung, daß der Bevölkerungsdruck, sofern er nicht demoralisierende Ausmaße annimmt, schlechthin *den* notwendigen Anreiz zur Verbesserung der Produktionstechniken gibt.

Auch *Boserup* betont die stimulierenden Wirkungen des Bevölkerungsdrucks auf die Innovationsfähigkeit der Menschen. Die Geschichte lehre, daß die landwirtschaftliche Entwicklung immer dort am raschesten vorangeschritten sei, wo der Bevölkerungsdruck hoch war. Bevölkerungsdruck sei demnach die unabhängige Variable und induziere eine Erhöhung der Nahrungsmittelproduktion, indem Produktionstechniken und Institutionen positiv verändert würden (sogenannte Verdichtungshypothese).

Die Thesen von Boserup und Hirschman, wonach Bevölkerungsdruck sogar ein Stimulans für wirtschaftliche Entwicklung sei, unterstellt damit so etwas wie einen dialektischen Prozeß der "*Überwindung und Bewahrung*" von Hegel/Marx ("*Die Menschheit stellt sich immer nur solche Aufgaben, die sie auch lösen kann*").

Literaturhinweise zu diesem Kapitel:

Boserup, E., The Conditions of Agriculturural Growth: The Economics of Agrarian Change Under Population Pressure, Chicago 1966.

Hemmer, H.R., Wirtschaftsprobleme der Entwicklungsländer, 2. Auflage, München 1988.

Hirschman, A.O., The Strategy of Economic Development, New Haven 1958.

Nelson, R.R., A Theory of the Low-Level Equilibrium Trap in Underdeveloped Economies, in: AER, Vol. 46, 1956, S. 894-911.

Timmermann, V., Entwicklungstheorie und Entwicklungspolitik, Göttingen 1982.

3.3 Die "Armutsfalle"

3.3.1 Darstellung

Teufelskreise der Armut variieren im Prinzip alle den Satz *"Ein Land bleibt arm, weil es arm ist"*. Der später oft abgewandelte Teufelskreis der Armut bzw. die Hypothese von der Armutsfalle geht ursprünglich auf Ragnar Nurkse (1953) zurück:

Abb. III.3.8: Der Teufelskreis der Armut

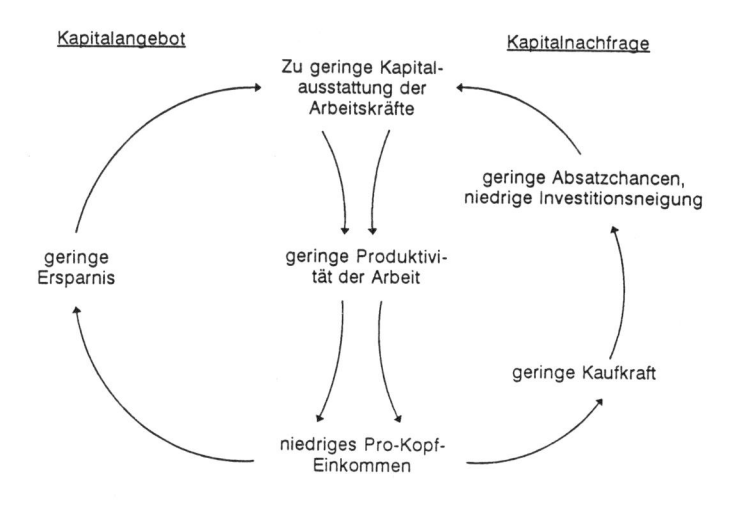

Quellen: Hemmer (1988)/Timmermann (1982)

Ausgangspunkt (obwohl dies für einen Teufelskreis relativ willkürlich ist) der Überlegungen von Nurske ist das unzureichende *Kapitalangebot* in EL (linke

Seite von Abbildung III.3.8): aus einem geringeren PKE resultiert eine niedrige Ersparnis, aus der sich wiederum eine nicht ausreichende Kapitalausstattung der Arbeitskräfte ergibt. Letztere hat aber eine geringe Arbeitsproduktivität zur Folge und "erklärt" wiederum das niedrige Pro-Kopf-Einkommen. Damit ist ein Kreis geschlossen.

Auf der Seite der *Kapitalnachfrage* führt ein geringes PKE zu einer unbefriedigenden Kaufkraft. Dadurch haben die Unternehmen vergleichsweise schlechte Absatzchancen und verspüren nur eine mäßige Investitionsneigung. Eine unterdurchschnittliche Investitionstätigkeit führt aber schließlich zu einer nicht ausreichenden Kapitalausstattung der Arbeitskräfte, so daß die Arbeitsproduktivität und damit das PKE auf niedrigem Niveau verharren.

Myrdal (1957) hat die Überlegungen von Nurkse später ergänzt, bzw. erweitert: "Die Kolonialisierung, aber auch die unüberlegte Integration eines EL mit einem hohen Exportanteil von Primärgütern in das Welthandelssystem kann ... eine Ursache des Teufelskreises der Unterentwicklung sein ..." (Borner/Weder 1990, S. 160).

Myrdal hat darüberhinaus versucht, die empirische Relevanz von Teufelskreisen am Beispiel der Unterernährung/Unterentwicklung in Ländern Asiens zu verdeutlichen (vgl. ebenda).

3.3.2 Kritische Würdigung

Einer der schärfsten Kritiker von Teufelskreisen à la Nurkse/Myrdal ist der britische Ökonom *P.T. Bauer*. Für Bauer ist bereits die Existenz hochentwickelter Länder Beweis genug, die Theorie vom unüberwindbaren Zirkel der Armut ad absurdum zu führen, ganz abgesehen davon, daß es heute auch EL gäbe, deren Volkswirtschaften hohe Zuwachsraten ihres realen Sozialproduktes aufwiesen. Beispiele hierfür seien etwa (süd)ostasiatische Schwellenländer.

Bei anderen Entwicklungsforschern ist auch die These von der ungenügenden Sparfähigkeit als Ursache und Wirkung für Kapitalarmut auf Widerspruch gestoßen, zumal bisher keine eindeutigen empirischen Nachweise für diese These vorgelegt worden seien. Hagen und Lewis sind beispielsweise der Ansicht, daß sogar die untersten Einkommensschichten sparen, wenn auch oft für unproduktive Zwecke (vgl. frühere Kapitel).

Im Gegensatz zu den untersten Einkommensgruppen mit einer zumindest latent vorhandenen Ersparnis, ist die objektive Sparfähigkeit der höheren Einkommensschichten wesentlich größer, allerdings wird aufgrund des "*Nachahmungseffektes*" der Anreiz zur Ersparnisbildung geschwächt. Dieser ursprünglich von Duesenberry für das amerikanische Konsumverhalten festgestellte Effekt ist von Nurkse zum *internationalen Demonstrationseffekt* erweitert worden (s.o.).

Danach ahmen bestimmte Verbraucher bzw. Eliten in EL Konsumgewohnheiten nach, wie sie in entwickelten Volkswirtschaften vorherrschen. Gewissermaßen zugunsten des Nachahmungseffekts ist argumentiert worden, daß er zwar die Konsumstrukturen wie beschrieben beeinflußt, gleichzeitig aber auch positive Auswirkungen auf die Sparfähigkeit zeigt, indem er nämlich *die Leistungsmotivation erhöht* und dadurch *einen Anreiz zur Einkommenssteigerung und Ersparnis aus höherem Einkommen gibt.*

Weiterhin ist kritisch festzustellen, daß es neben dem Pro-Kopf-Einkommen weitere wesentliche Determinanten der Haushaltsersparnis in EL gibt, die in den Armuts-Teufelskreisen nicht berücksichtigt werden.

Schließlich ist zu bezweifeln, ob Investitionen in EL sich so stark, wie von Nurkse behauptet, an der effektiven Nachfrage des Inlands orientieren. Insbesondere bei der Produktion von handelbaren Gütern dürfte die internationale Wettbewerbsfähigkeit eine mindestens ebenso gewichtige Rolle spielen.

Literaturhinweise zu diesem Kapitel:

Bauer, P./Yamey, B., The Political Economy of Foreign Aid, in: LLoyds Bank Review, Vol. 59, No. 142, Oktober 1981, S. 1-14.

Borner, S./Weder R., Entwicklungstheorie versus moderne Mainstreamökonomik, in: WiSt, Heft 4/1990, S. 158-164.

Hagen, E.E., On the Theory of Social Change, Homewood 1962.

Myrdal, G., Economic Theory and Under-Developed Regions, London 1957.

Nurkse, R., Problems of Capital Formation in Underdeveloped Countries, New York 1953

Timmermann, V., Entwicklungstheorie und Entwicklungspolitik, Göttingen 1982.

4. Unterentwicklung durch Außenhandel?

4.1 Theorie der dominierenden Wirtschaft

4.1.1 Darstellung

Die im wesentlichen von *F. Perroux* entwickelte Theorie geht von der Feststellung aus, daß die Gleichgewichtsvorstellung, etwa der neoklassischen Außenhandelstheorie, für die Außenhandelsbeziehungen zwischen IL und EL nicht besonders adäquat sei.

Vielmehr bestehen nach François Perroux (1961) eher asymmetrische und teilweise auch irreversible Beziehungen zuungunsten der EL, wobei für eine sachgerechte Analyse solche Begriffe wie "Macht" (force), "Herrschaft" (pouvoir) und "Zwang" (contrainte) verwendet werden sollten.

Die *Dominationseffekte* der IL gegenüber den EL entstehen dabei nach Perroux's Auffassung sowohl aufgrund unterschiedlicher Verhandlungsstärken als auch unterschiedlicher Größen der beteiligten Akteure.

In bezug auf die Verteilung der Industrie-, Agrar- und Rohstoffproduktion in der Weltwirtschaft kann es zu einer nur für die dominierenden Wirtschaften vorteilhaften Arbeitsteilung kommen. Nämlich dann, wenn es den IL gelingt, den Großteil der Produktion mit hohem Wertschöpfungsanteil von Kapital und Arbeit an sich zu ziehen, während die EL auf eine Rolle von Zulieferern an Rohstoffen und Agrarprodukten beschränkt bleiben.

4.1.2 Kritische Würdigung

Die Begriffe, die von Perroux verwendet werden, erscheinen für die Wirtschaftswissenschaften nicht unbedingt sehr operational: Man kann nämlich mit Recht die kritische Frage stellen, ob bei manchen durchaus existenten asymmetrischen Austauschbeziehungen zwischen Industrie- und EL unbedingt ein Machtkonzept herangezogen werden muß. Möglicherweise wäre es ausreichend, mit dem hinlänglich bekannten Instrumentarium der *Preis- und Einkommenselastizitäten der Nachfrage nach Import- und Exportgütern* zu arbeiten (s.u.).

Auf der anderen Seite haben wir mit der Neuen Politischen Ökonomie, einem der jüngeren Zweige der Nationalökonomie, einen Denkansatz erhalten, in dem Interessengruppen, Verhandlungen und Verhandlungsstärken im Zentrum stehen. Das ermöglicht vielleicht eine neue Rezeption von Perroux's Ansatz in der Zukunft.

Literaturhinweise zu diesem Kapitel:

Donges, J.B., Außenwirtschafts- und Entwicklungspolitik, Berlin/Heidelberg/ New York 1981.

Hemmer, H.R., Wirtschaftsprobleme der Entwicklungsländer, 2. Auflage, München 1988.

Perroux, F., Entwurf einer Theorie der dominierenden Wirtschaft, in: Zeitschrift für Nationalökonomie, Vol. 13, 1952.

4.2 Theorie der peripheren Wirtschaft

4.2.1 Darstellung

R. Prebisch, langjähriger Vorsitzender der "Economic Comission for Latin America" (ECLA) gilt (neben H.W. Singer) als "Vater" dieses Ansatzes, in dem weltwirtschaftlich zwischen einem *Zentrum* hochindustrialisierter Länder und einer *Peripherie* von EL unterschieden wird. Die Peripherie weist, so Prebisch, eine Reihe von ökonomischen Besonderheiten auf, die ihr gegenüber dem Zentrum Nachteile einbringen:

(i) In der Peripherie gibt es sehr heterogene Sektoren, die mit sektorspezifischen Produktionsfaktoren arbeiten. Wenn etwa der Exportsektor technische Fortschritte aufweist und eine steigende Arbeitsproduktivität auftritt, dann nimmt zwar c.p. die exportierbare Menge an Gütern zu. Gleichzeitig können "aber die dadurch freiwerdenden Arbeitskräfte nicht in anderen Industrien aufgenommen werden, was zur Arbeitslosigkeit führt"(Borner/ Weder 1990, S. 160).

(ii) Die Preiselastizität der Nachfrage der IL nach EL-Gütern liegt unter derjenigen der Nachfrage der EL nach Importgütern des IL: selbst bei gleichhohen technischen Fortschritten und Konkurrenzpreisen (was unrealistisch ist) in EL und IL, erhalten die EL (in Form von Nachfragesteigerungen) nur einen Teil der "Früchte des technischen Fortschritts", den die IL einheimsen.

(iii) Allerdings erscheint Prebisch die Annahme von Konkurrenzpreisen -wenn überhaupt - nur auf die EL-Güter zu passen: diese geben Produktivitätsfortschritte weitgehend durch Preissenkungen an die Verbraucher in IL weiter. Die IL können dagegen - so Prebisch - Produktivitätsfortschritte in Form von höheren Einkommen internalisieren, weil sie (Marktunvollkommenheiten) über entsprechende Preiserhöhungsspielräume verfügen.

Dies impliziert, daß namentlich rohstoffreiche EL bei Spezialisierung auf Primärgüter gemäß ihren komparativen Vorteilen einer monopolistischen Ausbeutung ausgesetzt sein können: sie erhalten *für ihre Erzeugnisse nur Konkurrenzpreise, müssen aber für importierte Industriegüter monopolistisch überhöhte Preise* bezahlen.

(iv) Die Nachfrage nach Rohstoffen steigt außerdem (geringere Einkommenselastizität) langsamer als die Nachfrage nach Industrieprodukten.

(v) Zieht man die Effekte aus (iii) und (iv) zusammen, so ergibt sich daraus eine ungünstige Entwicklung der "Commodity-Terms-of-Trade" der EL. Mithin - so Prebisch - ist "eine Integration der EL in das Welthandelssystem entwicklungshemmend" (Borner/Weder 1990, S. 160).

Die Thesen von Prebisch haben eine *Terms-of-Trade-Debatte* ausgelöst, die seit vielen Jahren in akademischen und politischen Kreisen geführt wird, ohne daß bislang Einigkeit darüber erzielt werden konnte, ob sich EL zu Recht oder Unrecht im System der internationalen Arbeitsteilung benachteiligt fühlen.

Zunächst ist aber der mehrdeutige Begriff der *Terms-of-Trade* zu klären, da die *Commodity-Terms-of-Trade* nur eines von verschiedenen Konzepten sind.

4.2.2 Exkurs: TOT-Konzepte

In allgemeiner Form geben die Terms of Trade das *Verhältnis der Ausfuhrpreisentwicklung zur Einfuhrpreisentwicklung* eines Landes (oder einer Ländergruppe) wieder. Steigt, bzw. verbessert sich das Preisverhältnis, so *kann* dies auf eine Verbesserung der Außenhandelssituation des Landes hindeuten, verschlechtert sich bzw. sinkt das Preisverhältnis, so *kann* das Umgekehrte gelten. "Kann" heißt aber nicht "muß", wie noch zu zeigen ist (vgl. Donges 1981, S. 24). Die allgemeine Definition der Terms of Trade ist auch die gebräuchlichste. Man spricht hier von den sogenannten *Commodity Terms of Trade*:

(258) $\quad TOT_{com} = \dfrac{P_x}{P_m}$,

Laspeyres: $\dfrac{\sum p_{it} \cdot q_{i0}}{\sum p_{i0} \cdot q_{i0}}$ Warenstruktur des Basisjahres konstant

Paasche: $\dfrac{\sum p_{it} \cdot q_{it}}{\sum p_{i0} \cdot q_{it}}$ Laufende Warenstruktur

"wobei man die *Preisindices auf den reinen Güterverkehr ("net barter terms of trade") oder zusätzlich auch auf Dienstleistungen und Kapitalerträge ("gross barter terms of trade")* beziehen kann" (ebenda, S. 25).

Man gelangt jedoch u.U. zu völlig konträren Ergebnissen, je nach dem, ob bei der Indexberechnung das *Laspeyres-* oder das *Paasche*-Verfahren angewandt wird. Beide Indices sind anerkannt und werden in unterschiedlichem Ausmaß angewendet (s.o.). Machen wir uns diesen Zusammenhang für ein Land klar, dessen Importpreisindex als unverändert angenommen wird, dessen Exportpreisindex sich dagegen zwischen der Basisperiode 0 und dem Jahr t wandelt:

Zahlenbeispiel zum Ausfuhrpreisindex:

Ausfuhr im Jahr 0 : 5000t Stahl zu DM 1000 je t

1000 Autos zu DM 10.000 je Auto

Ausfuhr im Jahr t: 4000 t Stahl zu DM 500 je t

2000 Autos zu DM 12.000 je Auto

Der Ausfuhrpreisindex nach Laspeyres ($I^e_{P,L}$) wird dann zu

$$I^e_{P,L} = 96{,}7 \; ; \qquad I^e_{P,L} = \dfrac{\sum p_{it} \cdot q_{i0}}{\sum p_{i0} \cdot q_{i0}}$$

der Ausfuhrpreisindex nach Paasche ($I^e_{P,P}$) wird dagegen zu

$$I^e_{P,P} = 108{,}3 \; ; \qquad I^e_{P,P} = \dfrac{\sum p_{it} \cdot q_{it}}{\sum p_{i0} \cdot q_{it}}$$

D.h., daß bei gegebenem Importpreisindex mit der Laspeyres-Methode eine *Verschlechterung* der Commodity Terms of Trade angezeigt wird, während der Paasche-Index eine *Verbesserung* anzeigt. Im ersten Fall haben wir zwar die "echten" Veränderungen der Austauschpreisverhältnisse gemessen, aber für eine Außenhandelsstruktur, die im Lande nicht mehr aktuell ist. Im zweiten Fall können wir wegen der jeweils geänderten Struktur (Mengengerüst) keine "echten" Preisänderungen feststellen.

Will man auf die Kaufkraft der eigenen Exportgüter abstellen, so eignet sich besonders das Konzept der *Income-Terms-of-Trade:*

(259) $\text{TOT}_{inc} = \frac{P_x}{P_m} \cdot Q_x$

Ein Anstieg ist gleichbedeutend mit einem verbesserten *Realerlös* des Exports.

Sowohl (258) als auch (259) sind insofern unzureichend, als die Produktivitätsentwicklung im In- und Ausland völlig unberücksichtigt bleibt. Eine sinnvolle Erweiterung besteht darin, zu fragen, ob das Inland (Ausland) im Zeitablauf in Relation zum eigenen (fremden) Faktoraufwand einen größeren Faktorverzehr des Handelspartners beim Gütertausch beansprucht:

(260) $\text{TOT}_{fac} = \frac{P_x}{P_m} \cdot \frac{\alpha_x}{\alpha_m}$

Man spricht hier von den sogenannten *Double-Factoral-Terms-of-Trade*, wobei α die jeweilige Wertschöpfung je Faktoreinsatz darstellt. Unter der Annahme eines konstanten Faktoreinsatzes ist ein Anstieg von (260) aus der Sicht eines EL so zu deuten: sein Anteil an der weltweiten Wertschöpfung durch Produktion von Tradeables wäre gestiegen (vgl. Donges 1981).

Die neuere Prebisch/Singer-Exegese hat darauf hingewiesen, daß eine Hauptsorge dieser beiden in der Entwicklung der *Double-Factoral-Terms-of-Trade* zwischen Peripherie und Zentrum bestand: "In any case their basic concern was ... the fact that technical progress in the primary producing sector of the periphery was taking place at a lower rate then in the manufacturing sector of the center ..." (Sarkar/Singer 1991, S. 333).

4.2.3 Neuere empirische Befunde

4.2.3.1 Lange Zeitreihen

Neuere bis neueste empirische Beiträge (Cuddington/Urzna 1989; Powell 1991) zeigen auf, daß es zwischen 1900 und 1990 *keinen* säkulären Verfall der (Commodity) TOT der EL gegeben hat.

Bezogen auf die Exportpreise von EL bei Nicht-Öl-Gütern hat es in diesem Jahrhundert vielmehr scharfe *Einschnitte* nach unten gegeben: dies war in den Jahren 1921, 1938 und 1975 (Powell 1991, S. 1488) der Fall.

Diese Einbrüche folgten aber Perioden, in denen die Rohstoffpreise teilweise wesentlich schneller zugenommen hatten als die Preise von Fertigwaren. Interessant ist, daß solche Boomphasen relative Rohstoffpreissenkungen nach sich zogen, die größer waren "than would have been expected from the previous equilibrium" (ebenda, S. 1489).

Als Ursache hierfür können Prozeßinnovationen herhalten oder auch die Suche nach Substituten, "such that after a boom is over the correction is greater than would have been expected from the previous equilibrium" (ebenda).

Daraus ergibt sich ein spezifisches Problem für die Wirtschaftspolitik der Rohstoffexporteure: sie müssen entscheiden, ob ein Boom bzw. eine Baisse temporärer oder permanenter Natur ist: Der Einbruch der Rohstoffpreise im Jahr 1975 hatte permanenten Charakter insofern, als die früheren Realpreise nie wieder erreicht wurden. Die meisten EL und auch Geschäftsbanken haben dies damals nicht vorhergesehen. Sonst wäre das Kreditnachfrage- bzw. Kreditangebotsverhalten zurückhaltender ausgefallen. Powell führt einen Teil der sogenannten Schuldenkrise der EL auf diese Permanent/Transitorisch-Konfusion zurück.

4.2.3.2 Kürzere Zeitreihen

Für den Zeitraum von 1970-1987 liegen mittlerweile umfangreiche Untersuchungen zur TOT- Entwicklung von Sarkar und Singer (1991) vor.

Sie fanden heraus, daß in dem o.a. Zeitraum die Commodity-TOT der *Peripherie* im Durchschnitt um 1 Prozentpunkt p.a. gegenüber dem *Zentrum* gesunken sind. Dagegen nahmen aber die Income-TOT mit einer jährlichen durchschnittlichen Rate von 10% zugunsten der Peripherie zu: "This means that the superior rate of growth of manufactured exports by the periphery has overcompensated in terms of capacity to import, for the decline in barter terms of trade in manufactures"(Sarkar/Singer 1991, S. 335).

Schlechter schneidet die Peripherie im Vergleich mit dem Zentrum ab, wenn auf den Zuwachs in der Arbeitsproduktivität abgestellt wird: die Double-Factoral-TOT (s.o.) verschlechterten sich gegenüber dem Zentrum noch stärker als die Commodity-TOT: "The main consolation for the manufacture-exporting periphery is that the purchasing power of its manufactured exports measured in terms of capacity to import manufactures, rose at a higher rate than that of the center during the period 1970-1987 ..." (ebenda, S. 335).

4.2.4 Kritische Würdigung

Nach dem heutigen Stand der Erkenntnis kann die Prebisch-Singer-These in ihrer strengen Form *nicht* aufrechterhalten werden:

(i) Lange Zeitreihen bestätigen keinen säkularen Verfall der Commodity-TOT von Rohstoffproduzenten; dort wo kürzere Zeitreihen die These zu stärken scheinen, sind methodische Fragen angebracht: i.d.R. werden weder Struktur- noch Qualitätsänderungen berücksichtigt. Bei den Exporten aus IL spiegeln aber die festgestellten Preiserhöhungen häufig Qualitätsverbesserungen wider, die bei Rohstoffen wesentlich seltener zu erwarten sind.

(ii) Bei den Income-TOT weisen Länder aus der Peripherie gerade in den letzten 20 Jahren deutliche Verbesserungen auf.

(iii) Das wirkliche Problem tritt bei den Double-Factoral-TOT auf, weil sich die Produktivitätslücke zwischen IL und EL vergrößert hat. Nur sollten daraus keine voreiligen Schlüsse gezogen werden: es geht nicht darum, das System der weltwirtschaftlichen Arbeitsteilung deswegen anzuklagen. Vielmehr ist die Beseitigung von Inflexibilitäten in den EL selbst einzuklagen; nur wenn diese bereit und in der Lage sind, die Bedingungen für einen wachstumsförderlichen Strukturwandel zu schaffen, werden sie im Wettlauf um Produktivitätsgewinne verlorenes Terrain zurückgewinnen (Donges 1981).

(iv) "Für das einzelne EL stellt auch eine niedrige Einkommenselastizität der Weltnachfrage kein Datum dar: Es kann die Rohstofflastigkeit seiner Produktionsstruktur abbauen und dabei auch noch die Einkommenselastizität bei gewerbliche Halb- und Fertigwaren dadurch erhöhen, daß es Anbieter in IL unter verschärften Wettbewerbsdruck setzt und sie zwingt, sich aus der Inlandsproduktion zurückzuziehen." (Donges 1981).

(v) Was die "reinen" Rohstoffproduzenten angeht, so sind nicht nur Diversifizierungsstrategien geboten, "contracts that show commodity-related risks can also make a contribution. Futures and options markets are natural candidates ..." (Powell 1991, S. 1495).

Literaturverzeichnis zu diesem Kapitel:

Borner, S./Weder, R., Entwicklungstheorien versus moderne Mainstream-Ökonomie, in: WiSt, Heft 4/1990 ,S. 158-164.

Cuddington, J.T./Urzna, C.M., Trends and Cycles in the Net Barter Terms of Trade: A New Approach, in : The Economic Journal, Vol. 99, 1989, S. 426-442.

Donges, J.B., Außenwirtschafts- und Entwicklungspolitik, Berlin/Heidelberg/ NewYork 1981.

Powell, A., Commodity and Developing Country Terms of Trade: What Does the Long Run Show? In: The Economic Journal, Vol. 101, 1991, S. 1485-1496.

Prebisch, R., The Economic Development of Latin America and its Principal Problems, New York 1950.

Prebisch, R., International Trade and Payments in an Era of Coexistence, in: AER, Vol. 49, 1959, S. 251-273.

Singer, H.W., The Distribution of Gains Between Investing and Borrowing Countries, in: AER, Vol. 40, 1950.

Sarkar, P./Singer, H.W., Manufactured Exports of Developing Countries and their Terms of Trade Since 1965, in: World Development, Vol. 19, No. 4, 1991, S. 333-340.

4.3 Theorie des Verelendungswachstums

4.3.1 Darstellung

Im traditionellen Modell des Außenhandels läßt sich der Fall konstruieren, daß der Wachstumsprozeß für ein im Hinblick auf sein Exportgut "großes" Land zu Wohlfahrtseinbußen führt. In die Literatur wurde diese Möglichkeit 1958 von Jagdish Bhagwati unter dem Stichwort "immiserizing growth" eingeführt.

Diese Möglichkeit soll am Beispiel der Abbildung III.4.1 verdeutlicht werden.

Ein Land wie Indien (vgl. Donges 1981), das sowohl Stahl als auch Jute produzieren kann, aber sicherlich bei dem zuletzt genannten Produkt seine komparativen Kostenvorteile besitzt, wird bei Wirtschaftswachstum von *beiden* Gütern mehr produzieren können.[80] Man kann vermuten, daß die Verbesserung der Produktionsmöglichkeiten bei Jute ausgeprägter ausfallen wird als bei Stahl.

---

[80] Graphisch bedeutet Wirtschaftswachstum eine Verschiebung der Transformationskurve von Q_0Q_0' auf Q_1Q_1'.

Abb. III.4.1:

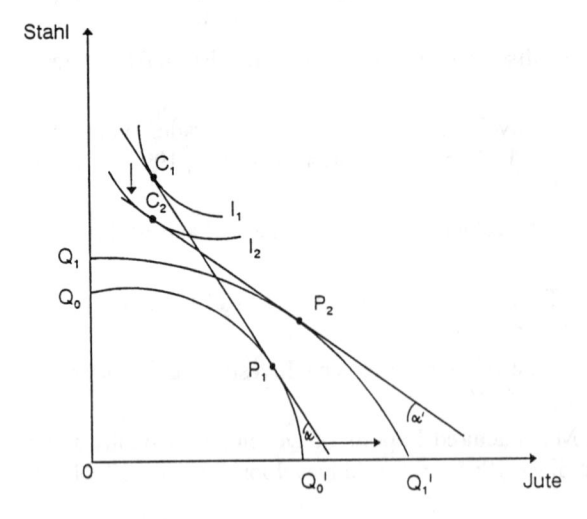

$\tan\alpha = \dfrac{P_{Jute}}{P_{Stahl}}$

Quelle: Donges (1981)

Als wichtiger Erzeuger wird Indien bei einer Steigerung seines Weltmarktangebots möglicherweise zu einer Preissenkung des eigenen Exportguts beitragen. In diesem Fall ist es denkbar, daß sich auch die Commodity-TOT Indiens verschlechtern (von $\tan\alpha$ auf $\tan\alpha'$) und das neue Konsumgleichgewicht (C_2) unterhalb des alten (C_1) zu liegen kommt. Wie in Abbildung III.4.1 zu erkennen, ist damit ein niedrigeres Indifferenzkurvenniveau verbunden. In einer solchen Situation ist die Versuchung groß, "durch zollpolitische Maßnahmen einer Verschlechterung des Austauschverhältnisses entgegenzuwirken" (Blümle 1982, S. 152).

4.3.2 Kritische Würdigung

Für Bhagwatis These in ihrer strengen Auslegung (Verarmungswachstum) gibt es zum einen keine ausreichende empirische Evidenz (vgl. Donges 1981). Darüberhinaus wird von allen anderen wichtigen Bestimmungsgründen für den Weltmarktpreis von Exportgütern abstrahiert. Trifft nämlich das erweiterte

Angebot auf eine zusätzliche Nachfrage, kann der befürchtete Preisverfall ausbleiben. Hinzu kommt, daß genauere Vorhersagen nur bei Kenntnis der entsprechenden Preis- und Einkommenselastizitäten möglich sind. Hohe Einkommenselastizitäten der Nachfrage sind i.a. ein guter Hemmschuh gegen den *Bhagwati-Effekt*.

Literaturhinweise zu diesem Kapitel

Bhagwati, J., The Pure Theory of International Trade: A Survey of Economic Theory, Vol. II, London/New York 1965, S. 161 ff..

Blümle, G., Außenwirtschaftstheorie, Freiburg 1982.

Donges, J.B., Außenwirtschafts- und Entwicklungspolitik, Berlin/Heidelberg/ NewYork 1981.

4.4 Abhängigkeitstheorien

4.4.1 Dependenztheorie(n)

Wie Borner und Weder (1990, S. 100) ausführen, muß die sogenannte "*Dependencia-Schule*" zunächst als eine Reaktion auf die gescheiterte Wirtschaftspolitik in Lateinamerika in den 60er Jahren gewertet werden. Vor dem Hintergrund großer Handelsbilanzdefizite und hoher Arbeitslosigkeit wurde die These aufgestellt, daß die EL bisher nur in dem Maße wachsen konnten, wie dies von den IL zugelassen wurde. Diese einseitige Abhängigkeit von den IL gelte es zu reduzieren, wenn nicht gar zu beseitigen.

Eine *bürgerlich-nationalistische Richtung* der Dependencia-Schule (Sunkel 1973) sprach sich zwar grundsätzlich für den Erhalt eines marktwirtschaftlich-kapitalistischen Systems aus, jedoch unter der Voraussetzung der "Schaffung einer homogeneren, diversifizierten Wirtschaftsstruktur sowie ... der Beseitigung von entwicklungshemmenden Klassenstrukturen" (ebenda).

Dagegen forderte eine *marxistisch-nationalistische Richtung* eine Abkopplung vom Weltwirtschaftssystem, um in einer autozentrierten Entwicklung die bisherigen kapitalistischen Strukturen im Landesinneren zu zerschlagen. Das sei erforderlich, weil die kapitalistische Produktionsweise auf jeder Ebene einseitige ökonomische Abhängigkeiten schaffe, die eine autonome soziale und politische Entwicklung verhinderten (Dos Santos 1970, Senghaas 1977).

4.4.2 Moderne Imperialismustheorien

Konkreter als die Dependencia-Schule mit ihrem recht diffusen "Abhängigkeitsbegriff" operieren die Ansätze eines internationalen Marxismus, die nahtlos an die Imperialismustheorien von Lenin und Rosa Luxenburg anknüpfen. Diese hatten bekanntlich geäußert, daß die "politische und ökonomische Herrschaft des Zentrums über die Peripherie ... eine notwendige Phase der Entwicklung des kapitalistischen Systems darstellt ... die die Wachstumsgrenze des Kapitalismus noch eine Zeitlang hinauszuschieben vermag" (Borner/Weder 1990, S. 161).

Unterscheiden lassen sich die zwei Hauptrichtungen: die des sogenannten "*Handelsimperialismus*" bzw. *-kapitalismus* und die des "*Transnationalen Imperialismus*".

Der sogenannte "*Handelskapitalismus*" stützt sich auf die Prämissen der Arbeitswertlehre und sein Kernstück ist die Lehre vom "*ungleichen Tausch*" (Emmanuel 1972).

Senghaas beschreibt ungleichen Tausch folgendermaßen: Ungleicher Tausch vollzieht sich z.B. beim Tausch von Gütern zwischen Metropolen und Peripherien, wenn bei gleichem Produktivitätsniveau die Produkte der Peripherie aufgrund einer geringeren Entlohnung des Faktors Arbeit unterbewertet und gegen überbewertete Produkte der IL getauscht werden. Während die Wirtschafts- und Sozialstrukturen in den IL bzw. Metropolen einen kontinuierlichen Anstieg der Arbeitsentgelte erlauben (monopolistische Märkte, Gewerkschaften), favorisieren die deformierten sozio-ökonomischen Strukturen in den EL die Konstanthaltung der Entlohnung der Arbeiterschaft auf einem geringen Niveau (derselbe 1977).

Betrachten wir im folgenden einmal in der werttheoretischen Version von *A. Emmanuel* ein Zahlenbeispiel zum ungleichen Tausch, wobei wir zunächst die *Marx'sche Terminologie* kennenlernen müssen:

Stromgrößen:

c = Konstantes Kapital, das in zu seiner Produktion erforderlichen Arbeitsstunden gemessen wird.

v = Arbeitsstunden, die von den Kapitalisten bezahlt werden ($\hat{=}$existenzminimale Konsumgütermenge).

m = Mehrwert bzw. Arbeitszeit, die über das Äquivalent der Reproduktion der Arbeitskraft hinausgeht. Die entstehende Wertschöpfung eignen sich die Kapitalisten an.

W = Wertschöpfung, die sich aus c + v + m ergibt.

Gelingt es den Arbeitern, den Lohnsatz zu erhöhen, d.h. über den existenzminimalen Lohn hinaus Arbeitsstunden vergütet zu bekommen, sinkt c.p. der *Mehrwert* bzw. die *Mehrwertrate*. Die Mehrwertrate ist mithin ein Gradmesser für die Ausbeutung am Arbeitsmarkt. Bei internationaler Mobilität des Faktors Arbeit müßte es tendenziell zu einer Angleichung der Mehrwertraten kommen. Emmanuel geht aber von folgenden Annahmen aus:

1) Die Mehrwertraten sind in verschiedenen Ländern aufgrund von "institutionellen Faktoren" verschieden, Wettbewerb kann sie nicht zum Ausgleich bringen, sie sind unabhängig von den relativen Preisen. Der Faktor Arbeit ist folglich international *immobil*.

2) Der Faktor Kapital ist dagegen international *mobil*: Aufgrund des Wettbewerbs und der Mobilität des Faktors Kapital kommt es international zu einem *Ausgleich der Profitrate*.

3) Wettbewerb auf dem Arbeitsmarkt (international) könnte Lohnsatzunterschiede beseitigen, nicht jedoch die organische Zusammensetzung des Kapitals überall angleichen, diese ist durch unterschiedliche Produktionsfunktionen bedingt.

Im Ergebnis wird eine größere Menge Arbeit des EL gegen eine kleinere Menge Arbeit des IL "getauscht".

Terminologie:

(261) $\dfrac{m}{v}$ = Mehrwertrate

(262) $\dfrac{c}{v}$ = Organische Zusammensetzung des Kapitals

(263) $\pi = \dfrac{m}{c+v}$ = Profitrate

(264) $P = [c+v] \cdot (1+\pi)$ (Preisgleichung)

(265) $\dfrac{c}{v+m}$ = Technische Wertzusammensetzung des Kapitals

Machen wir uns die Zusammenhänge anhand von Tabelle III.4.1 klar:

Tab. III.4.1:

Land	c	v	m	Wert (W)	Profit-rate	Profit	Produktionspreis
1	240	60	60	360	20,0%	60	360
2	240	30	90	360	33,3%	90	360
1+2	480	90	150	720	26,3%*	150	720
1'	240	60	60	360	26,3%	79	379
2'	240	30	90	360	26,3%	71	341

$* = \dfrac{150}{300+270}$

Quelle: Emmanuel 1972

Land 1 sei ein repräsentatives IL, Land 2 ein entsprechendes EL. Vor dem "Austausch" herrschen in beiden Ländern unterschiedlich hohe Profitraten (20 bzw. 33,3%) Die variablen Kosten v sind im EL nur halb so hoch wie im IL. Aufgrund der "Gewerkschaftsschwäche" sind die Lohnsätze niedriger und die Mehrwertrate im EL deutlich höher als im IL (3 > 1). Bei unterschiedlich hohen Profiten mögen beide Produkte den gleichen Preis (360) aufweisen. Diese Preise entsprechen auch den Arbeitswerten (W).

An dieser Stelle bleibt zunächst festzuhalten, daß die technische Wertzusammensetzung des Kapitals in beiden Ländern gleich ist, während Mehrwertraten (s.o.) und die organischen Zusammensetzungen des Kapitals voneinander abweichen.

Wird nun der in beiden Ländern erzeugte Mehrwert in einen Topf geworfen und daraus die - wegen der internationalen Kapitalmobilität - einheitliche Profitrate von 26,3% gebildet, so kommt es bei der Neuberechnung der Produktionspreise zu einem ungleichen Tausch: Obwohl Land 2 360 Werteinheiten erzeugt hat, erhält es nur 341 entlohnt, Land 1 dagegen 379, also 19 mehr als es geschaffen hat. Es findet ein Mehrwerttransfer von Land 2 nach Land 1 im Umfang von 19 AE statt.

Was läßt sich kritisch gegen Emmanuels Modell einwenden?
(i) Das Axiom "gleicher Lohn für gleiche Arbeit", das der Theorie des "ungleichen Tausches" zugrundeliegt, ist sehr problematisch, weil dabei

die in EL in der Regel sehr viel niedrigere Arbeitsproduktivität und die im allgemeinen auch noch unzureichende Infrastruktur unberücksichtigt bleiben.

(ii) Es ist nicht adäquat, das internationale Austauschverhältnis aus nationalen Arbeitswerten zu bestimmen. Dann werden nämlich Unterschiede in der *Faktorausstattung,* in den *Technologien* und im *Kapitalbestand* nicht angemessen berücksichtigt. Andererseits würde bereits aufgrund der in IL und EL unterschiedlichen Kapitalintensitäten das internationale Preisverhältnis von den Arbeitswerten abweichen. Somit würde das internationale Tauschverhältnis in keinem Fall zu einem äquivalenten Tausch führen (vgl. Donges 1981).

Dies läßt sich in wenigen Schritten nachweisen:

(266) $\quad \dfrac{m}{v} = \dfrac{c}{v} \cdot \dfrac{m}{c} \quad$ bzw.

(267) $\quad \dfrac{v}{m} = \dfrac{v}{c} \cdot \dfrac{c}{m}$

(268) $\quad \dfrac{c+v}{m} = \dfrac{c}{m} + \dfrac{v}{m}$

(269) $\quad \dfrac{c}{m} = \dfrac{c+v}{m} - \dfrac{v}{m}$

(270) $\quad \dfrac{v}{m} = \dfrac{v}{c} \cdot \underbrace{\left[\dfrac{c+v}{m} - \dfrac{v}{m}\right]}_{\dfrac{c}{m}}$

(271) $\quad \dfrac{v}{m}\left[1 + \dfrac{v}{c}\right] = \dfrac{v}{c} \cdot \dfrac{c+v}{m}$

(272) $\quad \dfrac{v}{m} = \dfrac{\dfrac{v}{c} \cdot \dfrac{c+v}{m}}{1 + \dfrac{v}{c}}$

(273) $\quad \dfrac{v}{m} = \dfrac{\dfrac{c+v}{m}}{\dfrac{c}{v} + 1}$

(274) $\dfrac{m}{v} = \dfrac{\dfrac{c}{v}+1}{\dfrac{c+v}{m}}$

Bei identischen Profitraten (m/(c+v)) ergeben sich demnach Unterschiede in den Mehrwertraten bereits aus unterschiedlichen *Arbeits- bzw. Kapitalintensitäten* (c/v)!

(iii) Völlig ausgeklammert wird von Emmanuel die Nachfrageseite.

(iv) Wenn der geschilderte Mehrwerttransfer als indirekte Ausbeutung interpretiert wird, ist nicht einzusehen, warum EL sich je aus dem Zustand der Autarkie heraus bewegen sollten (Donges 1981).

(v) Die Terminologie der Arbeitswertlehre bzw. die von Emmanuel gewählten Maße haben bisher eine empirische Überprüfung erschwert wenn nicht sogar unmöglich gemacht (vgl. ebenda).

Im Rahmen des "*transnationalen Imperialismus*" werden die Direktinvestitionen multinationaler Unternehmen angeprangert. Diese "führen zum Gewinntransfer der in EL geschaffenen Wertschöpfung, zu einer Zementierung der internationalen Arbeitsteilung nach den Interessen des Zentrums (Headquarter-Land) sowie zu einer Verstärkung der Ungleichheiten innerhalb der EL" (Borner/Weder 1990, S. 161).

Die Argumentationskette verläuft etwa folgendermaßen: Die Importsubstitutionspolitik (z.B. in Lateinamerika) begünstigte die Niederlassung ausländischer Unternehmen in der verarbeitenden Industrie. Die ausländischen Tochterfirmen haben das nationale Einkommensniveau negativ beeinflußt, da die an die Firmenzentrale in den IL transferierten Gewinne die Summe des in Lateinamerika investierten Kapitals übersteigt. Dies kommt einer "exzessiven Aneignung des gesellschaftlichen Mehrprodukts durch die herrschenden Klassen in den Metropolen gleich" (Senghaas 1977). Da dieser offene Kapitalabfluß größer ist als der Brutto-Ressourcentransfer (öffentliche und private Investitionen, Schenkungen, etc.) aus den Metropolen, wird dieser Vorgang als "Dekapitalisierung" der Dritten Welt bezeichnet. Dabei werden auch jene Kapitalflüsse mitgerechnet, die im Rahmen von Manipulationen der Buchungstechniken durch die Preisgestaltung und bei der Steuerabgabe sowie über die "überhöhte" Entlohnung "westlicher" Arbeitskräfte der Dritten Welt entzogen werden. Die aus der Dekapitalisierung folgenden geringeren Akkumulationsmöglichkeiten behindern die Steigerung der Arbeitsproduktivität und somit auch eine Einkommenserhöhung breiter Bevölkerungsschichten in EL.

Darüber hinaus erleichtern transnationale Unternehmen die Übernahme westlicher Konsummuster. Zur Produktion von westlichen, industriellen Gütern sind aber i.d.R. kapitalintensive Verfahren notwendig, die den Faktorausstattungsverhältnissen in EL unangepaßt sind. Beide Faktoren - Induzierung westlicher Konsummuster und Verwendung kapitalintensiver Produktionsverfahren - erhöhen den Devisenbedarf und damit auch die Notwendigkeit einer erneuten Kreditaufnahme im Ausland, was wiederum via Zinszahlungen den Werttransfer ins Ausland begünstigt.

Wie steht es um die empirische Relevanz dieses Ansatzes? Zwar können einzelne Studien belegen, daß in manchen lateinamerikanischen Ländern Kapitalbeschaffung der ausländischen Firmen auf dem einheimischen Markt - zumeist zu vergünstigten Konditionen - vollzogen wurde, was c.p. gleichbedeutend ist mit einem verringerten Kapitalzufluß aus dem Ausland und einer potentiellen Verdrängung inländischer Kreditnachfrager.

Empirische Evidenz gibt es außerdem für die Phänomene des Transferpricing, der Über- und Unterfakturierung sowie überhöhter Lizenzzahlungen an die Muttergesellschaften. Allerdings bleibt es fragwürdig, ob die dargelegten Vorgänge wirklich zu einer Dekapitalisierung der betroffenen Länder und darüber hinaus zu einer Verstärkung von Abhängigkeit und Unterentwicklung beitragen.

Mögliche negative Effekte eines Kapitaltransfers sind unbedingt mit den positiven Export- und Importsubstitutionsbeiträgen ausländischer Unternehmen zu bilanzieren. Damit sind positive Einkommens- und Beschäftigungseffekte verbunden, sofern keine inländischen Firmen verdrängt werden.

Darüber hinaus sind multinationale Unternehmen in der Lage, ein ganzes "Paket" mitzubringen, das neben dem Bruttokapitaltransfer Managementleistungen, Marketingerfahrungen und Technologietransfer umfaßt. Schließlich sind die positiven Beiträge der MNC's im Bereich der Arbeitsplatzsicherheit, der Beruflichen Bildung, der sozialen Sicherheit und - mit Einschränkungen - im Hinblick auf die Schonung der Umwelt - zu "aktivieren". Insbesondere bezüglich des Exportbeitrags ist die Tätigkeit transnationaler Unternehmen positiv zu bewerten, da sie in der Vergangenheit stärker exportorientiert ausgerichtet waren als einheimische Produktionszweige und eine Diversifizierung etwa der lateinamerikanischen Exportstruktur unterstützt haben.

Literaturhinweise zu diesem Kapitel :

Borner, S./Weder, R., Entwicklungstheorien versus moderne Mainstream-Ökonomie, in: WiSt, Heft 4/1990, S. 158-164.

Dos Santos, Th., The Structure of Dependence 1970, in: M.P. Todaro (Hrsg.), The Struggle for Economic Development, New York 1983, S. 68-75.

Donges, J.B., Außenwirtschafts- und Entwicklungspolitik Berlin/Heidelberg/ New York 1981.

Emmanuel, A., Unequal Exchange: A Study of the Imperialism of Trade, New York 1972.

Hemmer, H.R., Wirtschaftsprobleme der Entwicklungsländer, 2. Auflage, München 1988.

Hymer, S., The Multinational Corporation and the Law of Uneven Development, in: J.N. Bhagwati (Hrsg.), Economics and World Order from the 70`s to the 90`s, New York 1972, S. 113-135.

Senghaas, D., Weltwirtschaftsordnung und Entwicklungspolitik. Frankfurt a.M. 1977.

Sunkel, O., Transnational Capitalism and National Disintegration in Latin Amerika, in: Social and Economic Studies, Vol. 22, 1973, S. 132-176.

4.5 "Trade and Development"

4.5.1 Dualismus und Außenhandel

Als "Destilat" der Ausbeutungstheorien läßt sich die nützliche Frage identifizieren, die da lautet: Sind die *klassischen bzw. neoklassischen Außenhandelstheorien* dazu geeignet, auf die Situation der EL übertragen zu werden?

Die Verbindung zwischen *labor surplus* und *Außenhandel* im allgemeinen sowie zwischen dem Theorem der *komparativen Kostenvorteile* (Ricardo), wurde bereits von Lewis (1954) hergestellt:

a) Beginnen in einem Land die Löhne über das Subsistenzniveau hinaus zu steigen und die Profite (relativ) zu sinken, stehen den kapitalistischen Unternehmern zwei "Auswege" zur Verfügung:

- sie können einmal - sofern es in anderen Ländern noch "surplus labor" gibt - die Einwanderung ausländischer Arbeitskräfte fördern, um über eine Erhöhung des Arbeitsangebots die Reallöhne zu drücken. Allerdings müssen die Löhne im Inland (vorher) über die Reallöhne im Ausland ansteigen bzw. es muß bei gleichen Reallöhnen im Ausland Arbeitslosigkeit herrschen. Dies ist zwar in einigen Ländern (siehe Saudi-Arabien) gegeben, ist insgesamt aber doch wohl untypisch für den beginnenden Prozeß der Industrialisierung;

- andererseits können sie die Kapitalbildung und die damit einhergehende Arbeitsnachfrage im eigenen Land zugunsten von Kapitalexporten einschränken: bei reduzierter inländischer Kapitalbildung sinkt auch die Zunahme der Arbeitsnachfrage.

b) Das Theorem der komparativen Kostenvorteile ist in Ländern mit "labor surplus" ebenso relevant wie in allen übrigen. Zum Anfang des Entwicklungsprozesses weisen EL typischerweise komparative Kostenvorteile bei Agrargütern auf. Teilt man diese Agrargüter auf in Subsistenzgüter (Nahrungsmittel) und Verkaufsfrüchte (cash crops), so wird in dem zuletzt genannten Teil der Agrarproduktion eine kapitalistische Produktionsweise vorliegen. Treten im *modernen* Agrarexportsektor Produktivitätsfortschritte auf, so werden diese sich nur dann in höheren Reallöhnen niederschlagen, wenn *kein* labor surplus im Agrarsektor mehr besteht (analog zu den Annahmen im Original-Lewis-Modell). Ist aber noch labor surplus gegeben, so schlagen sich die Produktivitätsfortschritte in höheren Profiten bzw. niedrigeren Preisen nieder. Je stärker die Konkurrenz auf dem Weltmarkt, um so wahrscheinlicher ist letzteres: Die Produktivitätserhöhungen im modernen Agrarsektor erhöhen c.p. den komparativen Vorteil dieser Produktion und damit den Import von Industriegütern.

Die Terms of Trade zum Rest der Welt und *innerhalb* der Landwirtschaft verschlechtern sich aber zulasten der modernen Agrarexportgüter. Diese Entwicklung kann durch Investitionen im Nahrungsmittelsektor gebremst werden: Bei Entlohnung nach dem Durchschnittswertprodukt steigen dort die Reallöhne und der Lebensstandard der Kleinbauern nimmt zu. Hieran muß sich der moderne Agrarsektor durch höhere Lohngebote anpassen, die die Profite schmälern bzw. zu Preissteigerungen führen, soweit sie der Weltmarkt zuläßt. Den nunmehr verminderten komparativen Vorteilen stehen *Verbesserungen in den TOT gegenüber*.

Als Einschränkung der Spezialisierungsstrategie wird das Problem einer ungleichmäßigen EV ins Feld geführt: Wenn der weltmarktorientierte Sektor überdurchschnittlich hohe Löhne zahlt, wird durch ein überdurchschnittliches Wachstum dieses Sektors die EV gesamtwirtschaftlich ungleicher (Bliss 1989).

Die angebliche Statik dieses Ansatzes komparativer Kosten dürfte allerdings kein Problem sein; ein EL kann bei zwei Gütern komparative Vorteile besitzen: Bei einem Primärgut *heute* und bei einem Fertigprodukt *morgen*.

Die ernstzunehmendste Kritik an der Anwendbarkeit des Prinzips der komparativen Kosten stammt von den sogenannten "*New Trade Theories*" (Krugman/Helpman). Abweichend von Ricardo wird davon ausgegangen, daß in den einzelnen Ländern *oligopolistische Märkte* vorliegen, daß *steigende Skalenerträge* auftreten und daß die Regierungen versuchen, durch *strategische Handelspolitik* den eigenen Produzenten Vorteile auf dem Weltmarkt zu verschaffen: *Importprotektion* kann zum *Mittel der Exportförderung* werden.

Machen wird uns diesen Gedanken an folgendem Beispiel klar (Bliss 1989, S. 1210 f.): zwei Großfirmen aus zwei verschiedenen Ländern konkurrieren jeweils miteinander auf den nationalen Märkten. Die Grenzkosten beider Firmen sinken mit dem Niveau der Produktion. Greift nun eine Regierung ein, indem sie Importe verbietet, dann wird die heimische Firma zum Monopolisten, die Ausbringungsmenge steigt und die Grenzkosten sinken. Da die ausländische Firma nun weniger verkauft, steigen ihre Grenzkosten. Die geschützte inländische Firma gewinnt Wettbewerbsvorteile im Ausland, verkauft mehr. Die Reaktionsmöglichkeiten der ausländischen Regierung können mit Hilfe der Spieltheorie analysiert werden.

Einiges spricht jedoch gegen die Anwendbarkeit dieser Modelle auf EL: Das "*Protection as Export Promotion Model*" nimmt beispielsweise einen großen Binnenmarkt an. Diese Bedingung erfüllen nur wenige EL.

Auch setzt die Durchsetzung von strategischer Handelspolitik eine *effiziente und nichtkorrupte Verwaltung* voraus. Selbst wenn sie existierte, sind die Opportunitätskosten für das EL vergleichsweise hoch: Die besten Beamten eines EL werden wahrscheinlich nicht in einer Außenhandelsbehörde gebraucht.

Allerdings liefern die "*New Trade Theories*" wichtige Hinweise darauf, daß die Entwicklung des Welthandels nicht lediglich das Resultat "natürlicher Bedingungen", sondern auch gezielter handelspolitischer Maßnahmen ist.

4.5.2 Importsubstitution versus Exportförderung als Entwicklungsstrategie

Sowohl Importsubstitution als auch Exportförderung gelten als Entwicklungsstrategien, die zu einer beschleunigten *Industrialisierung* in EL beitragen können. Ohne hier in die theoretische Evaluierung beider Strategien einzusteigen, ist der empirische Befund doch recht eindeutig:

(i) Importsubstituierende Länder weisen im Durchschnitt eine signifikant niedrigere Wachstumsrate der industriellen Produktion auf als exportorientierte Länder.

(ii) Der marginale Kapitalkoeffizient ist in importsubstituierenden Volkswirtschaften im Durchschnitt höher.

(iii) Die Wachstumsrate der Beschäftigung in der Industrie ist im Mittel höher, wenn es sich um exportorientierte Länder handelt (Laux-Meiselbach 1989, S. 225).

4.5.3 Exportorientierung und Wirtschaftswachstum

Der Beitrag der Exporte zum Wirtschaftswachstum in EL wird häufig durch "Einbau" in eine Cobb-Douglas-Funktion zu erfassen versucht:

(275) $Y = a \cdot K^b \cdot A^c \cdot X^d$

Dabei wirken die Exporte wie ein Pseudofaktor, besser eigentlich: wie ein technischer Fortschritt, der die totale Faktorproduktivität erhöht (Colombato 1990, S. 579).

Darüber hinaus verbessert eine intensive Exporttätigkeit die Ressourcenallokation und wirkt kostensenkend, da eine Spezialisierung entsprechend den komparativen Kostenvorteilen und Skalenerträge erwartet werden können.

Schließlich erleichtern Exporte eine höhere Spartätigkeit (größere marginale Sparquote im Exportsektor als im Durchschnitt der Wirtschaft) und begünstigen ein hohes Rating an den internationalen Finanzmärkten, so daß der Zugang zu ausländischen Krediten geebnet wird (ebenda, S. 579).

Allerdings ist Gleichung (275) nicht ohne Probleme zu sehen: "... The results of such a model are likely to suffer from a simultaneity bias, since export growth itself may be a function of the increases in output supply" (Esfahani 1981, S. 9).

Daher wird vorgeschlagen, den Einfluß der Exporte auf das Wachstum zweistufig zu erfassen; es sei:

(276) $X = H[K_x, A_x, N_x]$

wobei N_x = Zwischengüter

In Änderungsschritten lautet (276):

(277) $\quad dX = H_K \cdot dK_x + H_A \cdot dA_x + H_N \cdot dN_x$

wobei

$$H_i = \frac{\partial H}{\partial i}$$

$i = K, A, N$

Für "domestic goods" (D) möge eine zu (276) analoge Produktionsfunktion F existieren, allerdings sind die jeweiligen Faktorproduktivitäten im Exportsektor annahmegemäß höher:

(278) $\quad \dfrac{H_K}{F_K} = \dfrac{H_A}{F_A} = \dfrac{H_N}{F_N} = 1 + \delta$

Somit ist:

(279) $\quad dX = (1+\delta)[F_K(dK - dK_d) + F_A(dA - dA_d) + F_N(dN - dN_d)]$

wenn

(280) $\quad dK_x = dK - dK_d$

$\quad\quad\quad dA_x = dA - dA_d \quad$ und

$\quad\quad\quad dN_x = dN - dN_d$

Außerdem wird angenommen, daß die Produktion von Exportgütern (X) eine positive Externalität im Hinblick auf die Binnengüter (D) besitzt:

(281) $\quad dD = F_K dK_d + F_A dA_d + F_N dN_d + \underbrace{\Theta dX}_{\text{positive Externalität}}$

Da

(282) $\quad dY = dD + dX$, ergibt sich durch Einsetzen:

(283) $\quad dY = \underbrace{F_K dK + F_A dA + F_N dN}_{I} + \underbrace{\left(\dfrac{\delta}{1+\delta} + \Theta\right) dX}_{II}$

Teil I des Einkommenszuwachses ist der traditionelle neoklassische Baustein, Teil II erklärt die Einkommenszunahme als Folge von positiven Externalitäten der Exportzunahme sowie der höheren Faktorproduktivitäten im Exportsektor (ebenda, S. 97 f.).

Schließlich lautet (283) in Wachstumsraten:

$$(284) \quad \hat{Y} = F_K \cdot \frac{K}{Y} \cdot \hat{K} + F_A \cdot \frac{A}{Y} \cdot \hat{A} + F_N \cdot \frac{N}{Y} \cdot \hat{N} + \frac{X}{Y} \cdot \left[\frac{\delta}{1+\delta} + \Theta\right] \cdot \hat{X}$$

Literaturhinweise zu diesem Kapitel:

Bliss, C., Trade and Development, in: H.B. Chemery/T.N. Srinivasan (Hrsg.), a.a.O., S. 1187-1240.

Colombato, E., An Analysis of Exports and Growth in LDC's, in: Kyklos, Vol. 43, No. 4, 1990, S. 579-597.

Esfahani, H.S., Exports, Imports and Economic Growth in Semi-Industrialized Countries, in: Journal of Development Economics, Vol. 35, 1991, S. 93-116.

Iradian, G., Der Beitrag der Exporte zum Wirtschaftswachstum in Entwicklungsländern, Mimeo/Freiburg 1985.

Laux-Meiselbach, W., A Note on Import Substitution versus Export Promotion as Strategies for Development, in: Kyklos, Vol. 42, No. 2, 1989, S. 219-229.

Lewis, A.W., Economic Development with Unlimited Supplies of Labour, in: The Manchester School of Economic and Social Studies, Vol. 22, 1954, S. 139-191.

IV. Kennzeichen des Entwicklungsprozesses

1. Entwicklung als Prozeß

1.1 Prozeßelemente

Wir hatten in der Einleitung zu diesem Buch gesagt, daß wir "Entwicklung" als positive Veränderung eines konkret zu definierenden Entwicklungsstandes auffassen können. Die inhaltliche Ausfüllung eines solchen Entwicklungsbegriffs erwies sich aber als außerordentlich schwierig.

Als Fazit der verschiedenen Entwicklungsbegriffe, die wir oben diskutiert haben, ergab sich dann, daß der von S. Kuznets gewählte Ansatz - wenn auch breit angelegt - hinreichend operational ist: Danach umfaßt "Entwicklung" einen Vorgang der Umwälzung und des Übergangs, bei dem wir

- Wirtschaftswachstum, bzw. die Akkumulation von (Human-, Real-, Spar-) Kapital,
- Veränderungen in der Einkommens- und Vermögensverteilung,
- einen tiefgreifenden Strukturwandel bei der Nachfrage und beim Angebot,
- anhaltende Wanderungen (Migration) und eine Tendenz zu Städtebildung (Urbanisierung)

feststellen können.

Alle diese Prozeßelemente leisten u.U. bereits für sich genommen Entwicklungsbeiträge, sie beeinflussen sich aber auch gegenseitig:

Migration sorgt tendenziell für einen Ausgleich in der Entlohnung des Faktors Arbeit, der Abbau im Gefälle der Arbeitsproduktivität verbessert aber die Allokation der Ressourcen und trägt damit zum Wirtschaftswachstum bei. Diese Beiträge sind i.A. um so höher, je größer das Produktivitätsgefälle im Ausgangszustand war.

Empirische Untersuchungen von Chenery/Strout (1966) u.a. haben gezeigt, daß aus Reallokationsprozessen heraus bis zu einem Drittel des gemessenen Wachstums in der totalen Faktorproduktivität in EL erklärt werden kann.

Ein anderer Teil des Wirtschaftswachstums wird auf vermehrten Faktoreinsatz, bzw. auf höhere Investitionsquoten zurückgeführt. Hierzu tragen - wie wir auch im Lewis-Modell gesehen haben - höhere Sparraten bei, die in der Take-Off-Phase durch eine *Einkommensumverteilung* zugunsten der Profitempfänger begründet sein können.

Das Wirtschaftswachstum ist selbst ein wichtiger Auslöser für den *Strukturwandel:* mit wachsendem PKE ist die Entwicklung einzelner Faktoren stark durch die unterschiedlich hohen (Preis- und) Einkommenselastizitäten der durch sie hergestellten Güter bzw. Dienstleistungen konditioniert. Durch Integration in die Weltwirtschaft gelingt es offenen Volkswirtschaften vergleichsweise schnell, die Veränderungen ihrer Wettbewerbsfähigkeit bei einzelnen Branchen/Produktgruppen festzustellen. Eine entsprechend zügige Anpassung hieran bzw. eine adäquate Spezialisierung entsprechend den komparativen Kostenvorteilen gibt andererseits der gesamten Volkswirtschaft Wachstumsimpulse.

Der Strukturwandel und das Wirtschaftswachstum sind ihrerseits wichtige Bestimmungsgründe für den *Urbanisierungsprozeß:* das Bevölkerungswachstum, das nach neoklassischen Vorstellungen (zumindest solange positive Produktionselastizitäten der Arbeit vorliegen) inputseitig den gesamtwirtschaftlichen Output durchaus steigern kann, führt in der Landwirtschaft (bei begrenzten Beschäftigungsmöglichkeiten) zu einem verstärkten Abwanderungsdruck. Insbesondere der städtische informelle Sektor mit seinem hohen Anteil an Dienstleistungen (Strukturwandel!) wird dann häufig zu einem Auffangbecken für die zuwandernde Bevölkerung in den Städten. Dieser Prozeß spielt sich allerdings meistens unter armseligen Wohnverhältnissen in der Peripherie der Großstädte ab (*Kalkutta-Effekt*).

1.2 "Natürlicher" versus gelenkter Prozeß der Entwicklung

Die "naive" Entwicklungsländerforschung vertrat die Auffassung, daß die beschriebenen Prozeßelemente sich gewissermaßen von alleine aktivieren, so daß der Aufholprozeß der EL mehr oder weniger nur als ein Zeitproblem aufzufassen ist, das durch Entwicklungshilfe möglicherweise verkürzt werden könne. Es ist Verdienst von Entwicklungsländerforschern wie Chenery, Strout und anderen, dieser naiven Sicht realistischere Konturen gegeben zu haben:

Wenn schon der Begriff "natürlich" überhaupt strapaziert wird, so sollte er sich strikt auf die Verfügbarkeit über natürliche Ressourcen (*"resources endowment"*) beschränken. Damit aber sind viele EL in ganz unterschiedlichem Maße gesegnet. Zweitens ist von erheblicher Bedeutung, ob kleine oder größere (*large versus small*) Volkswirtschaften vorliegen, da sich danach Größe und Gewicht des Binnenmarktes bemißt. Schließlich ist ganz entscheidend, daß jedes EL mehr oder weniger explizit eine bestimmte Entwicklungsstrategie verfolgt. Die Einteilung in eher weltoffene ("*outward oriented*") und in eher auf sich bezogene ("*inward oriented*") Länder hat sich mittlerweile in der Entwicklungsländerforschung bewährt und ist Legion.

Damit ist aber auch klar, daß wir i.d.R. immer mehr oder weniger *gelenkte* Entwicklungspfade vorfinden. Schon die Verfügbarkeit über Ressourcen ist weit weniger "natürlich" als es semantisch den Anschein hat: wie verfügbar etwa fossile Rohstoffe und/oder Erze/Edelmetalle wirklich sind, hängt von der ökonomischen und weithin auch politischen Entscheidung ab, sie zu Tage zu fördern.

Auch das *Pro-Kopf-Einkommen* (s.o.) ist ein wichtiges Unterscheidungsmerkmal zwischen den EL, wie wir bereits früher feststellten.

Das Erreichen und Übersteigen von kritischen Niveaus des PKE ist immer auch eine Funktion der Ordnungs- und Ablaufpolitik im EL. Mit natürlichen Reichtümern gesegnete Länder wie Argentinien, ein Land, das noch in den 1930er Jahren zu den 10 bedeutendsten Volkswirtschaften der Erde zählte, haben es "verstanden", durch verfehlte Wirtschaftspolitiken den Anschluß an die IL zu verpassen. Beträchtliche Teile ihres erheblichen Wachstumspotentials wurden so verschenkt.

Andererseits haben Schwellenländer wie Südkorea und Taiwan, die häufig als sogenannte "Musterschüler" unter den EL gepriesen werden, ihre phänomenale Erfolgsstory nicht denn Kräften des Marktes allein überlassen. Vielmehr hat der Staat dort das Vordringen von Schlüsselsektoren nachhaltig unterstützt und die exportorientierte Integration in den Weltmarkt erheblich beschleunigt.

1.3 Prozeßgeschwindigkeit und Prozeßtypologie

Bereits 1959 legte Kuznets einen Katalog von drei sogenannten "transnational factors" vor, die seiner Ansicht nach dazu beitragen, den ökonomischen Entwicklungsprozeß weltweit auszubreiten bzw. in den einzelnen Ländern zu beschleunigen. Es sind dies:

(i) Das *industrielle System der Produktion*, bei dem neuestes technisches Wissen zur Anwendung kommt. Dieses System setzt einen Mindestgrad an Alphabetisierung bzw. Bildung, nicht-familiäre, unpersönliche Organisationsformen und einen hohen Urbanisationsgrad voraus.

(ii) Eine Gemeinschaft bzw. *Gemeinsamkeit von menschlichen Bedürfnissen und Wünschen*. Dazu gehört die Senkung der Sterberaten, die allgemeine Beobachtung des Engel'schen Gesetzes und die verbreitete Suche nach höherem Lebensstandard.

(iii) Die *Organisation der Welt in Nationen* bzw. Staaten (Kuznets 1959).

Das Vorhandensein solcher "transnationaler" bzw. universaler Faktoren ist die Grundlage dafür, eine gewisse Einheitlichkeit im Wachstums- bzw. Entwicklungsprozeß festzustellen. *Nationale* bzw. spezifische ("*particular*") Faktoren können mehr oder weniger große Abweichungen erklären. Beispielsweise wird sich das abnehmende Gewicht des Primärsektors in ressourcenreichen Ländern später einstellen als bei anderen EL niedrigeren Einkommens. Auch werden solche Länder tendenziell kapitalintensivere Branchen aufweisen; dagegen kann man bei ressourcenarmen Ländern eine frühe Hinwendung zum Export von arbeitsintensiven Fertigwaren beobachten.

Es gibt allerdings nach herrschender Auffassung weder "*den*" Weg zu einem höheren Entwicklungsniveau noch "*die*" angemessene Geschwindigkeit:

"The English model has sometimes been regarded as the one path for growth ... but economic theory lends no support to assumptions, that there is one definable and optimal path to higher per capita incomes and still less to the implicit notion that this path can be identified with British industrialisation as it proceeded from 1788 to 1914. Instead ... there is more than one way of transition from an agricultural to an industrial economy and from rural to urban society" (Syrquin 1988, S. 218).

Genausowenig lassen sich allgemeinverbindliche Angaben darüber machen, in welchem Tempo welche Entwicklungsfortschritte zu durchlaufen sind. Die heutigen IL können schon deshalb für die heutigen EL in dieser Hinsicht kein Vorbild sein, als sich das Bevölkerungswachstum in den zuerst genannten in viel größerem Tempo abspielt, das globale Umweltproblem einerseits bestimmte Faktorintensitäten geradezu verbietet und andererseits die Zeit für energiesparende Anpassungsprobleme erheblich verkürzt hat.

1.4 Prozeßhindernisse

Das zuletzt angesprochene rapide Bevölkerungswachstum in einem Teil der EL wird von Fachleuten nicht nur als größte globale Bedrohung für den Erhalt der Umwelt betrachtet, sondern (vgl. Kapitel III.3.2 zur Bevölkerungsfalle) auch als größtes Hindernis zur Überwindung der Armut und des Hungers. Kaum ein anderes Phänomen macht so sehr deutlich, wie wichtig ein "Lenken" des Entwicklungsprozesses - im Sinne der Schaffung von Anreizstrukturen, die das generative Verhalten verändern - ist, um eine Steigerung des PKE in einem noch akzeptablen Lebensraum zu garantieren.

Nach Auffassung des Verfassers dürften es außerdem die - vor allem interventionsbedingten - Ineffizienzen in der Produktion sowie die unzureichenden Rahmenbedingungen für die Wirtschaftspolitik (vgl. die Kapitel II.2/II.4) in zahlreichen EL sein, die diese nur einen Teil ihres objektiv vorhandenen Wachstumspotentials ausschöpfen lassen.

Natürlich legt auch die "Dynamik des weltwirtschaftlichen Umfeldes" (Osterkamp 1991, S. 39) den Rahmen der Entfaltungsmöglichkeiten der EL fest. So wird der Stand und die Dynamik der Verschuldung von EL durch den Zins, die Exportentwicklung und durch den Leistungsbilanzsaldo bestimmt. "Dabei läßt sich sagen, daß der Zinssatz ausschließlich, die Exportentwicklung überwiegend und die Leistungsbilanz in bedeutendem Maße von der allgemeinen weltwirtschaftlichen Lage und Entwicklung abhängen" (ebenda, S. 42).

Was Leistungsbilanz und Exporte angeht, so ist dabei zu berücksichtigen, daß zahlreiche EL immer noch (trotz gegenteiliger Empfehlungen von IWF und Weltbank) exportorientierte Sektoren wie die Landwirtschaft diskriminieren (Wiebelt et. al. 1992, S. 1) und künstliche Anreize zur importsubstituierenden Binnenmarktproduktion (*anti-export-bias*) aufrechterhalten, die das staatliche Budget belasten und/oder den Bankensektor zur Fehlallokation knapper Ressourcen verleiten. Was die Diskriminierung der Landwirtschaft betrifft, so haben die Beiträge von Lewis sowie Fei/Ranis (s.o.) - ob nun gewollt oder ungewollt - zur Benachteiligung dieses Sektors im gewissen Sinne die Munition mitgeliefert: "a taxation of agriculture in the early stages of development is regarded as necesarry for restructuring the economy. A core parameter within this view is the price elasticity of supply in agriculture. If it is very low, and proponents of the second view argue along these lines, taxation of agriculture can be realized with relatively low costs for the economy as a whole" (Wiebelt et al., 1992, S. 1).

Literaturhinweise zu diesem Kapitel:

Chenery, H.B./Strout, A., Foreign Assistance and Economic Development, in: AER, Vol. 56, 1966, S. 679-733.

Kuznets, S., On Comparative Study of Economic Structure and Growth of Nations, in: NBER (Hrsg.), The Comparative Study of Economic Growth and Structure, New York 1959.

Osterkamp, R., Verschuldungsprobleme der Entwicklungsländer. Die nationalen Anstrengungen und das weltwirtschaftliche Umfeld, in: WiSt, Heft 1/1991, S. 39-42.

Syrquin, M., Patterns of Structural Change, in: H.B. Chenery/T.N. Srinivasan (Hrsg.). a.a.O.,S. 202-273.

Wiebelt, M, et al., Discrimination Against Agriculture in Developing Countries? Kieler Studien, Nr. 243, Tübingen 1992.

2. Der Akkumulationsprozeß

2.1 Bestimmungsgründe für Wirtschaftswachstum

Es besteht Einigkeit darüber, daß Wirtschaftswachstum an einer positiven Rate des realen Sozialproduktswachstums, noch besser an einem wachsenden PKE abgelesen werden kann.

Als Erklärungsansätze bieten sich an:

(i) das Harrod-Domar-Modell (und Modifikationen desselben),

(ii) das Solow-Modell (und Modifikationen desselben) sowie

(iii) die neuklassische Wachstumstheorie.

Nimmt man das Harrod-Domar-Modell zur Hand, so kann die Wachstumsrate von Y praktisch nur durch eine Anhebung der Investitionsquote gesteigert werden:

(285) $\hat{Y} = \frac{I}{Y} \cdot \frac{K}{Y} = \frac{\Delta K}{Y} \cdot \frac{1}{v}$

wobei v = Kapitalkoeffizient (durchschnittlicher, marginaler)

bzw.

(286) $\frac{\Delta K}{Y} = v \cdot \hat{Y}$ (vgl. White 1992, S. 169).

Wie man nun an Gleichung (286) sieht, kann dabei die Investitionsquote endogenisiert werden, "giving the level of investment required to achieve the governments' target rate of growth" (ebenda).

Die inländischen Investitionen können dabei sowohl von in- als auch von ausländischen Ersparnissen finanziert werden (s.u.).

Orientiert man sich dagegen am Solow-Modell, so bestimmen die Wachstumsraten der Inputfaktoren, deren Produktionselastizitäten sowie eine exogene Rate des technischen Fortschritts über das Wirtschaftswachstum:

(287) $Y = A^{1-\alpha} \cdot K^{\alpha} \cdot e^{\gamma t}$

(288) $\hat{Y} = (1-\alpha)\hat{A} + d\hat{K} + \gamma$

γ = konstante Wachstumsrate der Effizienz bzw. autonome Rate des technischen Fortschritts

$\alpha, (1-\alpha)$ = Produktionselastizitäten

Obwohl in diesem Modell der technische Fortschritt von erheblicher Bedeutung ist, wird er durch das Modell nicht erklärt, d.h. er bleibt exogen.

Anders verhält es sich hier bei der neuklassischen Wachstumstheorie, die den Output einer repräsentativen Unternehmung wie folgt erklärt:

(289) $Y = f(K, A, \hat{K}) = K^{\alpha} \cdot A^{1-\alpha} \cdot \hat{K}^{\eta}$

Dabei ist: $\hat{K}$ = gesamtwirtschaftliche Kapitalausstattung

$\alpha + (1-\alpha) + \eta > 1$ (steigende Skalenerträge).

Die ökonomische Begründung für steigende Skalenerträge lautet etwa wie folgt:

Wenn gesamtwirtschaftlich zusätzliches Kapital akkumuliert wird, so ist damit "eine parallele und proportionale Entwicklung von Innovationen und neuem Wissen und/oder Inventionen verbunden. Diese können den Charakter eines öffentlichen Gutes haben ... Für die einzelne Unternehmung bedeutet dies, daß sie nicht nur von ihrer eigenen Kapitalausstattung profitiert, sondern auch von der Gesamtkapitalausstattung der Volkswirtschaft" (Siegmund 1992).

(290) $\hat{Y} = \alpha \hat{K} + (1-\alpha) \hat{A} + \eta \hat{\hat{K}}$

Selbst wenn der technische Fortschritt auch für EL von zunehmender Bedeutung ist, so ist gleichwohl der Einschätzung von Syrquin zu folgen, daß "capital accumulation is an important factor for development ... studies of productivity growth in developing countries have shown that factor inputs account for a much higher proportion of growth than in advanced countries" (derselbe 1988, S. 225).

Im Vergleich zu entwickelten Volkswirtschaften ist die Zunahme des Kapitalstocks für das Wachstum der EL vergleichsweise wichtiger; dies wurde von L. Taylor daran abgelesen, daß der auf den Faktor Arbeit zurückzuführende Teil der Wertschöpfung in reichen Ländern größer ist als in armen. Hinzu kommt, daß mit dem physischen Kapital auch technologische Neuerungen verbunden sind und es, das Kapital, für die *inter*sektorale Reallokation von Ressourcen ein notwendiger Baustein ist. Eine hohe Rate der Investitionen ist zudem eine wichtige Stütze für die gesamtwirtschaftliche Nachfrage und trägt dazu bei, Leerkapazitäten zu vermeiden.

Der Begriff der *Akkumulation* bezieht sich nach H.B. Chenery auf die Erhöhung der *Produktionskapazitäten* einer Volkswirtschaft. Als Indikatoren dienen die Sparquote, Investitionen in Realkapital, in "Forschung und Entwicklung", in die Entwicklung von "menschlichen Ressourcen" (Gesundheit, Erziehung) sowie in andere öffentliche Güter bzw. Dienstleistungen, die zu Produktivitätserhöhungen beitragen.

Der Zusammenhang zwischen höheren Spar- und Investitionsquoten und dem wirtschaftlichen Wachstum in der Phase des "Übergangs" ist durch zahlreiche empirische Untersuchungen gut belegt. Spar- und Investitionsquoten entwickeln sich nicht identisch: In offenen Volkswirtschaften, die Leistungsbilanzdefizite aufweisen, liegt die Investitionsquote definitionsgemäß über der Sparquote. Tendenziell nimmt die Differenz zwischen beiden Quoten im Zuge der Transformation ab (vgl. ebenda).

Abbildung IV.2.1 gibt eine empirische Querschnittsbetrachtung zum Akkumulationsphänomen wieder.

Dabei ist auf der linken Ordinate der Anteil von Ersparnis, Investitionen und Humankapital am BIP, auf der rechten Ordinate der Prozentwert der Bevölkerung abgetragen, der eine Schule besucht. Als unabhängige Variable fungiert auf der Abszisse das PKE in konstanten US-Dollars von 1964 bzw. 1976. Ausgewertet wurden von den Autoren der Graphik über 40 EL.

Abb. IV.2.1: The Accumulation Processes

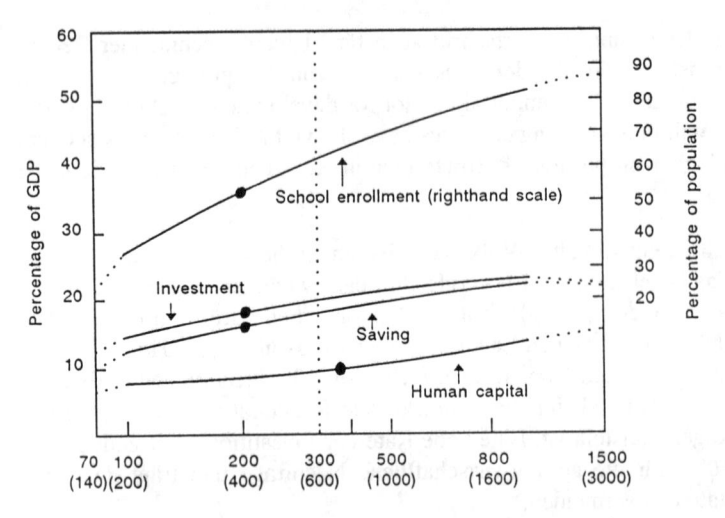

Per capita GNP in 1964 U.S. dollars (1976 dollars in parentheses)

Quelle: Chenery/Syrquin (1975)

Literaturhinweise zu diesem Kapitel:

Chenery, H.B./Syrquin, M., Patterns of Development, 1950-1970, London 1975.

Rose, K., Grundlagen der Wachstumstheorie, 3. Auflage, Göttingen 1977.

Siegmund, J., Neue Wachstumstheorie. Einordnung und Überblick, Mimeo, Dresden 1992.

Syrquin, M., Patterns of Structural Change, in: H.B. Chenery/T.N. Srinivasan (Hrsg.), a.a.O., S. 203-273.

White, H., The Macroeconomic Impact of Development Aid: A Critical Survey, in: The Journal of Development Studies, Vol. 28, Nr. 2, 1992, S. 169-245.

2.2 Kapitalzuflüsse, Spar- und Zahlungsbilanzlücke

Eine erste "Lücke" kann im Rahmen des Harrod-Domar-Ansatzes dadurch entstehen, daß die inländische Ersparnis nicht dazu ausreicht, die gewünschte Kapitalakkumulation zu erreichen. Eine zweite Engpaßsituation kann sich daraus ergeben, daß die betreffende Volkswirtschaft nicht die nötige Flexibilität besitzt, um in- und ausländische Ressourcen zu transformieren: immer dann, wenn die geplanten Investitionen einen signifikanten Importgehalt besitzen, sind Ersparnisse in Form von Devisen erforderlich. Dies ist die sogenannte Devisen- oder Zahlungsbilanzlücke; sie ergibt sich als "the difference between needed imports for targeted investment and export revenue" (Cardoso/ Dornbusch, 1989, S. 1416).

Für $\phi = \dfrac{1}{v}$; $\hat{Y} = g$

soll gelten:

(291) $g = \phi \dfrac{I}{Y}$

(292) $m = m(p)$; $m' > 0$

(293) $x = x(p)$; $x' < 0$; $p = \dfrac{P}{P^*}$; $x = \dfrac{X}{Y}$

(294) $M = m \cdot I$

(295) $1 = \dfrac{C}{Y} + \dfrac{I}{Y} + \dfrac{X}{Y} - \dfrac{M}{Y}$; $1 - \dfrac{C}{Y} = \dfrac{S}{Y} = s$

Nach Einsetzen von (294) in (295) sowie von (292), (293) in (295) ergibt sich:

(296) $\dfrac{S}{Y} = \dfrac{I}{Y} + \dfrac{X}{Y} - m \dfrac{I}{Y} = \dfrac{X}{Y} + \dfrac{I}{Y}(1 - m)$

(297) $\dfrac{I}{Y} = \dfrac{\dfrac{S}{Y} - \dfrac{X}{Y}}{1 - m}$ sowie

(298) $\dfrac{I}{Y} = \dfrac{s - x(p)}{1 - m(p)}$.

Daraus ergibt sich:

(299) $\quad g = \phi \left[\dfrac{s - x(p)}{1 - m(p)} \right]$

Bei Abwesenheit von Kapitalimporten ist:

(300) $\quad \dfrac{M}{Y} = \dfrac{X}{Y} = m \dfrac{I}{Y} = \left(\dfrac{m}{\phi} \right) g \quad$ wegen (291)

bzw.

(301) $\quad x = \dfrac{X}{Y} = \left(\dfrac{m}{\phi} \right) g$

Demnach ist dann:

(302) $\quad g = \phi \dfrac{x(p)}{m(p)}$

In einem p/g-Diagramm stellt (299) eine ansteigende, (302) eine fallende Gerade dar:

Abb. IV.2.2:

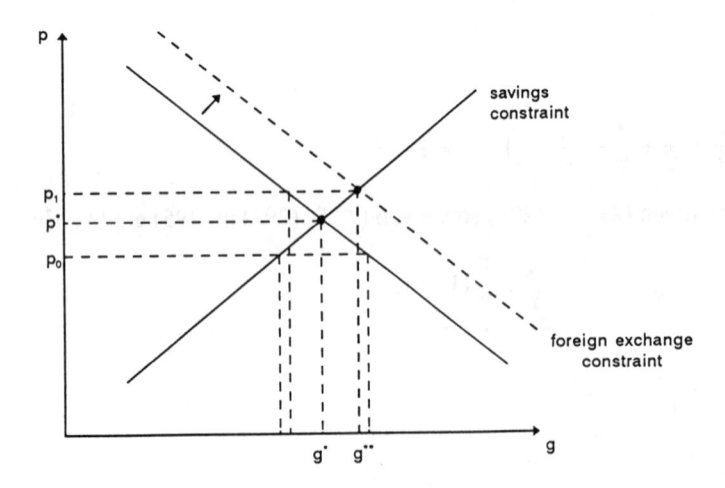

Quelle: Cardoso/Dornbusch (1989)

Im Schnittpunkt zwischen der Sparbeschränkung (299) und der Zahlungsbilanzbeschränkung (302) ergibt sich die maximal mögliche Wachstumsrate g^*. Unterhalb von p^* (p_0) ist (299) bindend und es liegt ein Exportüberschuß vor. Eine reale *Aufwertung* könnte die Nettoexporte reduzieren, "thus augmenting total savings" (ebenda, S. 1418).

Für $p > p^*$ (p_1) ist andererseits die Zahlungsbilanzbeschränkung bindend: durch eine reale *Abwertung* könnten die Exporte erhöht werden und damit auch der Import von Kapitalgütern.

Nettokapitalzuflüsse verschieben (302) nach rechts oben und wirken wie ein Substitut zu einer Anpassung der relativen Preise nach unten: "additional foreign exchange will make more imported capital goods available" (ebenda). Im Ergebnis kann auch die Wachstumsrate von g^* auf g^{**} erhöht werden.

Literaturhinweise zu diesem Kapitel:

Cardoso, E.A./Dornbusch, R., Foreign Capital Flows, in: H.B. Chenery/T.N. Srinivasan, a.a.O., 1989, S. 1387-1439.

White, H., The Macroeconomic Impact of Development Aid: A Critical Survey, in: The Journal of Development Studies, Vol. 28, Nr. 2, 1992, S. 163-240.

2.3 Der Anstieg der Investitionsquote

Sofern die Spar- und die Zahlungsbilanzbeschränkung es zulassen, führt eine höhere Investitionsquote nach unseren bisherigen Überlegungen auch zu einer höheren Wachstumsrate. Daher werden wir im folgenden versuchen, etwas über den Zeitpfad, über Querschnittsergebnisse und über ökonomische Bestimmungsgründe der Investitionsquote in EL zu erfahren.

Betrachtet man den Akkumulationsprozeß als ein säkulares Phänomen des Entwicklungsprozesses, so müßte sich ein deutlicher Zusammenhang zur Höhe des PKE einstellen (vgl. dazu Tabelle IV.2.1).

Tatsächlich verbergen sich allerdings enorme Unterschiede hinter den stark aggregierten Gruppenbildungen in Tabelle IV.2.1. Vergleicht man etwa zwei Länder (Thailand, Peru) mittleren Einkommens, untere Einkommenskategorie, mit einem Land der oberen Einkommenskategorie (Brasilien), so zeigen sich wesentlich größere Unterschiede zwischen Peru und Thailand als zwischen Thailand und Brasilien (vgl. Tabelle IV.2.2).

Tab. IV.2.1:

	Durchschnittlicher (gewogener) Anteil der Brutto- inlandsinvestitionen (Bruttoinlandsersparnis) am BIP (1986)	
	I/Y	[S/Y]
Länder mit niedrigem Einkommen (ohne China und Indien)	0,15	(0,07)
Länder mit mittlerem Einkommen - untere Kategorie - obere Kategorie	0,19 0,24	(0,17) (0,26)
Marktwirtschaftliche IL	0,21	(0,21)

Quelle: Weltentwicklungsbericht (1988)

Tab. IV.2.2:

	Anteil der *privaten* Bruttoinvestitionen am BIP (1973-1985)		
Jahr	Peru	Thailand	Brasilien
1973	7,4	15,5	17,3
1974	7,6	18,1	18,4
1975	9,6	17,0	19,9
1976	8,5	14,8	18,4
1977	7,4	17,6	18,0
1978	6,8	17,0	19,0
1979	7,5	18,2	20,5
1980	8,9	16,0	20,1
1981	10,3	15,3	18,4
1982	9,7	13,4	17,9
1983	6,8	14,4	14,3
1984	6,1	14,5	13,5
1985	5,6	15,0	14,4
∅	7,86	15,91	17,7

Quelle: Eigene Zusammenstellung

Als Ursachen für die vergleichsweise geringe Investitionsquote privater Unternehmen in Peru führt *Corsepius* vor allem die hohe Inflationsrate und die staatliche Reglementierung des Finanzsystems an. Die sich in den 70er Jahren beschleunigende Inflation machte den realen Ertrag längerfristiger Sachinvestitionen zunehmend unsicher, da mit steigenden Inflationsraten die Gefahr von Fehlinvestitionen wächst. So tätigten die Unternehmen in Peru nur noch Investitionen mit hohen Gewinnaussichten und kurzen Amortisationszeiten (oft unter einem Jahr). Darüber hinaus ist zu vermuten, daß die Unternehmen angesichts der wenigen rentablen Investitionsprojekte und der relativ sicheren Erträge, die sich auf dem peruanischen Finanzmarkt erzielen ließen, einen erheblichen Teil ihrer Mittel als Finanzaktiva hielten.

Der starke Rückgang der brasilianischen Investitionsquote am Anfang der 80er Jahre spiegelt sowohl die Rezession (1981-1983) als auch die hochinflationäre Entwicklung bis zur Implementierung des Cruzadoplans (Februar 1986) wider.

Umfangreiche ökonometrische Studien zu den Bestimmungsgründen der Investitionsquote hat M. J. Fry (1988, S. 144 f.) vorgelegt. In einem gepoolten Schätzansatz (61 EL für den Zeitraum 1961-1975) erhielt er die folgenden Ergebnisse:

(303) $\frac{I}{Y} = 0{,}4715$ (Absolutglied)

$+ 0{,}1234 \, \hat{\gamma} \, ;$ $\quad \hat{\gamma}$ = Wachstumsrate des realen BSP

$+ 0{,}1874 \left(\frac{F}{Y} \right) ;$ $\quad \frac{F}{Y} = \frac{\text{Deviseneinerlöse}}{\text{BSP}}$

$+ 0{,}0140 \left(\frac{DC}{PY} \right) ;$ $\quad DC$ = Inländisches Kreditvolumen

$\quad PY$ = Nominales BSP

$+ 0{,}1036 \, \Delta \ln \left(\frac{DC}{PY} \right) ;$ $\quad \Delta \ln \left(\frac{DC}{PY} \right)$ = Wachstumsrate von $\left[\frac{DC}{PY} \right]$

$+ 0{,}0063 \, PX \, ;$ $\quad PX$ = Income Terms of Trade

$+ 0{,}0198 \left(\frac{P}{P^e} \right) ;$ $\quad \left(\frac{P}{P^e} \right) = \frac{\text{Tatsächliches Preisniveau}}{\text{Erwartetes Preisniveau}}$ [81]

---

[81] Vgl. die Lucas-Angebotsfunktion!

$$+ 0{,}5222 \left(\frac{I}{Y}\right)_{t-1} ; \qquad \left(\frac{I}{Y}\right)_{t-1} = \text{Investitionsquote der Vor-periode}$$

$$R^2 = 0{,}68 \ .$$

Was die Signifikanz der Koeffizienten angeht, so erwiesen sich vor allem *die Investitionsquote der Vorperiode und die Wachstumsrate der Relation von Inlandskredit zum Bruttosozialprodukt* als wichtige Determinanten der laufenden Investitionsquote.

Die Verfügbarkeit an inländischen Krediten (in Relation zum BSP) war wiederum in erster Linie abhängig von

- der Höhe des Realzinses
- vom PKE
- derselben Variablen der Vorperiode.

Für ein kleineres Sample (14 asiatische EL, 1961-1983) erhielt Fry folgende, zweite Schätzgleichung:

(304) $\quad \dfrac{I}{Y} = 0{,}304 \ \hat{\gamma} \ ; \qquad \hat{\gamma} =$ Wachstumsrate des realen BSP

$\qquad - 0{,}108 \ \text{TTG} \ ; \qquad \text{TTG} =$ Änderungen in den Commodity Terms of Trade

$\qquad + 0{,}100 \ \text{TTG}_{t-1}$

$\qquad + 0{,}0603 \left(\dfrac{DC_{pr}}{PY}\right) ; \qquad DC_{pr} =$ Kredite an den privaten Sektor

$\qquad - 0{,}200 \ r_W \ ; \qquad r_W =$ Weltzinssatz (real)

$\qquad + 0{,}784 \left(\dfrac{I}{Y}\right)_{t-1} ; \qquad R^2 = 0{,}907 \ .$

Unplausibel erscheint der Vorzeichenwechsel von −0,108 bei TTG auf +0,100 bei TTG_{t-1}. Die Kreditvariable, der Weltzinssatz und die Investitionsquote der Vorperiode haben das erwartete Vorzeichen und sind signifikant.

Literaturhinweise zu diesem Kapitel:

Corsepius, U., Kapitalmarktreform in Entwicklungsländern. Eine Analyse am Beispiel Perus, Tübingen 1989
Fry, M.J., Money, Interest, and Banking in Economic Development, Baltimore und London 1988.
Weltbank, Weltentwicklungsbericht, Washington, D.C. 1988.

2.4 Der Anstieg der Sparquote

Wesentlich ausgeprägter als bei den Investitionsquoten erscheinen die Unterschiede der Sparquoten bei den Ländergruppen entsprechend der Weltbankeinteilung. Zwischen den drei Einkommensgruppen bestehen im Durchschnitt Abstände von 10 Prozentpunkten (vgl. Tabelle IV.2.1).

Greifen wir wieder zwei (der drei obigen) Länder, nämlich Thailand und Brasilien heraus, so sind vor allem die starken Schwankungen bemerkenswert, die bei der Durchschnittsbildung nicht auffallen:

Tab. IV.2.3:

Jahr	Anteil der Ersparnisse am BIP in Thailand und Brasilien (1973-1985)	
	Thailand	Brasilien
1973	20,8	21,1
1974	20,4	18,6
1975	16,7	21,4
1976	15,1	19,1
1977	15,6	19,7
1978	16,5	19,5
1979	15,5	18,0
1980	15,6	17,5
1981	13,1	16,7
1982	11,1	14,0
1983	10,1	11,3
1984	9,5	15,4
1985	10,3	16,5
∅	14,6	17,6

Quelle: Eigene Zusammenstellung

Innerhalb von 10 Jahren (1973-1983) schwankt die Sparquote in beiden Ländern um 100%. Damit ist ein typisches Merkmal von Sparquoten in EL gegenüber IL angesprochen.

Ökonometrische Schätzungen für die Ersparnis in EL haben in jüngster Zeit Wilbur und Haque (1992) vorgelegt. Zugrundegelegt wurden Zeitreihendaten zwischen 1960 und 1987 für 11 EL unterschiedlichen Einkommensniveaus.[82] Geschätzt wurde u.a. folgende Regressionsgleichung:

(305) $\ln S_t = \alpha + \beta \cdot \ln(Y_t - X_t) + \gamma \cdot \ln X_t + u_t$

mit X_t = Exporte

$Y_t - X_t$ = "Nichtexport-Inlandsprodukt"

u_t = Störterm

Bis auf ein Land (Pakistan) war der geschätzte Koeffizient von $\ln X_t$ immer positiv und in 7 Fällen signifikant. Für das Vorzeichen von $\ln(Y_t - X_t)$ galt gleiches, mit Ausnahme El Salvadors (ebenda, S. 303), wobei hier alle Schätzungen Signifikanz aufwiesen. Nach Auffassung der Autoren wird damit die ursprünglich von Maizels aufgestellte These gestützt, daß Exporte für die Spartätigkeit in EL besonders wichtig sind und daher eine Exportförderungspolitik entwicklungsstrategisch geboten ist.

Empirische bzw. *ökonometrische Untersuchungen* zu den Bestimmungsgründen der Sparquote in EL hat ebenfalls M.J. Fry vorgelegt.[83]

(306) $\frac{S}{Y} = 1{,}535\,\hat{\gamma}$; $\hat{\gamma}$ = s.o.

$-8{,}157\,\text{DEP}$; DEP = Population Dependency Ratio (Relation zwischen der Bevölkerung unter 15 und über 64 und der Bevölkerung zwischen 15 und 64 Jahren)

$-0{,}344\,\dfrac{\text{SF}}{Y}$;[84] SF = Ausländische Ersparnis (= – LBD)

---

[82] Burma, Costa Rica, Dominikanische Republik, El Salvador, Ekuador, Guatemala, Indien, Pakistan, Sri Lanka, Thailand und Zaire.
[83] Gleiches Ländersample/Stützperiode wie in (303).
[84] Vgl. hierzu unten die Ausführungen zur Haavelmo-Hypothese.

$$-54{,}001 \text{ DEP} \cdot \hat{\gamma}$$
$$+4{,}197 \left(d - \Pi^e\right) \cdot \hat{\gamma} \; ; \quad d = \text{Zinssatz auf 12-Monate-TE}$$
$$\Pi^e = \text{Erwartete Inflationsrate}$$
$$\overline{R}^2 = 0{,}836 \; .$$

Bis auf den vierten Regressor sind alle Parameter der Erklärungsvariablen signifikant.

Für das kleinere Sample (14 asiatische EL im Zeitraum 1961-1983) erhielt Fry folgende Ergebnisse:

(307) $\quad \dfrac{S}{Y} = 1{,}34 \; \hat{\gamma}$

$\qquad - 9{,}188 \text{ DEP}$

$\qquad - 0{,}459 \; \dfrac{SF}{Y}$

$\qquad - 25{,}967 \; (\text{DEP} \cdot \hat{\gamma})$

$\qquad + 1{,}609 \; (d - \Pi^e) \cdot \hat{\gamma}$

$\qquad \overline{R}^2 = 0{,}842 \; .$

Auch hier sind alle geschätzten Koeffizienten, bis auf den des vierten Regressors (– 25,967), statistisch signifikant.

Als Alternative zur Variablen SF/Y führte Fry (für das gleiche Sample) die Variable TTG, also *Änderungen in den Terms of Trade* ein. Hier erhielt er einen positiven und signifikanten Koeffizienten (0,266).[85]

In einem weiteren Schritt eliminierte Fry die Variablen $\hat{\gamma} \cdot \text{DEP}$ und $\hat{\gamma}(d - \Pi^e)$ und führte stattdessen $(d - \Pi^e)$ und die verzögerte Variable $(S/Y)_{t-1}$ ein. Für beide erhielt er die erwarteten positiven Koeffizienten, die auch signifikant waren.

Für ein noch kleineres Sample (Indien, Korea, Nepal, Sri Lanka, Taiwan und

---

[85] Verbesserungen der TOT erhöhen die Wachstumsrate des Einkommens über die des Outputs hinaus.

Thailand für den Zeitraum 1961-1981) erhielt Fry schließlich folgende Ergebnisse:

(308) $\frac{S}{Y} = 0,134 \left[d - \Pi^e \right]$

+ 0,114 TTIN ;   TTIN = ln des TOT-Index'

− 9,682 DEP

− 0,016 RPB ;   RPB = $\left[\dfrac{\text{Ländliche Bevölkerung}}{\text{Bankniederlassungen}} \right]$

$\overline{R}^2 = 0,885$.

Mit der Variablen RPB sollten die Zugangsmöglichkeiten zu Bankeinlagen eingefangen werden. Das Sample ist deshalb so klein, weil Zeitreihenangaben zu RPB nur in wenigen Ländern vorliegen. Der (erwartete) negative Koeffizient von RPB ist statistisch hoch signifikant.

Bemerkenswert und besonders erklärungsbedürftig unter den Ergebnissen von Fry ist sicherlich der negative Koeffizient der Variablen SF/Y in Gleichung (306). Während wir bisher darauf "vertraut" hatten, daß die ausländischen Ersparnisse zu einer effektiven Ergänzung der inländischen Ersparnis beitragen, ist dies empirisch kaum gesichert. Von T. Haavelmo stammt das theoretische "Fundament" für den zunächst überraschenden Befund:

Exkurs: Die Haavelmo-Hypothese[86]

(Der Einfluß von ausländischen Kapitaltransfers auf die inländische Sparquote in EL.)

(309) I(t) = a [Y(t) + c H(t)] $0 \leq a < 1 ; 0 \leq c < 1$

H(t) = Kapitalzufluß aus dem Ausland

(310) $\underbrace{I(t) - S(t)}_{\text{Sparlücke}} = \underbrace{M(t) - X(t)}_{\text{Handelslücke}} = H(t)$

---

[86] Derselbe: Comment of W. Leontief's "The Rates of Long-Run Economic Growth and Capital Transfers from Developed to Underdeveloped Areas", Amsterdam 1965.

(311) $S(t) = I(t) - H(t)$

(312) $S(t) = a\,Y(t) + b\,H(t) - H(t)$; $b = a \cdot c$

(313) $\dfrac{S(t)}{Y(t)} = a + (b-1)\dfrac{H(t)}{Y(t)}$; $0 \leq b < 1$

Abb. IV.2.3:

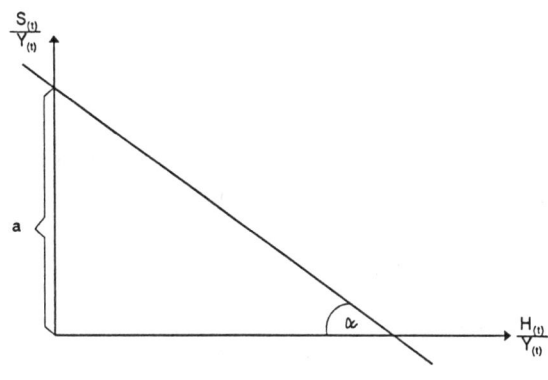

$tg\,\alpha = (b-1)$

Quelle: Haavelmo (1965)

Das kleine Modell der Gleichungen (309) bis (312) führt zu einem fallenden Zusammenhang zwischen der inländischen Sparquote und dem Anteil des ausländischen Kapitalzuflusses am Sozialprodukt (313). Grund dafür ist im wesentlichen die Existenz des Parameters c; kurzfristig sind die Investitionsmöglichkeiten technisch begrenzt: Ein Teil des Auslandskapitals (1 − c) wird konsumiert.

Ein weiteres Argument von Haavelmo ist kein direkter Bestandteil des Modells: Die gesamtwirtschaftliche Ersparnis ist in erster Linie durch die Regierungspolitik bestimmt; stehen zusätzliche Ressourcen aus dem Ausland zur Verfügung, so ändert sich das Sparverhalten der Regierung und die Privaten richten ihr eigenes Verhalten daran aus. Typischerweise vermindern aber Regierungen in EL ihre Sparanstrengungen bei höherer Entwicklungshilfe.

Wie ist es nun um die empirische Evidenz für die Haavelmo-Hypothese bestellt?

Sehr aktuelle Schätzergebnisse von White, die sich auf Angaben von 66 EL aus dem Jahr 1987 stützen, liefern die folgenden Resultate:

(314) $\frac{S}{Y} = 19,14 - 0,87 \frac{A}{Y}$; $R^2 = 0,33$

(2,08) (0,16)

mit A = Entwicklungshilfe

(315) $\frac{S}{Y} = 9,29 - 0,76 \frac{A}{Y} + 0,00 \frac{Y}{P} + 0,35 \frac{X}{Y} - 0,01 \text{INFL}$; $R^2 = 0,45$

(3,89) (0,17) (0,00) (0,11) (0,02)

mit X = Exporte, INFL = jährliche Inflationsrate

Zwar haben beide Koeffizienten von A/Y in (314) und (315) das erwartete negative Vorzeichen und sind bei einer Irrtumswahrscheinlichkeit von 1% signifikant. Beide Schätzungen fallen aber beim F-Test "durch": "That is, the simple aid-saving model is not an accurate representation of the data" (White 1992, S. 183). Wahrscheinlich ist die einfache Verursachungsrichtung von A/Y auf S/Y eine illegitime Reduzierung der Realität. Was nach Auffassung von White vor allem fehlt ist, daß "no allowance is made for the possible effect that aid will have on savings by increasing income through a multiple effect or its impact on other economic variables" (ebenda, S. 184).

Literaturhinweise zu diesem Kapitel :

Corsepius, U., Kapitalmarktreform in Entwicklungsländern. Eine Analyse am Beispiel Perus, Tübingen 1989.

Fry, M.J., Money, Interest, and Banking in Economic Development, Baltimore and London 1988.

Haavelmo, T., Comment of W. Leontief's "The Rates of Long-Run Economic Growth and Capital Transfers from Developed to Underdeveloped Areas", Amsterdam 1965.

Weltbank, Weltentwicklungsbericht, Washington, D.C. 1988.

White, H., The Macroeconomic Impact of Development Aid: A Critical Survey, in: The Journal of Development Studies, Vol. 28, Nr. 2, 1992, S. 163-240.

Wilbur, W.L./Haque, M.Z., An Investigation of the Export Expansion Hypo thesis, in: The Journal of Development Studies, Vol. 28, Nr. 2, 1992, S. 297-313.

2.5 Die Verbesserung der Ausbildungslage

Ein hervorstechendes Merkmal der letzten 25 Jahre ist die rasche Ausdehnung von *Schulsystemen* in allen Ländern der Dritten Welt. Trotz des raschen Bevölkerungswachstums haben die "enrollment rates", also die Einschulungsraten jener Kinder, die das erforderliche Alter für den Schulbesuch erreicht haben, in nahezu jedem Land zugenommen. Generell kann man, so T.P. Schultz, sagen, daß die prozentualen Zunahmen in den Schulverzeichnisraten zwischen 1960 und 1981 insbesondere bei jenen Ländern hoch ausfielen, die 1960 von einem niedrigen Einkommen aus starteten. Folglich schließt sich (im Durchschnitt) allmählich die Lücke in der Ausbildungslage zwischen Hoch- und Niedrigeinkommensländern. Dieser Prozeß verläuft ähnlich wie bei der Änderung in der *Gesundheitslage* und der Erhöhung der *Lebenserwartung* bei der Geburt (s.o.).

In Anlehnung an T.P. Schultz - und gewissermaßen analog zu den empirischen Bestimmungsgründen der Spar- und Investitionsquoten in EL - soll nun nach den empirischen Determinanten der *Nachfrage nach bzw. den Ausgaben für schulische Ausbildung in EL* gefragt werden.

Aus einem Optimierungsansatz[87] erhält Schultz eine Bestimmungsgleichung (reduzierte Form) für die Schulausgaben (E) pro schulpflichtigem Kind bzw. pro Kind im schulfähigen Alter (P):

(316) $\ln[E/P] = b_0 + b_1 \ln Y + b_2 \ln W + b_3 \ln Z + v$

Z = Exogener Kostenfaktor (Beispiel: Räumliche Streuung der Bevölkerung)

W = Lohnsatz der Lehrer (real)

v = Störterm

Y = Einkommen (aus dem Steuern gezahlt wird) pro Erwachsenem

Die Schulausgaben pro Kopf (E/P) lassen sich nun in folgende 4 Komponenten tautologisch zerlegen:

---

[87] Der Ausbildungssektor minimiert seine Stückkosten, Eltern fragen in ihrer Funktion als Wähler und Steuerzahler Ausbildung für ihre Kinder nach.

(317) $\dfrac{E}{P} = \dfrac{S}{P} \cdot \dfrac{T}{S} \cdot \dfrac{C}{T} \cdot \dfrac{E}{C}$

$\dfrac{S}{P}$ = Enrollment Ratio (Indikator für die *Quantität* der Ausbildung)

    S = Verzeichnete Schüler

    P = Anzahl der Schüler im schulfähigen Alter

$\dfrac{T}{S}$ = Lehrer-Schüler-Relation (Indikator für die *Qualität* der Ausbildung)

$\dfrac{C}{T}$ = Laufende Ausgaben pro Lehrer ("current expenditures")

$\dfrac{E}{C}$ = Gesamte Ausgaben je Lehrer im Verhältnis zu den laufenden Ausgaben je Lehrer (Index für die physische[88] Kapitalintensität des Ausbildungssystems)

Schreibt man nun Gleichung (316) in natürlichen Logarithmen, so ergibt sich:

(318) $\ln\left[\dfrac{E}{P}\right] = \ln\left(\dfrac{S}{P}\right) + \ln\left(\dfrac{T}{S}\right) + \ln\left(\dfrac{C}{T}\right) + \ln\left(\dfrac{E}{C}\right)$

Für jeden einzelnen Ausdruck auf der rechten Seite von (318) kann nun eine Regression der folgenden Art gerechnet werden:

(319) $\ln\left(\dfrac{S}{P}\right) = \beta_{21} + \beta_{22} \ln Y + \beta_{23} \ln W + \beta_{24} \ln Z$

(320) $\ln\left(\dfrac{T}{S}\right) = \beta_{31} + \beta_{32} \ln Y + \beta_{33} \ln W + \beta_{34} \ln Z$

(321) $\ln\left(\dfrac{C}{T}\right) = \beta_{41} + \beta_{42} \ln Y + \beta_{43} \ln W + \beta_{44} \ln Z$

(322) $\ln\left(\dfrac{E}{C}\right) = \beta_{51} + \beta_{52} \ln Y + \beta_{53} \ln W + \beta_{54} \ln Z$

Für die "zerlegte" Variable E/P gilt ebenso:

---

[88] Beispielsweise Mieten für Gebäude, Nutzungsgebühren für Unterrichtsmaterial etc..

(323) $\ln\left(\dfrac{E}{P}\right) = \beta_{11} + \beta_{12} \ln Y + \beta_{13} \ln W + \beta_{14} \ln Z$

Dabei muß natürlich gelten:

(324) $\beta_{1i} = \sum_{j=2}^{5} \beta_{ji}$ für $i = 1 \ldots 4$

Beispiel: $\beta_{11} = \sum_{j=2}^{5} \beta_{j1}$

Zur empirischen Bestimmung der Koeffizienten legte Schultz ein Sample von 89 EL mit Beobachtungen zwischen 1950 und 1980 zugrunde.

Die Schätzungen wurden getrennt für den "*primary school level*" (6-11 Jahre) und den "*secondary school level*" (12-17 Jahre) durchgeführt und sind in der Tabelle IV.2.4 wiedergegeben.

Die Datenlage zwang Schultz dazu, auf einige Variablen des theoretischen Modells (W, Z) zu verzichten und stattdessen auf "Proxies" für diese zu setzen:

(i) der reale Lohnsatz für Lehrer (W) wurde approximiert durch den "relative price of teachers"; Der "*relative price of teachers*" ist gegeben durch die laufenden (öffentlichen) Ausgaben je Lehrer, geteilt durch das BSP pro Kopf.

(ii) die räumliche Streuung bzw. Agglomeration der Bevölkerung wird angenähert durch den Anteil der Bevölkerung, der in urbanen Zentren wohnt ("proportion of urban population").

Hinzugefügt wurde eine weitere Variable,

(iii) nämlich der Anteil der 6-11 bzw. der 12-17-jährigen an der Gesamtbevölkerung.

Alle monetären Größen wurden durch die jeweiligen nationalen Preisentwicklungen deflationiert und in US-Dollar umgerechnet (entsprechend dem durchschnittlichen Wechselkurs zwischen 1969 und 1971).

Tab. IV.2.4:

Estimated elasticity of school system enrollments and inputs, with respect to changes in explanatory variables				
	Explanatory variables			
Level of school system	Real income per adult	Relative price of teachers	Relative size of school-aged population	Proportion of urban population
Primary school level:				
1. Enrollment ratio (quantity: S/P)	0,31b	−0,70b	0,54a	0,16
2. Teacher-student ratio (quality: T/S)	0,17b	−0,18b	−0,46b	−0,14b
3. Teacher salaries (C/T)	0,87b	1,05b	−1,08b	0,08a
4. Capital intensity (E/C)	0,00	−0,01	−0,12	−0,03
5. Total expenditures per school-aged child (6-11) (E/P)	1,35b	0,16	−1,12b	−0,25b
Secondary school level:				
1. Enrollment ratio (quantity: S/P)	0,43b	−0,96b	0,08	−0,38b
2. Teacher-student ratio (quality: T/S)	0,11	0,19b	−0,81b	0,09
3. Teacher salaries (C/T)	0,94b	1,02b	−0,69b	0,05b
4. Capital intensity (E/C)	−0,01	−0,01	−0,23	−0,03
5. Total expenditures per school-aged child (12-17) (E/P)	1,47b	0,24b	−1,68b	−0,26b

a Underlying regression coefficient is statistically significantly different from zero at the 5 percent level.
b Underlying regression coefficient is statistically significantly different from zero at the 1 percent level.

Quelle: T.P. Schultz (1985, Tabellen 7 und 8)

Die Ergebnisse der Schätzungen von Schultz lassen sich folgendermaßen zusammenfassen:

(i) die Einkommenselastizität der "*total expenditures per school-aged child*" ist größer als eins. Dies gilt sowohl für den "primary school level" (1,35) als auch für den "*secondary school level*" (1,47). Demnach scheint mit steigendem Erwachseneneinkommen die Neigung zu Ausgaben für die Schulbildung überproportional zuzunehmen.

(ii) Beim secondary school level ist die "Einkommenselastizität" in bezug auf die "Menge" (0,43) viermal so groß wie in bezug auf die "Qualität" (0,11) der Ausbildung (beim "primary school level" dagegen nur zweimal so groß).

(iii) Steigendes Einkommen der Eltern wirkt sich in beiden Ausbildungsstufen positiv auf das Lehrer-bezogene Bildungsbudget des Staates aus, hat jedoch keinen Einfluß auf die "Kapitalintensität" der Ausbildung.

(iv) Ein Absinken des *relativen Preises von Lehrern* (im Verhältnis zur gesamtwirtschaftlichen Produktivität) führt (für beide Schulniveaus) zu einem drastischen Anstieg in der *Schulverzeichnisrate*, jedoch nur zu einer geringfügigen Verbesserung in der *Lehrer-Schüler-Relation* beim "*primary school level*". Gleichzeitig verschlechtert sich die Lehrer-Schüler-Relation beim "*secondary school level*". Dies dürfte damit zu tun haben, daß für dieses Ausbildungsniveau ein Sinken der relativen Entlohnung den Anreiz für Lehrer, in der Schule zu arbeiten, entsprechend reduziert.

(v) Steigende (relative) Lehrergehälter schlagen sich leicht überproportional in dem Lehrer-bezogenen Bildungsbudget des Staates nieder, verändern aber die Kapitalintensität der Ausbildung praktisch überhaupt nicht!

(vi) Je größer der auszubildende Teil der Bevölkerung, desto eher verschlechtern sich die Lehrer-Schüler-Relationen (−0,46 bzw. −0,81).

(vii) Ein hoher Anteil schulpflichtiger Kinder geht zwar nicht mit weniger Jahren Schulbesuch einher, jedoch tendenziell mit einer Ausbildung, die eine geringere Human- und physische Kapitalintensität aufweist (−1,08 bzw. −0,12 beim "*primary school level*" und −0,69 bzw. −0,23 beim "*secondary school level*").

(viii) Die Ausgaben für "*primary schools*" (E/P) steigen nicht an, wenn der *Anteil der schulpflichtigen Kinder an der Bevölkerung* zunimmt, sondern gehen deutlich zurück (−1,12). Ein 10% größerer Teil von Kindern zwischen 12 und 17 Jahren führt zu einer deutlichen Senkung der Ausgaben für "*secondary schools*" pro Kopf von rund 17%. *Die Elastizität beträgt −1,68.*

(ix) Die *Urbanisierung* ist ein relativ schwacher, jedoch konsistenter Bestimmungsgrund für die Schul-Ausgaben. Ein Land, das circa 10% mehr Bevölkerungsteile in seinen urbanen Zentren leben hat als eine anderes, gibt tendenziell 2,5% weniger pro Kind für die Schule aus (auf beiden Ausbildungsniveaus).

Soweit die ökonometrischen Untersuchungen von T.P. Schultz, die für die zukünftige Forschung sicherlich Vorbildcharakter haben dürften!

Literaturhinweise zu diesem Kapitel:

Schultz, T.P., Education Investments and Returns, in: H.B. Chenery/T.N. Srinivasan (Hrsg.), a.a.O., 1988, S. 543-630.

Derselbe, School Expenditures and Enrollments, 1960-1980: The Effects of Income, Prices and Population, Discussion Paper No. 487, Yale Economic Growth Center 1985.

Weltbank, Weltentwicklungsbericht, verschiedene Jahrgänge, Washington, D.C..

3. Der Distributionsprozeß

3.1 Die Kuznets-These

Recht bald nach dem Grundsatzbeitrag von Lewis (1954) legte S. Kuznets (1955) die sogenannte "*Umgekehrtes-U-These*" vor: Dabei wird behauptet, daß sich die personelle EV im Zuge des Entwicklungsprozesses, genauer: bei wachsendem PKE, zunächst verungleichmäßigt, um sich aber später wieder zu egalisieren.[89]

Abbildung IV.3.1 stellt diesen Zusammenhang graphisch dar.

Den theoretischen Unterbau für den Kuznets-Zusammenhang bietet das Lewis-Modell, das sowohl die inter- als auch die intrasektorale Verteilungsänderung im Take-Off-Prozeß erklärt (s.o.). Wie Bourguignon ausführt, reicht aber bereits ein sehr einfacher intersektoraler Prozeß aus, um den Graphen in Abbildung IV.3.1 zu erzeugen.

"Consider a traditional economy where all individuals are alike, there being thus no inequality. Introduce a growing modern sector with identical individuals earning more than traditional workers. Clearly, when the share of the modern sector in total employment goes from zero to a maximum when the

---

[89] Dabei ist allerdings zu beobachten, daß "Kuznets formulated the hypothesis on the basis of historical data for industrialized countries and urged caution in the application of the proposition to presently developing countries" (Ram 1988, S. 1371).

population is divided equally among both sectors and then decreases again, tending towards zero when the economy is close to being fully modernized" (derselbe 1990, S. 215).

Abb. IV.3.1:

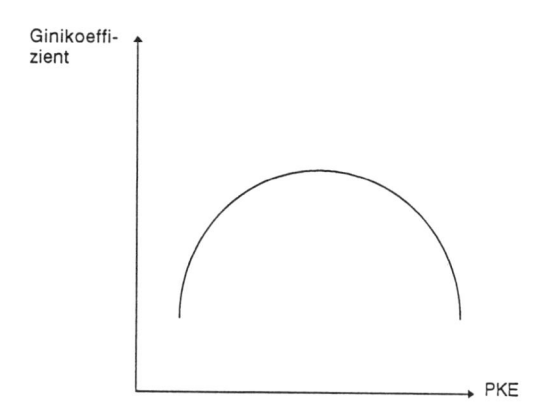

Ginikoeffizient

PKE

Quelle: Kuznets (1955)

Schon Fields hat allerdings 1980 darauf hingewiesen, daß bei solchen Überlegungen eine entscheidende Variable (vgl. III.2.4 oben), nämlich die Terms of Trade zwischen modernem und traditionellem Sektor, ausgeblendet ist. Bei zunehmender Abwanderung unterbeschäftigter Arbeitskräfte aus dem traditionellen Sektor kann tendenziell erwartet werden, daß der Preis der traditionellen Güter in Relation zu dem der modernen Gütern steigen wird. Dies wirkt einer Verarmung derjenigen, die im traditionellen Sektor zurückbleiben, entgegen. Diesen Effekt hat Fields als "traditional sector enrichment growth" bezeichnet (derselbe 1980).

Das Ausmaß dieses Effekts hängt vor allem von einigen zentralen Parameterwerten, nämlich den Preis- und Einkommenselastizitäten der Nachfrage nach traditionellen Gütern ab (Bourguignon 1990, S. 217).

Bourguignon führt aus, daß ein einigermaßen "egalitärer" Wachstumsprozeß eine niedrige Preiselastizität und eine hohe Einkommenselastizität der Nachfrage nach dem Gut des traditionellen Sektors verlange: "in such circumstances ... growth will bring about a strong increase in the price of the traditional good" (ebenda, S. 223).

Aus einem Gleichgewichtsmodell leitet er folgende Graphik ab:

Abb. IV.3.2:

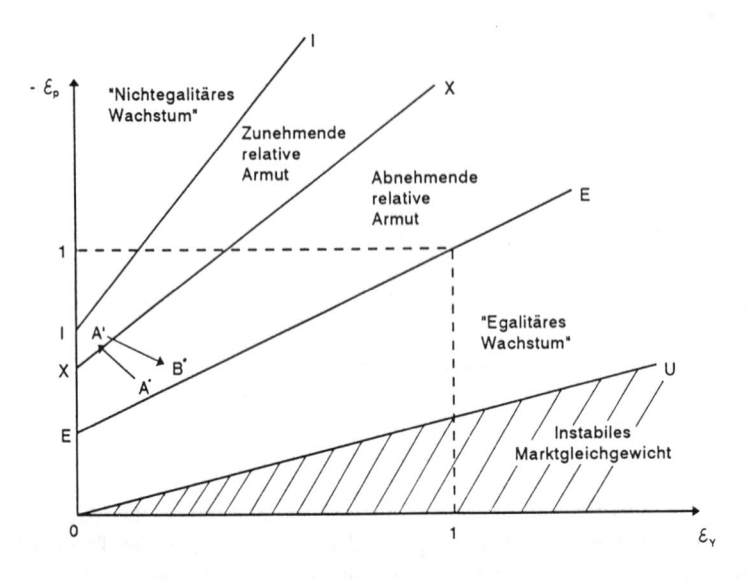

[Graphik: Koordinatensystem mit $-\varepsilon_p$ auf der vertikalen und ε_y auf der horizontalen Achse. Bereiche: "Nichtegalitäres Wachstum", Zunehmende relative Armut, Abnehmende relative Armut, "Egalitäres Wachstum", Instabiles Marktgleichgewicht. Punkte A, A', B'; Geraden X, I, E, U.]

Quelle: Bourguignon (1990)

Dabei ist ε_p die Preiselastizität und ε_y die Einkommenselastizität der Nachfrage nach dem Gut des traditionellen Sektors. An dieser Abbildung läßt sich auch der Kuznets-Prozeß studieren: Nehmen wir an, das EL befinde sich im Ausgangszustand in Punkt A. Ist das traditionelle Gut z.B. ein Grundnahrungsmittel, so muß im Zeitablauf mit Steigendem ε_p und abnehmendem ε_y gerechnet werden. Wird der Punkt A' erreicht, so haben wir ein Wachstum bei Verungleichmäßigung der EV! Eine spätere erneute Abnahme in der Ungleichmäßigkeit der EV (von A' nach B) erscheint möglich, wenn der traditionelle Sektor seine Produktpalette diversifiziert und die genannten Elastizitäten zu seinen Gunsten beeinflußt.

3.2 Der empirische Befund

Empirische Untersuchungen zur Kuznets-These litten lange unter dem Mangel, daß bei Querschnittsuntersuchungen (die bisher aus der Datenproblematik heraus eindeutig im Vordergrund standen) die Pro-Kopf-Einkommen in US-Dollar unter Verwendung der laufenden Wechselkurse umgerechnet wurden. Es ist Kravis, Heston und Summers (1982) zu verdanken, daß der Fehler, der dabei begangen wird (vgl. Kapitel I oben!), seit Mitte der 80er Jahre vermieden wird.

Eine neuere Untersuchung für EL und IL zur umgekehrtes U-Hyphothese stammt von Rati Ram (1988). Für 32 Länder (davon 8 IL und 24 EL) hat er Querschnittsdaten aus dem Jahr 1984 benutzt, um folgende Regressionsgleichung zu schätzen:

(325) $YINQ = a_0 + a_1 \ln Y + a_2 (\ln Y)^2 + u$

wobei

YINQ = Ginikoeffizient (alternativ: Anteil der ärmsten 20 bzw. 40% der Bevölkerung am Gesamteinkommen)

Y = Korrigierte PKE-Werte (Kravis/Heston/Summers-Verfahren)

Die von Ram erzielten empirischen Ergebnisse sind nicht völlig eindeutig:

(i) im Falle des großen Samples (32 Länder) waren alle Koeffizienten signifikant und hatten das erwartete Vorzeichen: "The results could thus be deemed to be quite supportive of the inverted U-curve hypothesis" (Ram 1988. S. 1372).

(ii) wurden nur die 24 EL herangezogen, so fiel die Signifikanz des F-Tests auf 10% herab und die geschätzten Koeffizienten wiesen nur noch eine geringfügige Signifikanz auf, während R^2 von im Durchschnitt 0,35 auf 0,15 zurückging (ebenda).

Rams Schlußfolgerung lautet, daß die Kuznets-These nicht ohne weiteres als "Gesetzmäßigkeit" für die heutigen EL betrachtet werden darf, vielmehr sei Vorsicht angebracht und weitere empirische Untersuchungen (mit Untergruppierung der EL) müßten abgewartet werden (ebenda, S. 1374).

Literaturhinweise zu diesem Kapitel:

Bourguignon, F., Growth and Inequality in the Dual Model of Development: The Role of Demand Factors, in: Review of Economic Studies, Vol. 57, 1990, S. 215-228.

Fields, G., Poverty, Inequality and Development. Cambridge University Press, 1980.

Kravis, I.B./Heston, A./Summers, R., International Comparisons of Real Product and Purchasing Power, Baltimore 1978.

Kuznets, S., Economic Growth and Income Inequality, in: AER, Vol. 45, Nr. 1. S. 1-28.

Ram, R., Economic Development and Income Inequality: Further Evidence on the U-Curve Hypothesis, in: World Development, Vol. 16, Nr. 11, 1988, S. 1371-1376.

Sell, F.L., Höheres Wachstum durch gerechtere Verteilung? Diskussionsbeiträge des Instituts für Entwicklungspolitik. Nr. 2, Freiburg, Januar 1983.

4. Der Strukturwandel

4.1 Zum Begriff

Mit dem ökonomischen Wachstumsprozeß geht eine tiefgreifende "strukturelle Transformation" (dieser Begriff stammt von H.B. Chenery) einher. Dabei verändern sich die Struktur der Nachfrage, die Zusammensetzung des Handels und die Anteile im Angebot bzw. in der Produktion. Was sich ereignet, ist weit mehr als eine "Industrialisierung", von der die meisten Dualismus-Modelle sprechen. Methodisch besteht auch hier das Problem, daß Richtung und Tempo des Transformationsprozesses ganz wesentlich von der Wirtschaftspolitik bestimmt werden. Es handelt sich dabei um einen gelenkten und keineswegs um einen "natürlichen" Prozeß.

Die übliche Vorstellung vom Strukturwandel sieht in der Industrialisierung den zentralen Prozeß schlechthin. Etwas allgemeiner spricht M. Syrquin von der Veränderung in der "relative importance of sectors in the economy in terms of production and factor use" (1988, S. 206).

Der Strukturwandel begleitet nicht nur etwa den Wachstums- und Distributionsprozeß, er ist vielmehr selbst ein wichtiger Wachstumsmotor: die Reallokation von Ressourcen aus Sektoren niedrigerer in Sektoren höherer Produktivität erhöht c.p. das Sozialprodukt (ebenda, S. 208). Darauf hatten wir bereits oben verwiesen.

Eines der berühmten ökonomischen "Gesetze", das mit dem Strukturwandel verbunden ist, ist das Engel'sche Gesetz. Es bezieht sich auf den "shift in demand" (ebenda, S. 228). Der Strukturwandel erfaßt zudem Veränderungen in der Handelszusammensetzung, in der Verfügbarkeit über natürliche Ressourcen aber auch in der Regierungspolitik selbst, "to determine the pace and nature of industrialization" (ebenda).

Schließlich gehören zum Strukturwandel auch Qualitätsverbesserungen und neue Produkte, obwohl hier große Probleme der empirischen Erfassung bestehen.

Für eine methodische Analyse des Strukturwandels ist es ausschlaggebend, daß die Vorstellung eines allgemeinen Gleichgewichts ("general equilibrium") bzw. einer Totalanalyse beachtet wird: Änderungen in *einem* Teilbereich haben stets Rückwirkungen bzw. lösen Variationen im *gesamten* System aus.

Um den Transformationsprozeß statistisch identifizieren zu können, bedarf es einer sektoralen Untergliederung des Volkseinkommens:

(326) $Y = (C + I + G) + (E - M) = D + T$

wobei

D = Inländische Endnachfrage

T = "Nettohandel"

Y = BIP

C = Privater Konsum

G = Staatsverbrauch

I = Bruttoinvestitionen

E = Exporte

M = Importe

Für den *Brutto-Output* eines beliebigen Sektors i gilt die *nachfrageseitige* Input-Output-Beziehung:

(327) $\underbrace{X_i}_{\text{Gesamtnachfrage}} = \underbrace{W_i + D_i + T_i}_{\text{Einzelnachfragen}}$

wobei

W_i = Zwischennachfrage bzw. Nachfrage ("intermediate demand") nach Gut i als Zwischenprodukt ist.

Angebotsseitig gilt ebenso:

(328) $\underbrace{X_j}_{\text{Gesamtangebot}} = \underbrace{U_j + V_j}_{\text{Angebotskomponenten}}$ und

(329) $V_j = v_j X_j$,

wobei

V_j = Wertschöpfung in Sektor j
U_j = Zwischenkäufe bzw. Käufe von Zwischengütern durch Sektor j
v_j = Wertschöpfungsrate in Sektor j

Saldenmechanisch muß natürlich gelten, daß die Summe der (Netto-) Wertschöpfungen sich zum BIP summiert:

(330) $V = \sum_{j=1}^{n} V_j = Y$

Die Transformation des Angebots - weit mehr als eine "reine" Industrialisierung - kann nun abgelesen werden an der Veränderung in der *intersektoralen* Verteilung der V_j`s.

Wegen (330) ist klar, daß diese nicht vorstellbar ist ohne Veränderungen in der Nachfrage (Endnachfrage + Zwischennachfrage) und im Handel; als Beispiele mögen dienen:

(331) $C = C_{Food} + C_{Nonfood}$

(332) $E = E_{Primary} + E_{Industry} + E_{Services}$

Im Laufe des Strukturwandels wird sich die Konsumnachfrage anteilsmäßig von den Nahrungsmitteln weg und zu den anderen Konsumgütern hin entwickeln.

Im Handel ist beobachtet worden, daß - mit Ausnahme besonders ressourcenreicher Länder - die Exporte zunehmend Fertigwaren und auch Dienstleistungen enthalten.

Literaturhinweise zu diesem Kapitel:

Chenery, H.B., Structural Transformation: A Program of Research. Harvard Institute for International Development, Discussion Paper Nr. 232, Harvard 1986.

Ranis, G., "Typology in Development Theory: Retrospective and Prospects", in: M. Syrquin/L. Taylor/L.E. Westphal (Hrsg.), Economic Structure and Performance: Essays in Honour of H.B. Chenery, New York 1984.

Syrquin, M., Patterns of Structural Change, in: H.B. Chenery/T.N. Srinivasan (Hrsg.), a.a.O., 1988, S. 203-273.

4.2 Strukturwandel auf der Nachfrageseite

Typisch für den Wandel auf der Nachfrageseite ist der relative Rückgang der Ausgaben für Nahrungsmittel ("Food Consumption") entsprechend dem Engel'schen Gesetz: Gleichzeitig geht auch der Anteil der privaten Konsumausgaben am BIP insgesamt zurück und der Anteil des Staatskonsums nimmt zu. Der bereits früher diskutierte Anstieg der Investitionsquote und der Anstieg des Ausgabenanteils für Nicht-Nahrungsmittel bewirkt eine Nachfrageverschiebung weg von landwirtschaftlichen Erzeugnissen und hin zu Industrieerzeugnissen i.A. und zu nichthandelbaren Gütern ("Nontradeables")[90] im besonderen.

Während der Anstieg von Spar- und Investitionsquote bereits früher begründet wurde und die Aufteilung der Konsumausgaben zwischen Nahrungsmitteln, Wohnung und Kleidung einerseits und Nicht-Nahrungsmitteln andererseits weitgehend durch das Engel-Schwabe'sche Gesetz begründet wird, bedarf es einer Erläuterung für den steigenden Staatskonsum in Relation zum BIP, wie er sich auch aus der folgenden Abbildung IV.4.1 herauslesen läßt.

---

[90] Vgl. die Auswirkungen auf den realen Wechselkurs, die in Abschnitt 5.3 diskutiert werden!

Abb. IV.4.1: Transformation of Demand

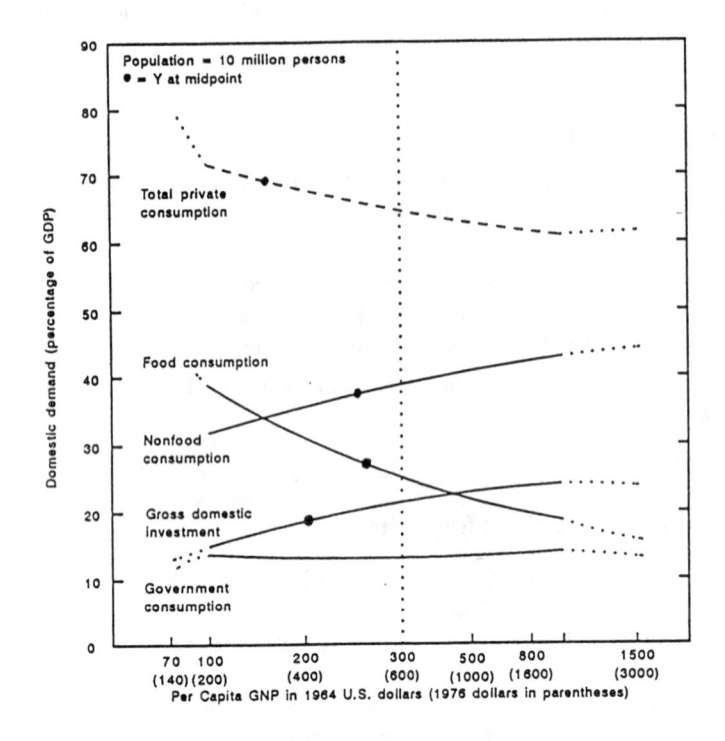

```
90 ┤
    │  Population = 10 million persons
    │  ● = Y at midpoint
80 ┤
    │
70 ┤         Total private
    │         consumption
60 ┤
    │
50 ┤
    │        Food consumption
40 ┤
    │
30 ┤        Nonfood
    │        consumption
20 ┤        Gross domestic
    │        investment
10 ┤        Government
    │        consumption
 0 ┴─────────────────────────────────
      70  100   200    300   500  800   1500
     (140)(200) (400) (600)(1000)(1600) (3000)
        Per Capita GNP in 1964 U.S. dollars (1976 dollars in parentheses)
```
(Domestic demand (percentage of GDP))

Quelle: Chenery/Syrquin (1975)

Als erstes stellt sich ein definitorisches Problem: was alles soll unter dem staatlichen Konsum subsumiert werden?

Hemmer (1988, S. 402) bezeichnet als staatliche Konsumausgaben solche, die für Endprodukte getätigt werden, die noch während des Haushaltsjahres verbraucht werden. Hinzu kommen die Personal- und Sachausgaben für die Verwaltung und die Verteidigungsausgaben.[91]

Als Gründe für einen Anstieg des staatlichen Konsums werden sowohl *ange-*

---

[91] Die übrigen Staatsausgaben sind dann Transfers bzw. staatliche Investitionen.

botsseitige als auch *nachfrageseitige* Erklärungen angeboten (vgl. Müller 1989, S. 15 ff.).

Zu den wichtigsten *angebotsseitigen* zählen:

(i) ein langsameres Produktivitätswachstum im öffentlichen als im privaten Sektor, woraus - bei Koppelung der Arbeitsentgelte im öffentlichen Sektor an die Produktivitätsentwicklung im privaten Sektor - relative Ausgabenerhöhungen im öffentlichen Sektor resultieren (*Baumols Disease*);

(ii) budgetmaximierende Bürokraten und öffentliche Bedienstete als Wähler können ausgabensteigernd wirken, wobei der zuletzt genannte Faktor um so bedeutender wird, je größer der Anteil der im staatlichen Sektor Beschäftigten an der Gesamtzahl der Beschäftigten ist.

In diesem Zusammenhang ist die versteckte Arbeitslosigkeit in vielen öffentlichen Dienststellen und/oder Unternehmen von EL, die wir im ersten Teil dieses Buches kennengelernt hatten, von besonderer Bedeutung;

(iii) die Ausgabenfreudigkeit von vielen Regierungen in EL sowie der Zentralisierungsgrad der Macht sind weitere Faktoren, die eine Erhöhung des staatlichen Konsums nach sich ziehen können. Dabei stehen beide Einflußfaktoren in einer positiven Korrelation zueinander.

Zu den *nachfrageseitigen* Faktoren werden gerechnet:

(i) Industrialisierung und Modernisierung führen zu einer Substitution privater durch öffentliche Güter. Der Anstieg der Einkommen induziert relative Ausgabenanstiege im Bereich einkommenselastischer öffentlicher Betätigungsfelder wie im Gesundheits-, Ernährungs-, Kultur-, und Sozialbereich. Dabei sollte beachtet werden, daß Ausgaben in diesen Bereichen tendenziell dem *produktiven Konsum* zuzurechnen sind;

(ii) steigende öffentliche Ausgaben infolge einer steigenden Bevölkerungszahl, einer steigenden Bevölkerungsdichte oder einer Veränderung der Bevölkerungsstruktur;

(iii) eine relativ preisunelastische öffentliche Nachfrage: da zum einen die Preise und die Kosten gebunden sind und zum anderen von einem stärkeren Produktionskostenanstieg im öffentlichen als im privaten Sektor ausgegangen wird, weil in letzterem das Produktivitätswachstum größer ist, kommt es zu Ausgabenanstiegen.

Im Hinblick auf die Verteidigungs- bzw. Militärausgaben ist der empirische Befund für EL bzw. der Zusammenhang zur wirtschaftlichen Entwicklung nicht eindeutig: Einige Untersuchungen haben einen positiven, andere einen negativen, wiederum andere zwar für ressourcenreiche Länder einen positiven, für ressourcenarme Länder jedoch einen negativen Zusammenhang, und eine vierte Gruppe von Untersuchungen überhaupt keinen signifikanten *Zusammenhang zwischen Militärausgaben und wirtschaftlicher Entwicklung* errechnet (vgl. Hemmer 1988).

Ein Strukturwandel findet natürlich nicht nur auf der Stufe der Endnachfrage, sondern auch auf der Stufe der "intermediate demand" statt: In vielen EL haben Zwischenprodukte einen Anteil von 40% am Brutto-Output (Syrquin 1988, S. 231). Dieser Aspekt des Strukturwandels führte lange Zeit ein Schattendasein und wurde erst in den 60er Jahren von Chenery, Watanabe, Deutsch und Syrquin gebührend berücksichtigt.

Während des Entwicklungsprozesses nimmt die Nutzung von Zwischengütern in Relation zum Brutto-Output tendenziell zu, wobei sich allerdings die Zusammensetzung ändert. Die relative *Nutzung von Primärprodukten* geht tendenziell zurück, während die relative Nutzung von Produkten der Schwerindustrie und von Dienstleistungen zunimmt.

Die allgemeine Zunahme in der Nutzung von Zwischengütern geht weniger auf Veränderungen in der Zusammensetzung des Outputs als vielmehr auf eine *Erhöhung der Dichte der Input-Output-Matrizen* zurück. Dieser Trend reflektiert die Entwicklung hin zu einem komplexeren Produktionsapparat mit einem höheren Ausmaß an Fertigung(sstufen) und den Übergang von der Einzel- zur Serienfertigung.

Dieser Prozeß wird auch begleitet von einer Veränderung der Verteilung der Unternehmen nach ihrer Größe.[92] Die zunehmende Nutzung von Dienstleistungen als Zwischengüter ist bezeichnend für die Abhängigkeit des industriellen Wachstums von einer parallelen Ausdehnung des Dienstleistungssektors.

Aus der Sicht des Outputsektors und seiner Nachfrage nach Zwischengütern *weist insbesondere der Agrarsektor einen systematischen Trend auf:* Mit steigendem Einkommen nimmt der Anteil der "intermediate inputs" an der Bruttowertschöpfung dieses Sektors signifikant zu.

---

92 "Wenn berücksichtigt wird, daß in entwickelten Volkswirtschaften langfristig die Bevölkerung und damit das Beschäftigtenpotential wenig oder gar nicht wachsen, dann geht eine langfristige Zunahme der Unternehmensgrößen mit einem Konzentrationsprozeß einher" (Blümle 1983, S. 49).

Der technische Wandel in diesem Sektor und ein steigender relativer Preis des Faktors Arbeit - der sich im übrigen im Rahmen der Dualismus-Modelle aufzeigen läßt - induzieren eine stärker mechanisierte Struktur der Produktion und einen intensiveren Einsatz von Düngemitteln, Kraftstoffen und Kapitalgütern. Während des Transformationsprozesses geht die Relation von Wertschöpfung zu Brutto-Output des Agrarsektors von nahezu 80% auf weniger als 50% zurück (vgl. unten).

Literaturhinweise zu diesem Kapitel:

Blümle, G., Die Verteilung der Unternehmen nach ihrer Größe, in: Freiburger Universitätsblätter, Heft 81, Nov. 1983, S. 47-61.

Chenery, H.B./Syrquin, M., Patterns of Development 1950-1970, London: Oxford University Press, 1975.

Hemmer, H.R., Wirtschaftsprobleme der Entwicklungsländer, 2. Auflage, München 1988.

Müller, K., Staatsausgaben und wirtschaftliche Entwicklung. Eine Analyse des Zusammenhangs zwischen Staatsausgaben und wirtschaftlicher Entwicklung für unterschiedliche Entwicklungsstände, Frankfurt u.a.O. 1989.

Syrquin, M., Patterns of Structural Change, in: H.B. Chenery/T.N. Srinivasan (Hrsg.), a.a.O., 1988, S. 203-273.

4.3 Wandel in der Handelsstruktur

In einer geschlossenen Volkswirtschaft muß die Struktur der Produktion ziemlich genau der Struktur der Nachfrage entsprechen. Diese Forderung wurde in den 50er Jahren auch im Rahmen der "*Balanced-Growth-Modelle*" aufgestellt. In der offenen Volkswirtschaft - und die meisten heutigen EL sind als kleine, offene Volkswirtschaften aufzufassen - ist auch der Umfang und die Zusammensetzung des Handels zu berücksichtigen. Die wichtigste Determinante für den Anteil des Handels am Einkommen ist im Länderquerschnitt die *Größe der Wirtschaft*.

Tendenziell kann man sagen, daß der Anteil des Handels und der Kapitalzuflüsse am BIP *in kleinen Ländern besonders hoch* ist, daß der Binnenmarkt relativ bescheiden ist und daher - entsprechend den Voraussagen des Theorems der komparativen Kostenvorteile - die Produktionsstruktur eine stärkere Spezialisierung aufweist als in großen Ländern.

Die Güterzusammensetzung und die Spezialisierung sind weitgehend bestimmt durch die Verfügbarkeit an natürlichen Ressourcen (*Kravis-These*), durch die "traditionellen" Faktorproportionen (*Heckscher-Ohlin-These*) und durch die Wirtschaftspolitik. In der Wirtschaftswirklichkeit haben sowohl komparative (Kosten-)Vorteile als auch gezielte Handelspolitiken ein Exportmuster geschaffen, das den bereits durch die Entwicklung des Binnennachfragemusters gegebenen Trend - weg von den Primärgütern und hin zu den verarbeiteten Waren - verstärkt (Syrquin 1988, S. 232 f.).

Die Geschwindigkeit dieser Umorientierung bei den Exporten ist - im Querschnitt gesehen - nicht überall gleich verlaufen: *Kleine Länder* mit einer geringen Ressourcenausstattung "mußten" sich früher als *ressourcenreiche* Länder auf den Export von Fertigwaren spezialisieren. *Große Länder* haben sich von der Spezialisierung auf Primärprodukte häufig durch *Importsubstitution* entfernt. Tendenziell neigten in der Vergangenheit große EL stärker zu sogenannten "inward-oriented" policies, die für sie eher als für kleine Länder in Frage kommen (vgl. ebenda).

Chenery hat eine Länderklassifikation erfunden, die zwei Kriterien berücksichtigt:

(i) die Größe der Bevölkerung,

(ii) die relative Spezialisierung auf den Export von Primärgütern oder Fertig- bzw. Halbwaren.

Danach erhält man folgende vier Ländertypen:

a) "*large-primary oriented*" (LP)

b) "*large-manufactured oriented*" (LM)

c) "*small-primary oriented*" (SP)

d) "*small-manufactured oriented*" (SM).

In der folgenden Abbildung IV.4.2 ist das Niveau des Einkommens und die Spezialisierung des Handels für die Ländergruppen c) und d), ein "Standardland" sowie für große Länder (L) dargestellt. Große Länder wurden nicht weiter in a) und b) differenziert, da ihre Spezialisierung weit weniger ausgeprägt ist als bei kleinen Ländern.

Auf der Ordinate ist der jeweilige Anteil (der Primärexporte im linken, der Fertigwarenexporte im rechten Teil der Abbildung) am BIP abgetragen, als

"Erklärende" fungiert das Pro-Kopf-Einkommen. Der Abbildung liegt eine extensive Querschnittsuntersuchung zu EL durch Chenery und Syrquin (1986) zugrunde.

Abb. IV.4.2:

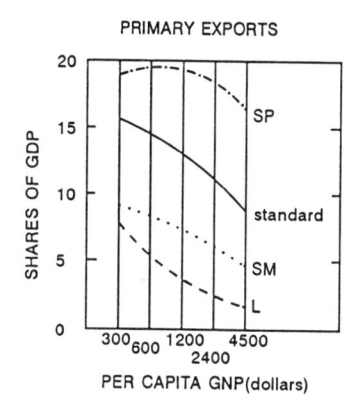

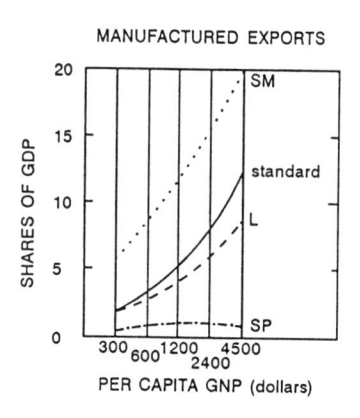

[Figure: Two graphs showing PRIMARY EXPORTS and MANUFACTURED EXPORTS as shares of GDP (y-axis, 0-20) versus PER CAPITA GNP in dollars (x-axis: 300, 600, 1200, 2400, 4500). Primary exports graph shows curves SP, standard, SM, L declining. Manufactured exports graph shows curves SM, standard, L, SP increasing.]

Quelle: Syrquin (1988)

Bei *großen Ländern* fällt der Anteil der Exporte am BIP nur halb so hoch aus wie für den Durchschnitt (Standard) und der Übergang von Primärgüter- zu Fertigwarenexporten findet auf einem niedrigeren Einkommensniveau, also früher statt.

Bei *kleinen Ländern* lösen in Gruppe d) (SM) Fertigwaren die Primärgüter als Exporte relativ früh ab. Dagegen weist die typische "SP-Economy" (Gruppe c) einen lang anhaltenden komparativen Kostenvorteil bei Primärgütern auf (Syrquin 1988, S. 233).

Natürliche Ressourcen und die Größe des Landes sind wichtige Bestimmungsgründe für den "Shift" von Primärgüterexporten zu Fertigwarenexporten und die Güterzusammensetzung beim Handel mit Fertigwaren (ebenda).

Die Erwartung, daß es i.d.R. einen "Shift" geben wird, gründet sich auf Vorhersagen der realen Außenhandelstheorie: Je schneller alle Arten von Kapital - im Vergleich zu ungelernter Arbeit und natürlichen Ressourcen - wachsen, desto eher entwickelt sich eine Fertigwarenindustrie, die sowohl für Exporte bestimmt ist, als auch Fertigwarenimporte durch ein inländisches Angebot ersetzt (Importsubstitution).

Trotz aller länderspezifischen Besonderheiten lassen sich einige Tendenzaussagen über das Verhalten von Ländergruppen machen: *Niedrigeinkommensländer* hängen in der Regel stark von Industriegüterimporten ab. Als gemeinsame Erfahrung läßt sich festhalten, daß zunächst eine *Importsubstitution* in den meisten Ländern bei der *Leichtindustrie* stattfindet. Größere Länder gehen anschließend (und zwar schneller als kleine Länder) zu einer Importsubstitution in der *Schwerindustrie* und im *Maschinenbau* über.

Wenn ein Land damit beginnt, Fertigwaren zu *exportieren*, stammen diese Waren gewöhnlich aus der Leichtindustrie, mit Ausnahme von solchen Produkten, die auf Rohstoffveredelung beruhen (Metalle). Erst wesentlich später werden Exporte von Gütern aus der Schwerindustrie beobachtet, die dann allerdings auch sehr schnell einen bedeutenden Anteil bei den Industriegüterexporten erreichen. Japan ist hierfür ein gutes Beispiel.

In *ressourcenarmen Ländern* (SM-Muster) werden Exporte der Leichtindustrie zu einem frühen Zeitpunkt wichtig. In *ressourcenreichen* Ländern findet der Übergang zu Fertigwarenexporten dagegen bekanntlich viel später statt. Dies hat erhebliche Konsequenzen: Der Übergang findet auf einem höheren Einkommensniveau statt, die Löhne sind bereits relativ hoch und schließen häufig ein schnelles Wachstum der Leichtindustrie aus. Dabei wird davon ausgegangen, daß die *Faktorintensitäten der Produktion* bei Leicht- und Schwerindustrie voneinander abweichend sind: Die Schwerindustrien nutzen tendenziell mehr *physisches Kapital* und *Humankapital*, verzeichnen ein höheres *Produktivitätswachstum* und kommen eher in den Genuß von *steigenden Skalenerträgen*.

In einer Querschnittsanalyse für 30 Länder untersuchte B. Balassa (1979) die Faktorintensitäten von 184 Produktgruppen; dabei fand er heraus, daß die Unterschiede in den Exportstrukturen *zwischen* den Ländern im hohen Maße auf unterschiedliche Ausstattungen mit physischem und Humankapital zurückgeführt werden konnten.

Der Erklärungsansatz taugt allerdings weniger, um den Handel und das Handelswachstum *zwischen den IL* nach dem 2. Weltkrieg zu erklären. Hier leisten die sogenannten "*New Trade Theories*" von Krugman, Helpman und anderen - mit der Betonung von Produktdifferenzierung, unvollkommenen Märkten und Skalenerträgen - bessere Erklärungsbeiträge als das Neo-Faktorproportionentheorem.

Das methodische Problem bei der Feststellung eines Wandels in der Exportstruktur liegt darin, daß komparative Vorteile im Grunde genommen nicht meßbar sind. Daher sprechen die verschiedenen Meßkonzepte auch von der sogenannten "*revealed comparative advantage*". Eines der bekanntesten Maße hierfür ist die *export performance ratio*:

$$(333) \quad EPR_{ij} = \frac{X_{ij}}{\sum_{i}^{m} X_{ij}} \div \frac{XW_{ij}}{\sum_{i}^{m} XW_{ij}}$$

wobei

X	= Exportwert eines Landes
i = 1 .. m	= Exportgüterkategorien (SITC)
XW	= Weltexportwert
j	= Index für Region

Es wird argumentiert, daß ein EPR_{ij} von größer eins auf einen Wettbewerbsvorteil des betreffenden Landes *bei Gut i* hindeutet. Ein solcher Wettbewerbsvorteil ist jedoch nur dann als komparativer Vorteil zu deuten, wenn keine politikinduzierten Verzerrungen vorliegen (Lücke 1989, S. 38). Gerade davon kann aber in den meisten EL, insbesondere Schwellenländern, nicht ausgegangen werden.

Fiskalische und *finanzielle Exportanreize* sind weithin verbreitet; sie führen nicht nur zu einer impliziten intersektoralen Diskriminierung solcher Sektoren, die keine oder weniger Anreize zum Export erhalten, sondern sie sind zusätzlich mit dem impliziten Zollschutz zu vergleichen. Immer dann, wenn der *Inlandspreis*, den - nach Umwandlung mit Hilfe des Wechselkurses - ein inländischer *Exporteur* für sein Gut bekommt, unter dem möglichen Preis bei Verkauf auf dem Binnenmarkt liegt, ist ein sogenannter *Anti-Export-Bias* vorhanden (s.u.).

Wir wollen diese Zusammenhänge einmal an einem Land verdeutlichen, das nach der Klassifikation von *Chenery* 1965 als *groß, fertigwarenorientiert und importsubstituierend* eingestuft wurde (Chenery 1979, S. 37 f.). Seit 1964 (mit Ausnahme der Jahre 1974-1979, die im wesentlichen eine Rückkehr zur Importsubstitution bedeuteten) wurde allerdings in der Wechselkurspolitik, in der Handels- und Subventionspolitik ein deutlicher Schwenk zugunsten der Exporte vollzogen (Fasano-Filho/Fischer/Nunnenkamp 1987, S. 6 ff.).

Tab. IV.4.1:

Structure of Brasil's exports, 1965-1982 (percent) Share in total exports					
Commodity Group	1965	1970	1975	1980	1982
Primary Commodities	94,3	89,5	74,6	65,9	65,4
Food items (SITC 0+1+4+22)	67,3	63,3	54,1	46,3	39,6
(Coffee)	(44,3)	(35,9)	(10,8)	(13,8)	(10,6)
Agricultural raw materials (SITC 2-22-27-28)	15,2	11,9	3,9	4,0	3,2
Crude fertilizers and metallic ferrous ores (SITC 27+28)	9,0	9,9	12,0	8,9	10,0
Fuels (SITC 3)	0,0	0,6	2,3	1,8	7,2
Iron and steel and non-ferrous metals (SITC 67+68)	2,8	3,8	2,3	4,9	5,5
Manufactured goods (SITC 5+6-67-68+7+8)	5,0	9,7	23,2	32,9	33,3
Chemical products (SITC 5)	0,9	1,4	2,1	3,6	4,5
Basic manufactures (SITC 6-67-68)	2,1	3,9	6,3	8,1	7,0
Machinery and transport equipment (SITC 7)	1,8	3,6	10,3	16,9	17,2
Miscellanous manufactured articles (SITC 8)	0,2	0,8	4,5	4,3	4,6
Unallocated	0,7	0,9	2,1	1,2	1,2
Total	100	100,0	100,0	100,0	100,0

Quelle: Fasano-Filho/Fischer/Nunnenkamp (1987)

Tab. IV.4.2:

Export Performance Ratios for Brazilian Manufactured Exports to Different Markets, 1962-1981[a]

Destination country	1962	1967	1968	1973	1974	1978	1979	1981
SITC 5 chemicals								
World	3,30	1,92	1,68	0,78	0,81	0,52	0,60	0,86
Developed economies	4,40	2,61	2,54	0,81	0,93	0,56	0,58	1,02
Developing economies	1,04	1,08	0,84	0,67	0,59	0,49	0,61	0,72
ALADI	0,55	0,58	0,40	0,50	0,42	0,49	0,29	0,66
NICs	0,82	0,49	0,38	0,94	0,95	0,81	0,87	1,72
Central-planned economies	4,65	2,00	1,27	0,84	0,70	0,49	0,74	2,59
SITC 6–(67+68)+8 basic and miscellaneous manufactures								
World	0,66	1,00	1,21	1,75	1,48	1,20	1,21	1,04
Developed economies	0,67	1,04	1,27	1,87	1,58	1,38	1,40	1,21
Developing economies	0,60	0,89	1,17	1,47	1,29	0,96	1,01	0,89
ALADI	0,88	1,50	1,97	1,86	1,63	1,54	1,29	1,24
NICs	0,27	1,06	,1,39	1,14	1,01	0,66	1,29	0,87
Central-planned economies	0,83	2,70	0,90	3,25	3,24	4,06	3,56	3,00
SITC 7 machinery and transport equipment								
World	0,68	0,76	0,67	0,53	0,73	0,99	0,97	1,01
Developed economies	0,36	0,55	0,38	0,36	0,56	0,82	0,81	0,83
Developing economies	1,27	1,05	0,95	0,85	0,98	1,13	1,10	1,13
ALADI	1,16	0,94	0,85	0,89	1,04	0,98	1,06	1,00
NICs	0,00	1,19	0,95	0,92	1,02	1,39	0,87	1,03
Central-planned economies	0,48	0,00	0,00	0,01	0,03	0,04	0,05	0,01

[a] Export performance ratio is defined as:

$$ep_{ij} = \frac{X_{ij}}{\sum_i X_{ij}} \div \frac{XW_{ij}}{\sum_i XW_{ij}} \; ; \qquad ep_{ij} \begin{cases} < 1 & \text{revealed comparative disadvantage} \\ = 1 & \text{"normal"} \\ > 1 & \text{revealed comparative advantage} \end{cases}$$

X = Value of brazilian exports
XW = World exports
i = SITC-category
j = Region (six export markets)

Quelle: Fasano-Filho/Fischer/Nunnenkamp (1987)

In der Tabelle IV.4.1 ist zu erkennen, wie der *Anteil der Primärgüter an den Gesamtexporten* kontinuierlich seit 1965 zurückgegangen ist. Innerhalb der Fertigwaren haben die Sektoren *"Maschinenbau"* und *"Transportmittel"* besonders zugelegt. 1982 waren sie bereits für über die Hälfte der Fertigwarenexporte verantwortlich.

Schaut man sich die Entwicklung der brasilianischen "Export Performance Ratios" (Tabelle IV.4.2) an, so fällt folgendes auf:

(i) Gerade gegenüber IL ist Brasilien besonders wettbewerbsfähig bei den relativ arbeitsintensiven *"basic miscellaneous manufactures"*: Die *Export Performance Ratios* liegen seit 1967 durchweg über eins.

(ii) Die Exporterfolge im *Transport- und Maschinenbausektor* gehen vor allem auf die Gewinnung von Wettbewerbsvorteilen gegenüber anderen EL zurück. Beispielsweise sind die Exporte von Fahrzeugen nahezu ausschließlich in EL gegangen.

(iii) Exporte von *chemischen Produkten* sind für Brasilien von geringerer Bedeutung. Diese Industrie weist vergleichsweise die *höchste Kapitalintensität* innerhalb des brasilianischen Fertigwarensektors auf, daher liegt die Vermutung nahe, daß gerade im Handel gegenüber IL eine vergleichsweise niedrige Wettbewerbsfähigkeit vorliegt. Im Ganzen gesehen bestätigen die Export-Performance-Ratios dieses Bild; sie liegen in den 70er Jahren stets unter eins, egal welcher Absatzmarkt betrachtet wird.

Wie wir oben festgestellt hatten, liefern Handelsdaten bzw. daraus abgeleitete Export-Performance-Ratios keine schlüssigen Hinweise auf "natürliche" komparative Kostenvorteile. Dies ist zuförderst die Folge der massiven wirtschaftspolitischen Interventionen im Handel. Diese reichen von fiskalischen und finanziellen "Anreizen" zur Exportproduktion über Zölle, nichttarifäre Handelshemmnisse bis hin zu expliziten Subventionen für die Inlandsproduktion. Um den Gesamteffekt dieser häufig nebeneinander und unkoordiniert eingesetzten Instrumente abschätzen zu können, müssen wir uns im folgenden zunächst mit einigen Protektions- und Subventionsmaßen beschäftigen.

Exkurs: Einige elementare Maße der Protektion und Subvention im Außenhandel

(Nominal-)Zölle können als *Stück-* oder *Wertzölle* erhoben werden (im Kleinländerfall)[93]:

(334) $P_{Dj} = P_{Wj} + T_{Wj}$

(335) $P_{Dj} = P_{Wj}(1 + t_{Wj})$

Da Nominalzölle häufig ein Redundanz-Element aufweisen, ist es zweckmäßig, sogenannte *implizite Zölle* zu berechnen:

(336) $t_j = \dfrac{P_j^D}{P_{Wj}} - 1$

Damit wird die prozentuale Abweichung vom Weltmarktpreis zum Ausdruck gebracht. Um zusätzliche, inlandsbezogene Maßnahmen als Teil der Protektion zu berücksichtigen, wurde das Konzept der *impliziten nominalen Protektion* entwickelt.

Die implizite nominale Protektion für ein Gut j ergibt sich aus der Formel:

(337) $P_{IMPj} = \dfrac{P_{Dj}(1 + s_{Dj})}{P_{Mj}}$

Dabei ist s_{Dj} die Subventionsrate für die Inlandsproduktion pro Stück, P_{Mj} der CIF-Importpreis in Inlandswährung (umgerechnet zum offiziellen Wechselkurs) und P_{Dj} der inländische Produzentenpreis (ab Werk).

Formel (337) kann nun noch um den Einfluß der Überbewertung des Wechselkurses korrigiert werden:

(338) $P_{IMPj}^k = \left[1 + P_{IMPj}\right]\dfrac{e_o}{e_b} - 1$

wobei

e_o = offizieller Wechselkurs

e_b = Gleichgewichtswechselkurs.

Immer dann, wenn $e_o < e_b$, ist $e_o/e_b < 1$ und die *korrigierte implizite Protektion ist kleiner als die unkorrigierte*. Das ist plausibel, da die Überbewertung

---

[93] Dabei ist P_{Dj} der inländische Preis, P_{Wj} der Weltmarktpreis, T_{Wj} ein Stück- und t_{Wj} ein Wertzoll.

Importe tendenziell verbilligt. Zur Erläuterung der *effektiven Protektion* ist folgendes Zitat aus Blümle (1982) sehr hilfreich:

"Bei der Schutzwirkung von Zöllen muß das Zollsystem insgesamt berücksichtigt werden. Wenn zollbelastete Produktionsmittel in der zu schützenden Industrie eingesetzt werden und damit zollbedingt nicht nur die Erlöse, sondern auch die Kosten steigen, kann sich die Einkommenssituation der Anbieter sogar verschlechtern. Dies soll anhand eines einfachen Modells erläutert werden:

Das Einkommen der Landwirte aus der Schweinezucht y ist als Differenz von Erlös und Kosten in diesem Erwerbszweig definiert. x_1 sei die produzierte Menge, p_1 der Preis pro kg. Unter der Annahme, daß zur Schweinezucht lediglich Mais als Produktionsmittel in der Menge x_2 zum Preis p_2 eingesetzt wird, beträgt das Einkommen:

(339) $y = x_1 p_1 - x_2 p_2$

Eine die Aussagefähigkeit nicht einschränkende Annahme, die die Argumentation vereinfacht, besteht darin, daß die Preise p_1 und p_2 den Wert 1 annehmen. Für das Einkommen gilt dann:

(340) $y = x_1 - x_2$

Bezogen auf die gleichen Mengeneinheiten werde nun ein Zollsatz t_1 auf Schweinefleisch und t_2 auf Mais eingeführt:

(341) $p_1 t = 1 + t_1$

(342) $p_2 t = 1 + t_2$.

Demgemäß ergibt sich als Einkommen aus der Schweinezucht nach der Zollerhebung:

(343) $y_t = x_1 (1 + t_1) - x_2 (1 + t_2)$"   (Blümle 1982, S. 24 f.).

Der effektive Zollschutz ergibt sich nun aus dem Vergleich der *Wertschöpfung* je (Output-)*produzierter Einheit* vor und nach Einführung der Zölle t_1 und t_2:

(344) $w = \dfrac{y}{x_1}$;   (345) $w_t = \dfrac{y_t}{x_1}$

Als Effektivzoll wird der Ausdruck:

(346) $EZ = \dfrac{w_t - w}{w}$,

also die zollbedingte Zuwachsrate der Wertschöpfung pro Einheit bezeichnet:

(347) $EZ = \dfrac{1 + t_1 - \dfrac{x_2}{x_1} - \dfrac{x_2}{x_1} t_2 + \dfrac{x_2}{x_1} - 1}{1 - \dfrac{x_2}{x_1}}$

(348) $EZ = \dfrac{t_1 - a t_2}{1 - a}$ für $a = \dfrac{x_2}{x_1}$

Allgemein wird der Effektivzoll für das Gut j wie folgt definiert:

(349) $EZ_j = \dfrac{t_j - \sum\limits_i a_{ij} t_i}{1 - \sum\limits_i a_{ij}}$ für $i = 1 \ldots n$,

wobei die a_{ij} die Inputkoeffizienten des i-ten Produktionsmittels bei der Produktion des Gutes j und die t_i die entsprechenden Zollsätze sind.

Der Effektivzoll läßt sich nun noch korrigieren um den Effekt, den ein überbewerteter Wechselkurs auslöst:

(350) $EZ_j^k = \left[1 + EZ_j\right]\dfrac{e_o}{e_b} - 1$.

Ist der Wechselkurs im Gleichgewicht, so ist $e_o = e_b$ und folglich:

(351) $EZ_j^k = 1 + EZ_j - 1 = EZ_j$.

Ist dagegen $e_o < e_b$, d.h. liegt eine systematische Überbewertung vor, dann ist:

(352) $EZ_j^k = \dfrac{e_o}{e_b} + \dfrac{e_o}{e_b} EZ_j - 1$

$= \underbrace{\left[\dfrac{e_o}{e_b}\right]}_{<0} EZ_j + \underbrace{\left[\dfrac{e_o}{e_b}\right] - 1}_{<0}$

also $EZ_j^k < EZ_j$.

Für die Wirtschaftspolitik gibt es natürlich auch die Möglichkeit, Anreize zur Exportproduktion einzusetzen (EA). Um diese mit impliziten, effektiven Zollsätzen u.ä.m. vergleichen zu können, sollten sie in Prozentwerten ausgedrückt werden können. Dies kann geschehen, indem fiskalische und finanzielle Anreize auf die gesamten Exporterlöse bezogen werden:

$$(353) \quad EA_j = \left[\frac{\text{Fiskalische + finanzielle Anreize}}{\text{Exporterlöse}} \right]_j$$

bzw.

$$(354) \quad EA_j^k = \left[1 + EA_j \right] \frac{e_o}{e_b} - 1$$

Ausschlaggebend für den Anreiz, entweder binnenmarkt- oder weltmarktorientiert zu produzieren, ist der sogenannte "*Anti-Export-Bias*":

$$(355) \quad AEB_j = P_{IMPj} - \left[\frac{\text{Fiskalische + Finanzielle Anreize}}{\text{Exporterlöse}} \right]_j$$

Für negative Werte von (355) ergibt sich ein "*Pro-Export-Bias*".

Stellt man nicht auf die *impliziten*, sondern auf die *effektiven* Anreize zugunsten einer Binnenmarkt-/Weltmarktproduktion ab, so sind die folgenden Größen untereinander zu vergleichen:

$$(356) \quad EAEB_j = EZ_j - EES_j \quad \text{bzw.}$$

$$(357) \quad EAEB_j^k = EZ_j^k - EES_j^k$$

wobei

$$(358) \quad EES_j = \frac{\sigma_j - \sum_i a_{ij}\sigma_i}{1 - \sum_i a_{ij}} \quad {}^{94}$$

---

94 σ_j/σ_i incorporate "a measure of combined nominal export incentives ... instead of the rate of implicit nominal protection" (Tyler 1981, S. 223).

Tab. IV.4.3:

Incentives to Exports and Domestic Sales in Brazil, 1980/81 (per cent)									
Industry (a)	Export incentives			Implicit nominal protection	Anti-export bias	Exchange rate adjusted			
	fiscal	financial	total			export-incentives (b)	nominal protection (b)	anti-export bias (b)	effective incentives to domestic sales (b)
	(1)	(2)	(3)= (1)+(2)	(4)	(5)= (4)–(3)	(6)	(7)	(8)= (7)–(6)	(9)
Non-metallic minerals	4,0	10,1	14,1	-17,7	-31,8	-2,2	-29,5	-27,3	-31,1
Metallurgy	6,8	10,1	16,9	10,8	-6,1	0,2	-5,1	-5,3	15,0
Machinery	11,2	18,0	29,2	48,3	19,1	10,7	27,1	16,4	51,7
Electrical equipment	17,5	18,0	35,5	71,4	35,9	16,1	46,9	30,8	81,6
Transport equipment	22,7	11,4	34,1	-5,8	-39,9	14,9	-19,3	-34,2	-22,5
Wood products	7,8	11,4	19,2	-4,3	-23,5	2,1	-18,0	-20,1	0,9
Furniture	3,2	11,4	14,6	26,1	11,5	-1,8	8,1	9,9	30,8
Paper products	7,5	7,8	15,3	-16,1	-31,4	-1,2	-28,1	-26,9	-30,2
Rubber products	7,7	9,8	17,5	-15,4	-32,9	0,7	-27,5	-28,2	-32,6
Leather products	5,9	17,4	23,3	15,6	-7,7	5,6	-0,9	-6,5	-2,4
Chemicals	3,5	10,1	13,6	55,1	41,5	-2,6	32,9	35,5	59,7
Pharmaceuticals	8,5	10,1	18,6	97,4	78,8	1,6	63,2	67,6	85,3
Perfumes, soap	3,5	10,1	13,6	35,1	21,5	-2,6	15,8	18,4	64,2
Plastics	10,5	10,1	20,6	28,9	8,3	3,3	10,4	7,1	9,9
Textiles	8,1	21,5	29,6	25,2	-4,4	11,1	7,3	-3,8	17,1
Clothing, footwear	8,2	22,1	30,3	30,6	0,3	11,6	11,9	0,3	25,7
Processed food	3,7	10,1	13,8	-8,2	-22,0	-2,4	-21,3	-18,9	8,1
Beverages	3,3	10,1	13,4	-5,3	-18,7	-2,8	-18,9	-16,1	-15,3
Tobacco	0,2	10,1	10,3	1,3	-9,0	-5,5	-13,2	-7,7	-9,4
Printing	0,1	10,1	10,2	24,1	13,9	-5,6	6,3	11,9	13,0
Miscellaneous	4,0	10,1	14,1	91,8	77,7	-2,2	64,4	66,6	132,8
Total manufacturing	9,3	11,5	20,8	22,8	2,0	3,5	5,2	1,7	23,1

(a) Classification according to Instituto Brasileiro de Geografia e Estatística (IBGE); the definition of manufacturing is broader according to IBGE than in international statistics.
(b) In contrast to columns (1)-(5) where the comparison of incentives to exports and domestic sales is done at the prevailing exchange rate, adjusted measures take account of policy induced distortions in the exchange rate; in this latter case the relevant world market prices are converted to cruzeiros at the exchange rate that would have prevailed if policy distortions had not existed.

Quelle: Fasano-Filho/Fischer/Nunnenkamp (1987)

die *effektiven* Anreize zur Exportproduktion wiedergeben (Tyler 1985, S. 223).

Um die bisherigen Darlegungen zu veranschaulichen, betrachten wir im folgenden das Beispiel Brasilien im Jahr 1980/81 in Tabelle IV.4.3:

In Brasilien war 1980/81 der *Anti-Export-Bias* am höchsten bei pharmazeutischen Produkten (79%), vermischten Fertigwaren (78%), Produkten der Chemieindustrie (42%) und elektrischen Anlagen (36%). Der Transportsektor erhielt mit −39,9% - gefolgt von Gummiprodukten (−32,9%), nicht-metallischen Mineralstoffen (−31,8%) und Papierprodukten (−31,4%) - die *stärksten relativen Exportanreize*.

Literaturhinweise zu diesem Kapitel:

Amelung, T./Sell, F.L., Tariff Redundany and its Implications for Protection Substitution, in: Konjunkturpolitik, 37. Jahrgang, Heft 1/2 1991, S. 66-86.

Balassa, B., "A Stages Approach to Comparative Advantage", in: I. Adelman (Hrsg.), Economic Growth and Ressources, Vol. 4: National and International Policies, London 1979.

Blümle, G., Außenwirtschaftstheorie, Freiburg 1982.

Chenery, H.B., Structural Change and Development Policy. New York: Oxford University Press 1979.

Fasano-Filho, G./Fischer, B./Nunnenkamp, P., On the Determinants of Brazil's Manufactured Exports: An Empirical Analysis. Kieler Studien 212, Tübingen 1987.

Lücke, M., Traditional Labour-Intensive Industries in Newly Industrializing Countries. The Case of Brazil. Kieler Studien 231, Tübingen 1990.

Sell, F.L./Amelung, T., On the Redundancy of Redundant Tariffs: An Introduction to the Concept of Effective Tariff Redundancy, in: British Review of Economic Issues, Vol. 13, Nr. 30, 1991, S. 79-94.

Syrquin, M., Patterns of Structural Change, in: H.B. Chenery/T.N. Srinivasan (Hrsg.), a.a.O., 1988, S. 203-273.

Tyler, W.G., Effective Incentives for Domestic Market Sales and Exports, in: Journal of Development Economics, Vol. 18, 1985, S. 219-242.

4.4 Strukturwandel auf der Angebotsseite

4.4.1 Überblick

Der Wandel in der Güterzusammensetzung des Handels verstärkt die Änderungen in der *Nachfrage nach Zwischengütern* und *Gütern des Endverbrauchs* und löst einen entsprechend prononcierten "Shift" in der Produktion - weg von den *"primary activities"* und hin zum *sekundären und tertiären* Sektor - aus.

Kombiniert man die uns bereits bekannten Gleichungen:

(359) $X_i = W_i + D_i + T_i$

wobei

X_i = Brutto-Output
W_i = Nachfrage nach Zwischenprodukten
D_i = Inländische Endnachfrage
T_i = Netto-Handel

sowie

(360) $V_j = v_j X_j$ bzw.

(361) $V_i = v_i X_i$

wobei

(362) $\sum_{j=1}^{n} V_j = Y$

und

V_j = Wertschöpfung in Sektor j bzw.
v_i, v_j = Wertschöpfungskoeffizienten

so ergibt sich:

(363) $V_i / V = v_i \overbrace{\left[W_i / V + D_i / V + T_i / V\right]}^{X_i/V}$

als Formel für die sektoralen Wertschöpfungsanteile.

Änderungen in den sektoralen Wertschöpfungsanteilen am BIP $[\Delta(V_i/V)]$ können zurückgeführt werden auf:

(i) Änderungen in der Nachfragezusammensetzung (*Zwischen-, Endnachfrage und Nettohandel*): W_i/V, D_i/V und T_i/V;

(ii) Änderungen in den Wertschöpfungskoeffizienten v_i:

$$(364) \quad \Delta(V_i/V) = \overline{v}_i\overbrace{[\Delta(W_i/V) + \Delta(D_i/V) + \Delta(T_i/V)]}^{\Delta(X_i/V)}$$

$$+ (\overline{V_i/V}) \, \Delta v_i / \overline{v}_i \quad ^{95}$$

wobei: $\dfrac{V_i/V}{v_i} = \dfrac{V_i/V}{V_i/X_i} = \dfrac{1/V}{1/X_i} = \dfrac{X_i}{V}$

also: $\dfrac{\overline{V_i/V}}{\overline{v}_i} = \left[\dfrac{X_i}{V}\right]$.

In der folgenden Tabelle IV.4.4 haben Syrquin und Chenery (1986) den *Strukturwandel* von EL beim Übergang von einem PKE von 300 US-$ auf ein PKE von 4000 US-$[96] aufgrund von ökonometrischen Schätzungen berechnet. Als Stützperiode diente der Zeitraum von 1950-1983 für einen Querschnitt von EL.

Dabei wurde angenommen, daß die Nachfrage nach Nahrungsmitteln nur eine Produktion im Primärgütersektor nach sich zieht, daß der Fertigwarensektor jeweils 50% der Nachfrage nach "Non-Food-Consumption" und Investitionsgütern befriedigt.[97]

---

[95] Variablen mit einem Balken sind Mittelwerte aus einem Anfangs- und einem Endwert derselben (Syrquin 1988, S. 236).
[96] In US-Dollars von 1980.
[97] Die anderen 50% werden vom Bausektor und anderen nicht-handelbaren Gütern bereitgestellt.

Tab. IV.4.4:

	Predicted shares of GDP at			Contribution to change in share of	
	$ 300	$ 4000	Change	Primary	Manufacturing
A. *Final demand*					
Food consumption	39	19	−20	−20	
Non-food consumption	34	42	8		8
Investment	18	26	8		
B. *Intermediate demand*					
Primary	23	17	−6	−6	
Manufacturing	25	43	18		18
C. *Trade*					
Primary: exports	14	11	−3		
imports	6	8	2		
net trade	8	3	−5	−5	
Manuf.: exports	1	9	8		
imports	12	15	3		
net trade	−11	−6	5		5
Changes in gross output $\Delta(X_i/V)$				−31	+31
D. *Value-added ratios*	v_{i0}	v_{i1}	Δv_i	$\overline{v}_i$	$\Delta v_i/\overline{v}_i$
Primary	0,81	0,61	−0,20	0,71	−0,28
Manufacturing	0,33	0,36	0,03	0,35	0,09
Output	V_{i0}/V_0	V_{i1}/V_1	$\Delta[V_i/V]$	$(\overline{V_i/V})$	
Primary	44	16	−28	0,30	
Manufacturing	12	24	12	0,18	
Implied changes in shares $= \overline{v}_i \Delta(X_i/V)$				−22	11
$+ (\overline{V_i/V}) \Delta v_i/\overline{v}_i$				−8	2
				−30	13

Quelle: Syrquin/Chenery (1986)

Die in Tabelle IV.4.4 berechneten Effekte setzen sich wie folgt zusammen (Syrquin 1988, S. 236 f.):

Primary Sector

a) Nachfragezusammen-
setzungseffekte:

$\bar{v}_p \cdot \Delta(T_p / V)$
$= 0{,}71 \, (-5) = -3{,}55$

$\bar{v}_p \cdot \Delta(D_p / V)$
$= 0{,}71 \, (-20) = -14{,}2$

$\bar{v}_p \cdot \Delta(W_p / V)$
$= 0{,}71 \, (-6) = -4{,}21$

$\sum \approx -22$

b) Wertschöpfungs-
koeffizienteneffekte:

$\Delta v_p / \bar{v}_p \cdot \overline{[V_p / V]}$
$= [-0{,}28 \cdot 0{,}30] \cdot 100 = -8{,}4$

$\sum \approx -8$

Manufacturing Sector

a) $\bar{v}_m \cdot \Delta(T_m / V)$
$= 1{,}75$

$\bar{v}_m \cdot \Delta(D_m / V)$
$= 2{,}80$

$\bar{v}_m \cdot \Delta(W_m / V)$
$= 6{,}3$

$\sum \approx +11$

b) $\Delta v_m / \bar{v}_m \cdot \overline{[V_m / V]}$
$= [0{,}09 \cdot 0{,}18] \cdot 100 = 1{,}62$

$\sum \approx +2$

Bemerkenswert sind insbesondere die folgenden Resultate:

(i) Der Anteil des Primärgutsektors an der Wertschöpfung geht im Durchschnitt um 30% Punkte zurück, der des Sekundärsektors nimmt dagegen um 13% Punkte zu.

(ii) Zu diesem Ergebnis tragen die Änderungen in der Nachfragezusammensetzung stärker (−22 bzw. +11) als Änderungen in den Wertschöpfungskoeffizienten (−8 bzw. +2) bei.

(iii) Auf Änderungen in der Binnennachfrage nach Nahrungsmitteln geht dabei rund die Hälfte des Rückgangs des Anteils des Primärgütersektors an der Wertschöpfung zurück:

$\bar{v}_p \cdot \Delta(D_p / V) = 0{,}71 \cdot -20 = -14$ [von -30]

(iv) Beim Nettohandel mit Primärgütern ergibt sich:

$\bar{v}_p \cdot \Delta(T_p / V) = 0{,}71 \cdot -5 = -3{,}55$.

Das ist ungefähr 1/10 des Gesamteffekts (-30).

(v) Der Beitrag der Zwischengüter ("Intermediates") ist ein zweifacher:

a) Beim "Übergang" ist ein starker (relativer) Anstieg der Nachfrage nach Fertigwaren als Zwischengüter festzustellen und

b) ein (relativer) Rückgang bei der Nachfrage nach Primärprodukten als Zwischengüter.

(vi) Bei den Wertschöpfungskoeffizienten ist in der Landwirtschaft bzw. im Primärsektor ein starker Rückgang zu beobachten; mit steigendem Einkommen nimmt der relative Einsatz von gekauften Inputs (in Relation zum Output) zu.

4.4.2 in der Industrie

Die relative Größe des Fertigwarensektors in einem Land wird ökonometrisch recht befriedigend erklärt durch die *Entwicklung des Prokopfeinkommens* und die *Größe des Landes*. Eine typische, von Chenery u.a. häufig verwendete Schätzgleichung, lautet:

(365) $\log V_i/V = b_1 \log (Y/P) + b_2 \log (P)$.

Dabei ist V wahlweise das BIP oder VE, Y das BSP und P die Größe der Bevölkerung. Dieser Schätzgleichung liegt das Heckscher-Ohlin-Modell des Außenhandels zugrunde, wobei das *Pro-Kopf-Einkommen* als Näherungsgröße bzw. als "*Proxy*" für die *Kapitalintensität* dient.

Wie wir bereits oben gesehen haben, wird in einer offenen Volkswirtschaft die Struktur der Produktion durch das Handelsmuster stark geprägt. Letzteres ist aber nicht nur ein Spiegel der komparativen Kostenvorteile, sondern auch des "policy environment". In ökonometrischen Untersuchungen wurde der Einfluß der Politikinterventionen insofern bestätigt, als das Bestimmtheitsmaß für obige Schätzgleichung 0,5 selten überstieg.

Gleichwohl war es bisher schwierig, einen *systematischen* Zusammenhang zwischen Interventionsmaßnahmen - gemessen etwa an der *effektiven Protektionsrate* (ERP) - einerseits und dem Wachstum einzelner Industriesektoren andererseits herzustellen. Als Gründe hierfür führen Bhagwati und Srinivasan (1979) an:

(i) Eine bestimmte ERP ist mit vielen verschiedenen Nominalzöllen kompatibel und insofern auch mit verschiedenen Effekten auf Konsum und Produktion.

(ii) ERPs sind ein statisches Maß, bei dem eine Zunahme der Ressourcen nicht berücksichtigt wird. Im Wachstumsprozeß ändern sich aber die relativen Faktorproportionen und es kommt zu *Rybczynski-Effekten.*

(iii) Werden Zölle/quantitative Importbeschränkungen von potentiellen Investoren als "automatisch gewährt" antizipiert, so wird die beobachtete Zollstruktur diesen "Garantieeffekt" und seinen Einfluß auf Investitionsentscheidungen kaum reflektieren.

(iv) Die Grenzerträge einer weiteren Sektor-Expansion können gering sein, selbst wenn eine hohe effektive Protektion vorliegt. Genießt ein Sektor nämlich schon länger die "Vorteile" einer Importsubstitutionspolitik, dann bietet der Binnenmarkt kaum noch profitable Gelegenheiten für einen *weiteren* Kapazitätsausbau.

Es ist einleuchtend, daß Zölle und nicht-tarifäre Handelshemmnisse besonders die Produktion solcher Exportgüter benachteiligen, die damit belastete Zwischengüter benötigen. Dabei ist es im Prinzip egal, ob die Zwischengüter direkt importiert werden, oder zu (überhöhten) inländischen Preisen bezogen werden. Im einzelnen hängt das Ausmaß der Effekte davon ab, wie die Input-Output-Struktur ist und wie die sektorale Verteilung der Zölle aussieht. Solange die Exporteure jedoch kein freies Handelsregime für ihre Inputs genießen, wird die Produktion von Exportgütern behindert.

H. Pack vertritt die These, daß die von vielen Ländern verfolgte Importsubstitutionsstrategie den Prozeß der Transformation künstlich beschleunigt hat, nämlich durch eine gezielte Beeinflussung der Nachfrage zugunsten von inländisch produzierten Gütern. Der Transformationsprozeß funktioniert auch "von alleine" durch Faktorwanderungen zwischen den Sektoren, die das Ergebnis unterschiedlicher Produktivitätsentwicklungen und unterschiedlicher Preis- und Einkommenselastizitäten sind.

In den heutigen IL führte *erstens* das Produktivitätswachstum und das dadurch ausgelöste Einkommenswachstum zu einer Beschleunigung des Industrialisierungsprozesses aufgrund der hohen Einkommenselastizität der Nachfrage nach Industriegütern. *Zweitens* schlugen sich bei relativ intensivem Wettbewerb die Produktivitätsanstiege in relativen Preissenkungen der Industriegüter gegenüber dem Agrarsektor nieder, der ein geringeres Produktivitätswachstum aufwies. *Drittens* führten diese relativen Preissenkungen zu einem Nachfrageanstieg (bei einer hohen Preiselastizität der Nachfrage), der die Reallokation von Ressourcen in die urbanen, industrialisierten Zentren beförderte.

In den heutigen EL wird der Anstieg der Einkommen weniger auf das Produktivitätswachstum als auf den in der effektiven Protektion abzulesenden Schutz zurückgeführt. Dies erklärt auch zum Teil die Verschlechterung der TOT zulasten der Landwirtschaft in EL: Bei geringerem Produktivitätswachstum, höherem Zollschutz und geringerer Wettbewerbsintensität kommt es nicht zu den oben beschriebenen relativen Preissenkungen für Industriegüter!

Das gleichzeitig - etwa im Zusammenhang mit der grünen Revolution - beobachtete *starke Produktivitätswachstum* in der Landwirtschaft von EL dämpft die Preisentwicklung für Agrargüter und verlangsamt den Nachfrageanstieg nach Industriegütern (siehe oben).

Die *Befürworter* der Importsubstitutionsstrategie führten häufig das Erziehungszollargument ins Feld. Sie gingen von der Annahme aus, daß Perioden einer hohen Protektion dazu genutzt werden, die technische Effizienz der Produktion zu erhöhen (vgl. Kapitel II.2), die Qualität der Produkte zu verbessern und sich den internationalen Preisen anzunähern. Diese Behauptung muß sich den ökonomischen Fakten stellen:

Betrachtet man die zahlreichen EL, bei denen hohe Protektionsraten nach *zwei oder drei Dekaden* einer intensiven Industrialisierung immer noch fortbestehen, so kommen einem an diesem Optimismus erhebliche Zweifel. Es ist wohl eher davon auszugehen, daß die Importsubstitution zur Erzielung von Renten geführt hat, sei es in Form höherer Einkommen oder sei es in Gestalt größerer Freizeit (Amelung 1989).

Eine entscheidende Frage im Zusammenhang mit der Industrialisierung und ihren Entwicklungsbeiträgen liegt in den Beschäftigungseffekten, die von ihr ausgehen bzw. ausgehen sollten. Der Optimismus, der sich noch im *Lewis-Modell* ausdrückt, wurde schon in den 50er Jahren durch einen Artikel von Eckaus (1955) spürbar gedämpft: Danach funktioniert die *Reallokation* von Arbeit aus der Landwirtschaft in die Industrie nur *unvollständig* bei einer *un-*

zureichenden Substitutionselastizität bzw. fixen Faktorproportionen in der Industrie; die in einigen Ländern beobachtete geringe Absorption von Arbeitskräften durch die Industrie wurde u.a. auf die Wahl *unangemessener Technologien* zurückgeführt.

Die Problematik der industriellen Beschäftigungseffekte läßt sich am Beispiel einer Produktionsfunktion mit konstanten Skalenerträgen bei Auftreten von arbeits- und kapitalvermehrendem technischem Fortschritt diskutieren (vgl. Bruton 1977):

(366) $Q = F[a(t) \cdot K(t), b(t) \cdot L(t)]$ mit L = Arbeit, K = Kapital.

Dabei ist:

(367) $\dfrac{da}{dt} \cdot \dfrac{1}{a} = \hat{a} =$ konstante Rate des *kapitalvermehrenden* technischen Fortschritts

(368) $\dfrac{db}{dt} \cdot \dfrac{1}{b} = \hat{b} =$ konstante Rate des *arbeitsvermehrenden* technischen Fortschritts

Steigt beispielsweise b von 1 auf 2, so hat dies auf die Produktion die gleiche Wirkung, als ob die Zahl der Arbeiter bei gegebener Effizienz verdoppelt würde.

Bruton (1977) hat nun gezeigt, daß folgende Beziehungen gelten:

(369) $\hat{Q} = \hat{K} + \hat{a} + S_L/S_K \cdot \sigma(\hat{b} - \hat{w})$ und

(370) $\hat{L} = \hat{K} + \hat{a} - \hat{b} + \sigma/S_K (\hat{b} - \hat{w})$.

Aus (369) ./. (370) erhält man:

(371) $\hat{Q} - \hat{L} = (1 - \sigma)\hat{b} + \sigma \hat{w}$.

Dabei ist der Ausdruck auf der linken Seite von (371) gleich der Wachstumsrate der Arbeitsproduktivität.

Außerdem ist :

$$\sigma = \dfrac{d(K/L)}{(K/L)} \div \dfrac{d(w/r)}{(w/r)}$$

$$S_L = \frac{w \cdot L}{Q} \;;\; S_K = \frac{r \cdot K}{Q} = \frac{Q - wL}{Q}$$

w = Reallohn
r = Realzins

Exkurs: Herleitung von (369), (370)

Wegen der konstanten Skalenerträge kann man für (366) schreiben:

(372) $Q(t) = b(t) \cdot L(t) \cdot f[k(t)]$

wobei:

$f[k(t)] = F[k(t), 1]$ und

$k(t) = \dfrac{a(t) \cdot K(t)}{b(t) \cdot L(t)}$

Die Entlohnung erfolge nach dem Grenzprodukt:

(373) $\dfrac{\partial Q}{\partial L} = b(t) \cdot f[k(t)] + b(t) \cdot L(t) \cdot f'[k(t)] \cdot \dfrac{\partial k(t)}{\partial L(t)}$

wobei

$\dfrac{\partial k(t)}{\partial L(t)} = -\dfrac{1}{L(t)^2} \cdot \dfrac{a(t) \cdot K(t)}{b(t)} = -\dfrac{k(t)}{L(t)}$.

(374) $\dfrac{\partial Q}{\partial L} = b(t) \cdot f[k(t)] - b(t) \cdot f'[k(t)] \cdot k(t) \stackrel{!}{=} w(t)$

bzw.

(375) $\dfrac{\partial Q}{\partial L} = b(f + f'k) = w$.

Multipliziert man beide Seiten von (375) mit L, so ergibt sich unter Berücksichtigung von (372):

(376) $\underbrace{bfL}_{Q} - bf'Lk = wL$
$Q - bf'Lk = wL$

Im folgenden werden (372) und (376) nach der Zeit abgeleitet und durch Q dividiert, anschließend wird (372) in (376) eingesetzt. Es ergibt sich:

(377) $\hat{b} + \hat{L} = \hat{b} \cdot \frac{f' \cdot k}{f} + \hat{L} \cdot \frac{f' \cdot k}{f} + \hat{K} \cdot \frac{f'' \cdot k^2}{f} + \frac{dw}{dt} \cdot \frac{1}{bF} + \left(1 - \frac{f' \cdot k}{f}\right) \cdot \hat{L}$.

Nach Ordnen der Glieder erhält man:

(378) $\hat{L} = \hat{K} + \hat{a} - \hat{b} + \frac{f}{f'' k^2}\left(1 - \frac{f'k}{F}\right)(\hat{w} - \hat{b})$

Allen (1967, S. 48) hat gezeigt, daß

(379) $\frac{f}{f'' k^2} \cdot \left(1 - \frac{f'k}{F}\right) = -\frac{F}{f'k} \cdot \sigma$.

Somit ist:

(380) $\hat{L} = \hat{K} + \hat{a} - \hat{b} - \frac{F}{f'k} \cdot \sigma(\hat{w} - \hat{b})$.

Wegen (375) ist andererseits:

(381) $f'k = \frac{Q - wL}{bL}$; $\frac{F}{f'k} = \frac{FbL}{Q - wL} = \frac{Q}{Q - wL}$.

Daher ist schließlich:

(382) $\hat{L} = \hat{K} + \hat{a} - \hat{b} + \frac{\sigma}{S_k}(\hat{b} - \hat{w})$.

Die Beziehung (369) ergibt sich durch eine Überführung von (366) in Wachstumsraten und Einsetzen von (370) für $\hat{L}$ (Bruton 1977).

Was zeigt Gleichung (370)? Beschäftigung wird angeregt durch Kapitalbildung und kapitalvermehrenden technischen Fortschritt. Solange die Reallöhne konstant bleiben, führt der arbeitsvermehrende technische Fortschritt zu höherer Beschäftigung, wenn die Substitutionselastizität die Kapitalquote übersteigt: "This result is easily explained. An $\hat{b} > \hat{w}$ means that labor (revenue) productivity growth exceeds the growth of the wage rate, and the profit-seeking firm can then increase its profits by hiring more workers. It will increase its rate of hiring until labor productivity is pushed back down to the unchanged wage rate. The greater the elasticity of substitution (given $\hat{b}$), the greater will be the employment growth necessary to keep labor productivity equal to the wage rate" (Bruton 1977, S. 237).

Folgende Implikationen von Gleichung (371) sind bemerkenswert:

(i) Die Zunahme der Beschäftigung ist positiv mit der Wachstumsrate des Kapitalstocks und dem kapitalvermehrenden technischen Fortschritt, jedoch negativ mit dem arbeitsvermehrenden technischen Fortschritt sowie mit der Wachstumsrate der Reallöhne verknüpft - bei gegebener positiver Substitutionselastizität σ.

(ii) Zweitens ist ersichtlich, daß eine hohe Wachstumsrate der Arbeitsproduktivität auf Effizienzsteigerungen ($\hat{b}$) bei $\sigma < 1$ und/oder auf hohen Reallohnzunahmen ($\hat{w}$) für $\sigma > 0$ beruht (Bruton 1977, S. 238).

Die neoklassische Interpretation von (371) lautet, daß es vor allem *Faktorpreisverzerrungen* sind, die zu überhöhten Löhnen, einem künstlich niedrigen Zins-Lohn-Verhältnis und zu einer entsprechenden Substitution von Arbeit durch Kapital führen.

Eine alternative Sichtweise behauptet, daß σ nahe bei Null liegt, so daß der arbeitsvermehrende technische Fortschritt ausschlaggebend ist für die Zunahme der Arbeitsproduktivität. Empirische Untersuchungen belegen hingegen, daß σ signifikant größer als null ist.

Allerdings sollte beachtet werden, daß Verzerrungen im Lohn-Zins-Verhältnis in vielen EL über Jahre, ja über Jahrzehnte hinweg existiert haben. Damit wird ein unkorrektes *Niveau* im Lohn-Zins-Verhältnis erklärt, nicht jedoch eine starke Zunahme bzw. ein starkes Wachstum dieser Relation!

(iii) Je höher die Zunahme der Arbeitsproduktivität, desto niedriger ist c.p. die Elastizität der Beschäftigung in bezug auf den Output:

$$(383) \quad \varepsilon_L = \frac{dL}{L} : \frac{dQ}{Q} = \frac{\hat{L}}{\hat{Q}} .$$

Tautologisch gilt nämlich:

$$(384) \quad \hat{Q} - \hat{L} = \hat{Q}(1 - \hat{L}/\hat{Q}) = \hat{Q}(1 - \varepsilon_L) .$$

Daher ist

$$(1-\varepsilon_L) = \frac{\hat{Q}-\hat{L}}{\hat{Q}}$$

(385) $\quad \varepsilon_L = 1 - \frac{\hat{Q}-\hat{L}}{\hat{Q}}$

$$\varepsilon_L = 1 - \frac{(1-\sigma)\hat{b}+\sigma\hat{w}}{\left[\hat{K}+\hat{a}+S_L/S_K \cdot \sigma(\hat{b}-\hat{w})\right]}$$

4.4.3 in der Landwirtschaft

Die abnehmende Bedeutung der Landwirtschaft für die Gesamtwirtschaft ist ein Prozeß, der sich durchgehend - also unabhängig von Kontinenten, Wirtschaftsordnungen und Einkommensniveaus - beobachten läßt. Es erscheint gleichzeitig verblüffend, daß in den klassischen Entwicklungsmodellen - wie etwa bei *Lewis* - ein (absolut) wachsender Agrarsektor für den Entwicklungsprozeß als notwendig angesehen wird: Nur so könnten (aus der Sicht des Industriesektors) eine Verschlechterung der Terms of Trade und damit eine Profitschmälerung abgewendet werden. Tatsächlich läßt sich im Länderquerschnitt auch die These nicht widerlegen, daß ein hohes absolutes Wachstum des landwirtschaftlichen Sektors mit hohen gesamtwirtschaftlichen Wachstumsraten einhergehen kann: Der Agrarsektor ist nicht nur ein wichtiger Nachfrager von Industrieprodukten, die landwirtschaftlichen Haushalte sind auch ein interessanter Absatzmarkt für Produkte, die der ersten Phase der Industrialisierung entspringen (Textilien, Bekleidung etc.).

Zahlreiche Untersuchungen der Weltbank und anderer Organisationen belegen, daß - etwa in den 1970er Jahren - insbesondere jene Länder BIP-Wachstumsraten von 5% und mehr erreichen konnten, deren Agrarsektor gleichzeitig um mindestens 3% zugenommen hatte (Weltbank 1982).

Die *langfristig* abnehmende Bedeutung des Agrarsektors sollte demnach nicht dazu führen, deswegen diesem Sektor abträgliche wirtschaftspolitische Rahmenbedingungen zu schaffen. Eine ex- oder implizite Diskriminierung des Agrarsektors gehört aber immer noch zu den alltäglichen Beobachtungen in vielen EL: "First, LDC's seem to discriminate against export crops compared with food crops" (Wiebelt et al. 1992, S. 172) "... However, the costs of adopting policies that discriminate against agriculture are not borne by that sector alone. Ironically, it is those countries which did not or did only slightly discriminate against agriculture relative to industry that experienced very high industrial growth rates" (ebenda, S. 175).

Es ist nicht paradox zu sagen, daß das Wachstum des Agrarsektors gleichzeitig zu seiner langfristig abnehmenden Bedeutung führt. Das Engel-Schwabe'sche Gesetz garantiert, daß die Nachfrage nach Agrarprodukten weniger stark zunimmt als das gesamtwirtschaftliche Einkommen. Sollen sich die TOT nicht zugunsten der Landwirtschaft verändern, so ist ein starkes landwirtschaftliches Produktivitätswachstum erforderlich. Auch dieses Faktum erklärt beide o.a. Tatbestände: (Relativ) sinkende Preise verstärken den Effekt niedriger Einkommenselastizitäten, denn so werden Anreize gegeben, Ressourcen in andere Sektoren zu verlagern.

Bemerkenswert ist natürlich die Tatsache, daß dann, wenn die Produktivitätsfortschritte am deutlichsten ausfallen, die Gesellschaft den sinkenden "Wert" des Agrarsektors realisiert. Dann setzen - nur zu häufig - Instrumente der *Protektion* ein: "DC's protect their agricultural sector and produce too much, LDC's discriminate against agriculture and produce too little from a worldwide efficiency point of view" (ebenda, S. 177).

Nach C.P. Timmer (1988, S. 280) läßt sich der "Übergang" des Agrarsektors in EL in 4 Phasen einteilen:

(i) *1. Phase*: Der Prozeß beginnt, wenn die landwirtschaftliche Produktivität je Arbeitskraft (u.a. durch Investitionen in die Infrastruktur) zunimmt; der landwirtschaftliche Überschuß wird besonders

(ii) in der *zweiten Phase* über Besteuerung und freiwillige Ersparnisse dazu verwendet, um den nicht-landwirtschaftlichen Sektor auszubauen. Auf diesen Punkt legen die meisten Entwicklungsmodelle besonderen Wert.[98]

(iii) Um diesen Prozeß reibungsloser zu gestalten, muß der Agrarsektor stärker in die Gesamtwirtschaft integriert werden: Dies geschieht über einen stärkeren Verbund der einzelnen Märkte in der *dritten Phase*.[99]

(iv) Ist die 3. Phase erfolgreich, so kommt es zu einem natürlichen Schrumpfungsprozeß - ähnlich den Stahl- und Werftenbranchen in vielen IL - in der

---

[98] Die Vernetzung ("links") zwischen Agrar- und Industriesektor wird verstärkt, die Faktormärkte werden stärker als zuvor mobilisiert.

[99] Die Bedeutung der Nahrungsmittel im Haushaltsbudget der städtischen Bewohner beginnt abzunehmen. Die zurückbleibende Arbeitsproduktivität im ländlichen Raum schafft in dieser Phase Probleme der intersektoralen Einkommensverteilung.

vierten Phase. Allerdings ist in dieser Phase die Versuchung für Politiker besonders groß, zu Protektionsmaßnahmen zu greifen. Werden die Agrarpreise künstlich hoch gehalten, so nehmen die Investitionen in diesem Sektor (relativ) zu, die Produktivität erhöht sich und löst damit Überschüsse, die zu echten Marktpreisen unmöglich profitabel zu verkaufen sind, aus.

Die *Rahmenbedingungen* der einzelnen vier Phasen sind schematisch in Abbildung IV.4.3 festgehalten. In Abhängigkeit davon wird gezeigt, wie sich der Nettoressourcentransfer aus der Landwirtschaft und die Abwanderung von Arbeitskräften in die Industrie entwickeln.

Abb. IV.4.3: Changing Environments for Agriculture's Contribution to Economic Growth

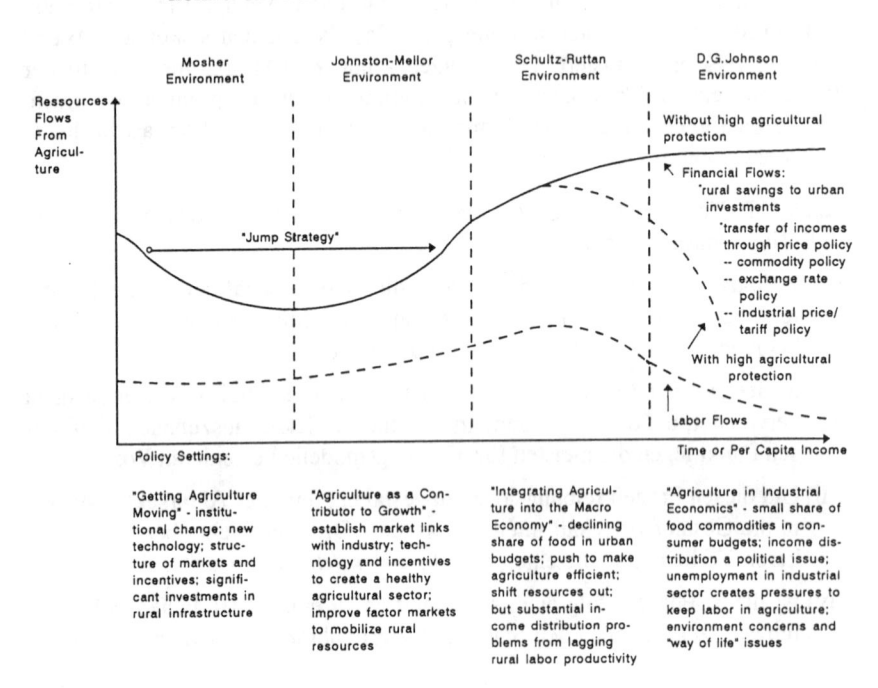

Quelle: Timmer (1988)

Einem heute schon als "*klassisch*" einzustufenden Artikel von Johnston und Mellor (1961) können die fünf wesentlichen Beiträge der Landwirtschaft zur gesamtwirtschaftlichen Entwicklung entnommen werden:

(i) Erhöhung des Angebots an Nahrungsmitteln für den inländischen Konsum;

(ii) Freisetzung von Arbeitskräften für Beschäftigung im Industriesektor;

(iii) Vergrößerung des Absatzmarktes für Produkte des industriellen Sektors;

(iv) Erhöhung des gesamtwirtschaftlichen Sparangebots und

(v) Erzielung von Deviseneinnahmen.

Die bewußte Vernachlässigung des Agrarsektors in der frühen Entwicklungsökonomie beruht in großen Teilen darauf, daß die Besonderheiten dieses Sektors nicht begriffen wurden. C.P. Timmer spricht daher von: "*Why Agriculture is Different*" (1988, S. 291 ff.). Timmer sieht die *Besonderheiten des Agrarsektors in EL* vor allem in den folgenden drei Gesichtspunkten:

(vi) Eigenheiten der *landwirtschaftlichen Produktionsfunktion*: Dazu gehört einmal die Saisonalität, bzw. die Klima- und Jahreszeitenabhängigkeit des Anbaus, von der andere Sektoren weniger oder gar nicht betroffen sind. Dazu gehört zweitens auch die geographische Streuung, die den Transport zu den Märkten bzw. zu den Betrieben besonders ausschlaggebend machen. Schließlich unterliegt die landwirtschaftliche Produktion in besonderem Maße Risiko und Unsicherheit: Das Wetter und die Preise sind stets der wichtigste Gesprächsstoff für alle Landwirte auf der Welt!

(vii) Der *Eigenverbrauch* nimmt in der Landwirtschaft eine besondere Stellung ein: Die meisten landwirtschaftlichen Haushalte behalten einen Teil ihrer Produktion für den Eigenverbrauch zurück; gleiches läßt sich nur selten für Stahlarbeiter oder Textilarbeiter (obwohl hier schon eher) sagen! Entscheidungen über Eigenverbrauch, Nahrungsmittelproduktion, Investitionen in Sach-/Humankapital werden i.d.R. *simultan* getroffen.

Der landwirtschaftliche Output kann entweder *entlang* einer gegebenen Angebotskurve (bei steigenden Angebotspreisen) oder durch *Rechtsverschiebung* der Angebotskurve (durch Investitionen und/oder technischen Fortschritt, der die Effizienz bzw. das Input-Output-Verhältnis verbessert) gesteigert werden.

Die Produktivität in der Landwirtschaft wird üblicherweise auf zwei Arten gemessen:

- Output je Hektar

- Output je landwirtschaftliche Arbeitskraft.

Trägt man beide (im logarithmischen Maßstab) als Ordinate bzw. Abszisse in einem Diagramm ab, dann repräsentiert die 45%-Linie konstante Land/ Arbeitskräfte-Verhältnisse:

(386) $\ln(Y/A) = \ln(Y/L)$

(387) $\ln Y - \ln A = \ln Y - \ln L$ $\quad / - \ln Y$

$0 = \ln A - \ln L$

$0 = \ln(A/L)$

(388) $\quad 0 = \dfrac{d\ln(A/L)}{dt}$.

Hayami und Ruttan haben in einem solchen Diagramm nun versucht aufzuzeigen, welche verschiedenen Pfade für den Landwirtschaftssektor existieren, die Hektar - und/oder die Arbeitskräfteproduktivität zu erhöhen.

Diese sind in Abbildung IV.4.4 festgehalten.

Aus dieserAbbildung lassen sich folgende Tendenzaussagen gewinnen:

(i) Vom Standpunkt der Wohlfahrt der ländlichen Arbeitskräfte sind nur *horizontale* Bewegungen nach *rechts* von Nutzen. Dann hängt es immer noch davon ab, wie der zusätzliche Output zwischen Arbeitern, Großgrundbesitzern sowie Pächtern verteilt wird.

(ii) Eine Entwicklung nach *rechts unten* ist heutzutage kaum irgendwo zu beobachten. Eher war sie typisch für die Zeit der Kolonisierung im 17. und 18. Jahrhundert. Ein solches Muster ist auf Böden niedriger Qualität, große räumliche Entfernung zwischen Input- und Outputmärkten und eine geringe Nachfrage nach technischen Innovationen zurückzuführen.

(iii) Wesentlich geläufiger ist eine Bewegung nach *rechts oben* (45°-Linie). Allerdings kann ein rasches Bevölkerungswachstum (dabei ist L definiert als die gesamte aktive Bevölkerung in der Landwirtschaft) dazu führen, daß die Entwicklung *senkrecht* nach *oben* zeigt.

(iv) Wenn das Bevölkerungswachstum den technischen Fortschritt gewissermaßen "überholt", kommt es zu einem Pfad nach *links oben*.

(v) Die schlechteste Variante ist natürlich diejenige, bei der der Pfeil nach *links unten* zeigt: Output je Hektar und Output je Arbeitskraft sinken.

Abb. IV.4.4: Various Possibilities for Changing Land and Labor Productivities in Agriculture

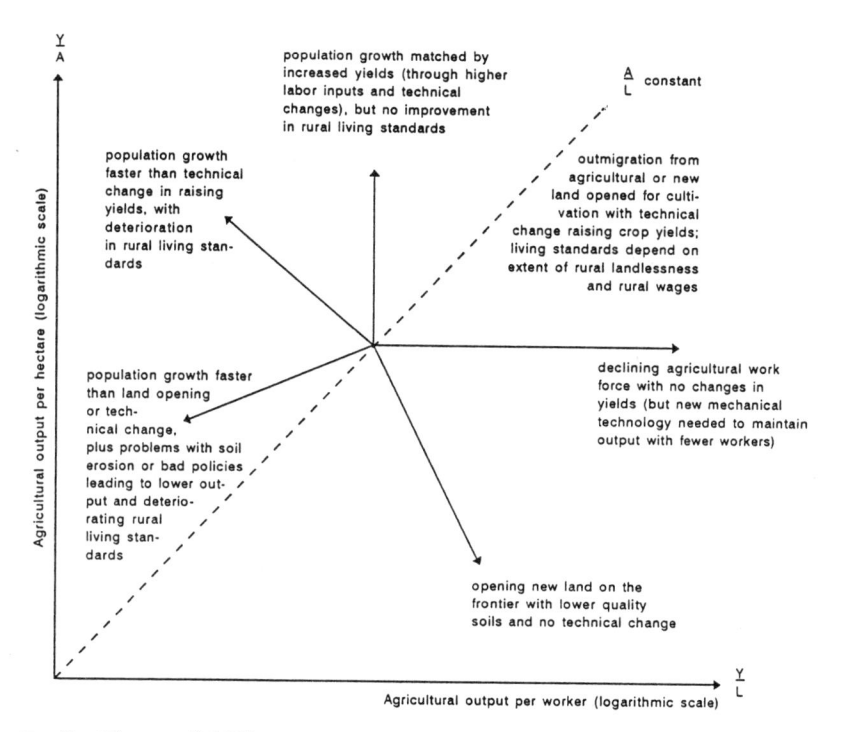

[Figure: Diagram with axes "Agricultural output per hectare (logarithmic scale)" (Y/A, vertical) and "Agricultural output per worker (logarithmic scale)" (Y/L, horizontal), with A/L dashed diagonal labeled "constant". Arrows radiate from center showing:
- Up: population growth matched by increased yields (through higher labor inputs and technical changes), but no improvement in rural living standards
- Upper-left: population growth faster than technical change in raising yields, with deterioration in rural living standards
- Upper-right: outmigration from agricultural or new land opened for cultivation with technical change raising crop yields; living standards depend on extent of rural landlessness and rural wages
- Right: declining agricultural work force with no changes in yields (but new mechanical technology needed to maintain output with fewer workers)
- Left: population growth faster than land opening or technical change, plus problems with soil erosion or bad policies leading to lower output and deteriorating rural living standards
- Lower-right: opening new land on the frontier with lower quality soils and no technical change]

Quelle: Timmer (1988)

Der beschriebene Zusammenhang ist von Hayami und Ruttan (1985) auch empirisch untersucht worden: Dabei wurden die Produktivitätsanstiege zwischen 1960 und 1980 für 44 Länder in das o.a. Diagramm eingetragen. Bei nahezu allen Ländern nahmen *beide* Produktivitätsmaße zu; nur in *Bangladesh* kam es zu einem Rückgang in der *Arbeitsproduktivität* und in *Chile* zu einem Rückgang in der *Bodenproduktivität*.

Die meisten *entwickelten Volkswirtschaften* verzeichneten einen stärkeren Anstieg in der Arbeits- als in der Bodenproduktivität (Punkte unterhalb der

45°-Linie). Als Grund hierfür nimmt Timmer (1988) u.a. die Flächenvergrößerungen der Betriebe an.

Die meisten *EL* wiesen dagegen eher die umgekehrte Tendenz (Punkte oberhalb der 45°-Linie) auf. Damit waren geringere Hektarzahlen pro Arbeitskraft und somit auch kleinere Farmgrößen verbunden.

Literaturhinweise zu diesem Kapitel:

Amelung,T., Die Politische Ökonomie der Importsubstitution und der Handelsliberalisierung. Das Beispiel Türkei. Kieler Studie Nr. 227, Tübingen 1989.

Bhagwati, J./Srinivasan, T.N., Trade Policy and Development, in: R. Dornbusch/J.A Frankel (Hrsg.), International Economic Policy, Baltimore 1979.

Bruton, H.J., A Note on the Transfer of Technology, in: Economic Development and Cultural Change, Vol. 25 (Supplement) 1977, S. 234-244.

Chenery, H.B., Structural Change and Development Policy, Washington, D.C. 1979.

Eckaus, R.S., The Factor Proportions Problem in Underdeveloped Areas, in: AER, Vol. 45, 1955, S. 539-565.

Hayami, Y./Ruttan, V., Agricultural Development: An International Perspective. Revised and Expanded Edition, Baltimore 1985.

Johnston, B.F./Mellor, J.W., The Role of Agriculture in Economic Development, in : AER, Vol. 51, 1961, S. 566-593.

Syrquin, M., Patterns of Structural Change, in: H.B. Chenery/T.N. Srinivasan (Hrsg), a.a.O., 1988, S. 203-273.

Syrquin, M./Chenery, H.B., Patterns of Development 1950 to 1983. World Bank, 1986.

Timmer, C.P., The Agricultural Transformation, in: H.B. Chenery/T.N. Srinivasan (Hrsg.), a.a.O., 1988, S. 275-331.

Weltbank, World Development Report, Washington, D.C. 1982.

Wiebelt, M. et al., Discrimination Against Agriculturre in Developing Countries? Kieler Studie Nr. 243, Tübingen 1992.

5. Auswirkungen des Transformationsprozesses

5.1 auf das Wirtschaftswachstum

Während des Transformationsprozesses verläuft das Wachstum von Sektor zu Sektor unterschiedlich. Wegen des Zusammenhangs, daß sich die gesamtwirtschaftliche Wertschöpfung, V, aus der Summe der sektoralen Wertschöpfungen, V_i, ergibt, gilt:

$$(389) \quad V = \sum_{i=1}^{n} V_i \; ,$$

und es läßt sich für die Wachstumsrate schreiben:

$$(390) \quad g_V = \sum_{i=1}^{n} \rho_i \cdot g_{Vi} \; , \quad \text{wobei}$$

$$(391) \quad \rho_i = \frac{V_i}{V} \; , \quad \text{denn:}$$

$$(392) \quad g_V = \frac{\Delta V}{V} = \sum_i \frac{\Delta V_i}{V} \cdot \frac{V_i}{V_i} = \sum_i \overbrace{\frac{\Delta V_i}{V_i}}^{g_{Vi}} \cdot \overbrace{\frac{V_i}{V}}^{\rho_i}$$

In Abbildung IV.5.1 ist graphisch aufgezeigt, wie die einzelnen Sektoren bei steigendem PKE zum gesamtwirtschaftlichen Wachstum beitragen. Es ergeben sich im Prinzip drei "Stufen" des Transformationsprozesses:

(i) Die "Primary Production";   Stage I

(ii) die "Industrialization" und schließlich   Stage II

(iii) die "Developed Economy".   Stage III

Zu (i): Diese Phase ist gekennzeichnet durch niedrige Raten der Kapitalakkumulation, durch ein zunehmendes Wachstum des Arbeitskräftepotentials und eine geringe Veränderung der gesamten Faktorproduktivität.

Zu (ii): Die Bedeutung der Kapitalakkumulation für das Wachstum ist hier (noch) größer als die der Effizienzsteigerung.

Zu (iii): Die Einkommenselastizitäten von Gütern des Fertigwarensektors beginnen abzunehmen. Die Landwirtschaft weist die größten Produktivitätsfortschritte auf: Dies spiegelt die Abwanderung von Arbeitskräften in andere Sektoren sowie das Schließen der Lohnlücke im Vergleich zu anderen Sektoren wider, mit der Folge, daß Arbeit zunehmend durch Kapital und Technologie substituiert wird.

Abb. IV.5.1:

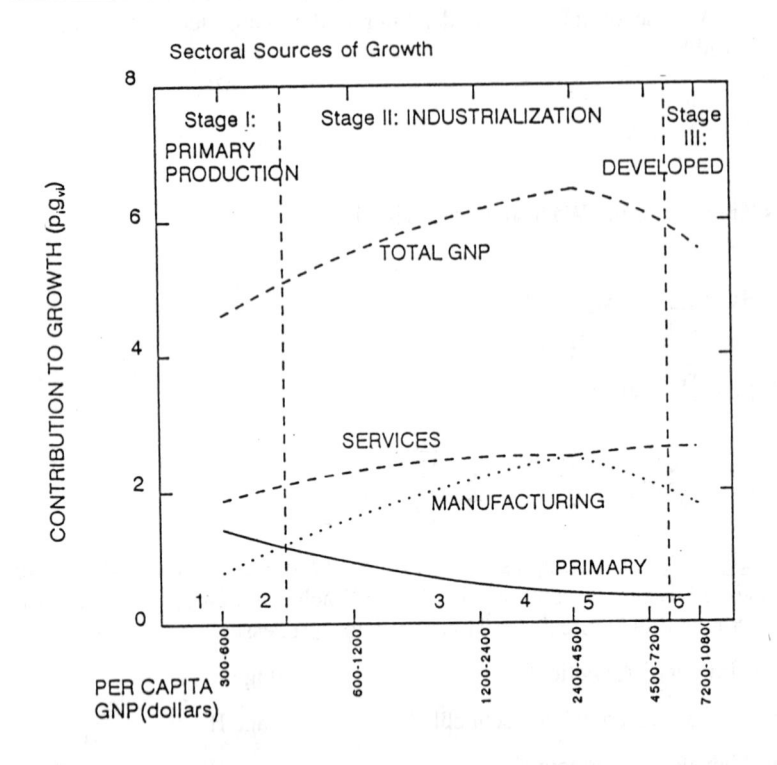

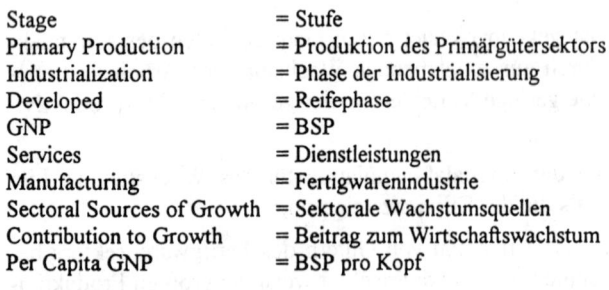

Sectoral Sources of Growth

Stage	= Stufe
Primary Production	= Produktion des Primärgütersektors
Industrialization	= Phase der Industrialisierung
Developed	= Reifephase
GNP	= BSP
Services	= Dienstleistungen
Manufacturing	= Fertigwarenindustrie
Sectoral Sources of Growth	= Sektorale Wachstumsquellen
Contribution to Growth	= Beitrag zum Wirtschaftswachstum
Per Capita GNP	= BSP pro Kopf

Quelle: Syrquin (1988)

Um nun die unterschiedlichen *Quellen* des Wachstums zu identifizieren, kann sowohl die Nachfrage- als auch die Angebotsseite bemüht werden; betrachten wir zunächst die *Zerlegung der Nachfrageseite*:

(393) $\quad X = W + D + E - M$

Dabei ist X der Bruttooutput der betrachteten Volkswirtschaft, der (auf der rechten Seite) für verschiedene Zwecke nachgefragt wird. Es wird eine lineare Technologie unterstellt, die Input-Outputkoeffizienten sind in Matrix A zusammengefaßt.

Die Beziehung (393) läßt sich überführen in:

(394) $\quad X = \hat{u}\,(W + D) + E$

Für jeden einzelnen Sektoroutput gilt nämlich, daß er im Umfang von u_i die Binnennachfrage nach End- und Zwischenprodukten befriedigt:

(395) $\quad X_i = u_i\,(W_i + D_i) + E_i$. Entsprechend gilt für die Importe:

(396) $\quad M_i = m_i\,(W_i + D_i)$ $\quad$ sowie $\quad u_i + m_i = 1$ $\quad$ als Konsistenzbedingung.

Beweis:

$$X_i = W_i + D_i + E_i - M_i$$
$$= W_i + D_i + E_i - m_i\,[W_i + D_i]$$
$$= [W_i + D_i]\,\underbrace{(1 - m_i)}_{u_i} + E_i$$

Mit abnehmendem m_i nimmt demnach u_i zu und umgekehrt!

In Matrixschreibweise lautet die Beziehung (394):

(397) $\quad \underbrace{\overbrace{\hat{u}\,A}^{\hat{u}W}\,X}_{A^*} + [\hat{u}\cdot D + E] = X \; ; \qquad A^* = \hat{u}\cdot A$

$$[\hat{u}\cdot D + E] = X - A^* X$$

$$[\hat{u}\cdot D + E] = X\left[I - A^*\right]$$

Löst man diese Matrizengleichung nach X auf, so erhält man:

(398) $\quad X = \underbrace{[I - A^*]^{-1}}_{R}(\hat{u} \cdot D + E)$

Betrachtet sei nun die Veränderung in der Zeit:

(399) $\quad \dot{X} = \dfrac{dX}{dt} = R\hat{u}\dot{D} + R\dot{E} + R\dot{\hat{u}}[D + W] + R\hat{u}\dot{A}X$

Die Zunahme der Produktion in der Zeit ist mithin von 4 Determinanten bestimmt:

(i) dem Wachstum der Binnennachfrage $\dot{D}$,

(ii) dem Wachstum der Exporte $\dot{E}$,

(iii) dem Ausmaß an Importsubstitution $(\dot{\hat{u}})$ sowie

(iv) den Veränderungen in den Input-Output-Koeffizienten $(\dot{A})$.

Die Tabelle IV.5.1 zeigt für verschiedene Einkommensübergänge, wie nachfrageseitig die Veränderungen in den Produktionsanteilen aufgeschlüsselt werden können; dabei zeigen sich folgende Muster:

Der Rückgang im "*primary share*" ist vor allem auf den Effekt der *Binnennachfrage* (Engel-Schwabe`sches Gesetz) bei niedrigen Einkommensniveaus und auf den Rückgang im *Handel* bei höheren Einkommensniveaus zurückzuführen. Änderungen in den *Input-Output-Koeffizienten* (d.h. abnehmende Nachfrage nach Primärgütern als Zwischenprodukte) tragen zum Rückgang des "primary share" auf allen Einkommensniveaus bei. Der Handelseffekt beinhaltet sowohl die Exportentwicklung als auch die Wirkungen einer Importliberalisierung (bei höheren Einkommensniveaus).

Der Anstieg im "*manufacturing share*" ist weniger auf Einkommenselastizitäten als auf den *Handel* und die *Technologie* zurückzuführen. Importsubstitution ist auf allen Einkommensniveaus bedeutsam. Eine stärker disaggregierte Analyse würde aufzeigen, daß die Importsubstitution zunächst Konsumgüter betrifft und später (bei einem höheren Einkommensniveau) auf Investitionsgüter übergeht. Die ansteigende Dichte in der Input-Output-Matrix, die den Entwicklungsprozeß "begleitet", ist besonders wichtig für die Schwerindustrie.

Auf "*Länderebene*" ("Country Results" in Tabelle IV.5.1) ergeben sich stärkere Abweichungen als bei der Durchschnittsbildung nach Einkommensniveau. Insbesondere ist der Industrialisierungsprozeß in NIC`s ausgeprägter als für den Durchschnitt der zugehörigen Einkommensgruppe. Das gilt vor allem für Südkorea und Taiwan.

Tab. IV.5.1:

	Deviations from balanced growth: Gross output (percent)							
	A. Decline in share of Primary				B. Increase in share of Manufacturing			
	Change in Share	Source in %			Change in Share	Source in %		
		Demand	Trade	I–O		Demand	Trade	I–O
Simulated results Income interval (1980 US-$)								
I. $300 - $600	–7	68	27	5	5	23	50	27
II. $600 - $1200	–6	49	43	8	6	15	55	30
III. $1200 - $2400	–5	30	59	11	6	10	62	28
IV. $2400 - $4500	–4	13	76	11	6	7	63	30
Country results*								
Korea 1955-73	–22,3	68	4	28	27,6	17	82	1
Taiwan 1956-71	–12,2	55	16	29	23,5	2	84	14
Japan 1914-35	–10,4	92	19	–11	9,3	58	55	–13
Turkey 1953-73	–18,5	64	10	26	12,5	27	40	33
Mexico 1950-75	–7,6	40	48	12	9,4	35	40	25
Yugoslavia 1962-72	–12,7	58	12	31	12,6	64	4	32
Japan 1955-70	–11,7	42	27	31	12,2	40	13	47
Israel 1958-72	–3,9	123	–36	13	11,0	45	11	44
Norway 1953-68	–3,4	66	43	–9	1,3	–21	44	77

* Countries ranked by per capita income in the initial year.

Quelle: Syrquin (1988)

Die Quellen des Wachstums können ebenfalls *angebotsseitig* betrachtet werden; dabei wird das gesamtwirtschaftliche Produktivitätswachstum (λ) als gewogener Durchschnitt der sektoralen Produktivitätsfortschritte ($\rho_i \cdot \lambda_i$) plus einem Faktor, der den produktivitätssteigernden Effekt von intersektoralen Ressourcenbewegungen messen soll, ausgedrückt:

(400) $\quad \lambda = \sum \rho_i \cdot \lambda_i + RE \quad$ [Aggregate TFP].

Der Faktor RE mißt, wenn er größer null ist, den Effizienzanstieg, der sich ergibt, wenn Faktoren wie Arbeit und Kapital aus Sektoren niedriger in solche mit einer höheren Grenzproduktivität abwandern.

Für die bereits früher definierten Einkommensintervalle (I-IV sowie "Higher Income") liegen nun in Tabelle IV.5.2 Schätzungen dafür vor, in welchem Ausmaß die verschiedenen λ's und der Reallokationseffekt (RE) zum Wachstum des BIP beitragen. Die Bedeutung beider Komponenten nimmt tendenziell mit den Industrialisierungsstufen zu. Der Beitrag von RE verschwindet allerdings nahezu in der hohen Einkommensgruppe (diese entspricht etwa den IL Westeuropas in den späten 60er Jahren).

Tab. IV.5.2:

Contribution of resource shifts to productivity growth for the cross-country model			
	Annual growth rate (percent)		
Income interval	GDP	Aggregate TFP (λ)	Reallocation effect (RE)
I	4,8	0,7	0,15
II	5,7	1,4	0,29
III	6,3	2,3	0,56
IV	6,6	2,9	0,75
Higher income*	5,6	2,8	0,08

* The higher income interval corresponds roughly to $8000 to $12000.

Quelle: Syrquin (1988)

Literaturhinweise zu diesem Kapitel:

Bonelli, R., Growth and Productivity in Brazilian Industries. Impacts of Trade Orientation in : Journal of Development Economics, Vol. 39, Nr. 1, 1992, S. 85-109.

Syrquin, M., Patterns of Structural Change, in: H.B. Chenery/T.N. Srinivasan (Hrsg.): Handbook of Development Economics, Vol. 1, a.a.O., S. 203-273.

5.2 auf die relativen Preise

Es stellt sich nicht die Frage, *ob* sich im Zuge der Transformation die relativen Preise ändern: es ist klar, daß sie das tun. Die Frage, die vielmehr interessant ist, lautet, ob sie sich in einer *systematischen Art und Weise* ändern.

Was zunächst die sogenannten "*externen* Terms of Trade" betrifft - die *Prebisch-Singer-These* haben wir oben ausführlich besprochen - so ist seit den 70er Jahren zwar bei einigen Produkten der "primary production" ein Preisverfall zu verzeichnen. Dafür gab es aber bei anderen Gütern scharfe *Preisanstiege*.

Was die "*internen* Terms of Trade" anbelangt, so besagt der sogenannte *Gerschenkron Effekt*, daß im Zuge des Transformationsprozesses der relative Preis der *Primärgüter ansteigt*. Als Gründe hierfür werden abnehmende Grenzerträge bei der Produktion dieser Güter (= zunehmende Grenzkosten) einerseits und die (vergleichsweise stärkeren) technologischen Erneuerungen im Industriesektor andererseits angeführt. Dagegen steht die schon früher erwähnte Politik-Überlegung, die Terms of Trade *gezielt* zu Lasten der Landwirtschaft zu verändern, um die Industrialisierung voranzutreiben. Beide Effekte sind für die Gesamtwirkung gegeneinander zu bilanzieren.

Nahrungsmittel sind ein Teil der Primärgüter, insofern gelten zunächst die allgemeinen Beobachtungen für Primärgüter auch für diese. Untersuchungen von *Lluch, Powell und Williams* (1977) ergaben, daß *sinkende Nahrungsmittelpreise* auf Haushaltsebene zu folgenden Effekten führten:

(i) einer erhöhten Nachfrage nach Nahrungsmitteln (SE);

(ii) einer erhöhten Nachfrage nach anderen Gütern (EE) und

(iii) einer Abnahme der Ersparnis (Vorsichtsmotiv).

Was die Preise von *Investitionsgütern* anbelangt, so hat *Kuznets* für EL eine langfristige Tendenz zum Anstieg festgestellt. Dies widerspricht den Vorhersagen, die sich aus einer säkularen Zunahme des Kapitalstocks im Vergleich zu anderen Produktionsfaktoren ergeben, u.a. in *Japan* war die Entwicklung anders: Der rasante Prozeß der Kapitalakkumulation war begleitet von einem Absinken des relativen Preises von Kapitalgütern.

Allerdings zeigte sich ein differenziertes Bild auch für die einzelnen Investitionsgüter in EL: Während ein Preisanstieg für Kapitalgüter im Bausektor beobachtet werden konnte, war ähnliches für Ausrüstungsgüter und Läger nicht festzustellen. Dies impliziert ein stärkeres Produktivitätswachstum im *handel-*

baren Sektor der Investitionsgüter als im *nicht-handelbaren Sektor* - zu dem vor allem die Dienstleistungen und der Bausektor zählen.

Schließlich kann man im Durchschnitt für die *nicht-handelbaren* Güter generell festhalten, daß ihre Preise im Querschnitt und im Zeitablauf deutlich ansteigen. Dies ist ein wesentlicher Grund dafür, daß es zu systematischen Abweichungen der *Wechselkurse von den Kaufkraftparitäten* kommt. Auf dieses Problem wird im folgenden ausführlich einzugehen sein.

Literaturhinweise zu diesem Kapitel:

Luch, C.A./Powell, A./Williams, R.A., Patterns in Household Demand and Savings, New York 1977.

Syrquin, M., Patterns of Structural Change. In: H.B. Chenery/T.N. Srinivasan (Hrsg.): Handbook of Development Economics, Vol. 1, Amsterdam, New York u.a.O. 1988, S. 203-273.

5.3 auf den realen Wechselkurs

5.3.1 Einleitung und Definition der Kaufkraftparität

Die Frage nach den Bestimmungsgründen des Wechselkurses hat zur Entwicklung zahlreicher Wechselkurstheorien geführt, von denen die älteste und wohl auch am häufigsten zitierte die *Kaufkraftparitätentheorie* ist. Ihre Beliebtheit dürfte vor allem auf die Einfachheit ihrer Anwendung zurückzuführen sein. In ihrer *absoluten* Version unterstellt die Kaufkraftparitätentheorie, daß der Wechselkurs durch die national divergierenden Preisniveaus der am internationalen Handel beteiligten Nationen determiniert wird. Der Preiswechselkurs (Preis der ausländischen Währung ausgedrückt in Einheiten inländischer Währung) ist demnach definiert als das Verhältnis von inländischem Preisniveau (P) in inländischer Währung zu ausländischem Preisniveau in ausländischer Währung (P^*):

(401) $\quad w = \dfrac{P}{P^*}$;

(402) $\quad w \cdot P^* = P$;

(403) $\dfrac{1}{(w \cdot P^*)} = \dfrac{1}{P}$.

Gleichung (401) besagt, daß bei Umrechnung des Auslandspreisniveaus mit Hilfe des Fremdwährungskurses das ausländische dem inländischen Preisniveau entspricht und somit die Kaufkraft des Geldes in zwei Ländern übereinstimmt (Holzer/Noorlander 1990, S. 1). Damit unterstellt die Kaufkraftparitätentheorie bei vollkommener Konkurrenz auf dem Weltmarkt die Wirksamkeit der Preisarbitrage (vgl. 403): Eine Erhöhung des Inlandpreisniveaus führt zu einer Nachfrageverschiebung zugunsten der Auslandsgüter und somit zu einer Erhöhung des Importwertes des Inlands bei gleichzeitiger Verringerung des Exportwertes. Die Verschlechterung der Zahlungsbilanz induziert c.p. einen Abwertungsdruck auf die inländische Währung und führt zu einer Angleichung des inländischen an das in heimischer Währung ausgedrückte ausländische Preisniveau, $w \cdot P^*$.

Hebt man jedoch die Annahme der vollständigen Konkurrenz auf dem Weltmarkt auf, so weisen die Preise handelbarer Güter länderspezifische Kosten- und Kontrollkomponenten auf, die sich zwar auf die heimische Preisentwicklung, nicht aber auf die Weltmarktpreise dieser Güter auswirken. Dazu zählen *Transportkosten, indirekte Steuern, Zölle und Mengenkontingentierungen* sowie *Serviceleistungen*. Diese Faktoren werden in der absoluten Version der Kaufkraftparitätentheorie nicht berücksichtigt.

Die durch die oben genannten Faktoren verursachten Einschränkungen der Gültigkeit der absoluten Version der Kaufkraftparitätentheorie haben zur Entwicklung eines *relativen* Ansatzes geführt. In der relativen Version der Kaufkraftparitätentheorie wird nicht mehr die Forderung erhoben, daß Wechselkurs und Preisniveauverhältnis zu jedem beliebigen Zeitpunkt übereinstimmen müssen, sondern lediglich, daß die durch national divergierende Inflationsraten ausgelöste *Veränderung* des Preisverhältnisses durch eine gleichhohe, prozentuale Änderung des Wechselkurses ausgeglichen werden soll. Analytisch sieht dies folgendermaßen aus:

(404) $\hat{w} = \hat{P} - \hat{P}^*$

$\hat{P}$ kennzeichnet dabei die Wachstumsrate des inländischen, $\hat{P}^*$ die des ausländischen Preisniveaus. Gleichung (404) besagt folglich, daß eine Konstanz des nominalen Wechselkurses ($\hat{w} = 0$) gleich hohe Inflationsraten im In- und Ausland voraussetzt.

5.3.2 Determinanten des realen Wechselkurses

Eine mit Gleichung (404) korrespondierende Beziehung von Niveaugrößen lautet:

(405) $\quad w = \dfrac{k \cdot P}{P^*} \quad$ für

(406) $\quad \hat{k} = 0$, also k = konstant.

Der Faktor k repräsentiert das Verhältnis der Preisniveauänderungen zwischen In- und Ausland. Nur im Falle von k = 1 ist die *absolute* Version der Kaufkraftparitätentheorie erfüllt. Löst man nun Gleichung (405) nach der Konstanten k auf,

(407) $\quad k = w \left[\dfrac{P^*}{P} \right] \quad$ bzw.

(408) $\quad 1 = w \cdot \left[\dfrac{P^*}{P} \right] \quad$ für k = 1, so daß

(409) $\quad P = w \cdot P^*$,

so erhält man die Definition des *realen Wechselkurses*. Unter der Bedingung, daß die *relative* Version der Kaufkraftparitätentheorie erfüllt ist, bleibt der reale Wechselkurs im Zeitablauf konstant ($\hat{k} = 0$). Die genaue Höhe von k kann nur empirisch bestimmt werden (Holzer/Noorlander 1990, S. 2).

An die Definition des realen Wechselkurses schließt sich die Frage nach seinen Bestimmungsgründen an. Unter der Prämisse eines vollkommenen Weltmarktes ohne Handelshemmnisse in Form von Zöllen, Transport-, Versicherungskosten und/oder Mengenkontingentierungen, läßt sich die Analyse auf den Einfluß der *relativen* Preise reduzieren. Dabei stellt sich die Frage, *welche* relativen *Preise* in diesem Zusammenhang von Relevanz sind. Da unter der oben gemachten Prämisse der vollkommenen Konkurrenz auf dem Weltmarkt die Preisarbitrage voll wirksam wird, kommt es zu einer vollständigen Preisangleichung der international gehandelten Güter. Dagegen wird die Existenz typisch nationaler Güter, der sogenannten nicht-handelbaren Güter, zu denen beispielsweise Infrastruktureinrichtungen, Grundstücke, bauliche Maßnahmen sowie räumlich gebundene Dienstleistungen zählen, keinen Einfluß auf die Bildung des Wechselkurses ausüben. Es kommt mithin zwischen In- und

Ausland zu keiner Preisangleichung bei den "Nontradeables". Folglich wird das inländische Preisverhältnis von nicht-handelbaren zu handelbaren Gütern von dem entsprechenden ausländischen Preisverhältnis i.A. abweichen. Die Veränderung der relativen Preise zwischen nicht-handelbaren und handelbaren Gütern wird mithin Höhe und Veränderung des *realen* Wechselkurses mitbestimmen.

Im folgenden sollen einige tautologische Umformungen vorgenommen werden, um demgemäß zu einer umfassenden Definition des realen Wechselkurses zu gelangen. Davon ausgehend sollen in einem weiteren Schritt die zur Bestimmung der Determinanten des realen Wechselkurses relevanten Preisverhältnisse herausgearbeitet werden. Zu diesem Zweck werden in den Gleichungen (410) und (411) zunächst die allgemeinen Preisindices des In- und des Auslandes abgeleitet. Die ausländischen, in Fremdwährungseinheiten ausgedrückten Größen, werden jeweils mit einem Sternchen versehen. N bezeichnet die nicht-handelbaren Güter, X und M die Exporte bzw. Importe des jeweiligen Landes. Aus Vereinfachungsgründen werden die den "Nontradeables" zugeordneten Gewichte α und α^* im In- und Ausland als identisch angenommen:

(410) $P = (P_N)^\alpha \cdot (P_X)^\beta \cdot (P_M)^{(1-\beta-\alpha)}$

(411) $P^* = (P_N^*)^\alpha \cdot (P_X^*)^{\beta^*} \cdot (P_M^*)^{(1-\beta^*-\alpha)}$

Die Gleichungen (412) und (413) definieren die in der jeweiligen Währung ausgedrückten Preisindices für die sogenannten "composite traded goods" (Camen/Genberg 1987, S. 48):

(412) $P_T = (P_X)^\gamma \cdot (P_M)^{(1-\gamma)}$ Annahme: $\gamma = \gamma^*$

(413) $P_T^* = (P_X^*)^\gamma \cdot (P_M^*)^{(1-\gamma)}$

Die Beziehungen (410) bis (413) sind nun in (407) einzusetzen. Nach einigen Umformungen gelangt man zu Gleichung (414), die eine umfassendere Version des realen Wechselkurses (Camen/Genberg 1987, S. 48) darstellt:

$$(414) \quad k = \frac{w \cdot P_T^*}{P_T} \cdot \frac{\left[\frac{P_N^{*\alpha}}{P_T^*}\right]}{\left[\frac{P_N^{\alpha}}{P_T}\right]} \cdot \frac{\left[\frac{P_X^*}{P_M^*}\right]^{\beta^* - \gamma(1-\alpha)}}{\left[\frac{P_X}{P_M}\right]^{\beta - \gamma(1-\alpha)}}$$

Gleichung (414) bringt den realen Wechselkurs mit den folgenden Preisverhältnissen in Verbindung:
- Dem Verhältnis von ausländischem zu inländischem Preis des "composite traded good", ausgedrückt in heimischer Währung. Dies entspricht dem 1. Faktor auf der rechten Seite.
- Dem Verhältnis der Preise von nicht-handelbaren zu handelbaren Gütern in den jeweiligen Ländern. Dieses Preisverhältnis wird durch den 2. Faktor ausgedrückt.
- Dem Verhältnis der Preise von Ex- zu Importgütern in den jeweiligen Ländern (TOT), das durch den 3. Faktor wiedergegeben wird.

Bei Annahme vollständiger Konkurrenz auf dem Weltmarkt und der Wirksamkeit der Preisarbitrage für gehandelte Güter wird der erste Faktor auf der rechten Seite gleich eins. Aus dem gleichen Grund, nämlich der in In- und Ausland identischen Preise für Ex- und Importgüter, reduziert sich der dritte Faktor zu $(P_X / P_M)^{\beta^* - \beta}$. Die Gleichung für den realen Wechselkurs lautet jetzt:

$$(415) \quad k = \frac{\left[\frac{P_N^{*\alpha}}{P_T^*}\right]}{\left[\frac{P_N}{P_T}\right]} \cdot \left[\frac{P_X}{P_M}\right]^{\beta^* - \beta}$$

Der reale Wechselkurs ist demnach bestimmt durch die inländischen *Terms of Trade* und die Entwicklung der *relativen Preise von handelbaren und nicht-handelbaren Gütern* im In- und Ausland.

Im folgenden sollen einige der besonders relevanten Einflußfaktoren auf das Preisverhältnis zwischen nicht-handelbaren und handelbaren Gütern und deren Auswirkungen auf den realen Wechselkurs analysiert werden. Zur Verdeutlichung der folgenden Argumentation sei in den Gleichungen (416) bis (418) ein Marktgleichgewicht für nicht-handelbare Güter des Inlands modelliert:

(416) $D_N = D_N(\overset{+}{P_T/P_N}, \overset{+}{Y}, \overset{+}{AST/Y})$ Nachfrage

(417) $S_N = S_N(\overset{-}{P_T/P_N}, \overset{-}{1/\pi_N})$ Angebot

(418) $S_N \overset{!}{=} D_N$ Marktgleichgewicht

D_N und S_N repräsentieren die Gesamtnachfrage nach bzw. das Gesamtangebot an inländischen "Nontradeables". Als unabhängige Variablen fungieren in diesem Zusammenhang das Preisverhältnis von "Nontradeables" zu "Tradeables", P_T/P_N, das reale Volkseinkommen Y, die Staatsquote AST/Y sowie die Lohnstückkosten l/π, wobei π die Arbeitsproduktivität und l den Nominallohn bezeichnet. Aus Vereinfachungsgründen wird die Entwicklung des Volkseinkommens und der Staatsquote, wobei diese kurzfristig als voneinander unabhängig betrachtet werden, als exogen angenommen. Durch einige Umformungen und den Übergang zur Schreibweise in Änderungsraten gelangt man zu Gleichung (419):

(419) $\eta_T(\hat{P}_T - \hat{P}_N) + \eta_Y \hat{Y} + \eta_{AST}(\hat{AST} - \hat{Y}) = \varepsilon_T(\hat{P}_T - \hat{P}_N) + \varepsilon_\pi(\hat{l} - \hat{\pi}_N)$

η und ε symbolisieren dabei die Elastizitäten der Nachfrage bzw. des Angebots. Lösen wir nun Gleichung (419) explizit für die Preisentwicklung der Nontradeables auf, so finden wir:

(420) $(\varepsilon_T - \eta_T)\hat{P}_N = (\varepsilon_T - \eta_T)\hat{P}_T + \varepsilon_\pi(\hat{l} - \hat{\pi}_N) - \eta_Y \hat{Y} - \eta_{AST}(\hat{AST} - \hat{Y})$

bzw.

(421) $\hat{P}_N = \hat{P}_T + \frac{\varepsilon_\pi}{(\varepsilon_T - \eta_T)}(\hat{l} - \hat{\pi}_N) + \frac{(\eta_{AST} - \eta_Y)}{(\varepsilon_T - \eta_T)}\hat{Y} - \frac{\eta_{AST}}{(\varepsilon_T - \eta_T)}\hat{AST}$

Dabei gilt, daß

$\gamma_T = \varepsilon_T - \eta_T < 0$, da

$\varepsilon_T < 0$ und $\eta_T > 0$

sowie $\eta_{AST}, \eta_Y > 0$. Es wird unterstellt, daß $\eta_Y > \eta_{AST}$.

Für $\hat{P}_T, \hat{I} = 0$, ist nun

(422) $\hat{P}_N = -\dfrac{\varepsilon_\pi}{\gamma_T} \hat{\pi}_N + \dfrac{\eta_{AST} - \eta_Y}{\gamma_T} \hat{Y} - \dfrac{\eta_{AST}}{\gamma_T} \hat{A_{ST}}$

Mit Gleichung (422) lassen sich nun wichtige Datenänderungen und deren Effekte auf den realen Wechselkurs diskutieren:

a) Technischer Fortschritt und Produktivitätserhöhungen:

Betrachten wir als erstes isoliert die Wirkungen des technischen Fortschritts im Sektor der "Nontradeables" ($\hat{\pi}_N$), so zeigt sich in (422) das erwartete negative Vorzeichen; fällt der technische Fortschritt im Ausland ($\hat{\pi}_N^*$) geringer aus als im Inland, so kommt es - wie sich aus (415) ergibt - c.p. zu einer Abwertung des realen Wechselkurses aus der Sicht des Inlands. Wahrscheinlicher ist es allerdings, daß der technische Fortschritt auch und besonders im Sektor der "Tradeables" wirksam wird.

Führt dieser technische Fortschritt nun zu einer stärkeren Produktivitätserhöhung bei den handelbaren im Vergleich zu den nicht-handelbaren Gütern, so wird - bei unveränderter Nachfragepräferenz - die daraus c.p. resultierende Angebotserhöhung der handelbaren Güter zu einer Erhöhung der relativen Preise zugunsten der nicht-handelbaren Güter im Inland führen. Wenn nun im Ausland der gleiche Prozeß, jedoch mit insgesamt niedrigeren Produktivitätszuwächsen als im Inland stattfindet, wird dort der relative Preis für nicht-handelbare Güter um weniger steigen als im Inland. Hieraus wird ein realer Aufwertungsdruck auf die inländische Währung ausgeübt, d.h. k in Gleichung (415) sinkt. Dieser Prozeß wird jedoch nur unter der Voraussetzung in Gang gesetzt, daß die Nominallohnzuwächse in den jeweiligen Ländern die Erhöhung der Arbeitsproduktivität nicht übersteigen.

b) Ausweitung der gesamtwirtschaftlichen Nachfrage:

Eine angenommene Erhöhung der inländischen Geldmenge induziere bei gegebenem realen Output eine Erhöhung der inländischen Absorption, die sich sowohl auf handelbare als auch auf nicht-handelbare Güter richtet. Eine entsprechend große Einkommenselastizität der Nachfrage nach nicht-handelbaren Gütern bewirkt dann eine Erhöhung des relativen Preises dieser Güter im Inland [Koeffizient von $\hat{Y}$ in (422)], die c.p. von einer Passivierung der Leistungsbilanz begleitet wird. Diese Veränderung des Leistungsbilanzsaldos geht bei gleichbleibender Entwicklung im Ausland mit einer Aufwertung des realen Wechselkurses (415) einher.

c) Haushaltsdefizit:

Entschließt sich - bei einem gegebenen Leistungsbilanzdefizit - die Regierung zu einer Erhöhung des Budgetdefizits, so steigt c.p. der Staatsausgabenanteil relativ zu den Ausgaben des privaten Sektors. Legt man die plausible Annahme zugrunde, daß sich das staatliche Ausgabeverhalten besonders auf nicht-handelbare Güter konzentriert, so kommt es c.p. zu einer Erhöhung des relativen Preises dieser Güter und zu einer realen Aufwertung der heimischen Währung. Dies kommt in dem positiven Koeffizienten von $A\hat{S}T$ in (422) und - wie schon mehrfach demonstriert - in den Rückwirkungen eines Anstiegs der Preise für nicht-handelbare Güter im Inland auf den realen Wechselkurs (415) zum Ausdruck (Camen/Genberg 1987, S. 49 f.).

5.3.3 Grenzen der Kaufkraftparitätentheorie

Einschränkungen der *absoluten* Version der Kaufkraftparitätentheorie in der Wirtschaftswirklichkeit ergeben sich vor allem aus den genannten Marktunvollkommenheiten, wie beispielsweise der Existenz von indirekten Steuern, Transportkosten, Zöllen oder Mengenkontingentierungen. Sie verhindern in der Realität die vollständige Preisangleichung der gehandelten Güter und können im Extremfall bewirken, daß der Außenhandel vollständig zum Erliegen kommt.

Zum anderen sind besonders in vielen EL die nominalen Wechselkurse nicht frei flexibel, sondern fixiert. Auf unterschiedliche Entwicklungen der nationalen Kaufkraftrelationen, wie sie beispielsweise durch divergierende Preisniveaus ausgelöst werden, reagieren die Währungsbehörden oftmals zu spät oder gar nicht. Allerdings ist die Gültigkeit der absoluten Kaufkraftparitätentheorie auch bei konstanten nominalen Wechselkursen dann gegeben, wenn die Preise voll flexibel sind, und somit eine Anpassung der Preisniveaus an Abweichungen von der Kaufkraftparität erfolgen kann (Kugler 1990, S. 4). Die Bedingung $w = P/P^*$ ist dann auch bei unbeweglichen Kursen erfüllt!

Die *relative* Version der Kaufkraftparitätentheorie besitzt solange weitgehende Gültigkeit, wie sich in der Wirtschaftswirklichkeit Preisänderungen auf *monetäre* Störungen zurückführen lassen. *Reale Schocks* dagegen, wie beispielsweise Änderungen in der Nachfragestruktur und/oder eine Veränderung des Anteils der handelsfähigen Güter am gesamtwirtschaftlichen Güterangebot, bewirken einerseits, daß sich die relativen Preise von handelbaren zu nichthandelbaren Gütern ändern. Dies führt zu einer Verschiebung der Handelsströme und zu einer Änderung des Wechselkurses. Andererseits bleiben bei unverändertem Geldmengenwachstum im In- und Ausland die nationalen Preisänderungsraten konstant. Nach der relativen Version der Kaufkraftparitätentheorie dürfte sich der Wechselkurs in diesem Fall nicht ändern. Die Frage, ob eher die monetären oder mehr die realwirtschaftlichen Faktoren die Wechselkursentwicklung in der Realität dominieren, kann nur durch empirische Tests geklärt werden.

Konzeptionelle Probleme ergeben sich für die Kaufkraftparitätentheorie generell aus der Tatsache, daß nicht nur Bewegungen in der Leistungs- sondern auch in der Kapitalverkehrsbilanz zur Bildung des Wechselkurses am Devisenmarkt beitragen, so daß Kursschwankungen nicht nur auf preis- oder mengenabhängige Verschiebungen der Handelsströme, sondern z.B. auch auf Veränderungen im internationalen Zinsgefüge zurückzuführen sind. So führt eine Erhöhung der Kapitalimporte bei konstantem Verhältnis von inländischem zu ausländischem Preisniveau c.p. zu einer Erhöhung des Devisenangebots und bewirkt einen Aufwertungsdruck auf die inländische Währung.

5.3.4 Empirische Tests der Kaufkraftparitätentheorie

Eine empirische Überprüfung der Kaufkraftparitätentheorie steht zunächst vor zwei wichtigen Auswahlproblemen: Welche Preisindices sollen herangezogen werden? Welche und wieviele Perioden sollen als Beobachtungen zugrundegelegt werden?

Es liegen zwei aktuelle Untersuchungen vor, die diese Frage unterschiedlich beantwortet haben: Der Beitrag von Heri und Theurillat (1990) zieht 14 bilaterale Wechselkurse zwischen der DM und den Währungen wichtiger IL zwischen 1974-1987 heran, als Preisindices dienen Großhandelspreise (WPI). Die Ergebnisse dieser *Kointegrationsschätzung* - aufbauend auf die von Engle und Granger Mitte der 80er Jahre entwickelte Theorie kointegrierter Zeitreihen - bestätigen in der Hälfte aller Fälle die Gültigkeit der Kaufkraftparitätentheorie. Zu den wichtigsten Ausnahmen zählt allerdings der DM/US-$ Wechselkurs (ebenda, S. 340 ff.).

Weitere Differenzierungen erlaubt die Vorgehenweise von Kim (1990): Seine Kointegrationstests beziehen sich auf 5 bilaterale Kurse des US-$ gegenüber wichtigen Industrieländerwährungen (ohne DM) und stützen sich auf die Zeiträume 1900-1987 (WPI) bzw. 1914-1987 (CPI). Kim verwendet sowohl Konsumenten- (CPI) als auch Großhandelspreisindices. Auch er erhält in der Mehrzahl der Fälle (4 von 5 bei Verwendung der Großhandelspreisindices, 2 von 5 bei Verwendung der Konsumentenpreisindices) eine Bestätigung der Kaufkraftparitätentheorie. Das schlechtere Ergebnis bei Verwendung der Konsumentenpreise führt er darauf zurück, daß *reale Schocks* das Preisverhältnis von handelbaren zu nicht-handelbaren Gütern verändert haben. Die Preise der zuletzt genannten Güter schlagen sich nicht oder kaum im Großhandelspreisindex nieder, der weitgehend nur die Preise der gehandelten Güter berücksichtigt. Insbesondere beim Vergleich von Japan und den USA läßt sich in dem zuerst genannten Land ein säkularer Anstieg in den relativen Preisen der "nontraded goods" feststellen, der stärker als in den USA ausgefallen ist, "as a result of the long-term differential in economic growth" (ebenda, S. 502).

Literaturhinweise zu diesem Kapitel :

Camen, U./Genberg, H., Measures of Exchange Rate Misalignment: Should They Be Used in the Design of Economic Policy? In: Geld und Währung, 3. Jahrgang, 1987, S. 41-60.

Heri, E.W./Theurillat, M.J., Purchasing Power Parities for the DM - A Cointegration Exercise. In: Kredit und Kapital, 23. Jahrgang, 1990, S. 333-350.

Holzer, St./Noorlander, J., Purchasing Power Parity - The SBC Approach. In: Schweizerischer Bankverein (ed.): Economic and Financial Prospects, No. 4. August/September 1990, S. 1-4.

Kim, Y., Purchasing Power Parity in the Long Run: A Cointegration Approach. In: Journal of Money, Credit, and Banking, Vol. 22, 1990, S. 491-503.

Kugler, P., The Adjustment of Exchange Rates and Prices to PPP. In: Schweizerischer Bankverein (ed.): Economic and Financial Prospects, No. 4, August/September 1990, S. 4-6.

Syrquin, M., Patterns of Structural Change. In: H.B. Chenery/T.N. Srinivasan (Hrsg.): Handbook of Development Economics, Vol. 1, Amsterdam, New York u.a.O., 1988, S. 203-273.

6. Der Urbanisierungsprozeß

6.1 Migration und "Überurbanisierung"

Unter Migration wird im folgenden die Abwanderungsbewegung vom Land in die Stadt verstanden. Migration aus ländlichen Gegenden bedeutet, daß Individuen oder Haushalte für einen längeren, befristeten oder unbefristeten, Zeitraum ihre kleine, vorwiegend ländliche Gemeinde, in der sie leben, verlassen. Die Gründe hierfür können privater oder beruflicher Natur sein.

Zwei zentrale, sich diametral gegenüberstehende Hypothesen liefern einen Erklärungsversuch für das schnelle Städtewachstum und die Urbanisierung.

In der sogenannten *Pull-These* wird behauptet, daß durch einen beschleunigten Industrialisierungsprozeß und den damit einhergehenden Aufschwung in den Städten, Migranten vom Land in die Stadt gezogen werden. Dieser Prozeß wird zum einen durch die nationale Politik, die die relativen Preise zugunsten der Städte verzerrt, begünstigt, zum anderen förderten die niedrigen Energiepreise (vor dem ersten Ölpreisschock) das Wachstum urbaner, energieintensiver Industriezweige.

Hinzu kommt die Ausbreitung moderner Technologien, die aus entwickelten Volkswirtschaften stammen und die Entstehung von kapitalintensiven, mit großen Kapazitäten ausgestattete Industrien begünstigen, ausländische Kapitalzuflüsse zugunsten der urbanen Infrastruktur, des städtischen Wohnungsbaus, des städtischen Energiesektors, des städtischen Transportwesens und der Fertigwarenerzeugung. Schließlich ist die Liberalisierung des Welthandels seit den späten 50er Jahren zu nennen, die stimulierend auf den Export von Fertigwaren wirkte, die insbesondere in Städten der Dritten Welt produziert wurden.

Demgegenüber geht die *Push-These* davon aus, daß durch außergewöhnlich hohes Bevölkerungswachstum (siehe Malthus) und begrenzte ländliche Anbauflächen landlose Arbeiter in die Städte gedrängt werden.

Die meisten *Demographen* favorisieren die zuletzt genannte Hypthese; bei begrenztem pflügbaren Boden bietet die Landwirtschaft im Laufe des demographischen Übergangs zu wenig Beschäftigungsmöglichkeiten. Insbesonders der städtische informelle Sektor mit seinem hohen Anteil an Dienstleistungen wird zum Auffangbecken für die explodierende Bevölkerung. Dieser Prozeß spielt sich allerdings meistens unter armseligen Wohnverhältnissen in der Peripherie der Großstädte ab.

Die meisten *Ökonomen* favorisieren dagegen eher die zuerst genannte Hypothese.

Während das Tempo der Urbanisierung in EL vergleichbar mit dem der IL blieb, war das Wachstum der Städte außerordentlich groß. Zwischen 1875 und 1900 nahm in IL die Stadtbevölkerung um circa 100% zu, zwischen 1950 und 1975 nahm die Stadtbevölkerung in der Dritten Welt dagegen um 188% zu. Dies war einmal die Folge davon, daß die Bevölkerungswachstumsrate der EL insgesamt höher lag als bei den IL im vergleichbaren Zeitraum. Zuwanderung trug in den 60er Jahren dieses Jahrhunderts mit durchschnittlich 39,3% zum Städtewachstum in EL bei. Dieser Anteil lag in England - während der ersten Industrierevolution - noch wesentlich höher.

England (während seiner Industrialisierung) hat mit der Dritten Welt gemeinsam, daß die Städte tendenziell von jungen Erwachsenen (15-40) bevorzugt wurden. Dies bedeutet, daß vor allem *"young adults"* in die Städte migrierten. Aus dieser Zuwanderungsstruktur heraus können positive ökonomische Effekte erwartet werden: Die niedrigeren "dependency ratios" bzw. höheren "activity ratios" in den Städten führen tendenziell zu einem höheren PKE und zu höheren Sparraten.

Aufgrund der Altersstruktur sind in den Städten auch höhere (rohe) Geburtenraten zu erwarten. Bei gleich hohen bis niedrigeren Sterberaten ergibt sich daraus ein stärkeres Bevölkerungswachstum und eine stärkere Zunahme im Arbeitsangebot. Die "Moral" dieser Geschichte ist nach J.G. Williamson, daß die Arbeitsnachfrage der Städte zunehmend weniger auf Zuwanderung angewiesen ist. Tatsächlich sinkt auch im Zeitablauf der Beitrag der Immigration zum Wachstum der Stadtbevölkerung (derselbe 1989).

In den ländlichen Gegenden kann durch die Abwanderung junger, gut ausgebildeter Arbeitskräfte allerdings das Problem des "brain drain" auftreten.

In einem Arbeitsmarktschema (vgl. Abbildung IV.6.1) soll verdeutlicht werden, was junge Erwachsene dazu veranlaßt, in die Städte zu migrieren. Dabei wird auf die Bedeutung von *Lohnscheren* zwischen Land und Stadt als wesentlichem Bestimmungsgrund für die Migrationsentscheidung abgestellt. Lohnscheren, die sich zwischen ländlichen Gebieten und Städten auftun, können in der kurzen Frist durch externe ökonomische bzw. demographische Schocks entstehen. Da solche externen Schocks ein charakteristisches Merkmal von industriellen Revolutionen sind, können diese Lohnscheren auch langfristig auftreten.

Abb. IV.6.1:

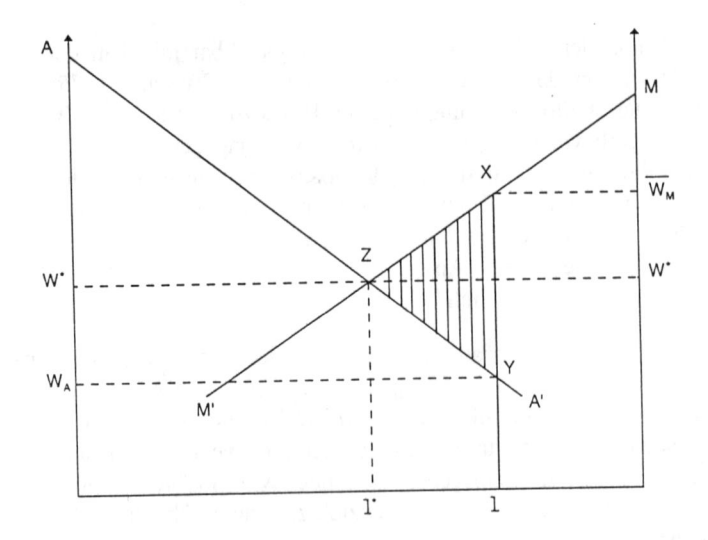

Quelle: J.G. Williamson (1989)

In Abbildung IV.6.1 sind die Nachfragefunktionen nach Arbeit im ländlichen Sektor AA' und im industriellen Sektor MM' dargestellt. Im Schnittpunkt Z herrscht Gleichgewicht auf dem Arbeitsmarkt. Der zugehörige Gleichgewichtslohnsatz ist W^*. Existiert eine Lohnschere in Höhe von XY, d.h. wird im Agrarsektor lediglich ein Lohn von W_A bezahlt, während der Lohn im Industriesektor $\overline{W}_M$ beträgt, so ist die Verteilung der Arbeit suboptimal. Es ergeben sich dann zu wenig Arbeitskräfte in der Industrie und zuviele im Agrarsektor. Die ausgelösten Wohlfahrtsverluste werden durch das schraffierte Dreieck mit der Fläche XYZ beschrieben. Das *Arbeitsmarktungleichgewicht* wird durch die Höhe der Lohnschere XY und den Anteil der allokativ nicht optimal eingesetzten Arbeit im Umfang von ll^* bestimmt. Wie sich mit zunehmender Migration die Höhe der Lohnschere verändert, hängt von der Lage der Nachfragekurven ab. Tendenziell wird sich die AA'-Kurve nach oben und die MM'-Kurve nach unten verschieben. In empirischen Untersuchungen konnte nachgewiesen werden, daß Migranten auf die Existenz einer Lohnschere reagieren. Trotzdem existieren Widersprüche in der Wirtschaftswirklichkeit gegenüber den Erwartungen, die das Modell hervorruft:

Zum einen müßten - gerade weil noch Lohnscheren existieren - mehr Arbeitskräfte in die Städte abwandern als beobachtet wurde, d.h., es sind eher zu wenige Arbeitskräfte zur Migration bereit, zum anderen herrscht aber die weitläufige Meinung vor, daß die Städte in den EL zu groß sind und die Einwohnerzahl dort zu hoch ist, so daß sie für potentielle Migranten eher unattraktiv sein müßten. Offenbar liegen die privaten Kosten für die Migranten unter ihren sozialen Kosten: "First, it may be argued that the marginal cost of urban public goods is far above the user price charged, and that the subsidy fails to get capitalized into rents ... Second, it may be argued that immigration generates important negative externalities. One such negative externality might be that the relative poverty of the urban imigrants tends to create social and political tensions" (Williamson 1989, S. 437).

Interessant ist in diesem Zusammenhang die Frage, ob die Land-Stadt-Wanderung für die Migranten eine Einkommenssteigerung mit sich bringt. Bei einem Einkommensvergleich zwischen Zuwanderern und Ureinwohnern der Städte wurde festgestellt, daß das Einkommen eher eine Funktion des Bildungsniveaus als des Migrationsstatus ist. Unglücklicherweise gibt es keine empirischen Untersuchungen darüber, inwiefern Nicht-Lohnkomponenten wie z.B. Wohnung, sanitäre Verhältnisse, Bildungsmöglichkeiten etc., die Migrationsentscheidung beeinflussen.

Die Verteilungswirkungen der Migration sind vielfältig. In *ländlichen* Gebieten werden die Löhne für gelernte und ungelernte Arbeit wegen einsetzender Knappheit steigen, während gleichzeitig die Pacht für Ackerland sinkt. Die Migranten werden ihre Löhne in der Regel aufbessern können, während die ursprünglichen Einwohner der *Städte* eventuell Verluste hinnehmen müssen, da sie in Konkurrenz mit den Zuwanderern stehen. Gelernte Arbeitskräfte werden im Zuge des Migrationsprozesses tendenziell Lohnsteigerungen erfahren, da durch die ungelernten Arbeitskräfte Outputsteigerungen erzielt werden, die wiederum einen Nachfrageanstieg nach gelernter Arbeit induzieren. Auch Kapitaleigner werden ihre Profite steigern können, da der Produktionsfaktor Arbeit wegen des gestiegenen Angebots billiger geworden ist. Schließlich werden ungelernte Arbeitskräfte, die Dienstleistungen auch im informellen Sektor anbieten, ihre wirtschaftliche Situation verbessern können, da die gestiegene Anzahl der Besserverdienenden in der Lage ist, deren Leistungen nachzufragen. Daraus kann als Politikanweisung abgeleitet werden, daß politisch durchgesetzte Zuwanderungsstops unnötig sind und im Gegenteil die Land-Stadt-Migration einen wichtigen Beitrag zur Beseitigung ländlicher Armut leistet.

Eng verbunden mit den Begriffen Migration und Urbanisierung ist der der

"Überurbanisierung". Der Begriff der Überurbanisierung wurde von einigen Autoren wie z.B. Hoselitz geprägt. Er besagt, daß das Verhältnis von in der Industrie beschäftigten Arbeitskräften und der Einwohnerzahl in der betrachteten Stadt sehr niedrig ist, auch im Vergleich zu der entsprechenden Quote in den heute industrialisierten Ländern um die Jahrhundertwende (Ende 19. bis Anfang 20. Jahrhundert). Allerdings stellt sich die Frage, ob zeitgenössischen EL die Beschäftigungsschemata des vergangenen Jahrhunderts als Vergleichsmaßstab dienen sollten. Im Zuge der Urbanisierung konnte in EL festgestellt werden, daß die angebotenen Dienstleistungen städtischer Bewohner zunahmen. Daraus zogen einige Ökonomen (u.a. Hoselitz) den Schluß, daß dieses Wachstum nicht durch Nachfragesteigerung, sondern lediglich durch eine infolge der Zuwanderer aufgeblähten Einwohnerzahl zustandekam, die aufgrund fehlender Beschäftigungsmöglichkeiten im ländlichen Raum im Sinne der Push-These auch bei entsprechend niedrigem urbanen Lohnniveau in die Städte gedrängt worden wären. Allerdings konnte diese These empirisch nicht abgesichert werden, da weder überwiegend Migranten Dienstleistungen anbieten noch die Entlohnung für diese Dienstleistungen besonders niedrig ausfiel. Im Gegenteil konnte die These teilweise falsifiziert werden; eine empirische Arbeit über Bogotá kam zu dem Schluß, daß der städtische Dienstleistungssektor trotz massiver Land-Stadt-Wanderungen nicht expandierte.

In einem anderen Sinne können EL wohl eher als überurbanisiert bezeichnet werden. Nämlich dann, wenn Politikmaßnahmen die TOT zugunsten der Städte verzerren, Zoll- und Wechselkursmanipulationen die urbane Industrie schützen oder dieser billiges Kapital zur Verfügung gestellt wird. Daraus kann dann eine Beschleunigung der Land-Stadt-Migration und somit eine Überurbanisierung resultieren, die ohne die obengenannten Politikmaßnahmen nicht erfolgt wäre.

Literaturhinweise zu diesem Kapitel:

Basu, K., The Less Developed Economy, Basil Blackwell 1984.

Todaro, M.P., Economics for a Developing World. An Introduction to Principles, Problems and Policies for Development, London 1977.

Williamson, J.G., Migration and Urbanization, in: H.B. Chenery/T.N. Srinivasan (Hrsg.), .a.a.O., 1988, S. 425- 465.

6.2 Zur Funktionsweise urbaner Arbeitsmärkte

6.2.1 Das Todaro-Modell

Lange Zeit wurde die Land-Stadt-Migration von Ökonomen mit Optimismus betrachtet. Der ländliche Arbeitskräfteüberschuß (labor surplus) sollte den aufstrebenden Industriezweigen der Städte als billiger Produktionsfaktor zur Verfügung stehen. Diese eher der *Pull-These* folgende Auffassung wurde vor allem von den Verfassern der traditionellen Dualismusmodelle (Lewis/Fei, Ranis/Jorgenson) vertreten und wurde erst in den sechziger Jahren durch die anhaltende Arbeitslosigkeit in EL erschüttert. In der Folgezeit machte sich der sogenannte "Neo-Malthusianische" Pessimismus breit. Ökonomen und Demographen sprachen von einer bei Überschußangebot begrenzten Nachfrage (*excess supply-limited demand*). Die theoretische Fundierung dieser Strömung lieferte Michael Todaros Modell über die Zusammenhänge von Migration und Arbeitslosigkeit.

Annahmegemäß gibt es bei ihm nur zwei Sektoren; nämlich den urbanen industriellen Sektor und den ländlichen, durch Landwirtschaft geprägten Sektor. Auf eine weitere Unterscheidung zwischen ländlich, urban, industriell und traditionell wird verzichtet. Arbeit ist der einzig mobile Produktionsfaktor. Unter der extremen Annahme der Lohngleichheit ist ein Gleichgewicht in Punkt E (Abbildung IV.6.2) erreicht, dem Schnittpunkt der ländlichen Arbeitsnachfragekurve AA' und der urbanen MM'. Im Gleichgewicht entsprechen sich die Lohnsätze im ländlichen Agrarsektor und im urbanen Industriesektor ($W_A^* = W_M^*$), wobei mit M die urbane Industrie und mit A die Landwirtschaft bezeichnet wird. Der Urbanisierungsgrad entspricht dem Verhältnis $O_M L_M^*/L$; im Umfang von $O_M L_M^*$ sind Arbeitskräfte im urbanen Sektor beschäftigt.

In der Wirtschaftswirklichkeit findet ein solcher Ausgleich der Lohnsätze i.d.R. nicht statt. Realistischer ist z.B. die Annahme, daß der industrielle Lohnsatz in Höhe von $\overline{W_M}$ fixiert ist. Dabei wird angenommen, daß ($\overline{W_M} \geq W_M^*$). Sofern wir hier noch das Problem der Arbeitslosigkeit bzw. Unterbeschäftigung ausklammern, dann würden all diejenigen, die zu $\overline{W_M}$ keine Beschäftigung finden, eine Tätigkeit in der Landwirtschaft zum vergleichsweise niedrigen Lohnsatz W_A^{**} akzeptieren müssen.

Es stellt sich nun die Frage, ob aufgrund der resultierenden geringeren Beschäftigungsmöglichkeiten in der Stadt die Zuwanderung nachläßt. Todaro ist der Auffassung, daß trotz städtischer Arbeitslosigkeit, Unterbeschäftigung und

353

sehr niedrigem Lohnniveau, Migranten in die Städte ziehen. Als Grund dafür nennt er die Erwartungshaltung der Migranten. Diese glauben, daß Arbeitsplätze in einer Art Lotteriespiel verlost werden. Der risikoneutrale Migrant berechnet den *erwarteten* urbanen Lohn und vergleicht diesen mit dem Lohn bei sicherer Beschäftigung auf dem Land. Migration findet dann solange statt, bis der erwartete urbane Lohn gleich dem auf dem (sicheren) Land ist.

Abb. IV.6.2:

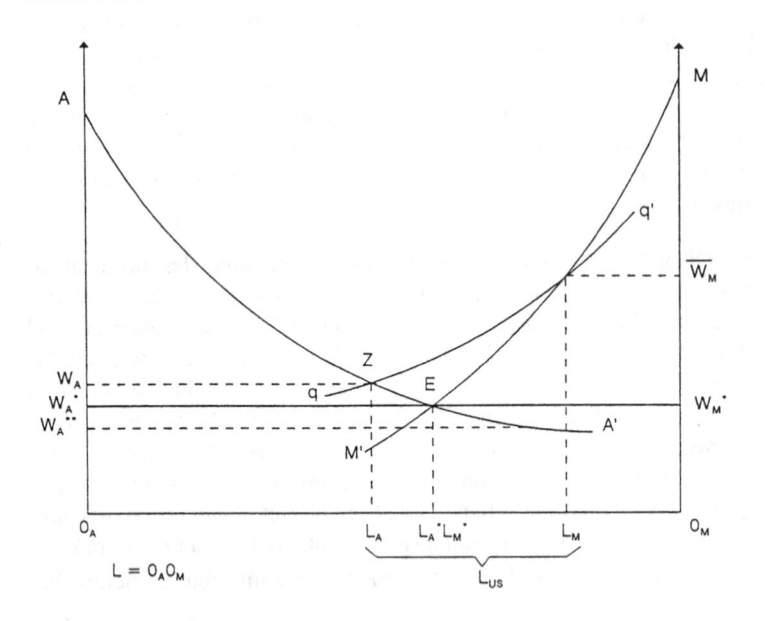

Quelle: J.G. Williamson (1989)

Entspricht der Lohn im formellen urbanen Sektor $\overline{W}_M$ und ist der Lohn im informellen Sektor so niedrig, daß er als Null angenommen werden kann, so kann der Lohnsatz, bei dem der potentielle Migrant zwischen Arbeit in der Stadt und auf dem Land *indifferent* ist, nach folgender Formel berechnet werden:

(423) $\quad W_A = \left(\dfrac{L_M}{L_U}\right) \cdot \overline{W}_M \quad \Rightarrow$ Nettoarbeitsangebot an M = 0

(424) $\quad L_U = L - L_A$.

Die Wahrscheinlichkeit, Arbeit zu finden, ist durch L_M/L_U (L_M = Anzahl der Beschäftigten in der Industrie; L_U = gesamter urbaner Arbeitskräftebestand) gegeben.[100] In Abbildung IV.6.2 wird dieser Zusammenhang durch qq' angezeigt. Der gleichgewichtige Lohnsatz in der Landwirtschaft entspricht W_A. Dieser erfüllt die Bedingung (423). Ist das Produkt auf der rechten Seite aber größer, d.h. ist

$$(425) \quad W_A < \left(\frac{L_M}{L_U}\right) \cdot \overline{W}_M \quad \Rightarrow \text{Nettoarbeitsangebot an M} > 0,$$

so kommt es zu Abwanderungen vom Land in die Stadt entlang qq'. qq' stellt also eine Arbeitsangebotsfunktion des ländlichen Sektors an den industriellen Sektor aus abwandernden Arbeitskräften dar. Da zu $\overline{W}_M$ nur L_M Arbeitskräfte dort beschäftigt werden, erhalten wir folgendes Ergebnis: In Z befindet sich das neue Gleichgewicht. Im Umfang von L_{US} sind Arbeitskräfte informell beschäftigt oder arbeitslos. Die Lohnschere ergibt sich aus der Differenz zwischen $\overline{W}_M$ und W_A. Ein Anstieg der Industriearbeitsplätze muß nicht notwendigerweise die Verringerung von Niedriglohnarbeitsplätzen im informellen Dienstleistungssektor nach sich ziehen. Solange sich nämlich die Lohnschere ausreichend vergrößert, werden genügend Migranten in die Städte gezogen. Diese reichen bei weitem aus, die neu geschaffenen Industriearbeitplätze zu besetzen.

Für die Beschäftigung in der Landwirtschaft gilt andererseits (durch Einsetzen von (424) und Umformulierung der Gleichgewichtsbedingung (423)):

$$(426) \quad L_A = L - \frac{W_M}{W_A} \cdot L_M$$

Demzufolge ist:

$$(427) \quad \frac{\partial L_A}{\partial L_M} = -\frac{W_M}{W_A} \quad \text{(Basu 1984, S. 70)}$$

"Therefore, if the number of urban jobs is raised by one unit, rural employment falls by W_M/W_A units. In other words, creating one additional job in the urban sector induces W_M/W_A people to migrate into the urban sector" (derselbe

---

[100] Allerdings ist auch ein entgegengesetzter Wahrscheinlichkeitsbegriff plausibel: je mehr in der Vergangenheit Beschäftigung fanden, desto schlechter sind c.p. die Chancen der heute Hinzukommenden, beschäftigt zu werden.

1984, S. 70).

Beide Sektoren haben (bei fixiertem Kapitalstock in der kurzen Frist) Produktionsfunktionen der Art:

(428) $X_A = f_A(L_M)$; $f'_A > 0$, $f''_A < 0$

(429) $X_M = f_M(L_M)$; $f'_M > 0$, $f''_M < 0$

In jedem Sektor wird nach Profitmaximierung gestrebt:

(430) $W_A = f'_A(L_A)$

(431) $\overline{W}_M = f'_M(L_M)$

Eingesetzt in (423), (425) ergibt dies:

(432) $f'_A(L_A) = \overline{W}_M \left(\dfrac{L_M}{L - L_A} \right)$

(433) $f'_A(L_A) < \overline{W}_M \cdot \left(\dfrac{L_M}{L - L_A} \right)$

Zwar ist niemand in der Landwirtschaft arbeitslos, W_A wird aber nun durch (432) endogenisiert:

(434) $W_A = \overline{W}_M \cdot \left(\dfrac{L_M}{L - L_A} \right)$.

Im Punkt Z ist (434) gerade erfüllt: $\overline{W}_M \cdot \dfrac{O_M L_M}{O_M L_A} = W_A$.

Der Graph von (434) ist (aus der Sicht von O_M) eine hyperbelartige Funktion!

6.2.2 Kritik am Todaro-Modell

Am Todaro-Modell ist vielfältig Kritik geübt worden. Diese bezieht sich zum einen auf die *Annahmen*, die sehr restriktiv sind:

1. Migranten beziehen in den Städten niedrigere Löhne als die (bisherigen) Stadtbewohner.

2. Migranten sind im Vergleich zu den Stadtbewohnern stärker unterbeschäftigt.
3. Die Löhne im informellen urbanen Dienstleistungssektor sind niedriger als die in der formellen Industrie.
4. Migranten verdienen nach ihrer Ankunft in der Stadt weniger als in ihrer zuletzt ausgeübten Tätigkeit auf dem Land.

Zum anderen wird *am Modell selbst* Kritik geübt:

1. Arbeitsplätze werden in der Realität nicht im Lotterieverfahren vergeben, sondern die Erfolgsaussichten hängen besonders von Investitionen in die Arbeitsplatzsuche ab; dies wird von Todaro nicht berücksichtigt. In EL wurde beobachtet, daß gelernte Arbeitskräfte mehr Zeit zur Arbeitsplatzsuche aufwenden müssen als ungelernte.
2. Der informelle Sektor bleibt unberücksichtigt bei der Formulierung der qq'-Funktion.
3. Es gibt wenig empirische Belege für die Existenz eines künstlich hohen Lohnniveaus in der urbanen Industrie. Lohnscheren zwischen den beiden betrachteten Sektoren können im übrigen auch durch firmenspezifische Ausbildungskosten entstehen (s.u.).
4. Es wird keine Aussage über den Diskontierungsfaktor gemacht, so daß der Zeithorizont bis zum Ausgleich der Löhne der Migranten und der Stadtbevölkerung unbestimmt bleibt.
5. Das Modell abstrahiert von weiteren Einflüssen, die die Entscheidung des Migranten beeinflussen können.

In der *Empirie* konnte Todaros These von erheblichen, im Zeitablauf sich sogar vergrößernden Lohnsscheren zwischen Stadt und Land und zunehmender Arbeitslosigkeit nicht verifiziert werden. Darüber hinaus geht aus der Empirie weder hervor, daß besonders Migranten keine Beschäftigung finden bzw. weniger verdienen, noch, daß sich die EL durch besonders hohe Arbeitslosigkeit auszeichnen.

Abschließend kann festgehalten werden, daß der Erwartungshaltung im Migrationsprozeß von EL zwar eine gewisse Bedeutung zukommt, daß aber die restriktiven Annahmen des Todaro-Modells als widerlegt angesehen werden können.

6.2.3 Das Labor-Turnover-Modell

Für die Arbeitgeber des urbanen Sektors ist Arbeitsplatzfluktuation mit Kosten verbunden: bestimmte Tätigkeiten und Geräte verlangen Einarbeitung und Übung. Um die Fluktuation der Arbeitskräfte möglichst niedrig zu halten, werden die Unternehmer z.B. höhere Löhne anbieten, auch wenn Unterbeschäftigung vorliegt:

(435) $\quad q = q\left[\dfrac{W_M}{W_A}\right] \; ; \; q' \leq 0$.

(435) stellt eine vereinfachte Erklärung der sogenannten "quit rate", q, dar. Die Produktionsfunktion im modernen urbanen Sektor lautet:

(436) $\quad X_M = f_M(L_M) \; ; \; f'_M > 0, \; f''_M < 0$.

Die Firma hat zweierlei Kostenarten: einmal die Lohnkosten ($W_M \cdot L_M$) und die Fluktuationskosten ($T \cdot q[W_M/W_A] \cdot L_M$), wobei T die Kosten wiedergibt, die jedesmal dann entstehen, wenn ein Arbeitnehmer ausscheidet und jemand neues eingestellt wird.

Die Gewinne der Firma sind bestimmt durch (für p = 1):

(437) $\quad \Pi = f_M(L_M) - W_M L_M - T \cdot q\left[\dfrac{W_M}{W_A}\right] \cdot L_M \quad$ bzw.

(438) $\quad \Pi = f_M(L_M) - \left[W_M + T \cdot q\left(\dfrac{W_M}{W_A}\right)\right] \cdot L_M$.

Optimalbedingungen erster Ordnung sind:

(439) $\quad f'_M(L_M) = W_M + T \cdot q\left(\dfrac{W_M}{W_A}\right)$

und

(440) $\quad 0 = -1 - T \cdot q'\left(\dfrac{W_M}{W_A}\right) \cdot \dfrac{1}{W_A}$

oder

(441) $\quad 1 + \dfrac{T}{W_A} \cdot q'\left(\dfrac{W_M}{W_A}\right) = 0$.

Zur Vereinfachung wird weiterhin angenommen, daß

(442) $f'_A = m = W_A$ (konstant)

(443) $W_A = W_M \cdot \dfrac{L_M}{L - L_A}$ (s.o.) für $W_M \geq W_A$.

In der folgenden Abbildung IV.6.3 ist nun der Graph der Fluktuationsfunktion $(T \cdot q)$ für gegebenen Lohnsatz W_A wiedergegeben:

(444) $\dfrac{d(T \cdot q)}{dW_M} = T \cdot \underbrace{q'\left[\dfrac{W_M}{W_A}\right]}_{\leq 0} \cdot \dfrac{1}{W_A}$

Abb. IV.6.3:

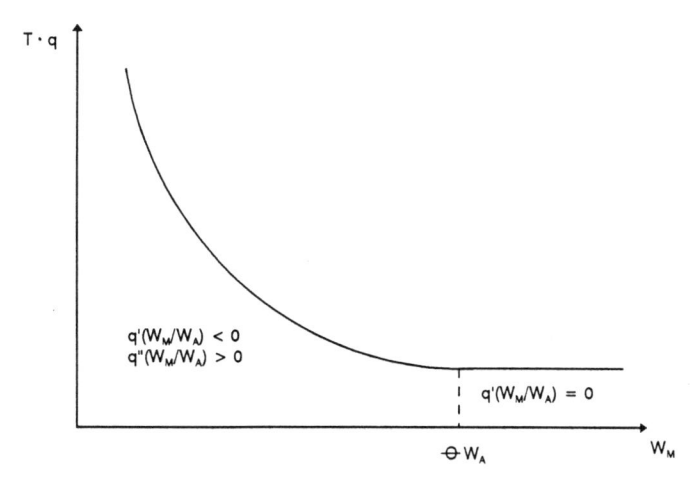

[Graph: T·q auf der y-Achse, W_M auf der x-Achse; fallende Kurve mit $q'(W_M/W_A) < 0$, $q''(W_M/W_A) > 0$; bei $\Theta \cdot W_A$: $q'(W_M/W_A) = 0$]

Quelle: Basu (1984)

Ist $W_M/W_A > \Theta$, dann ist $q' = 0$. $q(\Theta)$ stellt somit die natürliche, durch Pensionierung und Tod determinierte Fluktuationsrate dar: q kann dann auch durch weitere Erhöhung von W_M/W_A nicht mehr gesenkt werden!

Einschränkend ist zum Labor-Turnover-Modell folgendes zu bemerken:
(i) Es wird von der (nicht ganz unrealistischen) Möglichkeit abgesehen, daß die Firmen "no quit"-Verträge durchsetzen können (Basu 1984, S. 90).

(ii) Der Entscheidungsprozeß der Arbeitnehmer bleibt mehr oder weniger im Dunkeln (ebenda, S. 91): was veranlaßt den einzelnen, zu kündigen?

(iii) Bei hinreichend abnehmendem Lohnsatz in der urbanen Industrie ist nicht mehr sichergestellt, daß die "quit rate" auch der "replacement rate" entspricht.

Literaturhinweise zu diesem Kapitel:

Basu, K., The Less Developed Economy, Basil Blackwell 1984.

Chandra, V./El-Chami, R./Fischer, J.H., Development Policies in the Presence of Unemployment and Non-Traded Intermediate Goods, in: Journal of Economics, Vol. 54, No. 1, 1991, S. 1-19.

Stiglitz, J.E., Economic Organization, in: H.B. Chenery/T.N. Srinivasan (Hrsg.), a.a.O., 1988, S. 93-160.

Todaro, M.P., Economics for a Developing World. An Introduction to Principles, Problems and Policies for Development, London 1977.

Williamson, J.G., Migration and Urbanization, in: H.B. Chenery/T.N. Srinivasan (Hrsg.) a.a.O., 1988, S. 425-465.

6.3 Migration und Städtewachstum im allgemeinen Gleichgewicht

In diesem Abschnitt soll die quantitative Bedeutung einzelner Bestimmungsgründe für die Land-Stadt-Migration erörtert werden. Im Mittelpunkt steht die Frage, welche der beiden eingangs erwähnten Thesen - *Push-These* oder *Pull-These* - einen besseren Erklärungsansatz für Migration und Urbanisierung in EL darstellt.

Die Bestimmungsgründe, die Migration und Städtewachstum in EL auf ein Gleichgewicht hinführen, lassen sich grob in drei Gruppen einteilen: 1. *endogene Grenzen* des Städtewachstums; 2. *exogene externe* Faktoren und 3. *exogene interne* Faktoren.

Nachfolgend werden zunächst die *endogenen Grenzen* des Städtewachstums diskutiert. In klassischen Modellen, wie in den bereits oben genannten Dualismusmodellen, wird verdeutlicht, wie durch die Kombination aus überschüssiger Arbeit und Urbanisierung der industrielle Output vergrößert wird; kurzfristig geschieht dies durch Effizienzgewinne und langfristig durch akkumulationsbedingte Wachstumseffekte. Die durch Migration ausgelöste Akkumulation führt zu höheren Sparquoten, besonders natürlich im urbanen Sektor bei den Kapitaleignern. Kapital ist wiederum ein unverzichtbarer Produktionsfaktor für den modernen Sektor. In dieser Kausalkette führt Land-Stadt-Migration zu höheren Ersparnissen, vermehrten Investitionen und damit auch zu einem ansteigenden Output. Akkumulation erzeugt andererseits neue Arbeitsplätze und induziert weitere Land-Stadt-Wanderungen sowie zunehmende Verstädterung.

Zu fragen ist nun, welche Kräfte ein ausuferndes Städtewachstum verhindern. Langfristig kann der Anteil der in der Stadt lebenden Bevölkerung den Wert von 100% nicht übersteigen, so daß die Wachstumsrate der Urbanisierung langfristig auf die Bevölkerungswachstumsrate absinken muß; mittelfristig hingegen ist ein wachsender *gesamtwirtschaftlicher Arbeitsmangel* typischerweise der einzige Bestimmungsgrund für eine sich verzögernde Migration. Der Anstieg der realen Löhne führt i.d.R. zu einer sinkenden Sparquote, die ihrerseits ein geringeres Arbeitsplätzewachstum induziert; dadurch wird auch das Städtewachstum begrenzt. Langfristig ist die Begrenzung des Städtewachstums durch die Landwirtschaft gesichert; zum einen durch das Verschwinden des labor surplus, zum anderen durch den Anstieg der relativen Preise von Agrargütern, die als repräsentatives "Lohngut" in den meisten Modellen behandelt werden.

Darüber hinaus existiert noch eine große Anzahl weiterer Bestimmungsgründe, die die Migrationsentscheidung wesentlich beeinflussen. *Erstens* müssen *unproduktive* urbane Investitionen und ihre Auswirkungen auf die nationalen Ersparnisse (Opportunitätskosten eines (höheren) Einkommens) berücksichtigt werden. *Zweitens* wurde zwar beachtet, daß steigende Reallöhne und steigende Aufwendungen für Nahrungsmittel die Migration und Urbanisierung begleiten werden, jedoch nicht, daß die begrenzte *urbane* Fläche Auswirkungen auf Stadtmieten und Lebenshaltungskosten insgesamt hat. Die Kosten der Urbanisierung bleiben in vielen Beiträgen weitgehend unberücksichtigt.

Vor allem sollten die Grenzen des Städtewachstums unter dem Gesichtspunkt steigender urbaner Kosten und daraus resultierender steigender Investitionserfordernisse, die im Wettbewerb mit produktiver Kapitalakkumulation stehen, gesehen werden. Gerade weil laufende Investitionen für soziale Zwecke nicht zu Kapazitätserweiterungen führen, können dem Städtewachstum sowohl durch Anstieg der Lebenshaltungskosten als auch durch unproduktive Investitionen Grenzen gezogen werden.

Neben diesen endogenen Grenzen des Städtewachstums gibt es die zuvor angesprochenen *exogenen externen* Faktoren, die auf das Städtewachstum und die Migration in EL Einfluß nehmen. Hierzu gehört beispielsweise das Vorhandensein ausländischen Kapitals, das zur Unterstützung kapitalintensiver Wirtschaftszweige benötigt wird. Desweiteren zählt zu diesen Faktoren der relative Preis der gehandelten Güter auf den Weltmärkten. Der Fall der relativen Preise von städtischen Industriegütern in den letzten 25 Jahren war in den 60er und frühen 70er Jahren, als das Städtewachstum in den EL besonders schnell vor sich ging, vergleichsweise mild. Schließlich hat der Anstieg der Energiepreise seit 1973 zu einer Verlangsamung des Städtewachstums (energieintensive Industrien) beigetragen.

Als letzter der drei genannten Komplexe soll die Beeinflussung von Migration und Urbanisierung durch *exogene interne* Faktoren erörtert werden. Nach Hoselitz hat die begrenzte Anbaufläche auf dem Land (bei gegebenen Preisen landwirtschaftlicher Güter) und die daraus resultierende "redundante" Arbeitskraft die Menschen in die Städte gedrängt, was schließlich zur Überurbanisierung führte. Desweiteren ist der Engel-Effekt zu berücksichtigen: Mit zunehmendem Wirtschaftswachstum nehmen die Ausgaben für Nahrungsmittel relativ ab, während die Ausgaben für andere Güter relativ steigen. Je stärker das Wachstum, desto stärker der Nachfrageshift zugunsten urbaner Güter und Dienstleistungen. Allerdings ist die Bedeutung dieses Effektes in offenen Volkswirtschaften, deren strukturelle Transformation und Urbanisierung in größerem Maße durch die Weltmarktnachfrage und das Weltmarktangebot beeinflußt werden, zu relativieren.

Als weiterer Faktor in dieser Gruppe ist der sogenannte *"urban bias"* zu nennen: Es muß untersucht werden, welcher Anteil am Städtewachstum auf *Preisverzerrungen* zugunsten der Städte zurückzuführen ist. Darüber hinaus ist die Beeinflussung der Kapitalmärkte durch die Regierung (Höchstzinspolitik!) und die Verteilung öffentlicher Investitionen zwischen Stadt und Land zu berücksichtigen. Leider sind auch zu diesen Gesichtspunkten kaum empirische Studien verfügbar. Gleichwohl werden ungleiche Faktorproduktivitäten und Malthusianische Kräfte häufig als wichtigste Bestimmungsgründe innerhalb der Gruppe der *exogenen internen* Faktoren genannt. Ungleiche Faktorproduktivitäten kommen dadurch zustande, daß im modernen städtischen Sektor der technologische Wandel schneller nachvollzogen wird als im ländlichen Raum. Auch hier bleibt die quantitative Bedeutung allerdings bisher unklar. Wenn urbane Sektoren im Durchschnitt dazu tendieren, ein relativ hohes totales Faktorproduktivitätswachstum aufzuweisen, und wenn die Nachfrage nach städtischen Endprodukten relativ preiselastisch ist, dann wird sich die Endnachfrage tendenziell auf die dynamischen Sektoren hin verlagern, die daraus resultierende städtische Arbeitsnachfrage wird vergrößert; es ergeben sich zusätzliche freie, zu besetzende Stellen, die Migration reagiert hierauf positiv und die Städte wachsen. Je größer die Preiselastizität der Nachfrage nach urbanen Gütern, um so mehr gewinnt diese Kausalkette an Bedeutung.

Schließlich sind sogenannte *Malthusianische Kräfte* dazu geeignet, Migration und Städtewachstum zu beeinflussen. Obwohl der Druck, der von rapidem Bevölkerungsdruck auf die Land-Stadt-Migration ausgeht, als *qualitativer* Bestimmungsgrund oft genannt wurde, so ist er doch selten *quantitativ* genau erfaßt worden. Die Tatsache des hohen Bevölkerungswachstums per se liefert noch keine ausreichende Erklärung für das Städtewachstum in EL. Eher könnte man im Gegenteil behaupten: Wird der Faktor Arbeit verstärkt vermehrt und sinkt sein Faktorpreis, so müßte nach der neoklassischen Außenhandelstheorie jener Sektor besonders wachsen, der diesen Faktor intensiv nutzt!

Bei der Vielzahl von Bestimmungsgründen, die Migration und Städtewachstum beeinflussen, müssen, um Städtewachstum und Migration befriedigend zu erklären, Angebots- und Nachfragedeterminanten sowohl des urbanen als auch des ländlichen Arbeitsmarktes näher untersucht werden. Ein *allgemeines Gleichgewichtsmodell* erscheint am besten dazu in der Lage, dieses Problem zu lösen. Solch ein *multisektorales* Modell wurde in neoklassischer Tradition (Haushalte maximieren ihren Nutzen, Anbieter ihren Gewinn) z.B. von Kelley und Williamson erstellt. Bei ihrer Untersuchung legten sie ein Ländersample, bestehend aus 40 typischen EL, zugrunde. Mit den verfügbaren Daten wurde dann der Urbanisierungsprozeß von 1960-1980 simuliert. 5 (Gruppen von) Variablen wurden als *exogen* unterstellt, wobei *die erste Gruppe* die Preise dreier typischer handelbarer Güter (Brenn- und Rohstoffe, Industriegüter und Primärgüter) beinhaltete. Dadurch konnte beispielsweise der Einfluß von Brennstoffknappheit auf Migration und Städtewachstum untersucht werden. Eine *zweite exogene* Variable war die Wachstumsrate des kultivierten Ackerlandes, mit der die Rolle von Landknappheit als Bestimmungsgrund für die Push-These untersucht werden sollte. Als *dritte exogene* Variable wurde der ausländische Kapitalzufluß genannt. Es wurde untersucht, ob ausländisches Kapital ein essentieller Bestimmungsgrund für Migration und für Städtewachstum darstellte. *Viertens* wurden die Wachstumsraten der totalen Faktorproduktivität der Sektoren als exogene herangezogen, wobei der Vergleich zugunsten des modernen Sektors ausfiel. *Zuletzt* wurden sowohl die Raten des aggregierten Bevölkerungswachstums als auch des Arbeitskräftewachstums als exogen angenommen, was es möglich machte, die Bedeutung der *Malthusianischen Kräfte* für die Migration und das Städtewachstum in EL herauszuarbeiten.

Mit den historischen Daten für die genannten exogenen Variablen konnten im Kelly/Williamson-Modell Kapitalakkumulationsraten, Wohnungsbauinvestitionen, die berufliche Weiterbildung sowie die Entwicklung der Fähigkeiten (training and skill) bestimmt werden. Desweiteren wurden dadurch das Muster der Ressourcenallokation, die Einkommensverteilung, die Industrialisierungsrate, Trends in der Land-Stadt-Wanderung und das Städtewachstum bestimmt. Das Modell lieferte schlüssige Ergebnisse besonders in den beiden zuletztgenannten Bereichen. Der Durchschnitt der Wachstumsraten der Stadtbevölkerung in EL lag in den 60er und 70er Jahren jährlich bei 4,6% wobei die Vorhersage des Modells 4,7% ergab. Auch die Beschleunigung des Städtewachstums wurde korrekt vorausgesagt. Die Landabwanderungsrate betrug laut Modell jährlich 1,1% und wurde auf knapp 1% in einer anderen Untersuchung geschätzt. Die Zuwanderungsrate in die Städte betrug im Modell 2,0%, gegenüber 1,8% im alternativen Schätzansatz. Auch das Modellergebnis, daß 45% des Wachstums der Stadtbevölkerung in EL auf Zuwanderung zurückzuführen ist, entsprach den empirischen Ergebnissen anderer Untersuchungen.

Einige zentrale Ergebnisse dieses Modells sollen hier abschließend referiert werden:

Sowohl das Städtewachstum als auch die Zuwanderung in die Städte der EL nahmen im Zeitablauf zunächst zu und dann wieder ab. Während eine Verlangsamung des Städtewachstums gegen Ende des Jahrhunderts zu erwarten ist, wird es wohl keine Abnahme des Malthusianischen Bevölkerungsdrucks geben. Hoselitz' These von der Urbanisierung, die das industrielle Wachstum überholen werde, kann nach neueren Daten nicht bestätigt werden; es wird eher schon jetzt ein leichter Rückgang der Überurbanisierung (Verhältnis urbaner Bevölkerung zu den Beschäftigungsmöglichkeiten in der Industrie) festgestellt. Die Industrialisierung kann als Motor der Urbanisierung bezeichnet werden, und zwar sowohl während der letzten zwei Jahrzehnte als auch in der Zukunft. Die Verlangsamung des Städtewachstums in den 1970er Jahren war u.a. auf Veränderungen in wichtigen exogenen makroökonomischen (vor allem: der 1. und 2. Erdölpreisschock) und demographischen Bedingungen zurückzuführen. Es stellt sich in den Modellberechnungen von Kelley und Williamson heraus, daß Landknappheit als Bestimmungsgrund für Migration und Städtewachstum nur von geringer quantitativer Bedeutung war. Auch die Faktoren "ausländisches Kapital" und "Bevölkerungswachstum" waren in ihrer quantitativen Bedeutung nicht ausschlaggebend. Selbst wenn die Wachstumsraten der Bevölkerung geringer gewesen wären als im vergleichbaren Zeitraum der industriellen Revolution in England, so hätten Migration und Städtewachstum der EL trotzdem in wesentlich höherem Maße als dort stattgefunden.

Als wichtigster quantitativer Bestimmungsgrund für die Verstädterung erwies sich bei Kelley/Williamson das unterschiedliche Faktorproduktivitätswachstum in den beiden Sektoren. Der ungleiche technische Fortschritt nahm eine Schlüsselposition ein, die für die außergewöhnlich hohe Rate des Städtewachstums verantwortlich ist. Damit erscheint der Schluß zulässig, daß erst dann eine Verlangsamung der Migration und des Städtewachstums in EL wahrscheinlich wird, wenn sich jene Verlangsamung des Produktivitätszuwachses, der IL kennzeichnet, auch auf EL überträgt.

Obwohl in dem allgemeinen Gleichgewichtsmodell von Kelley/Williamson schon viele externe und interne Faktoren berücksichtigt wurden, blieben dennoch viele andere Gesichtspunkte unberücksichtigt, die Migration und Urbanisierung theoretisch beeinflussen können. Es gibt beispielsweise offene Fragen bezüglich der quantitativen Verteilungswirkungen von Migration. Wer verliert und wer gewinnt wieviel durch Migration? Während die Migranten tendenziell wohl ihre Lage verbessern können, ist dies für die ursprünglichen Stadtbewohner, die jetzt einer zunehmenden Konkurrenz ausgesetzt sind, nicht a priori klar. Was ist mit den ausgebildeten Facharbeitern? Was passiert in ländlichen Gegenden? Während Landlords tendenziell verlieren werden, ist unklar, was den Landlosen und den Kleineigentümern widerfahren wird. Es muß noch mehr über Angebot und Nachfrage in städtischen und ländlichen Sektoren in Erfahrung gebracht werden, um die Auswirkungen auf die Industrialisierung und die Urbanisierung zu durchdringen. Beispielsweise sind bis heute die Wohlfahrts- und Verteilungswirkungen der Überweisungen von Migranten an die Daheimgebliebenen weitgehend ungeklärt.

Ein weiterer Problemkreis bezieht sich auf die Auswirkungen der Abwanderung junger Erwachsener aus dem ländlichen Raum: Wie wirkt sich die Abwanderung auf die Fortpflanzung auf dem Land und den demographischen Übergang aus? Wie können ältere Menschen auf dem Land für ihren Lebensunterhalt sorgen? Setzen sie aus diesen Überlegungen heraus weniger Kinder in die Welt? Welche Rolle spielt dabei der informelle Dienstleistungssektor?

Die Beantwortung dieser offenen Fragen könnte weitere Einblicke in die Bedeutung von *Push- und Pull-These* als Erklärung für Migration und Städtewachstum in EL offerieren.

Literaturhinweise zu diesem Kapitel:

Chakravarty, S.R./Dutta, B., Migration and Welfare, in: European Journal of Political Economy, Vol. 6, 1990, S. 119-138.

Chandra, V./El-Chami, R./Fischer, J.H., Development Policies in the Presence of Unemployment and Non-Traded Intermediate Goods, in: Journal of Economics, Vol. 54, No. 1, 1991, S. 1-9.

Suits, D.B., U.S. Farm Migration: An Application of the Harris-Todaro Model, in: Economic Development and Cultural Change, Vol. 33, No. 4, Juli 1985, S. 815-828.

Todaro, M.P., Economics for a Developing World. An Introduction to Principles, Problems and Policies for Development, London 1977.

Williamson, J.G., Migration and Urbanization, in: H.B. Chenery/T.N. Srinivasan (Hrsg.), Handboook of Development Economics, Vol. 1, Amsterdam 1988, S. 425-465.

Stichwortverzeichnis

Adverse selection 76, 79
Äquivalenz-Hypothese 96, 98
Agrarstruktur 95, 141
Agrarverfassung 95 f., 103
Agricultural Surplus 208, 325
Anti-Export-Bias 266, 303, 310 ff.
Arbeitslosigkeit 114, 183, 202, 221, 241, 249, 256
- offene 139, 199, 353, 357
- versteckte 139, 196, 198 f., 207, 224, 226, 297
Arbeitswertlehre 250, 254
Armutsfalle 237
Auslandsverschuldung 73, 75, 266

Balanced Growth 335
Basic needs 1, 192 f.
Bestechung 145 ff.
Best Practice 110
Bevölkerungsfalle 221, 228, 235 f.
Bhagwati-Effekt 249
Bodenbesitzreform 95, 141
Brain Drain 349

Cash crops 257
Cash-in-Advance 123
Child Survival Hypothese 179, 182

Debt-Equity-Swaps 85
Default risk 81, 100 f.
Demographischer Übergang 169, 348, 365
Demonstrationseffekt (internationaler) 53, 61, 119, 154, 239
Dependency Ratio 170, 178, 278, 349
Dominierende Wirtschaft 240

Effektive Protektion   308, 310, 318 ff.
Eigentumsrechte   139, 160 ff.
Engel-Schwabe`sches Gesetz   265, 295, 325, 334, 362,
Erziehungszoll   319
Existenzminimum   66 f., 231 f., 250 f.
Export Performance Ratio   303, 305 f.

Faktorpreisverzerrung   111, 323
Fehlernährung   173 ff., 231
Festpacht   96, 100 ff.
Finanzielle Repression   34, 45
Fiscal basis   145
Fixpacht   96, 100 ff.
Formeller Sektor   46 f., 55, 62 f., 111, 155, 354, 357

Gerschenkron Effekt   337
Gewinnmargeninflation   159
Glaubwürdigkeit (Credibility)   57, 62
Grüne Revolution   319

Haavelmo-Hypothese   280 ff.
Harrod-Domar   267, 271
Heckscher-Ohlin-Modell   300, 317
Hesse-Determinante   50

Incentive effect   77
Informeller Sektor   4, 40, 47, 53, 55, 62 f., 67, 104, 111, 155, 161, 263, 348, 351, 354 f., 357, 365
Interlinked contracts   103 ff.

Kapitalmarktreform   46, 48, 53 ff.
Kindersterblichkeit   165 ff., 179, 183
Kointegration   346
Kravis-These   291, 300
Kreditrationierung   75 ff.
Krugman-Helpman   258, 302

Land Tenure   95 f.
Laspeyres-Index   243
Laursen-Metzler-Effekt   133

Malthus   348, 353, 362 ff.
Marketing Board   143 f.
Migration   92, 94, 183, 196, 198, 202, 222, 262, 364
Money-in-the-Utility-Function   123
Morbidität   165, 167 ff.
Mortalität   89, 165, 167 ff.

New Trade Theories   258

Overlapping Generations   123

Paasche-Index   243
Periphere Wirtschaft   241 ff.
Personal rule   140, 142 f., 145
Prebisch-Singer-These   244, 246
Pro-Export-Bias   266, 303, 310 ff.
Pull-These   348, 353, 360, 365
Push-These   348, 352, 360, 363

Quit rate   358, 360

Redundante Arbeitskräfte   111 ff., 362
Replacement rate   360
Ricardianische Äquivalenz-Hypothese   71
   (equivalence proposition)   71
Rybczynski-Effekt   318

share-cropping   95 ff., 103, 125, 164
Solow   188, 226, 228, 267 f.
Strong man   142 f.

Teilpacht/Teilbau   95 ff., 103, 164
Tenant   95, 98, 100

Terms of Trade   81, 129 ff., 196, 208, 215 ff., 242 ff., 257, 275 f., 279 f., 289, 292, 319, 324 f., 337, 342, 352
Teufelskreis   226 ff.
Tinbergen-Bedingung   136
Todaro-Modell   353 ff.
Transferpricing   255

Ungleicher Tausch   250 ff.
Urban bias   362

Verelendungswachstum   247 ff.
Verrechnungspreise   128 ff.

Zeitpräferenzrate   54 f., 57 f., 61 f.
Zinsspanneneffekt   48, 54